Kommunikation bei Krisenausbruch

Simon Herrmann

Kommunikation bei Krisenausbruch

Wirkung von Krisen-PR
und Koorientierung auf
die journalistische Wahrnehmung

Springer VS

Simon Herrmann
München, Deutschland

Zgl. Dissertation an der Ludwig-Maximilians-Universität München, 2012

ISBN 978-3-658-00308-1　　　　　　ISBN 978-3-658-00309-8 (eBook)
DOI 10.1007/978-3-658-00309-8

Die Deutsche Nationalbibliothek verzeichnet diese Publikation in der Deutschen Nationalbibliografie; detaillierte bibliografische Daten sind im Internet über http://dnb.d-nb.de abrufbar.

Springer VS
© Springer Fachmedien Wiesbaden 2012
Das Werk einschließlich aller seiner Teile ist urheberrechtlich geschützt. Jede Verwertung, die nicht ausdrücklich vom Urheberrechtsgesetz zugelassen ist, bedarf der vorherigen Zustimmung des Verlags. Das gilt insbesondere für Vervielfältigungen, Bearbeitungen, Übersetzungen, Mikroverfilmungen und die Einspeicherung und Verarbeitung in elektronischen Systemen.

Die Wiedergabe von Gebrauchsnamen, Handelsnamen, Warenbezeichnungen usw. in diesem Werk berechtigt auch ohne besondere Kennzeichnung nicht zu der Annahme, dass solche Namen im Sinne der Warenzeichen- und Markenschutz-Gesetzgebung als frei zu betrachten wären und daher von jedermann benutzt werden dürften.

Gedruckt auf säurefreiem und chlorfrei gebleichtem Papier

Springer VS ist eine Marke von Springer DE. Springer DE ist Teil der Fachverlagsgruppe Springer Science+Business Media
www.springer-vs.de

Viele Personen haben zum Gelingen dieser Arbeit beigetragen, meine akademischen Unterstützer, meine Familie und meine Freunde. Insbesondere danke ich meinem Betreuer Professor Carsten Reinemann und meinen Freunden am Institut für Kommunikationswissenschaft der LMU, die mir mit ihrer Zeit und ihrem Fachwissen sehr geholfen haben.

Mein großer Dank gilt meiner Partnerin Maia, die mich während meiner Promotionszeit finanziell und emotional ausgehalten hat. Ich bin mir sicher, dass die zweite Aufgabe wesentlich schwieriger war.

Inhalt

Abbildungen 11

Abkürzungen und Glossar 15

1 Einleitung 17

2 Organisationskrisen und Kommunikation 25

    2.1 Definition, Phasen und Auswirkungen einer Krise 26

    2.2 Ziele und Zielgruppen von Krisenkommunikation 30

    2.3 Typen von Organisationskrisen 39

    2.4 Zusammenfassung 47

3 Theoretische Grundlagen I: Public Relations und Krisenkommunikation 49

    3.1 Organisationsbezogene PR-Forschung 51

    3.2 Verhältnis von PR und Journalismus 54

        3.2.1 Normalzeiten 55

        3.2.2 Krisenzeiten 60

    3.3 Krisenkommunikation 64

        3.3.1 Formal-prozessuale Elemente 67

            3.3.1.1 Ratschläge von Praktikern 67

            3.3.1.2 Forschungsstand 73

3.3.2 Kommunikationsstrategien und weitere Einflussfaktoren 76

    3.3.2.1 Theoretisches Grundgerüst der SCCT 77

    3.3.2.2 Weitere Einflussfaktoren aus der SCCT 83

    3.3.2.3 Weitere Einflussfaktoren aus angrenzender Forschung 89

    3.3.2.4 Kritik und Forschungslücken 92

3.4 Zusammenfassung 101

4 Theoretische Grundlagen II: Koorientierung 103

4.1 Definition und Dimensionen 104

4.2 Mediennutzung von Journalisten 106

4.3 Ursachen für Koorientierung 108

    4.3.1 Psychologische Motive 109

    4.3.2 Professionelle und ökonomische Motive 112

4.4 Wirkungen von Koorientierung 116

    4.4.1 Akteursebene 117

    4.4.2 Medienebene 119

4.5 Zusammenfassung 126

5 Modell und Hypothesen 127

5.1 Modellentwicklung 127

5.2 Hypothesen und Forschungsfragen 134

    5.2.1 Krisenkommunikation 135

        5.2.1.1 Formal-prozessuale Elemente 136

        5.2.1.2 Kommunikationsstrategien 138

	5.2.2 Koorientierung 143
	5.2.3 Interaktionseffekte 144
6	**Methodisches Vorgehen 147**
6.1	Methodenwahl 147
6.2	Material und Versuchsaufbau 150
	6.2.1 Stimulusmaterial 151
	6.2.2 Fragebogen 156
6.3	Durchführung 159
7	**Ergebnisse 163**
7.1	Allgemeine Angaben zur Versuchsgruppe 163
	7.1.1 Soziodemografische Merkmale 164
	7.1.2 Planung der weiteren Recherche 166
	7.1.3 Bewertung von PR 172
	7.1.4 Bewertung des Stimulusmaterials 175
7.2	Wirkung der Stimuli 180
	7.2.1 Aktive Kommunikation 181
	7.2.2 Kommunikationsstrategien 187
	7.2.2.1 Kontrollierbarkeit der Krisenursache 187
	7.2.2.2 Relativierung 194
	7.2.3 Koorientierung 200
	7.2.4 Interaktionseffekte 206

8	**Diskussion und Ausblick**	**211**
	8.1 Einordnung der Erkenntnisse in den Forschungsstand	214
	8.2 Praxisrelevanz	219
	8.3 Grenzen der Arbeit und Ansatzpunkte für die Zukunft	223
Quellen		**229**
Anhang		**247**

Abbildungen

Abbildung 1: Mögliche Einflüsse auf journalistische Krisenwahrnehmung 21

Abbildung 2: Struktur der Arbeit 22

Abbildung 3: Krisentypologie 46

Abbildung 4: Aufgabenfelder einer PR-Abteilung 52

Abbildung 5: Ebenen von Krisenkommunikation 66

Abbildung 6: Gegensätzliche Praktikerratschläge 69

Abbildung 7: Überblick über Praktikerratschläge 71

Abbildung 8: Krisenwahrnehmung laut SCCT 84

Abbildung 9: Experimentelle Studien zu Krisenkommunikation (1/2) 97

Abbildung 10: Experimentelle Studien zu Krisenkommunikation (2/2) 98

Abbildung 11: Dimensionen journalistischer Koorientierung 105

Abbildung 12: Mediennutzung von Journalisten 108

Abbildung 13: Koorientierung während der Beitragsentstehung 118

Abbildung 14: Modell zur Entstehung und Wirkung
von Krisenberichterstattung 134

Abbildung 15: Wortlaut der *dpa*-Meldung 152

Abbildung 16: Wortlaut der PR-Meldung 153

Abbildung 17: Wortlaut des *Spiegel Online*-Beitrags 155

Abbildung 18: Variation der unabhängigen Variablen 155

Abbildung 19: Versuchsaufbau 159

Abbildung 20: Soziodemografische und berufsbezogene Merkmale 165

Abbildung 21: Generelle Recherchequellen 167

Abbildung 22: Krisenspezifische Recherchequellen 168

Abbildung 23: Informationsbedürfnisse der Journalisten 170

Abbildung 24: Bewertung von PR-Material 173

Abbildung 25: Verteilung PR-kritscher und -offener Journalisten 174

Abbildung 26: Wahrnehmung der Krise (Durchschnitt aller Gruppen) 176

Abbildung 27: Bewertung der Krisenorganisation
(Durchschnitt aller Gruppen) 177

Abbildung 28: Vermutung über ausgelöste Emotion
(Durchschnitt aller Gruppen) 179

Abbildung 29: Wirkung aktiver Kommunikation
(kumulierte Stimulusgruppen) 185

Abbildung 30: Wirkung aktiver Kommunikation
(einzelne Stimulusgruppen) 186

Abbildung 31: Wirkung der PR-Strategie *Kontrollierbarkeit der Krisenursache* (kumulierte Stimulusgruppen) 191

Abbildung 32: Wirkung der PR-Strategie *Kontrollierbarkeit der Krisenursache* (einzelne Stimulusgruppen) 192

Abbildung 33: Wirkung der PR-Strategie *Kontrollierbarkeit der Krisenursache* (kumulierte Stimulusgruppen)
in Abhängigkeit der Einstellung zu PR 193

Abbildung 34: Wirkung der PR-Strategie *Relativierung*
(kumulierte Stimulusgruppen) 198

Abbildung 35: Wirkung der PR-Strategie *Relativierung*
(einzelne Stimulusgruppen) 199

Abbildungen

Abbildung 36: Wirkung des *Spiegel Online*-Beitrags
(kumulierte Stimulusgruppen) 204

Abbildung 37: Wirkung des *Spiegel Online*-Beitrags
(einzelne Stimulusgruppen) 205

Abbildung 38: Interaktionseffekte (1/3) 207

Abbildung 39: Interaktionseffekte (2/3) 208

Abbildung 40: Interaktionseffekte (3/3) 209

Abbildung 41: Zusammenfassung der Ergebnisse 218

Abbildung 42: Levene-Test (Stimulusgruppen 1 bis 4 und Kontrollgruppe) 254

Abbildung 43: ANOVAs zu aktiver Kommunikation (1/2) 255

Abbildung 44: ANOVAs zu aktiver Kommunikation (2/2) 255

Abbildung 45: Levene-Tests (Stimulusgruppen 1 bis 8) 256

Abbildung 46: ANOVAs zu *Kontrollierbarkeit der Krisenursache* (1/4) 256

Abbildung 47: ANOVAs zu *Kontrollierbarkeit der Krisenursache* (2/4) 257

Abbildung 48: ANOVAs zu *Kontrollierbarkeit der Krisenursache* (3/4) 257

Abbildung 49: ANOVAs zu *Kontrollierbarkeit der Krisenursache* (4/4) 258

Abbildung 50: ANOVAs zu *Relativierung* (1/4) 258

Abbildung 51: ANOVAs zu *Relativierung* (2/4) 259

Abbildung 52: ANOVAs zu *Relativierung* (3/4) 259

Abbildung 53: ANOVAs zu *Relativierung* (4/4) 260

Abbildung 54: ANOVAs zu *Koorientierung* (1/4) 260

Abbildung 55: ANOVAs zu *Koorientierung* (2/4) 261

Abbildung 56: ANOVAs zu *Koorientierung* (3/4) 261

Abbildung 57: ANOVAs zu *Koorientierung* (4/4) 262

Abbildung 58: Mittelwerte für Interaktionseffekte (1/2) 262

Abbildung 59: Mittelwerte für Interaktionseffekte (2/2) 263

Abkürzungen und Glossar

+/-: Standardabweichung

Anspruchsgruppe: Gruppe, die entweder von den Handlungen einer Organisation betroffen ist oder deren Handlungen umgekehrt einen Einfluss auf die Organisation haben (abgeleitet von *stakeholder* nach Freeman 2004)

ANOVA: Analysis of variance (Varianzanalyse)

η^2 (Eta-Quadrat): Maß, welcher Anteil der Gesamtvariation einer abhängigen Variablen auf die Variation einer unabhängigen Variablen zurückgeführt werden kann

Kamilla-Krise: Fiktive Krise im Stimulusmaterial, bei der *Stiftung Warentest* Benzol in Shampoos der *Kamilla GmbH* findet

Koorientierung: Journalistische Koorientierung ist der Sammelbegriff für Kollegen- und Medienorientierung. Kollegenorientierung beschreibt den Vorgang, dass Journalisten ihre Kollegen beobachten, mit ihnen interagieren und ihr Verhalten an das ihrer Kollegen anpassen. Medienorientierung beschreibt den Vorgang, dass Journalisten Konkurrenzmedien rezipieren und ihre Ansichten, ihr Verhalten und ihre Berichterstattung an den Beiträgen dieser Medien ausrichten. (Aufbauend auf Reinemann 2003)

Public Relations (PR): „Public Relations bezeichnet (...) die bewusst geplante, dauerhafte Verbreitung interessengebundener Information mit dem Ziel, ein positives Image eines sozialen Systems (z. B. Unternehmen, Staaten oder (...) Organisationen) in der Öffentlichkeit generell oder bei bestimmten Teilöffentlichkeiten aufzubauen oder zu stabilisieren

	bzw. ein negatives Image abzubauen." (Kunczik 1995: 11)
Reputation:	„Reputation ist die Zusammenfassung persönlicher (direkter) oder medienvermittelter (indirekter) Erfahrungen, die verschiedene Stakeholder einer Organisation [oder Person] attribuieren und kann sich beziehen auf funktionale, soziale und emotionale Determinanten. Sie ist gleichsam eine Erwartung, die Stakeholder anhand vergangener oder aktueller Handlungen (organisationsimmanent) oder Signale (medienvermittelte Interpretation) an den Reputationsträger stellen." (Thießen 2011: 60)
Unternehmenskrise:	„Unternehmenskrisen [sind] ungeplante und ungewollte Prozesse von befristeter Dauer, die das Erreichen strategischer und/oder taktischer Ziele des Unternehmens oder einzelner Unternehmensbereiche bedrohen (...). Sie sind begrenzt beeinflussbar und in ihrem Ausgang ambivalent." (Köhler 2006: 21)
Krisenorganisation:	Organisation, die in eine Krise verwickelt ist
Krisenkommunikation/ Krisen-PR:	Kommunikation einer Krisenorganisation mit dem Ziel, Krisenfolgen zu mildern oder die Krise zu beenden
MW:	Mittelwert
n. s.:	Nicht signifikant
p:	Signifikanzwert
PR-Praktiker:	Sammelbegriff für Mitarbeiter der PR-Abteilung einer Organisation und externe PR-Berater (in Anlehnung an *PR practitioner*)
SCCT:	Situational Crisis Communication Theory (Coombs 2006a)

1 Einleitung

Bei vielen Krisen – großen wie kleinen – spielen dieser Tage Reputation und Vertrauen eine Schlüsselrolle. Auf Staatenebene werben die Euro-Länder seit 2011 mit finanziellen Instrumenten und Selbstverpflichtungen zur Spardisziplin um das „Vertrauen der Märkte", damit Investoren den Staaten weiterhin Kredit geben und die so genannte „Euro-Krise" endet (Schulz 2011). Ein Reputations- und Vertrauensverlust kann aber nicht nur Staaten in Schieflage bringen, sondern auch die Existenz von Unternehmen bedrohen. So musste die Drogeriemarktkette *Schlecker* unter anderem deswegen Insolvenz anmelden, weil ihre schlechte Reputation im Hinblick auf Arbeitsbedingungen und Dumpinglöhne zu Umsatzeinbrüchen führte (Hielscher 2010, zahlreiche weitere Beispiele in Abschnitt 2.3). Reputationskrisen betreffen ebenso Organisationen, die nicht gewinnorientiert arbeiten. So kämpfte *Unicef Deutschland* 2008 mit großen finanziellen Problemen aufgrund von Vorwürfen zu undurchsichtiger Spendenwerbung. Wegen des damit verbundenen Reputationsverlusts sanken die Spendeneinnahmen zwischen Dezember 2007 und Mai 2008 um 20 Millionen Euro, die Organisation verlor 38.000 Fördermitglieder (Beucker 2008).

Da Reputation für Organisationen also eine große Rolle spielt, stehen Reputationsschäden wegen einer Krise im Fokus dieser Arbeit. Wenn Organisationen von ihren wichtigsten Anspruchsgruppen (stakeholdern) positiv wahrgenommen werden, können sie auf deren Unterstützung hoffen, die sich z. B. in Kaufentscheidungen, Spenden, Stimmabgaben, oder anderen Handlungen ausdrückt. Welche Reputation die Anspruchsgruppen einer Organisation während und nach einer Krise zuschreiben, hängt unter anderem davon ab, wie die Medien über diese Krise berichten. Medien spielen solch eine wichtige Rolle für die Reputation einer Organisation in Krisenzeiten, da sie sowohl eine „Forumsfunktion" als auch eine „Kritik- und Kontrollfunktion" (Berens 2001: 58) ausüben. Sie können Aufmerksamkeit auf eine Krise lenken und zugleich bewerten, wie gut oder schlecht eine die Organisation diese löst. Wenn Personen nicht direkt mit einer Organisation in Kontakt stehen, könnten sie sich ausschließlich auf Basis von Berichterstattung ein Urteil über die Krise bilden (Deephouse 2000). Verstärkend kommt hinzu, dass Medienberichterstattung nicht nur einen großen Einfluss auf die Reputation ausüben kann, sondern es auch sehr wahrscheinlich erscheint, dass Journalisten über Krisen berichten, sobald sie von ihnen erfahren. So berichteten US-Medien in ihren Wirtschaftsteilen im Zeitraum von 2001 bis 2010 über rund 6.000 bis 10.500 Krisen pro Jahr (Institute for Crisis Management 2011; mehr dazu in Kapitel 2), was zeigt, dass Organisationskrisen von Journalisten als attraktives Thema eingeschätzt werden.

Diese Arbeit beschäftigt sich mit Organisationskrisen, weil diese als hochrelevantes gesellschaftliches Thema angesehen werden, da sie häufig auftreten und im schlimmsten Fall die Existenz einer Organisation gefährden können. Mit *Organisationen* sind sowohl Wirtschaftsunternehmen als auch nicht gewinnorientiert arbeitende Organisationen (Non-Profits, Verbände, Vereine etc.) gemeint. Zwar stellen Krisen für die betroffenen Organisationen eine Ausnahmesituation dar, jedoch treten sie gesamtgesellschaftlich betrachtet sehr häufig auf, wie sich am Beispiel der Krisen von deutschen Wirtschaftsunternehmen zeigen lässt: Im Jahr 2010 meldeten 31.998 Unternehmen Insolvenz an (Statistisches Bundesamt Deutschland 2011b), eine Insolvenz wird in der Forschung als „Extremfall der Unternehmenskrise" bezeichnet (Hutzschenreuter 2008: 76). Da man davon ausgehen kann, dass nicht jede Krise in einer Insolvenz endet, liegt die jährliche Dunkelziffer an Unternehmens- und anderen Organisationskrisen in Deutschland vermutlich wesentlich höher. Zumindest in manchen Branchen häufen sich Krisenereignisse, so führten Autohersteller im Jahr 2010 mehr als dreimal so viele Rückrufaktionen (185) in Deutschland durch als noch 1998 (55; Kraftfahrt-Bundesamt 2010: 62). Es ist davon auszugehen, dass jede dieser Rückrufaktionen eine Krise für die betroffenen Autohersteller darstellt, die neben zusätzlichen Kosten auch Reputationsschäden verursachen kann.

Diese Arbeit hat das Ziel, die Entstehung von Berichterstattung über Organisationskrisen besser zu erklären. Konkret wird untersucht, *wie Journalisten zu Krisenbeginn entscheiden, ob und wie sie darüber berichten.* Aus den Erkenntnissen dieser Arbeit sollen Empfehlungen abgeleitet werden, um Journalisten und PR-Praktikern bei ihrer Arbeit zu helfen, ihnen also Hilfestellung für die Berichterstattung und Kommunikation über Krisen zu geben. Die Arbeit steht mit diesem Praxisbezug in der Tradition anderer Arbeiten der Kommunikationswissenschaft, die einen Schwerpunkt auf die Anwendbarkeit ihrer Ergebnisse legen, da „Wissenschaften stets den Zweck verfolgen sollen, praktische Probleme zu erfassen und zu lösen" (Zerfaß 2010: 23). Handlungsempfehlungen lassen sich am besten aus einer akteurszentrierten Perspektive entwickeln, da die Adressaten dieser Handlungsempfehlungen ebenfalls einzelne Akteure wie z. B. Organisationsvertreter oder Journalisten sind. Deswegen wird sich ein Großteil der Theoriediskussion sowie die Modellentwicklung und empirische Überprüfung in dieser Arbeit auf die Akteursebene beziehen.

Um sich der Thematik anzunähern werden zunächst in Kapitel 2 die Merkmale und Dynamiken von Organisationskrisen vorgestellt. Hier wird anhand vergangener Krisen eine Typologie entwickelt, welche auf Reputationsschäden fokussiert. Damit soll herausgearbeitet werden, ob Kommunikation und insbesondere Medienberichterstattung einen Einfluss auf den Verlauf von Organisationskrisen haben können. Wenn dies der Fall ist, dann ist es sinnvoll, sich in dieser Arbeit mit den Faktoren zu beschäftigen, die diese Berichterstattung beeinflussen.

Da aufgrund der Analyse in Kapitel 2 ein starker Effekt von Berichterstattung auf die Reputation einer Krisenorganisation angenommen wird, ist es relevant zu sehen, welche Faktoren Journalisten bei der Bewertung einer Krise heranziehen könnten. Deshalb befasst sich die Arbeit mit den beiden Theoriesträngen zu Krisen-PR (Kapitel 3) und Koorientierung (Kapitel 4). Diese Felder werden betrachtet, da sie beide einen Einfluss darauf haben könnten, wie Journalisten eine Krise wahrnehmen und darüber berichten.

Zunächst wird in Kapitel 3 der Forschungsstand zu PR und Krisenkommunikation vorgestellt, da geklärt werden soll, ob und wie Journalisten bei ihrer Krisenberichterstattung von der Kommunikation der betroffenen Organisation beeinflusst werden. Als erstes wird hier der Forschungsstand zu organisationsbezogener PR vorgestellt und die vorliegende Arbeit verortet. Danach wird das allgemeine Verhältnis von PR-Abteilungen und Journalisten zu Normal- und Krisenzeiten analysiert, um die grundsätzlichen Wirkungsmöglichkeiten von Krisen-PR auszuloten. Wenn beispielsweise Journalisten eine sehr schlechte Meinung über PR haben oder gerade im Krisenfall sehr misstrauisch gegenüber Aussagen der betroffenen Organisation sind, dann könnte dies die Wirkung von Krisenkommunikation einschränken.

Im Anschluss an diese einführenden Analysen werden Erkenntnisse und Empfehlungen vorstellen, wie Organisationen während einer Krise kommunizieren sollten. Hier wird an Befunde aus zwei Bereichen von Literatur angeknüpft, die Empfehlungen zu Krisenkommunikation geben: erstens Ratschläge von PR-Praktikern und zweitens die Erkenntnisse verschiedener Forschungsfelder. Die Empfehlungen von Kommunikationspraktikern basieren in der Regel auf Fallstudien oder Erfahrungswerten (z. B. Hofmann, Braun 2008; Lukaszewski 1997; Möhrle 2004; Pines 2000; Riecken 2008), es ist noch unklar, welche dieser Erkenntnisse über den jeweils beschriebenen Einzelfall hinaus Gültigkeit haben. Nur weil eine Kommunikationsweise in einer Krise in der Vergangenheit erfolgreich war, bedeutet dies nicht, dass sie auch in Zukunft erfolgreich sein muss. Der einzige Weg, um Kausalzusammenhänge (wie z. B. zur Wirkung von PR-Strategien) zweifelsfrei zu identifizieren, ist ein systematisch durchgeführtes Experiment (Daschmann 2003). Die Forschung zu Krisen-PR führt solche Experimente durch, dort wird getestet, wie bestimmte Faktoren die Wahrnehmung von Probanden auf eine Krise und die betroffene Organisation verändern. Auf diesem Gebiet hat die Situational Crisis Response Theory (SCCT; Coombs, Holladay 2002; Coombs 2006a) den internationalen Wissenschaftsdiskurs in den vergangenen Jahren geprägt (Überblick in An, Cheng 2010), daher werden diese Theorie und die daraus gewonnenen Erkenntnisse ausführlich diskutiert. Darüber hinaus werden weitere Ansätze zur Erforschung von Krisenkommunikation betrachtet, um den empirisch abgesicherten Kenntnisstand ganzheitlich zu erfassen (wie z. B. symbolisch-relationale Krisenkommunikation in Thießen 2011; Appraisaltheorie in Nerb et al. 1998; Nerb 2000; Nerb, Spada 2001; Pfeiffer et al. 2005; Attributionstheorie in Schwarz 2010; Persuasionsforschung in Callison, Zillmann 2002).

Diese Analyse soll zeigen, wie die Forschung bisher den Prozess der Reputationszuschreibung zu Krisenorganisationen erklärt und welche Faktoren ihn beeinflussen können. Dabei wird insbesondere überprüft, ob diese vermuteten Wirkungen von Kommunikation lediglich mit Studierenden getestet wurden oder mit den tatsächlichen Zielgruppen in der Realität, also z. B. Anspruchsgruppen einer Organisation und Journalisten. Denn wenn Forscher ihre Theorien lediglich mit Studierenden testen und darauf aufbauend annehmen, Kommunikation in der Realität beschreiben oder Empfehlungen für Kommunikatoren abgeben zu können, überspringen sie den entscheidenden Schritt des Praxistests. Dies wäre nur dann zulässig, wenn Studierende auf Krisenkommunikation im Labor genauso reagieren wie Anspruchsgruppen und Journalisten in der Realität. Die Analyse in dieser Arbeit wird aber zeigen, dass diese Annahme nicht gerechtfertigt ist.

Kapitel 4 wendet sich der Mediennutzung und -orientierung von Journalisten während einer Organisationskrise zu. Diese Koorientierung, bei der sich Journalisten an die Meinungen und Beiträge ihrer Kollegen anpassen, steht im Fokus der Arbeit, da sie einen großen Einfluss auf journalistische Meinungsbildung im Allgemeinen und ihre Bewertung von Krisen im Speziellen haben könnte. Bisherige Befunde zu Koorientierung basieren entweder auf Journalistenbefragungen (z. B. Reinemann 2003; Lünenborg, Berghofer 2010), Inhaltsanalysen zu intramedialem Agenda Setting (z. B. Vliegenthart, Walgrave 2008; Wien, Elmelund-Præstekær 2009) oder Überlegungen zu Medienhypes und Skandalierungen (z. B. Kepplinger 2001; Vasterman 2005). Jedoch fehlt noch der empirische Kausalnachweis, ob und wie stark sich Journalisten während ihrer Arbeit tatsächlich an den Veröffentlichungen anderer Medien orientieren. Dieser Nachweis von Medienwirkung kann nur in einem Experiment mit Journalisten erbracht werden, wie es von Forschern seit längerem gefordert wird (Reinemann 2003: 66). Koorientierung könnte nicht nur allgemein beeinflussen, wie Medienbeiträge entstehen, sondern auch insbesondere für Krisenberichterstattung relevant sein. Denn Journalisten müssen zu Beginn einer Krise, wenn sie noch nicht alle Fakten kennen, eine Entscheidung über deren Nachrichtenwert treffen.

1 Einleitung

Scheufele (2003: 104) spricht von „Orientierungsphasen" für Journalisten, wenn diese mit einem unerwarteten Ereignis konfrontiert werden und Publikationsentscheidungen darüber treffen müssen. Möglicherweise ziehen Journalisten, die die Publikationswürdigkeit solch eines unerwarteten Ereignisses bewerten müssen, die Berichterstattung ihrer Kollegen als Hilfsmittel heran (Krämer et al. 2009: 96). Jedoch kann dieser Effekt nur in einem Experiment nachgewiesen werden. Genauso wie die Forschung zu Krisenkommunikation würde also auch diejenige zu Koorientierung von einem experimentellen Nachweis ihrer Annahmen an Journalisten profitieren. Abbildung 1 fasst die Lücken dieser beiden Forschungsstränge zusammen.

Möglicher Einflussfaktor: Krisen-PR der betroffenen Organisation

- Empfehlungen von PR-Praktikern zu Krisen-PR[1]
  - Fallstudienbasiert
  - Forschungslücke: Nicht wissenschaftlich überprüft, Verallgemeinerbarkeit von Erkenntnissen aus Fallstudien eingeschränkt
- Forschungsliteratur zu Krisen-PR[2] sowie anderer Disziplinen[3] (Psychologie, Persuasionsforschung)
  - Basiert häufig auf Experimenten mit Studierenden
  - Forschungslücke: Unklar, ob Befunde auch für Journalisten gültig sind

Journalistische Wahrnehmung der Krise einer Organisation

Möglicher Einflussfaktor: Journalistische Koorientierung

- Empirisch basierte Forschungsliteratur zu Koorientierung unterteilt sich in
  - Journalistenbefragungen[4]
  - Empirische Untersuchungen (v.a. Inhaltsanalysen) zu intermedialem Agenda Setting[5]
  - Überlegungen z. B. zu Medienhypes und Skandalierungen[6]
- Forschungslücke: Bisher keine experimentellen Befunde zur Wirkung von Koorientierung auf Journalisten
  - Allgemein
  - Speziell in Krisensituationen

1 z. B. Hofmann & Braun 2008; Lukaszewski 1997; Möhrle 2004; Pines 2000; Riecken 2008; Röbel 2008
2 z. B. Coombs 2006a; 2008; Coombs & Holladay 2011; Schwarz 2010; Thießen 2011
3 z. B. Callison & Zillmann 2002; Nerb 2000; Nerb et al. 1998; Pfeiffer et al. 2005;
4 z. B. Reinemann 2003; Lünenborg & Berghofer 2010
5 z. B. Vliegenthart & Walgrave 2008; Wien & Elmelund-Præstekær 2009
6 z. B. Kepplinger 2001; Vasterman 2005
Quelle: Eigene Darstellung

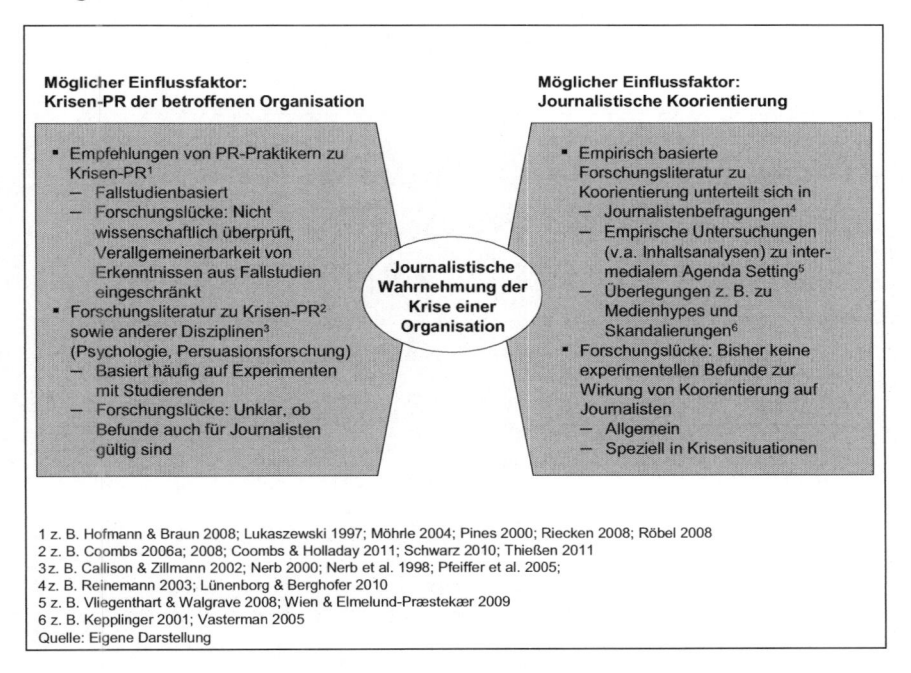

Abbildung 1: Mögliche Einflüsse auf journalistische Krisenwahrnehmung

Diese Arbeit soll gesichertes Wissen generieren, welche Effekte sowohl Krisenkommunikation als auch Koorientierung darauf haben, wie Journalisten eine Krise wahrnehmen und entscheiden, ob und wie sie darüber berichten. Deswegen werden die Theorien zu diesen beiden Forschungsfeldern herangezogen, um in Kapitel 5 in ein integriertes, forschungsleitendes Modell zur Krisenkommunikation zu bilden, das erstmals Elemente aus beiden Theoriesträngen verknüpft. Die bisherigen Arbeiten zu diesen Themen untersuchen häufig nur spezifische Details, ohne eine ganzheitlichere Perspektive einzunehmen, welche die Erkenntnisse der beiden Forschungsfelder verbindet. Aufbauend auf diesem Modell wird ein Experiment mit Journalisten durchgeführt, um die Annahmen unter realitätsnahen Bedingungen zu testen.

Dieses Experiment kann zum einen Aufschluss darüber geben, ob bisher gefundene Wirkungen von Krisen-PR auch bei Journalisten auftreten und außerdem ermitteln, ob und in welcher Stärke Journalisten sich an anderen Medien orientieren, wenn sie den Nachrichtenwert einer Krise beurteilen. In Kapitel 6 wird der Versuchsaufbau des Experiments beschrieben, Kapitel 7 stellt dessen Ergebnisse vor, ihre Bedeutung wird in Kapitel 8 diskutiert, in den Forschungstand eingeordnet und in Empfehlungen für PR-Praktiker und Journalisten überführt. Abbildung 2 illustriert die Struktur dieser Arbeit.

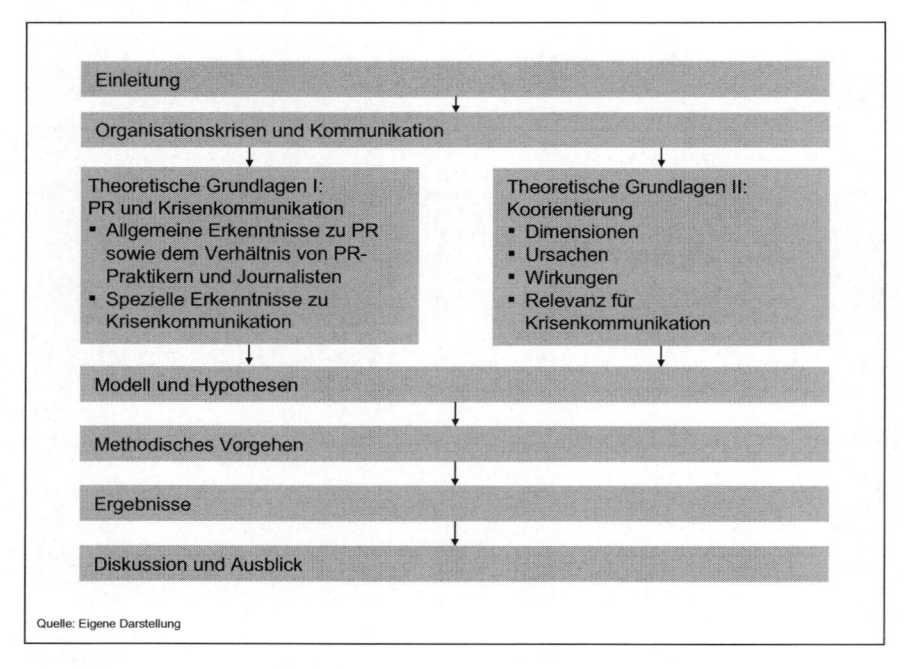

Abbildung 2: Struktur der Arbeit

Diese experimentelle Überprüfung wird nicht nur neue Erkenntnisse für die Forschung in beiden Feldern liefern, sondern zugleich die Relevanz dieser Forschungsstränge steigern, da die Wirkung der diskutierten Theorien mit Journalis-

1 Einleitung

ten unter realitätsnahen Umständen überprüft wird. Denn Forschung leistet nur dann einen Beitrag zum Erkenntnisgewinn über die Kommunikation in der Realität, wenn die von ihr postulierten Theorien und Laborbefunde auch Gültigkeit in der Praxis haben. Dieser Praxistest wird in dieser Arbeit vollzogen.

Wegen des dedizierten Praxisfokus sollten auch PR-Praktiker und Journalisten direkten Nutzen aus den Ergebnissen ziehen können. PR-Praktiker können aufgrund der Erkenntnisse dieser Arbeit sehen, wie wirkungsvoll bestimmte Strategien der Krisenkommunikation sind. Außerdem ist es wichtig für sie, die Wirkungen von Koorientierung in der Berichterstattung zu kennen. Wenn Koorientierung auftreten sollte, dann kann eine Organisation nicht davon ausgehen, dass die Berichterstattung über eine Krise lokal begrenzt bleibt, da andere Medien diese wahrscheinlich aufgreifen werden. Wenn selbst eine lokale Krise zu medial potenzierten Reputationsschäden führen kann, dann sollte eine Organisation ihre Kommunikation entsprechend anpassen. Diese Erkenntnis könnte ebenfalls hochrelevant sein für Journalisten, da sie erkennen können, welche Wirkung die Krisenkommunikation von Organisationen und Koorientierung auf sie ausüben. Nur wenn sie deren Wirkung kennen, können die Journalisten eine informierte Entscheidung treffen, welche Konsequenzen dies für ihre Berichterstattung haben soll. Somit soll diese Arbeit dazu beitragen, wissenschaftliche Erkenntnisse zu generieren, die direkte Relevanz für die betroffenen Akteure besitzen.

2 Organisationskrisen und Kommunikation

Zur Annäherung an das Thema dieser Arbeit werden in diesem Kapitel Organisationskrisen definiert und herausgearbeitet, welche Elemente sie auszeichnen und wie man sie typologisieren kann. Zweitens wird untersucht, ob und warum journalistische Berichterstattung einen großen Einfluss auf den Verlauf und die Folgen von Krisen haben kann. Nur wenn diese Einflussmöglichkeit von Berichterstattung auf die Reputation einer Krisenorganisation gegeben ist, ist es sinnvoll, sich mit der journalistischen Meinungsbildung über Krisen zu beschäftigen.

In Abschnitt 2.1 werden zunächst die grundlegenden Merkmale einer Krise vorgestellt und ihre einzelnen Phasen besprochen. Da der Forschungsstand und die Datenlage zu Organisationskrisen in der Betriebswirtschaftslehre am ergiebigsten sind, beziehen sich einige der hier genannten Texte speziell auf Krisen von Wirtschaftsunternehmen. Es wird jedoch gezeigt, dass Krisen anderer Organisationen analog definiert und in die gleichen Phasen eingeteilt werden können. Nach dieser Einführung wird die Bedeutung von Krisenkommunikation aus Sicht der betroffenen Organisation untersucht, mit Fokus auf Journalisten und deren Berichterstattung (Abschnitt 2.2). Im Anschluss daran wird eine Typologie entwickelt, die sich auf die Reputationsschäden von Krisen fokussiert (Abschnitt 2.3). Mit dieser Typologie soll gezeigt werden, dass die ursprüngliche Höhe eines Krisenschadens nicht zwangsläufig den Reputationsschaden für die betroffene Organisation determinieren muss. Da der Reputationsschaden nicht determiniert ist, ist es sinnvoll zu untersuchen, wie eine Organisation ihre Reputation retten kann.

Zur besseren Lesbarkeit wird von *Krisenorganisation* gesprochen, wenn die Organisation gemeint ist, die in eine Krise verwickelt ist. Der Term *Krisenkommunikation* beschreibt die Kommunikation der Krisenorganisation mit (meist externen) Anspruchsgruppen und Journalisten. Diese Kommunikation verfolgt die Absicht, die Folgen der Krise zu mildern oder sie schneller zu beenden. Als *PR-Praktiker* werden sowohl Kommunikationsverantwortliche einer Organisation bezeichnet, die der PR-Abteilung angehören, als auch externe PR-Berater, die gegebenenfalls in der Krisenphase hinzugezogen werden.

2.1 Definition, Phasen und Auswirkungen einer Krise

Bevor sich die Arbeit mit der Berichterstattung über Organisationskrisen befassen kann, muss zunächst geklärt werden, was unter dem Begriff „Krise" verstanden wird. Der Begriff leitet sich vom griechischen κρίσις, krísis ab, er wurde im antiken Griechenland im Sinne von „Zuspitzung" oder „entscheidende Wendung" gebraucht, häufig im Zusammenhang mit Krankheiten oder militärischen Situationen (Köhler 2006: 19). Im deutschen Sprachraum ist er erstmals im 16. Jahrhundert nachweisbar, als Mediziner von einer Krise bei fieberhaften Erkrankungen sprachen. Er bezeichnete einen Wendepunkt, der Patient konnte bei richtiger Behandlung genesen oder andernfalls sterben. In den folgenden Jahrhunderten verschob sich die Begriffsverwendung ins Negative, heute bezeichnet der Begriff hauptsächlich einen Bedrohungszustand, eine Ausnahmesituation mit negativem Unterton (siehe Duden, das Herkunftswörterbuch 2007; Pschyrembel Klinisches Wörterbuch 2007).

Krisen gehören zum Alltag in menschlichen Gemeinschaften. Jede Gemeinschaft, jede Unternehmung hat einen Normalzustand, in welchem Prozesse und Handlungen wie geplant oder gewohnt ablaufen. Dieser Normalzustand wird unterbrochen von Phasen der Krise, die Routinen zumindest kurzfristig unterbrechen. Diese Umbruchphasen sind geprägt von Unsicherheit, bestehende Prozesse und Regeln werden hinterfragt und möglicherweise verändert. Nachdem die Krise überwunden ist, tritt ein neuer Normalzustand mit neuen Routinen ein (Köhler 2006: 27). Der Begriff „Unternehmenskrise" wird in der Literatur wie folgt definiert:

> „Unternehmenskrisen [sind] ungeplante und ungewollte Prozesse von befristeter Dauer, die das Erreichen strategischer und/oder taktischer Ziele des Unternehmens oder einzelner Unternehmensbereiche bedrohen (...). Sie sind begrenzt beeinflussbar und in ihrem Ausgang ambivalent." (Köhler 2006: 21, ähnliche Definitionen auch in Moldenhauer 2004: 12; Krystek, Moldenhauer 2007: 26 ff.)

Diese Beschreibung trifft jedoch nicht nur auf Krisen von Wirtschaftsunternehmen zu, sondern auch auf die anderer, nicht gewinnorientiert arbeitender Organisationen. Diese erweiterte Gültigkeit der Definition wird deutlich, wenn man ihre einzelnen Bestandteile analysiert. So bezeichnet der Begriff *Krise* „ungeplante und ungewollte Prozesse von befristeter Dauer" (Köhler 2006: 21). Diese zeitlich begrenzte Störung der normalen Abläufe einer Organisation wird in der Forschung in verschiedene Krisenphasen eingeteilt, die oft erst im Rückblick abgegrenzt werden können. So unterscheiden Wirtschaftswissenschaftler z. B. die

Phasen der strategischen Krise, der Erfolgs- und Liquiditätskrise und schließlich der Insolvenz (Jossé 2004: 35, aufbauend auf Müller 1986: 54). Diese Betrachtungsweise beschreibt eine Unternehmenskrise, bei der kritische Sachverhalte in einem Unternehmen zunächst den kurzfristigen Erfolg bedrohen und danach die Kapitalausstattung angreifen, was zu einem Ende der Unternehmenstätigkeit führen kann. Andere Forscher haben Krisenphasen abstrakter eingeteilt, sie beziehen sich nicht auf finanzielle Indikatoren, womit diese Phaseneinteilung auch für nicht-gewinnorientierte Organisationen angewendet werden kann. Röthig (1976: 13 ff.) unterteilt Krisen in zwei Phasen, eine latente und eine akute, weitere Autoren haben diese Einteilung später spezifiziert, indem sie Phasen wie die der „Nichtkrise" und „potentiellen Krise" (von Löhneysen 1982: 105) oder der „akut/beherrschbaren" vs. „akut/nicht beherrschbaren" Krise hinzufügt haben (Krystek 1987: 21 ff.). Köhler hat zahlreiche dieser Definitionen analysiert (Albach 1985; Birker 2000; Britt 1973; Hauschildt et al. 2000; Klimke, Schott 1993; Krystek 1980; Röthig 1976; Roselieb 1999) und zu vier Krisenphasen synthetisiert (2006: 25 ff.):

(1) Die *potenzielle Organisationskrise*: Eine Phase der Nicht-Krise, also des Normalzustands. Es liegen keine Probleme oder Sachverhalte vor, die den normalen Betriebsablauf beeinträchtigen. Alle Prozesse laufen wie gewohnt und geplant ab (Britt 1973; Krystek 1980; Röthig 1976). Dennoch existieren in jeder Organisation Situationen und Prozesse, die sich zu einer latenten oder akuten Krise entwickeln können. Deswegen wird der Zustand der Nicht-Krise als *potenzielle Organisationskrise* bezeichnet, um zu verdeutlichen, dass das Risiko einer Krise jederzeit gegeben ist.

(2) Die *latente Organisationskrise*: Ein Sachverhalt liegt vor, der für die Organisation prinzipiell bedrohlich ist. Er bleibt allerdings häufig unbemerkt, sowohl von Anspruchsgruppen als auch der betroffenen Organisation selbst. Jedoch ist er mit geeigneten Messmethoden erkennbar, die Organisation kann eingreifen und eine Krise vor ihrem Eintritt verhindern oder zumindest das Eintrittsrisiko senken. Die Eingriffsmöglichkeiten der Organisation sind hoch, ihre Kosten zur Krisenabwendung vergleichsweise gering (Birker 2000). Ein Beispiel zur Illustration: Wenn ein Autohersteller mangelhafte Schrauben einkauft, besteht das Risiko, dass diese zu Sicherheitsmängeln in Fahrzeugen führen. Werden die schlechten Schrauben rechtzeitig in der Qualitätskontrolle aussortiert, bevor sie in Fahrzeuge verbaut werden, konnte eine latente Krise kostengünstig gelöst werden. Werden die Qualitätsmängel dagegen nicht bemerkt und Autos mit mangelhaften Schrauben verkauft, so muss der Hersteller eventuell Fahrzeuge zurückrufen, zu den finanziellen Verlusten käme dann wahrscheinlich noch ein Reputationsschaden hinzu. In diesem Fall wäre eine latente Krise nicht rechtzeitig gelöst worden, sondern hätte sich zu einer akuten, wesentlich teureren

Krise entwickelt. Auch bei nicht gewinnorientiert arbeitenden Organisationen können Krisen eine latente Phase durchlaufen, wenn beispielsweise personelle Konflikte schwelen, die irgendwann eskalieren, was den Eintritt der akuten Phase markieren würde.

(3) Die *akute Organisationskrise*: Die Krise ist für Beteiligte innerhalb der Organisation ebenso erkennbar wie für die Öffentlichkeit. Die Organisation muss Maßnahmen ergreifen, um die Krise zu bewältigen (Birker 2000; Roselieb 1999). Häufig berichten ab dem Zeitpunkt des Ausbruchs die Medien, was zu größerem öffentlichem Interesse an der Krise und ihrer Lösung führt. Diese Berichterstattung kann auch für den Übergang von der latenten in die akute Krisenphase sorgen, wie z. B. bei der Diskussion um die geplante Versenkung von *Shells* schwimmenden Öltank *Brent Spar* in der Nordsee im Jahr 1995. *Shell* erlitt in Deutschland Umsatzeinbußen und einen Reputationsschaden, weil Journalisten über den Widerstand der Umweltschutzbewegung *Greenpeace* berichteten, deren Aktivisten die Plattform zeitweilig besetzten und *Shells* Versenkungspläne mit einer Kommunikationskampagne angriffen (Berens 2001). Hätten die Medien nicht über das Thema berichtet, wäre es in Deutschland höchstwahrscheinlich nicht zu Protesten dieses Ausmaßes gekommen. Die latente Krise, also die Gefahr von Reputationsverlusten und Umsatzeinbrüchen als Reaktion auf die Versenkungspläne von *Shell*, hat sich deswegen manifestiert, weil die Medien über das Thema berichtet haben. Wenn die Medien eine Krise so auslösen oder verschlimmern, dann könnte die Kommunikation mit Journalisten eine Maßnahme sein, mit der Krisenorganisationen ihre Reputation schützen können.

(4) Die *überstandene Organisationskrise*: Die Organisation hat die akute Krisenphase überwunden, ein neuer Normalzustand tritt ein. Dieser Zustand kann sich vom vorkritischen Normalzustand unterscheiden, wenn wegen der Krise Prozesse verändert wurden. In diese Phase fällt die rückblickende Bewertung und Analyse der Krisenreaktionsstrategie (Roselieb 1999; Staehle 1993).

Krisenwirkungen können außerdem das „Erreichen strategischer und/oder taktischer Ziele des Unternehmens oder einzelner Unternehmensbereiche bedrohen" (Köhler 2006: 21). Krisen können dazu führen, dass Unternehmen ihre finanziellen Ziele verfehlen, wenn z. B. Produktionsausfälle auftreten, negative Schlagzeilen über ein Produkt dessen Verkauf beeinträchtigen oder ein Skandal in einem Unternehmen nur mit teuren Maßnahmen überwunden werden kann. Nicht gewinnorientiert arbeitende Organisationen können in ihrer Tätigkeit eingeschränkt werden, wenn aufgrund einer Krise z. B. Spendengelder ausbleiben (siehe das *Unicef*-Beispiel aus der Einleitung). Man kann Wirkungen von Krisen auf drei Dimensionen spezifizieren (siehe Birker 2000; Köhler 2006: 31 f.; Maasmeier 1987; Roselieb 1999):

2.1 Definition, Phasen und Auswirkungen einer Krise

1. Die *Betroffenengruppe* einer Krise: In der Literatur wird zwischen endogenen und exogenen Krisenwirkungen unterschieden. Endogene Wirkungen beziehen sich auf die Betroffenen innerhalb einer Organisation, wie z. B. ihre Angestellten. Exogene Wirkungen dagegen betreffen Anspruchsgruppen außerhalb einer Organisation, wie z. B. Lieferanten, Kunden oder Spender.
2. Die *Wirkungsrichtung*: Krisen können destruktiv oder konstruktiv wirken. Eine destruktive Wirkung liegt vor, wenn wegen einer Krise Schäden z. B. an Menschen oder der Umwelt auftreten oder eine Organisation finanzielle Verluste erleidet. Eine konstruktive Wirkung führt im Gegensatz dazu zu positiven Resultaten, weil eine Organisation z. B. eine Krise so gut löst, dass ihre Reputation sich deswegen nicht verschlechtert, sondern verbessert.
3. Das *Bezugsobjekt*: Krisen können materielle oder immaterielle Güter betreffen. Materielle Wirkungen beziehen sich auf physische Ressourcen (wie z. B. Kapital) der Organisation, immaterielle meist auf ihre Reputation.

Der letzte Bestandteil der Definition bezieht sich auf die Einflussmöglichkeiten, die eine Organisation hat. Krisen „sind begrenzt beeinflussbar und in ihrem Ausgang ambivalent" (Köhler 2006: 21). Sobald eine akute Krise eintritt, kann die Organisation den Verlauf und den daraus resultierenden Schaden nur noch begrenzt beeinflussen. Dies liegt zum einen an der faktischen Entwicklung der Krise, so können sich materielle Schäden aufgrund eines Unglücks vergrößern, selbst wenn Maßnahmen zur Eindämmung eingeleitet werden. Daneben können auch immaterielle Schäden auftreten, wenn eine Organisation bei ihren Anspruchsgruppen Reputation einbüßt (wie im Fall des *Brent Spar*-Beispiels in Berens 2001). Wenn eine Organisation einen Reputationsschaden fürchtet, dann kann sie versuchen, ihn mit ihrer Kommunikation einzudämmen. Ein Beispiel dafür ist die *Elchtest*-Krise bei *Daimler-Benz* aus dem Jahr 1997. Zunächst ging das Unternehmen davon aus, dass es seine *A-Klasse* technisch verbessern müsste, um auf die schlechten Resultate in Tests und negative Berichterstattung zu reagieren. Nach der Krise kam *Daimler-Benz* jedoch zu dem Schluss, dass 70 % der Lösung in den Aufgabenbereich von Öffentlichkeitsarbeit gefallen waren (Töpfer 1999: 173; ausführliche Diskussion dieses Zusammenhangs in Abschnitt 2.3). Dieser Einfluss von Kommunikation auf eine Krisenlösung lässt sich nicht nur mit Fallbeispielen zeigen, sondern wird auch von Forschern diskutiert (z. B. Coombs et al. 2010). Um die Krisenkommunikation von Organisationen besser zu verstehen, werden deswegen im nächsten Abschnitt deren Ziele und Zielgruppen analysiert.

2.2 Ziele und Zielgruppen von Krisenkommunikation

Wenn Kommunikation von Organisationen ein wichtiges Werkzeug zur Krisenlösung sein kann, so erscheint es sinnvoll, die Ziele und Zielgruppen dieser Kommunikation zu analysieren. Denn bisher wurde lediglich vermutet, dass Journalisten eine wichtige Zielgruppe für die Kommunikation einer Krisenorganisation sind. Jedoch kann erst eine Analyse der Ziele und Zielgruppen zeigen, ob diese Vermutung korrekt ist. Grundsätzlich unterscheiden Forscher zwei Ziele von Krisenkommunikation: Die Organisation soll zum einen Betroffene informieren, um weiteren Schaden von ihnen abzuwenden und zum anderen sich selbst schützen (Coombs 2005: 221).

Sofern die Organisation den Betroffenenkreis einer Krise eingrenzen und direkt ansprechen kann, kann sie das erste Ziel ohne Unterstützung der Medien erreichen. So kann z. B. ein Unternehmen nach einem Unglück in einer Fabrik direkt mit Anwohnern kommunizieren und Verhaltensanweisungen zum Schutz vor möglichen Gefahren ausgeben. Doch sobald die Betroffenengruppe nicht mehr lokal klar abgegrenzt werden kann, können Krisenorganisationen auf die Hilfe der Medien angewiesen sein, um z. B. alle Käufer eines defekten Produkts zu warnen. Dies gilt gerade in den Zeiten der zunehmend globalen Ausrichtung von Organisationen und Warenströmen (Bleses et al. 2008: 29; Bundesverband der Deutschen Industrie 2011). Wenn Organisationen global aktiv sind, ist es eine große logistische Herausforderung, mit allen Anspruchsgruppen direkt zu kommunizieren. Zwar können sie auf ihrer Homepage über die Krise informieren, doch erreicht diese Botschaft nur diejenigen Anspruchsgruppen, die dort aktiv nach Information suchen. Wenn dagegen auch in den Medien z. B. vor einem defekten Produkt gewarnt wird, werden wahrscheinlich mehr Konsumenten erreicht.

Bezüglich des zweiten Ziels von Krisenkommunikation, dem Schutz der Organisation selbst, nennen viele Forscher *Reputation* als die zu schützende Zielgröße (Coombs, Holladay 1996; Thießen 2011: 16; Schwarz 2010: 13). Bevor analysiert wird, wie man seine Reputation mit Kommunikation schützen kann, muss der Begriff definiert und von verwandten Begriffen wie *Glaubwürdigkeit, Vertrauen,* und *Image* abgegrenzt werden. In der Literatur werden diese Begriffe uneinheitlich verwendet, manche US-Forscher benutzen „image" und „reputation" synonym, außerdem sprechen Arbeiten von „reputation" (Coombs, Holladay 2006: 123), die direkt auf Studien zu „images" aufbauen (Benoit 1995a) und unter „corporate image" verschlagwortet sind. Darüber hinaus hat die Forschungsliteratur zahlreiche Definitionen hervorgebracht, was unter *Reputation* zu verstehen sei (z. B. „an umbrella construct, referring to the cumulative

2.2 Ziele und Zielgruppen von Krisenkommunikation

impressions of internal and external stakeholders", Chun 2005: 105; „Ruf von Vertrauenswürdigkeit", Eisenegger 2005: 29; „Aggregate perceptions of multiple stakeholders about a company's performance", Fombrun et al. 2000; „Ruf in der Öffentlichkeit", Helm 2004: 27; dreidimensionaler (funktionaler, sozialer, expressiver) Reputationsansatz, Imhof, Eisenegger 2007: 6).

Thießen (2011: 30 ff.) diskutiert die Unterschiede zwischen den Begriffen *Image* und *Reputation*. Eine Person kann laut seiner Darstellung erstens das Image einer Organisation selbst wahrnehmen (indem sie z. B. deren Produkte oder Außendarstellung betrachtet), Reputation ist dagegen vermittelte Fremderfahrung von Dritten. Zweitens können Images auch mit Gegenständen verbunden sein, Reputation dagegen nur mit Personen oder Organisationen. Drittens werden Image und Reputation abgegrenzt anhand der kognitiven Prozesse des Betrachters, während er in einem Fall das Abbild (Image) einer Organisation lediglich wahrnimmt, bewertet er es im anderen Fall zusätzlich (Reputation). In dieser Arbeit wird als Zielgröße von Organisationskommunikation die Verbesserung der *Reputation* angenommen, da dieser Begriff die symbolisch-relationale Forschungsliteratur dominiert, an die diese Arbeit anknüpft (siehe z. B. Coombs 2006a; Thießen 2011; Schwarz 2010). Im Sinne dieser Anschlussfähigkeit an den Forschungsdiskurs wird *Reputation* hier sehr ähnlich definiert wie bei Thießen (2011: 60):

„Reputation ist die Zusammenfassung persönlicher (direkter) oder medienvermittelter (indirekter) Erfahrungen, die verschiedene Stakeholder einer Organisation [oder Person] attribuieren und kann sich beziehen auf funktionale, soziale und emotionale Determinanten. Sie ist gleichsam eine Erwartung, die Stakeholder anhand vergangener oder aktueller Handlungen (organisationsimmanent) oder Signale (medienvermittelte Interpretation) an den Reputationsträger stellen."

Reputation wird nach dieser Definition von Anspruchsgruppen zugeschrieben, sie ist keine eigenständige Eigenschaft einer Organisation, sondern entsteht erst im sozialen Kontext. Objekte dieser Zuschreibung sind Organisationen oder Personen. Dies ist der einzige Punkt, an dem die Definition von Thießen erweitert wurde, er spricht lediglich von Organisationen und knüpft damit an die US-Forschungsliteratur an, die von „corporate reputation" in einem ökonomischen Kontext spricht (z. B. Chun 2005). Im deutschen Sprachraum wird *Reputation* dagegen auch synonym mit *Ruf* übersetzt, der Personen zugeschrieben werden kann (Voswinkel 2001: 119).

Neben dieser Definition erscheint es sinnvoll, den Begriff *Reputation* von *Vertrauen* und *Glaubwürdigkeit* abzugrenzen und das Verhältnis dieser Konzepte zueinander zu beschreiben. Auch hier sind in der Literatur unterschiedliche

Verwendungen zu finden, so beschreiben manche Autoren Vertrauensaufbau als Ziel von glaubwürdiger Krisenkommunikation (Johanssen, Dujić 2008: 200), andere dagegen Vertrauen und Glaubwürdigkeit als sich gegenseitig bedingende Konzepte (Köhler 2006: 115).

Reputation wird aufbauend auf dem Forschungsstand (Thießen 2011: 27; Voswinkel 2001: 119) von *Vertrauen* dadurch abgegrenzt, dass Vertrauen ausschließlich ein Resultat direkter Interaktion ist, Reputation dagegen wie oben definiert immer auch Fremderfahrungen, also Aussagen von Dritten über den Reputationsträger, einschließt. Während man z. B. seinen Freunden vertraut, weil man sie kennt und mit ihnen interagiert, kann man seine neue Hausärztin deswegen auswählen, weil ihr von Dritten ein *guter Ruf* oder eine *gute Reputation* zugeschrieben wird.

Glaubwürdigkeit bezeichnet ebenso wie *Reputation* und *Vertrauen* eine Zuschreibung, der Unterschied besteht darin, dass Glaubwürdigkeit mit Aussagen verbunden ist (Bentele, Seidenglanz 2005: 346; Nawratil 1997: 20), also sich entweder auf eine Aussage selbst oder einen Kommunikator bezieht. Reputation muss jedoch nicht im Zusammenhang mit Aussagen stehen, sie kann sich z. B. auch auf Kompetenzen beziehen. Einem Sprecher oder seiner Aussage wird dagegen Glaubwürdigkeit („credibility") zugeschrieben, wenn er zum einen Kompetenz („expertise") auf dem Gebiet besitzt, über das er spricht, und zum anderen Vertrauenswürdigkeit („trustworthiness"; Stiff, Mongeau 2003: 106). Um die Kompetenz und Vertrauenswürdigkeit eines Sprechers zu bewerten, können Personen dessen Reputation als Bewertungshilfe heranziehen. Eine gute Reputation ist nach dieser Beschreibung also eine Ermöglichungsgrundlage dafür, dass Rezipienten einem Sprecher und seinen Aussagen eine große Glaubwürdigkeit zuschreiben. Organisationen wollen mit PR im Allgemeinen und Krisen-PR im Speziellen ihre Reputation verbessern oder retten. Rezipienten sollen die Organisation als kompetent und vertrauenswürdig bewerten, ihren Aussagen glauben und Handlungen in ihrem Sinne vollziehen (Thießen 2011: 33). Zerfaß (2010: 396) spricht aufbauend auf Stahl (1998) von dem „Reputationskapital" als einem

> „immaterielle[n] Wert (...), der darin zum Ausdruck kommt, dass relevante Bezugsgruppen einem Unternehmen und seinen Führungskräften bestimmte Fähigkeiten und Glaubwürdigkeit zusprechen, die es diesen ganz konkret ermöglichen, kommunikativen Einfluss auszuüben."

Nachdem nun Krisen definiert und die Bedeutung und Zieldimensionen von Krisenkommunikation analysiert wurden, werden die Zielgruppen betrachtet, bei denen eine Organisation ihre Reputation verbessern möchte. Grundsätzlich sind

2.2 Ziele und Zielgruppen von Krisenkommunikation

alle Anspruchsgruppen die Zielgruppe von Krisenkommunikation, an die sich die Kommunikation auch zu Normalzeiten richtet, also z. B. Kunden, Mitarbeiter, Anwohner, Politiker, Lieferanten und Medienvertreter. Im Folgenden wird exemplarisch für einige Anspruchsgruppen gezeigt, warum Kommunikation für Organisationen wichtig ist und welche Folgen ein Reputationsverlust bei diesen Gruppen haben kann. Die Analyse diskutiert die Anspruchsgruppen der (1) Kunden (nur für Wirtschaftsunternehmen), (2) Vertreter der Gesellschaft, in der eine Organisation agiert, (3) Kapitalgeber und (4) Journalisten. Das Verhalten von Anspruchsgruppen könnte von der Krisenkommunikation einer Organisation beeinflusst werden, zugleich kann ihr Verhalten über den zukünftigen Organisationserfolg entscheiden:

(1) Wenn *Kunden* einem Unternehmen aufgrund einer Krise weniger Reputation zuschreiben, kann es direkte finanzielle Verluste erleiden. Der Absatz geht zurück, der Unternehmensgewinn sinkt. Ein Beispiel ist die Krise des Nudelherstellers *Birkel* im Jahr 1985. Aufgrund von Berichterstattung über angeblich verdorbene Flüssig-Eier in *Birkel*-Nudeln brach der Absatz ein, viele Angestellte verloren ihren Arbeitsplatz und das angeschlagene Unternehmen wurde vom *Danone*-Konzern übernommen (siehe Kepplinger 2001; Lerz 1985). Obwohl die Berichterstattung über *Birkel* faktisch falsch war (der Nudelhersteller hatte keine verdorbenen Flüssig-Eier verwendet), schaffte es das Unternehmen mit seiner Kommunikation nicht, seine Reputation zu retten und Schaden abzuwenden.

(2) Unternehmen bedienen nicht nur ihre Kunden, sondern müssen ebenso wie andere Organisationen auch von der *Gesellschaft* akzeptiert werden, um handeln zu können. Gesellschaft bedeutet in diesem Zusammenhang die Summe aller Anspruchsgruppen, die sich von einer Krise betroffen fühlen können, obwohl sie nicht Kunden, Kapitalgeber oder Journalisten sind. Das können Anwohner an Produktionsstandorten sein oder Politiker eines Landes, in welchem eine Organisation agiert. Organisationen sind abhängig davon, dass die Gesellschaft ihrem Handeln zustimmt oder es zumindest toleriert. Andernfalls kann die Gesellschaft die Rahmenbedingungen oder Gesetzgebung ändern, um Handlungen der Organisation zu erschweren oder zu unterbinden. Deswegen müssen Organisationen ihr Handeln erklären und rechtfertigen, um gesellschaftliche Akzeptanz zu erreichen. Manche Wissenschaftler sprechen von einem „Akzeptanzmarkt", auf dem Wirtschaftsunternehmen neben dem Produktmarkt zusätzlich agieren (Bentele, Janke 2008: 118). Forscher beschreiben es als geboten, dass Unternehmen mit ihrer Kommunikationspolitik nicht nur den Markt, sondern auch die Gesellschaft adressieren:

> „Die externe Unternehmens-Kommunikation (...) fördert die notwendigen Prozesse im Marktumfeld, in dem wirtschaftliche Beziehung mit Lieferanten, Abnehmern und Wettbewerbern ge-

staltet werden, sowie im gesellschaftspolitischen Umfeld, das die Gesamtheit aller regulativen Beziehungen in nicht-ökonomischen Sphären umfasst." (Zerfaß 2010: 297)

Wenn eine Organisation die Akzeptanz der Gesellschaft verliert, werden ihre Handlungsmöglichkeiten eingeschränkt. Ein Beispiel dafür ist die Debatte um die Nutzung der Kernenergie, die in Deutschland seit Ende den 1970er Jahren geführt wird (Kepplinger 2011: 206 ff.). So war es nicht etwa eine Abwanderung von Stromkunden, die deutsche Kernkraftwerksbetreiber in eine Krise stürzte, sondern politische Richtungsentscheidungen: Die rot-grüne Bundesregierung unter Gerhard Schröder entschied sich zum so genannten Atomausstieg, die schwarz-gelbe Bundesregierung unter Angela Merkel strebt seit dem Unglück von Fukushima ebenfalls einen Ausstieg aus der Kernkraft an (Deutscher Bundestag 2011). Dieses Beispiel zeigt, dass eine Krise nicht zwangsläufig auf akut spürbaren Missständen basieren muss. Es reicht aus, dass eine Anspruchsgruppe ein Thema problematisiert und z. B. das Risiko eines zukünftigen Nuklearunfalls als nicht hinnehmbar bewertet, um eine Organisation oder eine ganze Industrie in eine Krise zu stürzen (zum Themengebiet der Risiko-Kommunikation siehe Baumgärtner 2008; Becker 1993; Dunwoody, Peters 1993; Herkenhoff 2008; Ruhrmann 2005). Auch nicht gewinnorientiert arbeitende Organisationen können davon betroffen sein, dass eine Gesellschaft ihre Handlungsweise fördert oder ablehnt. So kann beispielsweise der Einfluss religiöser Gruppierungen davon abhängen, wie viel Handlungsspielraum die Gesellschaft ihnen gibt (z. B. Einführung/Abschaffung der Kirchensteuer oder von verpflichtendem Religionsunterricht). Laut Ansicht mancher Autoren nehmen seit Mitte der 1980er Jahre Krisen zu, die auf einem Konflikt von Organisationen mit gesellschaftlichen Anspruchsgruppen beruhen (Köhler 2006: 29).

(3) Ein Reputationsverlust bei Kunden und/oder Gesellschaft bereitet einer Organisation häufig Probleme mit ihren *Kapitalgebern*. Kapitalgeber eines Unternehmens sind zum einen Banken, die ihm Kredite gewähren, zum anderen Investoren (wie z. B. Aktionäre). Beide erwarten einen Gewinn auf ihre Investition, der für sie das Risiko kompensiert, dass das Unternehmen zahlungsunfähig wird. Um diesen Gewinn zu erhalten, erheben Banken einen Zins auf ihre Kredite, Investoren verlangen eine Rendite für ihre Investition (Malkiel 2008). Wenn ein Unternehmen bei seinen Kunden oder Anspruchsgruppen an Reputation einbüßt, steigt das Risiko seiner Zahlungsunfähigkeit, da es·z. B. keine Käufer für seine Produkte mehr findet. Dieses gestiegene Risiko wird am Markt eingepreist, z. B. muss das Unternehmen höhere Zinsen auf Kredite zahlen, wenn seine Kreditgeber ein größeres Insolvenzrisiko befürchten und deswegen einen Risikoaufschlag verlangen. Für das Unternehmen steigen damit die Kapitalkosten, die es zahlen muss, um an benötigtes Fremdkapital zu gelangen (Hutzschen-

reuter 2008: 154 ff.). Ein Unternehmen muss daher seine Kapitalgeber überzeugen, dass eine Krise nicht seine Zahlungsfähigkeit beeinträchtigt, damit die Kapitalkosten stabil bleiben. Für börsennotierte Unternehmen ist ein Reputationsverlust auch deswegen gefährlich, weil der Wert seiner Aktie unter anderem auf dessen Reputation beruht (Will, Löw 2003) und demzufolge von „schlechte[n] Nachrichten, Gerüchte[n] oder (...) Fehlverhalten von Topmanagern" (Zerfaß 2010: 397) geschädigt werden kann. Ein schwacher Aktienkurs enttäuscht nicht nur bestehende Aktionäre eines Unternehmens, sondern schränkt darüber hinaus dessen finanzielle Möglichkeiten ein, sich mit einer Emission von weiteren Aktien zusätzliches Kapital zu beschaffen.

Auch nicht gewinnorientiert arbeitende Organisationen büßen finanzielle Mittel ein, wenn sie aufgrund einer sinkenden Reputation Kapitalgeber verlieren, wie z. B. die Spendenrückgänge im oben diskutierten *Unicef*-Beispiel. Darüber hinaus können Sponsoren ihr Engagement bei Organisationen einstellen, wenn deren Reputationswerte beschädigt sind. Gerade wenn Wirtschaftsunternehmen sich vom Sponsoring von Vereinen und Initiativen einen positiven Reputations- und Imageeffekt erhoffen, könnten sie sehr genau prüfen, ob die finanzielle Unterstützung einer Organisation sinnvoll ist, die selbst gerade einen Reputationsschaden erlitten hat.

(4) *Journalisten* sind eine weitere und möglicherweise die entscheidende Zielgruppe von PR und Krisen-PR. Von den Handlungen einer Organisation erfahren Menschen hauptsächlich aus den Medien (Deephouse 2000: 1096; Ingenhoff, Thießen 2009: 160; Köhler 2006: 65 ff.; Weischenberg 1995: 223). Da Deutsche im Schnitt rund 10 Stunden täglich Medien nutzen (Ridder et al. 2010: 525) und ein großer Teil der Bevölkerung sich über Themen aus Politik, Wirtschaft und Kultur aus den Medien informiert (tns Infratest 2010), erscheint es wahrscheinlich, dass sich auch die Anspruchsgruppen einer Organisation aus den Medien über eine Krise informieren. Zwar kann diese Organisation daneben direkt mit ihnen kommunizieren (z. B. mit Werbeanzeigen, persönlichen Anschreiben an Kapitalgeber, Info-Veranstaltungen, Websites), jedoch vermuten Forscher, dass Medienberichte die zentrale Quelle sind, aus der sich Personen über eine Krise informieren (Carroll, McCombs 2003; Coombs 2004: 286; Coombs, Holladay 2010a: 198). Wenn sie sich dort informieren, können die Medienbeiträge bei ihnen verschiedene Effekte auslösen. Im Fall von Organisationskrisen sind vor allen Dingen fünf Effekte aus verschiedenen Gründen relevant: *Agenda Setting, Second-Level Agenda Setting, Framing,* die Wirkung von *Schlüsselereignissen* und der *Third Person Effect.*

Agenda Setting beschreibt das Phänomen, dass Medien mit ihrer Berichterstattung bestimmen können, welche Themen von der Öffentlichkeit als wichtig angesehen werden (McCombs, Shaw 1972; Maurer 2010; Scheufele, Tewksbury

2007). Wenn Medien die öffentliche Aufmerksamkeit auf eine Krise lenken, können sie damit einerseits das Risiko eines Reputationsschadens für die betroffene Organisation erhöhen, da wesentlich mehr Personen von der Krise erfahren. Andererseits können sie in manchen Fällen mit ihrer Berichterstattung für den Übergang von der latenten zur akuten Krisenphase sorgen, wie oben am *Brent Spar*-Beispiel gezeigt wurde. Für Organisationen ist dieser Agenda Setting-Effekt nicht nur deswegen relevant, weil die Öffentlichkeit deswegen eine Krise wahrnimmt, sondern auch weil sie ihre Vorstellung über eine Organisation dauerhaft mit dieser Krise verknüpfen könnte. Dies wird als *Second-Level Agenda Setting* bezeichnet, Rezipienten verbinden hier eine Organisation aufgrund von Berichterstattung mit bestimmten Attributen (wie z. B. „Krisenhaftigkeit"; Carroll, McCombs 2003; Ghanem 1997; Scheufele 2003: 60). Wenn Rezipienten diese Attribute als Bewertungskriterien heranziehen, so wird dieses Vorgeben der bewertungsrelevanten Attribute von den Medien als *Priming* bezeichnet (Scheufele, Tewksbury 2007: 11). Eine Studie zum Second-Level Agenda Setting bei Krisen stellte fest, dass Rezipienten den Ölkonzern *Shell* mit Umweltverschmutzung assoziierten, wenn dieser Zusammenhang vorher in Medienberichten hergestellt worden war (Meijer, Kleinnijenhuis 2006). Eine Organisation sollte sich daher bewusst sein, dass sie in der Öffentlichkeit anhand der Themen wahrgenommen und gegebenenfalls bewertet wird, in deren Zusammenhang über sie in den Medien berichtet wird.

Journalisten können eine Organisationskrise nicht nur auf die Bevölkerungsagenda setzen, sondern auch einen Interpretationsrahmen (*Frame*) wählen, durch den sie berichten (Forschungsüberblick in Fröhlich et al. 2007; Matthes 2009). Dieser Interpretationsrahmen ist bei Entman (1993: 52) wie folgt definiert:

> „To frame is to select some aspects of a perceived reality and make them more salient in a communicating text, in such a way as to promote a particular problem definition, causal interpretation, moral evaluation, and/or treatment recommendation for the item described."

Scheufele (1999: 106 f.) unterscheidet in Anlehnung an diese Definition zwischen „individual frames" und „media frames". „Individual frames" sind kognitive Verarbeitungsmuster, die Personen heranziehen, um neue Information zu verarbeiten und einzuordnen. „Media frames" sind dagegen Bestandteile eines Mediendiskurses, mit denen Medien ein Ereignis strukturieren, priorisieren und in eine zusammenhängende, erzählbare Geschichte umwandeln. Wenn Journalisten einen Media Frame für ein Thema auswählen, so kann dieser Frame bestimmen, wie Rezipienten das Thema beurteilen (Scheufele 2003: 213 ff.). So könn-

2.2 Ziele und Zielgruppen von Krisenkommunikation

ten Journalisten beispielsweise Windenergieanlagen aus verschiedenen Perspektiven framen (Arbeitsplätze, Klimawandel, Energiesicherheit, Landschaftsschutz etc.) und Rezipienten könnten den jeweiligen Frame anwenden, wenn sie sich eine Meinung darüber bilden.

Wenn nun überraschend eine Krise eintritt, können Journalisten nicht auf einen etablierten Frame zurückgreifen, sondern müssen vor ihrer ersten Berichterstattung entscheiden, aus welchem Blickwinkel sie ihren Bericht verfassen wollen. Scheufele (2003: 104) unterscheidet bei diesen Prozessen zwischen „Routinephasen" mit stabilen Frames und „Orientierungsphasen" mit neuen bzw. veränderten Frames:

> „In Routinephasen werden bestehende Kriterien der Nachrichtenproduktion perpetuiert: Journalisten richten ihre Aufmerksamkeit auf Informationen, die in ihre Frames bzw. Schemata passen. (...) In Orientierungsphasen werden neue Bezugsrahmen gesetzt oder bestehende verändert."

Dieser psychologische Orientierungsprozess der Journalisten ist auch für Organisationen relevant, da die Bewertung einer Krise durch Anspruchsgruppen unter anderem davon abhängen könnte, wie die Medien diese framen. Ob Journalisten eine Krise z. B. aus dem Blickwinkel der Organisation oder dem einzelner Opfer erzählen, könnte einen Einfluss darauf haben, wie Rezipienten sie wahrnehmen und bewerten.

Ein weiterer Faktor, der den Reputationsschaden für eine Krisenorganisation beeinflussen könnte, ist die Intensität und Dauer von Berichterstattung. Man kann annehmen, dass Rezipienten eine Organisation aufgrund von Second-Level Agenda Setting umso stärker mit einer Krise assoziieren, je häufiger und je länger Medien darüber berichten. Ein Grund für eine lang anhaltende Berichterstattung über eine Organisationskrise kann darin bestehen, dass Journalisten diese als *Schlüsselereignis* wahrnehmen. Ein Schlüsselereignis ist ein Ereignis, das Berichte über ähnliche Ereignisse nach sich zieht (Kepplinger, Hartung 1995: 21). An Berichterstattung über Schlüsselereignisse schließt sich eine Serie von Folgeberichten an, wie z. B. anhand der Berichterstattung über ausländerfeindliche Straftaten nach Brandanschlägen auf Asylantenwohnheime in Deutschland untersucht wurde (Brosius, Eps 1993; Scheufele 2003). Nach einem Schlüsselereignis greifen Journalisten ein Thema zweckgerichtet immer wieder in ihrer Berichterstattung auf. Sie suchen gezielt nach Ereignissen für ihre Berichterstattung, die dem Schlüsselereignis ähneln oder zumindest ähnlich erscheinen. Diese nachfolgenden Ereignisse sind also "nicht Ursachen, sondern Anlässe der Berichterstattung. Ihre Ursache besteht in der Sichtweise, die durch die Schlüsselereignisse etabliert wurde: Weil sich die Leser, Hörer, und Zuschauer für das etablierte Thema interessieren, berichten Journalisten häufiger darüber; weil Journalisten eine spezifische Sichtweise gewonnen haben, stellen sie das folgende Geschehen aus der gleichen Perspektive dar; weil einige Medien das Thema am Kochen halten, können sich andere Medien der Thematik nicht entziehen usw." (Kepplinger, Hartung 1995: 22)

Für die Reputation einer Organisation kann es fatal sein, wenn Journalisten die Krise als Schlüsselereignis auffassen. Dies wird am Beispiel der Krise der *Hoechst AG* im Jahr 1993 deutlich, bei der aufgrund eines Unfalls in einem Werk ein Chemikaliengemisch in die Luft gelangte und sich auf zwei Frankfurter Vororte niederschlug. Die gesundheitlichen Folgen für die betroffenen Anwohner waren relativ gering, lediglich rund 40 Personen mussten wegen Hautreizungen oder Atembeschwerden ärztlich behandelt werden (Kepplinger 2011: 85; Kepplinger, Hartung 1995; Zerfaß 2010: 30). Obwohl der eigentliche Störfall also glimpflich ablief, entwickelte er sich für *Hoechst* zu einer existenzbedrohenden Krise. Denn die Journalisten interpretierten den Störfall als Schlüsselereignis, das eine Vielzahl von Folgeberichten über eine angebliche Störfallserie bei *Hoechst* auslöste. Auch kleinste Unfälle (wie z. B. ein Autounfall auf dem Werksgelände) wurden als Anlass für Berichterstattung genommen. Die Journalisten hinterfragten die Arbeitsweise und Legitimation des Unternehmens und der Chemie-Branche an sich. Der Schaden für die *Hoechst AG* war beträchtlich, die Unternehmensreputation stürzte um mehr als 60 Rangplätze ab (Zerfaß 2010: 31). Dieses Beispiel zeigt, dass Journalisten längerfristig über Krisen berichten können, weil sie aufgrund einer ersten, als Schlüsselereignis wahrgenommenen Krise den Berichterstattungszeitraum verlängern.

Ein weiterer Effekt, der gerade für börsennotierte Unternehmen in einer Krise wichtig sein könnte, ist der so genannte *Third Person Effect* (Davison 1983; Perloff 1993). Dieser Effekt beschreibt den Vorgang, dass Menschen über Gedanken und Verhalten ihrer Mitmenschen spekulieren (wie z. B. über Medienwirkungen) und ihre eigenen Handlungen ggf. nach diesen Vermutungen ausrichten. Wenn nun Aktionäre eines Unternehmens glauben, dass eine negative Berichterstattung über eine Krise andere Aktionäre zum Verkauf von dessen Aktien bewegen könnte, dann könnten sie aufgrund dieser vermuteten Verkaufsabsicht ihre eigenen Anteile verkaufen, um einem Kurssturz zuvorzukommen. Wenn die Berichterstattung die Angst vor einem Kurssturz nicht nur schürt, sondern diesen auch auslöst, dann wäre die berichterstattungsbasierte Angst der Aktionäre eine selbsterfüllende Prophezeiung.

Alle diese Phänomene unterstreichen, wie wichtig Journalisten als Zielgruppe für Krisenorganisationen sind. Denn ihre Berichterstattung kann einen entscheidenden Einfluss darauf ausüben, wie andere Zielgruppen einer Organisation (z. B. Kunden, Gesellschaft, Kapitalgeber) deren Reputation beurteilen. Darüber hinaus kann sie auch spezifische Medienwirkungen bei diesen Anspruchsgruppen auslösen, welche die Wahrnehmung einer Krise beeinflussen können. Im Extremfall kann eine negative Berichterstattung zu schweren Folgeschäden für die betroffene Organisation führen, wie am Beispiel der *Hoechst*-Krise gezeigt wurde. Wegen dieses großen Einflusses auf die Reputation einer Organisation bezeichnet Ulmer (2001: 601) Medienvertreter als „key stakeholder" einer Organisation, andere Forscher betonen die wichtige Rolle der Medienberichterstattung gerade in Krisenzeiten:

> „Weil medieninduzierte Reputationsschäden außerhalb der Medien nicht korrigiert werden können, hat [... dies] für die Akteure zur Konsequenz, dass sie selbst auf die Produktion von Reputation in den Medien einwirken bzw. ihre Außenkommunikation auf die Massenmedien konzentrieren müssen." (Imhof, Eisenegger 2007: 11)

Nachdem nun die große Bedeutung von Medienberichterstattung in Organisationskrisen dargestellt wurde, wird im nächsten Abschnitt anhand konkreter Beispiele dargestellt, welche Wirkung eine gelungene und misslungene Krisenkommunikation auf die Medienberichterstattung und Reputation einer Organisation haben kann.

2.3 Typen von Organisationskrisen

In diesem Abschnitt wird eine Krisentypologie entwickelt, die der Kommunikation von Organisationen und dem darauf folgenden Medienecho besonderen Stellenwert einräumt. Dazu werden zunächst der Forschungsstand zur Klassifikation von Organisationskrisen analysiert, darauf aufbauend die Typologie entwickelt und danach vergangene Krisen exemplarisch klassifiziert.

Die Erforschung und Typologisierung von Krisen wird bisher vor allen Dingen in der Wirtschaftswissenschaft mit starkem Fokus auf ökonomischen Indikatoren betrieben, manche Autoren sprechen von einem „Corporate Bias" (Imhof, Eisenegger 2007: 1), da diese Typologien nicht-ökonomische Einflüsse unterbelichten. Forschungsansätze zur Klassifizierung von Organisationskrisen kann man danach unterteilen, ob sie einen quantitativen oder qualitativen Schwerpunkt setzen (Köhler 2006: 28 ff.; Moldenhauer 2004: 19 ff.). Quantitative Ansätze verwenden Daten aus der Erforschung von Insolvenzen, wie

z. B. Branche, Mitarbeiterzahl und Alter von Unternehmen, die Insolvenz anmelden (Creditreform Wirtschaftsforschung 2011). Dieser Ansatz hat den Vorteil belastbarer Daten, jedoch kann er Organisationskrisen nur begrenzt beschreiben. Zum einen können diese statistischen Daten nicht Entstehung und Verlauf von Krisen erklären (zumal Faktoren wie Umsatz, Mitarbeiterzahl und Unternehmensalter korrelieren könnten), zum anderen klammert diese Betrachtungsweise Krisen aus, die nicht in einer Insolvenz enden. Qualitative Forschung hat dagegen eine breitere Herangehensweise und betrachtet verschiedene Indikatoren. Thießen (2011: 71 ff.) hat in einer Metaanalyse der Forschungsliteratur acht verschiedene Arten von Klassifikationen gefunden, welche Krisen nach den folgenden Kriterien unterscheiden:

1. Auslösertyp, vor allem wird zwischen vorsätzlich und nicht vorsätzlich verursachten Krisen unterschieden,
2. Gefährdung für die Reputation der Organisation,
3. Finanzwirtschaftliche Kriterien, Krisen werden anhand ihres Einflusses auf den finanziellen Handlungsspielraums einer Organisation klassifiziert,
4. Wahrnehmbarkeit, Krisen werden danach unterschieden, welche Akteure (z. B. Geschäftsleitung, Mitarbeiter, externe Anspruchsgruppen) eine Krise wahrnehmen können,
5. Bilanzanalytische und qualitative Kriterien, Krisen werden danach bestimmt, ob sie besonders in bestimmten Organisationstypen auftreten,
6. Ort der Verursachung (organisationsintern oder -extern),
7. Reaktionsmöglichkeiten, Krisen werden anhand der Maßnahmen klassifiziert, mit denen die Organisationsführung auf sie reagieren kann,
8. Grad der Bedrohung von Managementzielen, diese Unterscheidung betrifft ähnlich wie (3) den Handlungsspielraum von Organisationen, geht jedoch über eine Betrachtung rein finanzieller Indikatoren hinaus.

Thießen (2011: 74) klassifiziert ausgehend davon Krisen (aufbauend auf Coombs 2007b und Imhof, Eisenegger 2007) ähnlich wie in (2) anhand der Bedrohung der Organisationsreputation, jedoch unterteilt er sie zusätzlich in funktionale, soziale und emotionale Krisenarten. Funktionale Krisen sind laut Thießen solche, die die Kerntätigkeit einer Organisation betreffen (z. B. strategische Fehlentscheidungen), soziale Krisen schädigen deren gesellschaftliches Ansehen (z. B. mangelhaftes gesellschaftliches Engagement) und emotionale Krisen deren Sympathiewerte (z. B. rassistische Äußerungen).

Für diese Arbeit wird eine Typologie entwickelt, welche die Höhe des Reputationsschadens für eine Organisation mit der physischen Schadenshöhe des krisenauslösenden Ereignisses verknüpft. Diese Typologie soll zeigen, dass die Größe des Reputationsschadens für eine Organisation von der Größe des krisenauslösenden Schadens entkoppelt sein kann. Denn würde ausschließlich die Schadenshöhe des Krisenereignisses den Reputationsschaden determinieren, dann wäre es müßig, sich mit den Wirkungen von Krisenkommunikation zu beschäftigen, da diese sowieso keinen Einfluss auf den Reputationsschaden hätte. Wenn aber die Schadenshöhe des krisenauslösenden Ereignisses und der Reputationsschaden nicht zusammenhängen müssen, dann haben Organisationen einen kommunikativen Spielraum, um Schaden von ihrer Reputation abzuwenden. Viele der oben genannten, betriebswirtschaftlichen Klassifikationen legen einen Schwerpunkt auf die finanziellen Aspekte einer Krise, die kommunikativen Aspekte spielen dort nur eine Nebenrolle. Eine Typologie mit stärkerem Kommunikationsfokus kann jedoch helfen, die Wirkung von Kommunikation auf Krisenverläufe und Reputationsschäden zu veranschaulichen. Um solch eine Typologie zu entwickeln, werden nun zunächst exemplarisch einige Krisen vorgestellt und beschrieben, welche Medienreaktion das Verhalten der betroffenen Organisationen ausgelöst hat. Danach wird aufbauend auf dieser Betrachtung die Typologie entwickelt und die Krisen darin eingeordnet. Wegen der Datenverfügbarkeit und aus Gründen der Vergleichbarkeit werden hier nur Fallstudien der Krisen von Wirtschaftsunternehmen präsentiert, nämlich diejenigen von *Shell, Danone, Toyota, Apple, BP, Haribo* und *Johnson & Johnson.*

(1) Neben der oben schon diskutierten Krise der *Hoechst AG* ist die Diskussion um *Shells* schwimmenden Öltank *Brent Spar* 1995 eine weitere Krise, die kommunikationswissenschaftlich gut aufgearbeitet wurde. Nachdem *Shell* seine Pläne angekündigt hatte, den ausgedienten Tank in der Nordsee versenken zu wollen, startete die Umweltschutzorganisation *Greenpeace* eine PR-Initiative in Deutschland gegen die geplante Versenkung. Aktivisten besetzten die Plattform und riefen zum *Shell*-Boykott auf, was *Shells* Reputationswerte in Deutschland abstürzen ließ und zu Tankboykotten und einem Anschlag auf eine Tankstelle führte (Berens 2001: 112 ff.; Kepplinger 2001: 55). Die Medien kommunizierten in der Hochphase der Krise Mitte Juni 1995 fast ausschließlich Botschaften, welche die Sichtweise von *Greenpeace* widerspiegelten (Kepplinger 2001: 27 aufbauend auf Berens 2001: 137 ff.). *Shell* legte erst sieben Wochen nach dem Start der *Greenpeace*-Aktionen die korrekten Zahlen der Giftstoffe auf *Brent Spar* vor, konnte damit aber die deutschen Journalisten nicht mehr überzeugen. Dieses Scheitern der *Shell*-Pressemitteilung wird darauf zurückführt, dass sich bei den Journalisten die *Greenpeace*-Sichtweise so fest etabliert hatte, dass die faktisch korrekte Information von *Shell* abgelehnt wurde, weil sie diesem Schema widersprach (Kepplinger 2001: 26). Die Sichtweise der Journalisten wandelte sich erst, als *Greenpeace* am 16. Juni 1995 zugeben musste, die Menge der Giftstoffe auf *Brent Spar* um das 55fache überschätzt zu haben (Schubert 2000: 232; Welt-Nachrichtendienst 1995). Dies führte zu einer wesentlich kritischeren

Sichtweise von Journalisten auf *Greenpeace* (Der Spiegel 25.09.1995). Die Umweltschutzorganisation betonte jedoch im Nachhinein, dass ihr Widerstand gegen die Versenkung moralisch richtig gewesen sei, unabhängig von der Veröffentlichung falscher Daten gegen Ende der Kampagne (Redelfs 2005: 37). *Shell* beugte sich dem öffentlichen Druck und verschrottete *Brent Spar* an Land, obwohl diese Lösung nicht nur teurer, sondern auch umweltschädlicher war (Kepplinger 2001: 10). In diesem Fall war der Auslöser der Krise nicht ein Schaden selbst, sondern die Thematisierung eines Risikos. Die Aktionen von *Greenpeace* machten nicht auf einen bereits vorhandenen Schaden aufmerksam, sondern auf die Möglichkeit eines zukünftigen Umweltschadens, wenn der schwimmende Öltank nach seiner Versenkung Giftstoffe ins Meer freisetzen würde. Dies ist ein Beispiel für eine Risikokonstruktion, die zu einer Organisationskrise führte. Akteure im gesellschaftlichen und medialen Diskurs lehnten die Handlungsabsicht von *Shell* ab, weil sie diese als zu riskant einstuften, was zu einem Reputationsschaden für die Organisation führte.

(2) Der französische Lebensmittelkonzern *Danone* erlitt im Jahr 2001 finanzielle Verluste aufgrund von Reputationsschäden und Boykottaufrufen. Nach Ankündigungen des Unternehmens, in Frankreich rund 1.700 Arbeiter zu entlassen, riefen Aktivisten im Internet zum Boykott des Unternehmens auf. *Danone* reagierte mit Klagen gegen die Betreiber von Boykott-Websites und warf ihnen unter anderem Urheberrechtsverstöße vor, da sie das geschützte Logo des Konzerns unrechtmäßig verwendet hatten. Das Unternehmen gewann zwar diese Prozesse vor Gericht, verlor jedoch in der Öffentlichkeit wegen der Ankündigung der Entlassungen und des Vorgehens gegen kritische Websites an Ansehen. So stürzte der Aktienkurs von Anfang bis Mitte 2001 um 20 % ab, das Konsumentenvertrauen in das Unternehmen sank um 60 % (Hunter et al. 2008).

(3) Ein Blick ins Jahr 2010 zeigt, dass Organisationen sich nach wie vor in Krisensituationen wiederfinden, in denen sie um ihre Reputation bei Anspruchsgruppen kämpfen müssen. So verlor *Toyota* Marktanteile in den USA und Europa, seit Anfang 2010 Millionen Fahrzeuge wegen Unfällen aufgrund angeblicher Bremsprobleme zurückgerufen wurden. Wie sich später herausstellte, waren viele der Unfälle in den USA, bei denen eine Fehlfunktion der Bremsen vermutet worden war, in Wirklichkeit die Folge von Fahrfehlern (Rheinische Post Online 2010). *Toyota* musste nach der Rückrufaktion Absatzeinbußen in Höhe von 2 Milliarden US Dollar hinnehmen, obwohl seine Fahrzeuge offenbar keine Fehlfunktionen aufwiesen (The Sydney Morning Herald 2010). Das Unternehmen sah sich zur Rückrufaktion trotz ungeklärter Beweislage gezwungen, da es schwere Reputationsschäden fürchtete. Die Krisenkommunikation konnte die Umsatzrückgänge nicht verhindern, trotz einer Entschuldigung des Konzernchefs Akio Toyoda vor dem US-Kongress kritisierten Politiker den Konzern scharf

2.3 Typen von Organisationskrisen

und warfen ihm „Versagen vor den Kunden" sowie Verschleppung von Problemen vor (wit/dpa 2010).

(4) *Apple* musste Schutzhüllen für sein *iPhone 4* im Wert von rund 200 Millionen US Dollar an Kunden verschenken, um Reputationsschäden aufgrund anhaltender Gerüchte über schlechten Antennenempfang zu vermeiden. *Apple* nannte als Problemursache einen schon lange bekannten Software-Fehler. Die Medien kommentierten diese Aussage negativ, da dieser Fehler offenbar so lange nicht behoben worden war (Helft 2010). Die Schutzhüllen-Geschenkaktion wurde wieder eingestellt, nachdem *Apple* zu dem Schluss kam, dass das Antennenproblem weniger gravierend sei als zunächst angenommen (Kane 2010). Auch in diesem Fall konnte das Unternehmen seinen Standpunkt, dass es keine schwerwiegenden Probleme mit dem Empfang an seinen Geräten gäbe, nicht überzeugend genug kommunizieren.

(5) *BP* erlebte eine schwere Krise nach einer Explosion auf der Ölplattform *Deepwater Horizon* am 20. April 2010 im Golf von Mexiko. Elf Menschen starben bei dem Unglück, in den Monaten danach strömten 4,9 Millionen Barrel (rund 800 Millionen Liter) Rohöl ins Meer, bevor das Bohrloch am 15. Juli 2010 verschlossen werden konnte. Neben faktischen Schäden aufgrund der Explosion und der folgenden Umweltverschmutzung erlitt *BP* Reputationseinbußen, unter anderem wegen der schlechten Kommunikationspolitik des damaligen Vorstandsvorsitzenden Tony Hayward. So zog er den als unglücklich wahrgenommenen Vergleich, dass die Menge des ausströmenden Öls im Vergleich zur Wassermenge des gesamten Ozeans doch sehr gering sei (Webb 2010). In Anbetracht der elf Todesopfer wurde Hayward negativ ausgelegt, dass er sich vor Journalisten ein Ende der Krise herbeiwünschte, um endlich „sein Leben" zurückzubekommen (Durando 2010). Im Zuge der Ölpest und des anhaltenden Reputationsverlustes halbierte sich der Wert der *BP*-Aktie. Am 18. Juni 2010 reagierte der Aufsichtsrat und entzog Hayward das Krisenmanagement, am 1. Oktober 2010 musste er wegen der Krise und seiner misslungenen Kommunikation von seinem Posten als Vorstandsvorsitzender zurücktreten.

(6) Jedoch gibt es auch Beispiele, in denen die positiv wahrgenommene Organisationskommunikation zu einem schnellen Ende der Krise beigetragen hat. Die Verschmutzung von *Haribo*-Süßigkeiten mit kleinen Mengen von Paraffin sei im Jahr 2004 laut eines PR-Verantwortlichen vor allem deshalb schnell wieder von der Medienagenda verschwunden, weil die Organisation mit anschaulichen Vergleichen über die geringe Schadstoffmenge die Ungefährlichkeit der Situation belegen konnte (Alfter 2004: 69 ff.).

(7) Auch Krisen, die auf einem schwereren Schaden basieren als das *Haribo*-Beispiel, können mit Hilfe guter Kommunikation gemildert werden. Ein Beispiel hierfür sind die beiden Krisen des US-Pharmakonzerns *John-*

son & Johnson. Der Konzern wurde 1982 und 1986 das Opfer von Erpressern, die vergiftete Packungen des Schmerz- und Allergiemittels *Tylenol* in Drogerien auslegten (Andrews 2005). 1982 starben acht Menschen in Chicago, nachdem sie die mit Zyanid vergifteten Kapseln eingenommen hatten. *Johnson & Johnson* reagierte schnell, rief alle *Tylenol*-Produkte zuerst in den USA und dann weltweit zurück, richtete eine Telefon-Hotline für Fragen ein und veröffentliche ein Statement, welches das Vorgehen erklärte und die Presse um Mithilfe bat, eine Warnung an Konsumenten zu verbreiten. Wegen dieses Rückrufs, der das Unternehmen mehr als 240 Millionen US Dollar kostete, konnten zwei weitere vergiftete Produkte rechtzeitig gefunden werden. Das Unternehmen brachte *Tylenol* in neuer, sicherer Verpackung sechs Wochen später wieder auf den Markt. Dennoch gelang es 1986 erneut unbekannten Tätern, diese Sicherheitsvorrichtungen zu überwinden und Produkte mit Zyanid zu vergiften. Als Reaktion kündigte *Johnson & Johnson* an, künftig keine Kapseln mehr zu verkaufen, die im Laden direkt für Kunden zugänglich seien. Aufgrund seines offenen Umgangs mit der Situation und seiner Handlungen wurde das Unternehmen nicht als Verursacher, sondern als das Opfer der Krise angesehen:

> „(...) Johnson & Johnson was viewed as an innocent victim that acted to protect the public safety despite enormous financial losses. Ethical behavior proved to be good for the business, as consumer loyalty returned Tylenol to its solid leadership position following both crises." (Andrews 2005: 226)

Die Bewertung, ob eine Organisation Opfer oder (Mit)verursacher einer Krise ist, nehmen Beobachter aufgrund ihrer subjektiven Einschätzung vor, sie ist kein objektives Kriterium. Bei allen aufgeführten Krisen sind Argumentationen denkbar, in denen die Organisationen entweder als unschuldiges Opfer oder als Verursacher (durch Vorsatz oder Fahrlässigkeit) angesehen werden können. So hätte *Shell* als das Opfer von *Greenpeace*-Aktivisten wahrgenommen werden können, die einen Öltank widerrechtlich besetzen und einen Konzern angreifen, der sich seine Versenkungspläne ordnungsgemäß von allen politischen Stellen genehmigen ließ und deswegen völlig korrekt handelte. Umgekehrt hätte *Johnson & Johnson* auch als Mitverursacher der Zyanid-Vergiftungen angesehen werden können, wenn Anspruchsgruppen dem Unternehmen vorgehalten hätten, eine Produktvergiftung wegen mangelhafter Sicherungs- und Versiegelungssysteme von Verpackungen überhaupt erst ermöglicht zu haben. Die Bewertung, wer der Verursacher einer Krise ist bzw. die Schuld für sie trägt und in welchem Maße eine Organisation die Opfer kompensieren sollte, ist also ein soziales Konstrukt, nicht ein objektiv messbares Kriterium einer Krise. Sofern Medien im

Rahmen ihrer Kritikfunktion (Berens 2001: 58) das Verhalten einer Krisenorganisation bewerten, könnten sie eine entscheidende Rolle dafür spielen, wie viel Schuld die Anspruchsgruppen und Öffentlichkeit dieser Organisation zuschreiben.

Um diese gerade betrachteten Krisen zu klassifizieren werden zwei Dimensionen herangezogen: der Schaden für Anspruchsgruppen aufgrund des krisenauslösenden Ereignisses und der Reputationsschaden für die Organisation. Es wird nur der krisenauslösende Schaden für Anspruchsgruppen betrachtet, um solche Krisen aus der Analyse auszuschließen, bei denen lediglich die Organisation selbst einen Schaden erleidet (z. B. wegen einer Fehlinvestition). Denn die kommunikative Dynamik und Berichterstattung über einen Schaden, der nur die Organisation selbst betrifft, könnte sich stark von einer Krise unterscheiden, in der andere Anspruchsgruppen (Kunden, Mitarbeiter etc.) betroffen sind. Wenn eine Krise einen Schaden für Anspruchsgruppen verursacht, so können diese z. B. eine Reaktion der Organisation einfordern (Entschuldigung, Entschädigungszahlung etc.), Medien können über diesen Konflikt berichten. Diese Dynamik ist vermutlich weniger stark ausgeprägt, wenn lediglich die Organisation selbst einen Schaden erleidet. Da die Forschungsliteratur zu Krisenkommunikation von konflikthaltigen Krisen dominiert wird (z. B. alle Veröffentlichungen von Coombs & Holladay; Thießen 2011; Schwarz 2010, siehe Abschnitt 3.3), wird sich auch diese Arbeit darauf fokussieren. Ein Sonderfall sind Umweltschäden, hier können Aktivisten das Verhalten einer Organisation kritisieren, obwohl sie selbst keinen Schaden erleiden, aber einen Schaden an einem immateriellen Gut anprangern, das sie bewahren möchten.

Die Schadenshöhe des auslösenden Ereignisses variiert zwischen den gerade vorgestellten Krisen beträchtlich. In manchen Fällen liegen schwere Schäden vor (z. B. Todesfälle in der *Tylenol*-Krise), in anderen verursacht das auslösende Ereignis nur geringe Schäden (z. B. der verschlechterte Antennenempfang des *iPhone 4*). Die Reputationsschäden der Organisation werden hier näherungsweise bestimmt, da sie nur in manchen Krisen direkt messbar sind (z. B. Reputationsabsturz in Umfragen von *Hoechst*, Kosten der Geschenkaktion von *Apple*).

Abbildung 3 zeigt eine Typologie anhand dieser beiden Dimensionen, in der die oben aufgeführten Krisen schematisch einem der vier Quadranten zugeordnet wurden. Im Fall von *Johnson & Johnson, BP* und *Toyota* basierten die Krisen auf einem schweren, messbaren Schaden (Todesopfer, bei *BP* auch Umweltverschmutzung), im Fall von *Haribo, Apple, Danone, Hoechst* und *Shell* lagen weit weniger gravierende Schäden vor (wie z. B. ein gelegentlich gestörter Antennenempfang). Der Reputationsschaden war laut Aussagen von Forschern und PR-Praktikern nur für *Johnson & Johnson* (Andrews 2005) und *Haribo* (Alfter 2004) gering, in den anderen Fällen erlitten die Unternehmen größere Reputationsschäden, häufig wurde in diesem Zusammenhang auch ihre Krisenkommunikation kritisiert.

Entsprechend wird auf Abbildung 3 die *Haribo*-Krise als *Minimal-Krise* bezeichnet, da nur ein geringer Schaden für Anspruchsgruppen und Organisation vorlag. Die Krisen von *Apple, Danone, Hoechst* und *Shell* werden als *Kommunikationskrisen* bezeichnet, da sie nur auf geringen Schäden basierten, die Organisationen jedoch einen großen Reputationsschaden erlitten. Die Krisenkommunikation hat es hier offenbar nicht geschafft, die Reputation der Organisation zu schützen. Die Krise von *Johnson & Johnson* wird als *gemilderte Krise* bezeichnet, da ein großer Schaden (acht Tote) die Krisen auslöste, auf den aber nur ein geringer Reputationsschaden folgte, was unter anderem auf die Leistung der Krisenkommunikation zurückgeführt wird. Die Krisen von *Toyota* und *BP* werden als *Maximal-Krise* bezeichnet, da sowohl ein großer Schaden die Krisen auslöste und zugleich die Organisationen einen großen Reputationsschaden erlitten haben.

		Reputationsschaden für die Krisenorganisation[1]	
		Gering	Groß
Schaden für Anspruchsgruppen aufgrund des krisenauslösenden Ereignisses[1]	Groß	„Gemilderte Krise": • Johnson & Johnson 1982, 1986 (Tylenol-Erpresser)	„Maximal-Krise": • BP 2010 (Deepwater Horizon) • Toyota 2010 (Bremsprobleme)
	Gering	„Minimal-Krise": • Haribo 2004 (Paraffinverschmutzung)	„Kommunikationskrise": • Apple 2010 (iPhone-Empfang) • Danone 2001 (Boykottaufrufe) • Hoechst 1993 (Chemieunfall) • Shell 1995 (Brent Spar)

SCHEMATISCHE DARSTELLUNG
▓ Reputationsschaden von Höhe des Ausgangsschadens entkoppelt

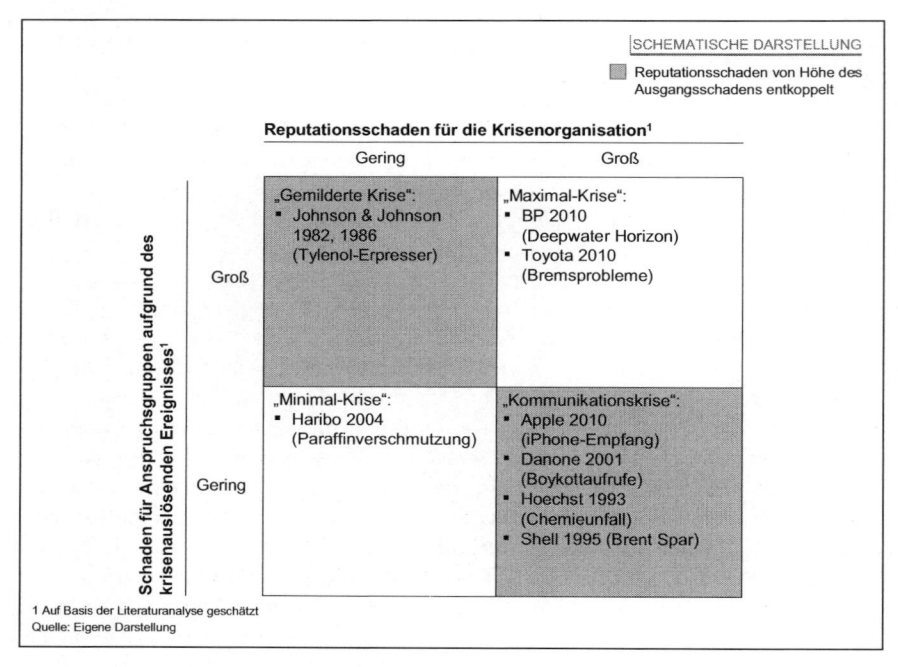

1 Auf Basis der Literaturanalyse geschätzt
Quelle: Eigene Darstellung

Abbildung 3: Krisentypologie

Die Einteilung ist wie gesagt schematisch, sie soll veranschaulichen, dass die Höhe des Schadens, den Anspruchsgruppen wegen einer Krise erleiden, nicht die Höhe des Reputationsschadens determinieren muss. In manchen Fällen führte ein großer Schaden für Anspruchsgruppen zu überhaupt keinen Reputationsschäden (*Johnson & Johnson*), in anderen reichte ein kleiner Schaden für Anspruchsgruppen aus, um einen großen Reputationsschaden oder zumindest eine negative Medienberichterstattung auszulösen (z. B. *Hoechst, Shell*). Die Krisenkommunikation einer Organisation und die Medienberichterstattung könnten eine zentrale Rolle dabei spielen, wie ein Schaden für Anspruchsgruppen (unabhängig von dessen Größe) auf die Reputation eines Unternehmens wirkt. Im vorangegangenen Abschnitt wurde bereits diskutiert, dass Journalisten Krisen auf die Medienagenda setzen und bewerten können. Wenn die Reputationsschäden der gerade diskutierten Krisen auf die Medienberichterstattung zurückzuführen sind, dann stellt sich die Frage, ob Organisationen diese Schäden eindämmen können, wenn sie erfolgreich mit Journalisten kommunizieren.

2.4 Zusammenfassung

In diesem Kapitel wurden Organisationskrisen definiert, ihre Phasen vorgestellt und der Einfluss von Krisenkommunikation und Berichterstattung auf die Reputation von Organisationen diskutiert. Dabei wurde festgestellt, dass sowohl die Kommunikation einer Organisation als auch die Berichterstattung den Krisenverlauf beeinflussen können. Zusammenfassend wurden folgende Erkenntnisse gewonnen:

1. Es wurden Merkmale und Phasen von Organisationskrisen beschrieben und festgelegt, dass in dieser Arbeit nur Krisen im Fokus stehen, in denen ein Konflikt zwischen Anspruchsgruppen und Organisation auftritt.
2. Die Bedeutung von Reputation als schützenswertes Organisationskapital wurde herausgearbeitet und an Fallbeispielen vergangener Krisen gezeigt, wie Reputationsschäden zu finanziellen und anderen Folgeschäden führen können, die sogar die Existenz einer Organisation bedrohen können.
3. Journalisten wurden als Kernzielgruppe von Krisenkommunikation einer Organisation ausgemacht, da ihre Berichterstattung aufgrund spezieller Merkmale und Funktionen (Agenda Setting, Framing, Schlüsselereignisse, etc.) den Reputationsschaden vergrößern kann.

4. Es wurde anhand der Krisentypologie gezeigt, dass der Reputationsschaden für eine Organisation vom krisenauslösenden Schaden für Anspruchsgruppen entkoppelt sein kann. Da der krisenauslösende Schaden den Reputationsschaden nicht determiniert, existiert ein Spielraum für die Krisenorganisation, in dem sie ihre Reputation mit guter Kommunikation möglicherweise schützen könnten.

Nachdem nun erläutert wurde, wie Berichterstattung die Reputation einer Organisation beeinflussen kann, werden im nächsten Schritt zwei Faktoren untersucht, die diese Berichterstattung beeinflussen könnten: Krisenkommunikation der betroffenen Organisation und Koorientierung zwischen Journalisten. Zunächst werden in Kapitel 3 die Wirkungen von PR und Krisenkommunikation analysiert. Danach wird in Kapitel 4 die Koorientierungsforschung vorgestellt, um herauszufinden, ob Kommunikation unter Journalisten und ihr Mediennutzung einen Einfluss auf ihre Krisenberichterstattung haben können. Insbesondere wird untersucht, ob sich die Berichterstattung einzelner Medien wegen Koorientierung angleicht. Denn Medienwirkungen wie Agenda Setting, Framing oder Bewertungen einer Krise könnten verstärkt werden, wenn Konsonanz zwischen vielen Medien vorliegt. Nachdem diese beiden Gebiete in getrennten Kapiteln vorgestellt wurden, werden sie in Kapitel 5 in ein Modell integriert, das ihren Einfluss auf Krisenberichterstattung und die davon abhängige Reputationszuschreibung zu Organisationen darstellt.

3 Theoretische Grundlagen I: Public Relations und Krisenkommunikation

Wenn man die Kommunikation von Organisationen untersucht, ist es sinnvoll, sich mit der Arbeit von Public Relations (PR)-Abteilungen zu beschäftigen, da diese häufig mit Journalisten kommunizieren. Umfrageergebnisse verdeutlichen diesen starken Fokus von PR auf Journalisten, so stufen PR-Praktiker in deutschen Organisationen „Pressearbeit", „Anfragen von Interessenten" (inkl. Journalisten) und „Gespräche mit Journalisten" als wichtigste Elemente ihrer Arbeit ein, das wichtigste Ziel sei das Erreichen „hohe[r] und qualitativ gute[r] Medienresonanz" (Röttger 2010: 253, 271, ähnliche Befunde in Bernnat, Groß 2003). Darüber hinaus geben 86 % aller Pressesprecher an, häufig oder sehr häufig mit Journalisten zusammenzuarbeiten, 82 % wollen das Vertrauen von Journalisten gewinnen (Bentele et al. 2009: 73, 99 ff.). Da PR-Abteilungen häufig mit Journalisten kommunizieren, erscheint es wahrscheinlich, dass sie auch in Krisenzeiten in die Kommunikation einer Organisation eingebunden sind oder diese sogar verantworten, da sie ihre Erfahrung im Umgang mit Journalisten einbringen und ihre Kontakte nutzen können. Um daher besser zu verstehen, welche Wirkungen eine Kommunikation bei Krisenausbruch auslösen kann, wird nun die Arbeit von PR-Abteilungen analysiert.

Dazu muss geklärt werden, was genau unter PR verstanden wird. Forscher und Berufspraktiker haben sehr viele verschiedene Definitionen für PR entwickelt (Überblick in Fröhlich 2005: 97 ff.), in dieser Arbeit wird diejenige von Kunczik (1995: 11) verwendet, da sie als hinreichend konkret angesehen wird, um die Arbeitsweise von PR klar zu beschreiben:

> „Public Relations bezeichnet (...) die bewusst geplante, dauerhafte Verbreitung interessengebundener Information mit dem Ziel, ein positives Image eines sozialen Systems (z. B. Unternehmen, Staaten oder (...) Organisationen) in der Öffentlichkeit generell oder bei bestimmten Teilöffentlichkeiten aufzubauen oder zu stabilisieren bzw. ein negatives Image abzubauen."

Um die vorliegende Arbeit im Forschungsstand zu PR zu verorten, ist es sinnvoll, einen kurzen Überblick über das Forschungsfeld zu geben und auszuwählen, welche Bereiche von PR-Forschung für die Forschungsfragen relevant sind.

PR ist hauptsächlich Gegenstand von Forschern aus den Wirtschafts- und Kommunikationswissenschaften (siehe Fröhlich 2005: 101 f.). Die Arbeiten zu PR kann man in drei Forschungstraditionen verorten (Jarren, Röttger 2005: 23 ff.), Forschung mit Fokus auf die *Tätigkeit von PR-Organisationen* (Abschnitt 3.1), auf das *Verhältnis von PR und Gesellschaft* (z. B. Burkart, Probst 1991; Ronneberger, Rühl 1992) sowie *kommunikationstheoretische Ansätze* (Merten 1992; 2004). Von diesen drei Traditionen sind diejenigen mit Fokus auf PR-Organisationen für diese Arbeit relevant, da dort Prozesse von PR auf der Mikroebene beschrieben werden. Dagegen werden Ansätze, die nur auf Makroebene das Verhältnis von PR und Gesellschaft betrachten oder keinen Handlungsbezug haben, aus der Betrachtung ausgeklammert, da sie wenig dazu beitragen können, die Wahrnehmungen und Entscheidungen einzelner Akteure (PR-Praktiker und Journalisten) auf Mikroebene zu erklären (Reinemann 2008b: 189). Da diese Arbeit das Verhalten von Akteuren erklären will, fokussiert sich der Forschungsüberblick auf die Felder, die hier den größten Erkenntnisgewinn versprechen. Leser, die an der Rolle von PR auf Makroebene interessiert sind, sollten die einschlägigen Überblickswerke zu Rate ziehen (z. B. Bentele et al. 2005; Fischer et al. 1993; Kunczik 2002; Röttger 2009; Röttger et al. 2011). In Abschnitt 3.1 werden der wissenschaftliche Kenntnisstand zu organisationsbezogener PR vorgestellt, die Aufgaben einer PR-Abteilung geklärt und die vorliegende Arbeit im Forschungsstand verortet.

Jarren & Röttger (2005: 29 ff) teilen PR-Forschung nicht nur nach Forschungstraditionen ein, die PR aus verschiedenen Perspektiven betrachten, sondern darüber hinaus in vier Forschungsfelder zu dem *Berufsfeld* (z. B. Untersuchung zu Soziodemografika und beruflichem Selbstverständnis von PR-Praktikern; Bentele et al. 2009; Fröhlich, Peters 2007; Fröhlich 2010; Moss et al. 2004; Röttger 2010), *politischer PR* (Jarren, Donges 2002; Röttger 2001), dem *Verhältnis von Journalismus und PR*, und *PR zur Verhinderung von Krisen oder Milderung von deren Folgen*. Von diesen Forschungsfeldern wird diese Arbeit die beiden letztgenannten vorstellen, also sowohl auf das Verhältnis von PR und Journalismus eingehen sowie auf Krisen-PR. Das Verhältnis von PR und Journalismus wird analysiert, da es die Wirkung von Krisenkommunikation beeinflussen könnte, welche Meinung Journalisten über PR und PR-Praktiker haben (Abschnitt 3.2). Nachdem diese möglichen Einflussfaktoren überprüft wurden, wird sich die Arbeit in Abschnitt 3.3 eingehend mit Krisenkommunikation befassen. Dieser Abschnitt ist wesentlich ausführlicher als die vorangegangenen, da er das unmittelbare Forschungsinteresse dieser Arbeit betrifft.

3.1 Organisationsbezogene PR-Forschung

Organisationsbezogene PR-Forschung untersucht die Charakteristika von PR-Arbeit, also ihre Routinen und Abläufe, sowie ihre Funktion und ihren Nutzen für die Organisationen, die diese betreiben oder in Auftrag geben. Röttger (2005: 506 ff.) gliedert die Arbeit der PR-Abteilung einer Organisation z. B. anhand der drei Dimensionen *Bezugsgruppe*, *Inhalt* und *Kanal* der Kommunikation. Auf Abbildung 4 wurde ihre Beschreibung in eine Grafik überführt, um diese Arbeit darin zu verorten.

Die drei *Bezugsgruppen* von Kommunikation sind die Medienvertreter (Media Relations), die Mitarbeiter einer Organisation (Internal Relations) und die Standortbevölkerung bzw. direkte Nachbarschaft einer Organisation (Community Relations). Die *inhaltlichen* Aufgabenfelder umfassen neben Krisenkommunikation (Abschnitt 3.3) noch Issues Management, Public Affairs, Financial & Investor Relations und Corporate Identity. Issues Management überprüft den öffentlichen Diskurs auf Themen hin, die der Organisation in Zukunft Chancen eröffnen können oder Risiken für sie bergen. Wenn die Organisation solche Themen identifiziert hat, kann sie Reaktionsstrategien entwickeln für den Fall, dass diese Themen in Zukunft tatsächlich an Bedeutung gewinnen (Dougall 2008; Ingenhoff 2004; Ingenhoff, Röttger 2008; Lauzen, Dozier 1994; Röttger, Preusse 2008). Public Affairs beschreibt Kommunikationsaktivitäten mit politischen Entscheidungsträgern, um eine Gesetzgebung und gesellschaftliche Stimmung zu erreichen, die für die Organisation vorteilhaft ist (Lobbying). Financial & Investor Relations beziehen sich auf die Kommunikation mit Akteuren an Kapitalmärkten, also Aktionären, Investoren, Börsenhändlern oder Wirtschaftsjournalisten. Corporate Identity beschreibt alle Handlungen, die der Organisation ein einheitliches Erscheinungsbild nach innen und außen geben. Dazu zählen Kommunikationsbotschaften, aber auch formale Merkmale wie einheitliche Logos, Erkennungsfarben, etc. Die *kanal-bezogenen* Tätigkeiten umfassen laut Röttger Online-PR, Kampagnen (zeitlich begrenzte Maßnahmen zu Generierung von Aufmerksamkeit), Veranstaltungen (z. B. Messen), Mediengestaltung (z. B. Geschäftsberichte, Mitarbeiterzeitungen), Sponsoring und Training (wie z. B. Kommunikationsschulungen). Diese Einteilung weist zwar Überschneidungen zwischen den einzelnen Arbeitsfeldern auf, ist jedoch sehr praktikabel, um die vorliegende Arbeit zu verorten. Diese Arbeit wird sich auf die Krisenkommunikation mit Medienvertretern fokussieren, PR-Kommunikation mit anderen Anspruchsgruppen über andere Themen wird aus der weiteren Untersuchung ausgeklammert.

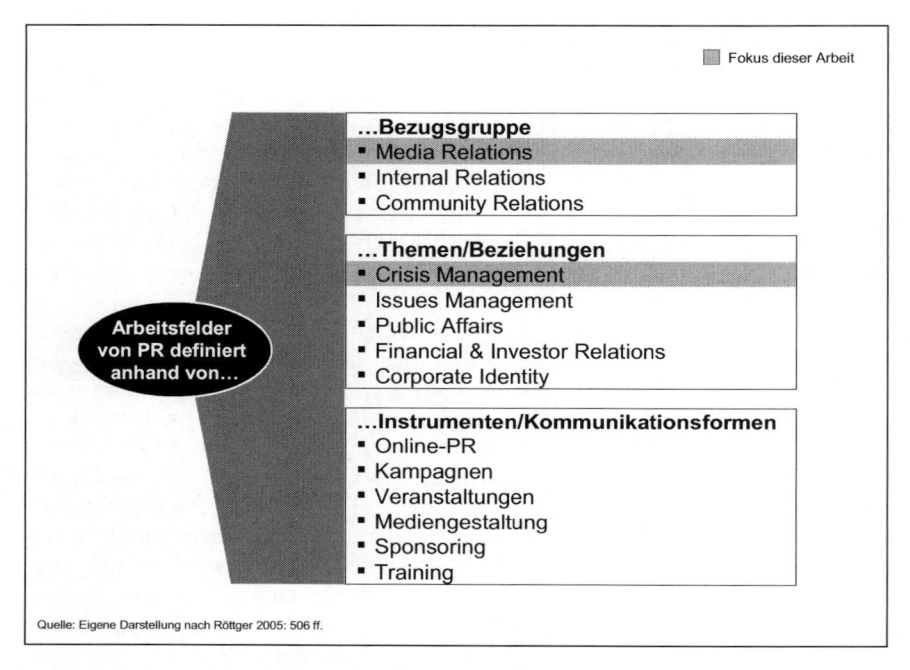

Abbildung 4: Aufgabenfelder einer PR-Abteilung

Neben der Beschreibung, wie PR-Arbeit für Organisationen aussieht, untersuchen Forscher auch, welchen Wert sie stiften kann. Diese Richtung der PR-Forschung wurde in der Frühphase von den US-Forschern Grunig & Hunt geprägt, die PR-Handeln anhand der Richtung der Kommunikation (einseitig oder zweiseitig) und ihres Ziels (symmetrisch oder asymmetrisch) in verschiedene Modelle einteilen (Grunig, Hunt 1984: 21 f., Grunig 1992; Überblick in Röttger 2010: 42 f.). Neben dieser theoretischen Einteilung von PR-Arbeit ging Grunig im Rahmen des Excellence-Projekts den Fragen nach, wie effektiv PR ist, also welchen Beitrag sie zum Organisationserfolg leisten kann, und welche Faktoren die Exzellenz von PR bestimmen. Als Ergebnis wurde unter anderem das Ziel für PR formuliert, zwischen Interessen von Organisationen und Anspruchsgruppen zu vermitteln und so zu einer „Win-Win"-Lösung zu gelangen (Grunig et al. 1996). Die Arbeiten von Grunig & Hunt waren von grundlegender Bedeutung für die PR-Forschung, sie prägen das Forschungsfeld bis heute (Herkenhoff 2008: 238; Jarren, Röttger 2005: 25 f.).

3.1 Organisationsbezogene PR-Forschung

Aus diesen historischen Anfängen der organisationsbezogenen PR-Forschung hat sich eine Richtung entwickelt, die den Nutzen von PR für Organisationen untersucht und Maßnahmen identifiziert, um diesen zu steigern. Arbeiten mit diesem Fokus stammten lange Zeit vor allem aus der Betriebswirtschaftslehre, wo PR als Funktion des Marketings eines Unternehmens angesehen wurde (Jarren, Röttger 2005: 19). Da Marketing den Absatz von Produkten steigern soll, definieren einige Marketingforscher diese Absatzsteigerung als ein Schwerpunkt-Ziel von PR (z. B. Nieschlag et al. 2002). Um dieses Ziel zu erreichen, schlagen sie z. B. die Versendung von Produkt-Pressemeldungen vor oder ein Politik-Lobbying, das höhere Markteintrittsbarrieren für Mitbewerber herbeiführt (zusammenfassend siehe Herkenhoff 2008: 240 ff. oder Bruhn, Ahlers 2009). Diese rein absatzorientierte Sicht halten Kommunikationswissenschaftler jedoch für zu verengt, Fröhlich (2005: 101 f.) nennt drei Nachteile dieser Marketing-Sichtweise auf PR:

> „Sie ist erstens nicht in der Lage, das Phänomen PR für Organisationen außerhalb des kommerziellen Bereichs zu definieren und zu beschreiben. (...) Die Marketingsicht ist zweitens nicht in der Lage, PR im Rahmen ihrer organisationspolitischen, weit über marktpolitische Ziele hinausgehenden Funktion zu verstehen, zu beschreiben und zu definieren. Die Marketingsichtweise auf PR klammert drittens die interne Kommunikation (z. B. Mitarbeiterkommunikation, Unternehmensphilosophie/-kultur) aus der Betrachtung aus."

Zerfaß (2010: 297) hat die Sichtweisen von Kommunikationswissenschaft und Marketing auf PR in einer Theorie integriert, die als Zielgruppen externer PR-Maßnahmen sowohl die Kunden eines Unternehmens als auch die Gesellschaft, also die Summe aller anderen Anspruchsgruppen, ansieht. An die Gesellschaft gerichtete PR-Maßnahmen können z. B. das soziale Engagement einer Organisation betonen, um so einen positiven Reputationseffekt zu erreichen. Manche Forscher fordern, dass die PR-Abteilung einer Organisation ihre Leistung anhand von Kennzahlen belegen muss, um ihren Erfolg messbar zu machen (Zerfaß 2005b). Aus dieser Perspektive stiftet PR nicht nur intern Wert für eine Organisation (z. B. per Mitarbeiter-Motivation), sondern schafft auch externe Werte (z. B. Reputation, Marken), die sich in Kennzahlen messen lassen (Kaplan, Norton 2004). Daher schlagen Forscher vor, mit Hilfe eines Kommunikations-Controllings die Leistung von PR-Abteilungen zu messen, um eine Zahlengrundlage für unternehmerische Entscheidungen zu haben (Zerfaß 2005a; b). Wissenschaftliche Arbeiten entwickeln Messverfahren für die Leistung von PR, wie z. B. eine „Balanced PR-Scorecard", mit der Organisationen die Leistungsfähigkeit ihrer PR-Abteilung anhand verschiedener Kennzahlen überprüfen können (Besson 2004; 2008). Eine weitere Methode zur Messung von PR-Erfolg identifizierten Fröhlich & Koch (2010) in einer Befragung mit PR-Praktikern. Die PR-Praktiker nannten die drei Kriterien *Zielerreichung, Kundenzufriedenheit* und *Wertschöpfung für Klienten* als entscheidende Faktoren, anhand derer sie selbst ihren PR-Beratungserfolg bewerten. Wenn man für diese drei Kriterien Kennzahlen definiert, kann man zu Beginn einer PR-Beratungsphase Zielwerte formulieren, deren Erreichung man später messen kann.

Die vorliegende Arbeit will unter anderem auch dazu beitragen, den Nutzen von PR für Organisationen zu betrachten und quantitativ messen. Die *Wahrnehmung von Journalisten beim Ausbruch einer Krise* wird dabei als Zielgröße gesetzt, es soll getestet werden, welche Einflussfaktoren eine Wirkung auf diese Wahrnehmung ausüben (ausführlich diskutiert in Kapitel 5). Bevor jedoch konkrete Einflussfaktoren aus der Erforschung von Krisenkommunikation betrachtet werden, muss zunächst das Verhältnis von PR und Journalismus geklärt werden, um zu verstehen, ob PR überhaupt eine Wirkung auf Journalisten ausüben kann.

3.2 Verhältnis von PR und Journalismus

Da Journalisten als sehr wichtige Zielgruppe von PR und Krisenkommunikation von Organisationen identifiziert wurden, wird zunächst in Abschnitt 3.2.1 das Verhältnis zwischen PR-Praktikern und Journalisten zu „Normalzeiten" beschrieben, wenn also keine Organisationskrise vorliegt. Zunächst werden die Makromodelle betrachtet, mit der die Forschung das Verhältnis von Journalismus und PR beschreibt. Nur wenn diese Modelle eine Einflussmöglichkeit von PR auf Journalismus annehmen, ist es sinnvoll, die Wirkungen von Krisenkommunikation im Speziellen zu untersuchen. Würde dagegen laut den Forschungsmodellen jegliche Kommunikation der PR-Praktiker von Journalisten ignoriert, dann müsste man prüfen, ob es überhaupt sinnvoll ist, sich mit der Wirkung von Krisenkommunikation zu befassen.

Neben diesen Einflussmöglichkeiten auf Systemebene wird auch das Verhältnis zwischen individuellen Journalisten und PR-Praktikern betrachtet, um herauszufinden, welche Meinung die beiden Akteursgruppen voneinander haben. Diese Analyse soll auf Faktoren hindeuten, welche die Kommunikation beeinflussen könnten. Wenn beispielsweise beide Gruppen eine schlechte Meinung voneinander hätten, dann könnte dies die Wirkung von PR-Botschaften verringern oder verändern.

In Abschnitt 3.2.2 wird analysiert, ob und wie sich dieses Verhältnis in Zeiten einer Organisationskrise ändert. Sollten Änderungen auftreten, dann müsste man dies berücksichtigen, wenn man die Wirkungsmöglichkeiten von Krisenkommunikation untersucht.

3.2.1 Normalzeiten

Die Beziehung zwischen PR-Praktikern und Journalisten wurde in der Kommunikationswissenschaft detailliert untersucht und beschrieben. Zunächst werden nun die Verbindungen betrachtet, die Forscher den Systemen auf Makroebene zuschreiben. Diese Betrachtung ist bewusst kurz gehalten, da lediglich überprüft werden soll, ob PR laut den Makromodellen überhaupt die journalistische Wahrnehmung beeinflussen könnte. Sofern diese Einflussmöglichkeit gegeben ist, ist es sinnvoll, sich mit den speziellen Wirkungen der Krisenkommunikation einer Organisation zu befassen. Lesern mit weiterführendem Interesse an einzelnen Makromodellen ist die Lektüre der jeweils genannten Primärliteratur empfohlen. Die Darstellung über die Modelle, mit denen Forscher das Verhältnis von Journalismus und PR beschreiben, orientiert sich an der Arbeit von Hoffjann (2007: 128 ff.).

Die so genannte *Determinationshypothese* geht davon aus, dass PR-Material die Themen und das Timing von Berichterstattung setzen kann und deswegen einen großen Einfluss auf den Journalismus hat. Die Hypothese fußt auf empirischen Untersuchungen, nach denen rund 60 % aller Berichterstattung von PR-Veröffentlichungen ausgelöst oder zumindest beeinflusst sind (Baerns 1985; 1992; Delano Brown et al. 1987; Mathes et al. 1995). Jedoch wurde die Determinationshypothese mehrfach kritisiert, da einerseits Studien diese empirischen Nachweise nicht replizieren konnten (Saffarnia 1993) und andererseits dem Konzept eine mangelnde Schärfe in der Definition von *Determinierung* vorgeworfen wurde, in deren Folge manche Studien ihre Ergebnisse fälschlicherweise als Beleg der Determinationshypothese interpretieren würden (Schantel 2000).

Die *Medialisierungshypothese* beschreibt das Verhältnis zwischen PR und Journalismus genau umgekehrt: nicht PR determiniert den Journalismus, sondern Journalismus die Arbeit von PR (Oberreuter 1989; Sarcinelli 1989), bzw. in einem weiter gefassten Verständnis passen Personen und Organisationen ihre Aussagen und Handlungen an die Anforderungen des Mediensystems an (Raupp 2009; Forschungsüberblick in Reinemann 2010). PR unterwirft sich laut dieser Hypothese den Zwängen des Journalismus, wenn beispielsweise Politiker ihre Handlungen nur danach ausrichten, wie viel positive Berichterstattung sie generieren könnten.

Die *Interdependenzthese* geht nicht von der Dominanz eines Systems über das andere aus, sondern beschreibt generell wachsende Abhängigkeiten zwischen Journalismus und PR (Saxer 1998). Modelle, die diese Parallelstrukturen der Systeme Journalismus und PR in den Vordergrund rücken und zugleich die Gegensätze wenig beachten, beschreibt Hoffjann (2007: 138) als *Symbiose-Modelle*. Wenn zwischen den Systemen PR und Journalismus nicht nur eine Überschneidung besteht, sondern es zu einer Rollenvermischung kommt, bezeichnen manche Autoren dies als Entstehung eines neuen *Supersystems* (Plasser 1985), andere als *Interpenetration* (Choi 1995; Hoffmann 2003).

Das *Intereffikationsmodell* nimmt dagegen an, dass sich die beiden Systeme PR und Journalismus gegenseitig ermöglichen, die Beziehung zwischen beiden Seiten sei „als komplexes Verständnis eines gegenseitig vorhandenen Einflusses, einer gegenseitigen Orientierung und einer gegenseitigen Abhängigkeit zwischen zwei relativ autonomen Systemen zu begreifen" (Bentele et al. 1997: 240). Wenn eine der beiden Seiten von heute auf morgen ihre Tätigkeit einstellen würde, würde die Tätigkeit der anderen Seite ebenfalls zum Erliegen kommen (Altmeppen et al. 2004: 7 ff.). In einer Meta-Analyse von universitären Abschlussarbeiten im Hinblick auf das Intereffikationsmodell stellten Bentele & Nothhaft (2004) fest, dass Journalisten eher inhaltliche Information aus PR-Botschaften übernehmen als die dort vorgenommenen positiven Bewertungen eines Sachverhalts.

Die Betrachtung dieser vielen Modelle zeigt, dass fast alle (ggf. mit Ausnahme der Medialisierungshypothese) eine große oder sehr große Einflussmöglichkeit von PR auf den Journalismus annehmen. Von daher gibt es auf Modellebene keine prinzipiellen Einwände, die gegen eine Überprüfung der Wirkung von Krisen-PR sprechen würden. Für diese Arbeit ist es unerheblich, welches dieser Makromodelle die Realität am besten beschreibt, da Wirkungen auf Mikroebene im Fokus stehen.

Die Vielfalt an unterschiedlichen Modellen wird von Fröhlich (2008: 197 f.) als Ursache dafür genannt, dass die deutsche PR-Forschung zum Teil widersprüchliche Resultate liefert. Sie weist darauf hin, dass viele PR-Modelle eine verengte Sichtweise auf PR hätten und deren Wirkungen nur unzureichend messen würden. Denn um die Wirkung von PR zu messen, seien zum einen Langzeitstudien erforderlich, zum anderen eine klare Definition, was unter PR-Erfolg zu verstehen ist (wie z. B. die Übernahme von Frames von PR-Meldungen in Berichterstattung; Fröhlich, Rüdiger 2004; 2006).

Nachdem die Überprüfung der Makromodelle gezeigt hat, dass PR prinzipiell Wirkungen auf Mikroebene auslösen könnte, wendet sich die Analyse dieser Mikroebene zu. Dafür werden nun die Meinungen betrachtet, die individuelle Akteure dieser Systeme (also PR-Praktiker und Journalisten) übereinander ha-

3.2 Verhältnis von PR und Journalismus

ben. Laut den Resultaten einiger Studien ist diese gegenseitige Einschätzung überwiegend negativ. Eine Befragungsstudie in den USA zeigt, dass Journalisten und PR-Praktiker glauben, der jeweils andere Akteur würde Ziele verfolgen, die den eigenen zuwider laufen:

> „Public relations practitioners tended to believe that journalists are oriented to escalate the conflict. Journalists, on the other hand, tended to expect that practitioners will strategically manage the source-reporter relationship as organizational advocates with vested interests." (Shin, Cameron 2005: 330)

Auch Journalistenbefragungen in Deutschland zeigen, dass Journalisten den PR-Praktikern ein schlechtes Image zuschreiben. In einer Studie befragten Forscher 1.100 Bürger sowie 100 Journalisten zum Image von PR und PR-Schaffenden (Bentele, Seidenglanz 2006: 22 ff.). Auf die Frage, welchen Akteuren und Institutionen sie vertrauen, setzten die Teilnehmer der allgemeinen Bevölkerungsumfrage PR-Berater und -Manager mit 17 % auf den drittletzten Platz (vor politischen Parteien und Werbefachleuten), zu Journalisten hatten sie dagegen wesentlich mehr Vertrauen (42 %). Darüber hinaus schrieb die Bevölkerung PR besonders schlechte Werte bei den Eigenschaften „wahrheitsgemäß/objektiv", „ehrlich" und „vertrauenswürdig" zu, Journalisten bewerteten PR im Vergleich dazu auf allen Eigenschaftsdimensionen im Schnitt um 0,4 Prozentpunkte schlechter. Außerdem sagten nur 3 % der befragten Journalisten, dass sie großes oder sehr großes Vertrauen zu PR-Beratern hätten. Interessanterweise glaubten in einer späteren Studie rund zwölf Mal so viele PR-Praktiker, dass Journalisten ihnen vertrauen würden (Bentele et al. 2009: 103). Auch auf anderen Dimensionen zeigten Journalisten eine kritische Haltung gegenüber PR, so forderten 20 % von ihnen strengere Standesregeln für PR-Praktiker, um einem Missbrauch vorzubeugen (Bentele, Seidenglanz 2004: 92), 60 % waren der Meinung, dass generell zu viele Pressemitteilungen produziert würden (Weischenberg et al. 2006a: 127). Diese Resultate deuten nicht nur auf ein angespanntes Verhältnis zwischen Journalisten und PR-Praktikern hin, sondern zeigen zugleich, dass Journalisten gerade PR-Arbeit kritischer einschätzen als die Durchschnittsbevölkerung. Dieser Befund wird später wieder aufgegriffen, wenn überprüft wird, wie viele Wirkungsstudien zu Krisenkommunikation ihre Hypothesen an Journalisten testen.

Laut einer Umfrage in Österreich glaubten 58 % der befragten 152 Wirtschaftsjournalisten, dass PR-Praktiker eine große Bereitschaft haben, „ethische Kompromisse einzugehen" (Pienegger 2004: 21). Darüber hinaus waren 81 % der Meinung, dass PR einseitige Information verbreite, um ihre Auftraggeber zu schützen. Außerdem beschrieben die Journalisten PR-Praktiker laut semantischen Differentialen als „abhängig, aufdringlich, fleißig, unkritisch und intelligent" (21). Selbst Wirtschaftsjournalisten, bei denen man qua Ressort eine Aufgeschlossenheit für Wirtschaftsunternehmen könnte, haben also eine überwiegend kritische Grundhaltung gegenüber PR.

Zudem zeigen Befunde, dass Medien über PR mit negativem Tenor berichten bzw. eine Begriffsunschärfe zeigen, bei der PR-Handeln mit negativen Kontexten wie „Lüge" oder „Desinformation" in Verbindung gebracht wird (Fröhlich, Kerl 2010). 72 % aller Artikel, die PR aus moralischen Gesichtspunkten bewerten, kommen zu einem negativen Urteil (65 ff.). Auch Weischenberg (1995: 215) schätzt aufgrund einer Befragungsstudie, dass rund die Hälfte aller deutschen Journalisten eine negative Einstellung zu PR hat. So beschreibt er 22 % aller Befragten als „PR-Skeptiker", die PR als überflüssig ansehen sowie 26 % als „PR-Kritiker", die diese zusätzlich noch als eine Gefahr für unkritische Berichterstattung bewerten. Dem gegenüber stehen 25 % „PR-Pragmatiker", die PR nutzen und als hilfreich ansehen und 27 % „PR-Antikritiker", die PR zwar laut Selbstaussage nicht nutzen, sie jedoch weder für überflüssig noch gefährlich halten (teilweise entnommen aus Löffelholz 1994; 1995). Der Gruppe deutscher Journalisten, die eine schlechte Meinung von PR hat, steht also eine etwa gleich große Gruppe gegenüber, die PR positiv bewertet oder indifferent ist.

Diese unterschiedlichen Einstellungen von Journalisten zu PR offenbaren sich auch in Debatten, die Journalisten führen. Die Journalistenorganisation *Netzwerk Recherche* gab sich „Journalisten machen keine PR" als eine ihrer Leitlinien, um sich von der Praxis abzugrenzen, dass Journalisten nebenberuflich als PR-Schaffende tätig sind (Leif 2011: 7). Die Kritik der Organisation richtet sich gegen verschiedene Aspekte, in denen Journalismus und PR vermischt seien, wie die Veröffentlichung von PR-Material als schein-redaktionellen Beitrag (Müller 2011), die Macht von Werbekunden bei der Themenauswahl in einem Medium (Burmester et al. 2011: 70) oder die nebenberufliche Arbeit von Journalisten für Kundenmagazine („Corporate Publishing"; Reineck 2011). Während einige *Netzwerk Recherche*-Journalisten die Gefahr sehen, dass nebenberufliche PR-Tätigkeit die Unabhängigkeit journalistischer Berichterstattung einschränkt (Burmester et al. 2011: 71; Schnedler 2011), verwahren sich andere gegen diese Annahme, so bezeichnet eine Journalistin, die auch PR betreibt, die Leitlinie „Journalisten machen keine PR" als „eine ganz arrogante, die Wirklichkeit ausblendende Haltung, die sich nur Leute aus öffentlich-rechtlichen Anstalten leisten können, die vor allen Dingen schon lange angestellt sind" (Burmester et al. 2011: 73). Unabhängig von der Bewertung des Sachverhalts besteht jedoch Einigkeit bei den Journalisten, dass PR und Journalismus immer enger verflechten, weil gerade schlecht bezahlte freie Journalisten sich mit PR-Nebenjobs ihr Gehalt aufbessern (Burmester et al. 2011, ebenso in Springer, Meyen 2009).

3.2 Verhältnis von PR und Journalismus

Die gesamte Diskussion zeigt, dass manche Journalisten ihren Beruf nicht nur als reinen Broterwerb begreifen, sie sehen sich als gesellschaftliche Akteure, die Ideale wie Unabhängigkeit, Glaubwürdigkeit oder eine Realitätsvermittlung aus unterschiedlichen Blickwinkeln verfolgen sollten (Leif 2011). Ein Blick auf das Gehalt und die Parteipräferenz von Journalisten zeigt ebenfalls, dass einige Journalisten eine wirtschaftskritische Grundhaltung haben könnten. So scheinen viele Journalisten so viel Idealismus für ihren Beruf zu empfinden oder Befriedigung aus seiner Ausübung zu ziehen, dass sie ein relativ geringes Gehalt in Kauf nehmen. Denn obwohl mehr als zwei Drittel aller hauptberuflichen Journalisten in Deutschland einen Studienabschluss haben, verdienen rund 40 % von ihnen weniger als 2.000 Euro netto im Monat, 8 % sogar weniger als 1.000 Euro (Weischenberg et al. 2006b: 352 f.), was weniger ist als Angestellte anderer Wirtschaftszweige bei vergleichbarer Qualifikation und Dienstalter (Statistisches Bundesamt Deutschland 2004; 2008). Die Entlohnung ist unter anderem deswegen so schlecht, weil Journalisten in mindestens 80 deutschen Medienunternehmen unter Tarif bezahlt werden (Deutscher Journalisten-Verband 2010). Journalisten sind sich dieses Missverhältnisses bewusst, nur rund 50 % sind mit ihrem Gehalt zufrieden (Weischenberg et al. 2006b: 355). Es könnte sein, dass manche solch ein geringes Gehalt in Kauf nehmen, weil sie die Arbeit im Journalismus aus ideologischen Gründen einer besser bezahlten Tätigkeit in Wirtschaftsunternehmen vorziehen.

Einen weiteren Hinweis darauf gibt auch die Parteipräferenz der Journalisten: Während mehr als 60 % der Journalisten eine Parteieigung zu *Bündnis 90/Die Grünen* und der *SPD* haben, neigen nur 15 % zu den wirtschaftsnahen Parteien *CDU/CSU* und *FDP* (Weischenberg et al. 2006b: 353 f.; bei Politikjournalisten kommen *CDU/CSU* und *FDP* zusammen auf 16,4 %; Lünenborg, Berghofer 2010: 13). Die wirtschaftskritische Grundhaltung mancher Journalisten, die sich sowohl in ihrer Akzeptanz niedriger Gehälter, ihrer Parteipräferenz und möglicherweise auch ihrer Kritik an PR-Nebentätigkeiten ausdrückt, könnte einer der Gründe sein, warum sie in den o. g. Befragungsstudien nur wenig Sympathie für PR-Praktiker zeigen (einzelne sprechen abfällig vom „(...) übliche[n] Pressestellen-Modus nach dem Muster Tarnen-Tricksen-Täuschen" Leif 2011: 8). Es scheinen bei manchen Journalisten also moderate bis starke Abneigungen gegen PR-Praktiker bzw. deren Arbeit vorzuliegen. Aufgrund dieser Abneigungen ist es unklar, ob PR bei ihnen überhaupt eine Wirkung zeigt.

Jedoch muss man anmerken, dass diesen PR-kritischen Journalisten eine Gruppe von rund 50 % der Journalisten gegenübersteht, die PR nutzen oder zumindest für moralisch unverfänglich halten (Weischenberg 1995: 215). Auch besteht eine Durchlässigkeit zwischen den beiden Berufen, so entscheiden sich manche Journalisten, in besser bezahlte PR-Tätigkeiten zu wechseln (Herrgesell

2011). Laut einer *EMNID*-Umfrage mit 100 deutschen Journalisten und 100 PR-Praktikern aus dem Jahr 2000 haben 54 % der PR-Praktiker zuvor im Journalismus gearbeitet und umgekehrt waren 25 % der Journalisten vorher in der PR-Branche tätig. 62 % der Journalisten und 55 % der PR-Fachleute konnten sich darüber hinaus vorstellen, in der jeweils anderen Branche zu arbeiten (zitiert nach Kunczik, Zipfel 2005: 188). Ähnliche lautende Befunde liegen aus Österreich vor, hier waren 66 % der 152 befragten Wirtschaftsjournalisten gegenüber einem Wechsel in die PR aufgeschlossen – trotz ihrer oben diskutierten negativen Meinung über PR-Schaffende und deren Tätigkeit (Pienegger 2004: 20). Die Gegenüberstellung dieser Aussagen und Positionen zeigt, dass die PR-Tätigkeit Journalisten offenbar polarisiert. Während manche die Tätigkeit aus ideologischen Gründen strikt ablehnen, liebäugeln andere mit einem Wechsel in diesen Beruf oder haben bereits dort gearbeitet. Insofern scheint es sinnvoll, sich mit der Wirkung von PR im Krisenfall zu beschäftigen, da PR zumindest prinzipiell Wirkungsmöglichkeiten bei manchen Journalisten haben sollte, selbst wenn diese bei einzelnen PR-Kritikern eingeschränkt sein könnten.

3.2.2 Krisenzeiten

Die etablierten Kommunikationsprozesse zwischen PR-Abteilungen und Journalisten ändern sich, sobald in einer Organisation eine Krise auftritt. Journalisten misstrauen dann der Organisation, diese hat eine „legitimatorische (...) Hypothek" (Hoffjann 2007: 215), die den Erfolg ihrer Krisenkommunikation abschwächt. Eine Untersuchung kam zu dem Ergebnis, dass Medien weniger PR-Botschaften einer Organisation in ihre Berichterstattung übernehmen, wenn diese von einer Krise handeln:

> „Der Einfluß von PR auf Medieninhalte ist relativ groß, wenn PR für die Medien ein Ereignis inszeniert, das nicht aus einer akuten Krisensituation heraus entsteht und bei dem Journalisten gegenüber dem Veranstalter keine überwiegend negative Prädisposition haben. [...Jedoch] ist der Einfluß von PR auf Medieninhalte deutlich geringer, wenn PR in einer Konflikt- oder Krisensituation an das Mediensystem herantritt und man (...) annehmen kann, dass die Journalisten eher negative Einstellungen gegenüber dem Veranstalter besitzen."
> (Barth, Donsbach 1992: 163)

Diese gerade zitierte Feldstudie hatte jedoch methodische Schwächen, so wurden die Daten zu Pressekonferenzen Ex-Post-Facto erhoben, die Wissenschaftler sammelten das PR-Material von Pressekonferenzen ein und ermittelten das Medienecho über diese Ereignisse mit einer Inhaltsanalyse. Sie konnten die Pressekonferenzen und -mitteilungen nicht selbst variieren, so dass nicht ausgeschlossen werden kann, dass die gefundenen Effekte in der Berichterstattung von Aspekten der Pressemitteilungen oder Faktoren während der Pressekonferenzen beeinflusst wurden, die den Forschern verborgen blieben. Auch die Prädispositionen der Journalisten, die im Zitat angesprochen werden, vermuteten die Forscher lediglich auf Basis der generellen Langzeit-Bewertungstrends der Branchen, aus denen die Organisationen stammten, welche die Pressekonferenzen abhielten (153). Es erscheint gewagt, aufgrund allgemeiner Branchenreputationen darauf zu schließen, wie die einzelnen Journalisten vor Ort die jeweilige Organisation bewerteten, welche die Pressekonferenz veranstaltete. Ein Rückschluss von solch aggregierten Daten auf die Einstellung einzelner Journalisten zu einer spezifischen Organisation scheint nicht zulässig. Diese methodischen Mängel betreffen jedoch ausschließlich die vermutete Voreinstellung der Journalisten gegenüber der Organisation, die Unterscheidung des Anlasses der Pressekonferenzen in Krisenthema und Nicht-Krisenthema ist dagegen ausreichend logisch begründet, so dass die Ergebnisse zumindest Rückschlüsse darauf zulassen, wie die Krisenhaftigkeit eines Sachverhalts die Verarbeitung von PR-Meldungen beeinflusst. Laut den Forschern führt eine starke Krisenhaftigkeit dazu, dass die Journalisten die PR-Botschaften kritischer bewerten und deren Inhalt in geringerem Umfang in ihre Beiträge übernehmen. Gerade in Krisenzeiten, in denen eine Organisation ihre Reputation schützen möchte, schwindet offenbar ihr Einfluss auf Journalisten.

Dieser sinkende Einfluss von PR in Krisenzeiten kann laut Hoffjann (2007: 212) auf zwei Gründe zurückgeführt werden. Erstens könnten Journalisten die Krisen-PR skeptisch betrachten, weil sie sie für zu beschönigend halten. Diese Skepsis könnte eine der Ursachen sein, warum Journalisten während ihrer Krisenberichterstattung häufig aus organisationsexternen Quellen zitieren. So zeigte sich in einer Untersuchung von Medienbeiträgen über Chemieunfälle, dass die dominierende Quelle von Aussagen nicht Organisationssprecher waren (nur 37 % aller Berichte enthielten Aussagen von ihnen), sondern Rettungskräfte (in 74 % aller Berichte; Holladay 2009: 212 ff.). Auch eine qualitative Befragungsstudie mit deutschen Unternehmenssprechern und Chefredakteuren lieferte ähnliche Befunde (Ingenhoff, Thießen 2009). Die Chefredakteure gaben an, dass ihre Journalisten während Krisenzeiten intensiver recherchieren, mehr Interviewpartner befragen und immer auf der Suche nach inoffiziellen, exklusiven Informationen aus der Organisation sind, wie z. B. von Mitarbeitern außerhalb des Krisenstabs. Diese Ergebnisse deuten in die gleiche Richtung wie die Befunde von Barth & Donsbach (1992), während einer Krise sinkt die Informationsmacht einer PR-Abteilung oder eines Krisenstabs, da Journalisten intensiver recherchieren und exklusive Zusatzinformation beschaffen wollen. Zweitens könnten Journalisten ein Interesse daran haben, die Krise zu verlängern oder zu verstärken, um länger über dieses attraktive Thema berichten zu können. Deswegen büßt in Krisenzeiten nicht PR an sich ihre Wirkung auf Journalisten ein, sondern lediglich deeskalierende PR der Krisenorganisation, während eskalierende PR (wie z. B. von Anspruchsgruppen wie *Greenpeace*) sehr erfolgreich sein kann (Hoffjann 2007: 212). Dieses Interesse der Journalisten kann man aufgrund verschiedener Faktoren erklären. Einerseits könnte es dem Selbstverständnis mancher Journalisten als Aufklärer entsprechen, über eine Krise zu berichten. „Kritik an Missständen" zu üben ist für Journalisten seit mehr als 30 Jahren ihre wichtigste berufliche Motivation (Donsbach 1979: 36; Lünenborg, Berghofer 2010: 39; Weischenberg et al. 2006a: 106). Diese Motivation könnte für Journalisten eine Rolle spielen im Entscheidungsprozess, ob und wie sie über eine Organisationskrise berichten, sofern sie diese als Missstand einstufen, den sie ans Licht bringen und aufklären wollen. Daneben berichten zumindest manche Medien auch aus ökonomischen Motiven heraus über eine Krise, wie der ehemalige *BILD-* und *BILD.de*-Chefredakteur Udo Röbel (2008: 194) beschreibt:

> „(...) Ihre Krise [die der Krisenorganisation] nährt Auflage/Quote und somit den Gewinn des Medienunternehmens. So simpel ist das. Und allein schon deshalb haben Sie von den Medien kein Verständnis zu erwarten" (Ähnliche Aussagen auch in Ingenhoff, Thießen 2009: 167).

In dieser Situation berichten Medien über Krisen aus finalen Motiven heraus, um einen Zweck jenseits der Berichterstattung (wie z. B. Profitmaximierung) zu erreichen. Journalisten könnten aus diesen ökonomischen Motiven heraus nicht nur eine Krisenberichterstattung beginnen, sondern diese auch zu verlängern. Denn einerseits ist Folgeberichterstattung günstig für Journalisten. Es kostet weniger Zeit und Aufwand, Betroffene und Experten zu einer Krise zu interviewen oder die Pressekonferenzen der Organisation zu besuchen, als neue Themen von Grund auf zu recherchieren. Diese ökonomischen Maßstäbe werden zunehmend wichtiger für deutsche Journalisten, Kosteneffizienz ist ein entscheidender Faktor in der Nachrichtenproduktion (Lünenborg, Berghofer 2010: 4; Reinemann, Huismann 2007: 479; Weischenberg et al. 2006a). Daher ist es denkbar, dass Journalisten im Zweifelsfall lieber über ein bereits etabliertes Thema berichten, anstatt ein neues aufwändig zu recherchieren. Zumal die Folgeberichterstattung über eine Krise im Idealfall für Journalisten nicht nur kostengünstig ist, sondern zugleich auch die Umsätze oder Werbeerlöse des Mediums steigert,

3.2 Verhältnis von PR und Journalismus

sofern es deswegen häufiger gekauft oder genutzt wird. Wenn Journalisten glauben, dass ihr Publikum Neuigkeiten zu einer bereits bekannten Krise erfahren möchte, dann könnte diese vermutete Erwartungshaltung der ökonomische Grund für weitere Berichterstattung sein. Auch aus der Perspektive der Nachrichtenwertforschung erscheint es wahrscheinlich, dass Journalisten eine Organisationskrise als attraktives, berichtenswertes Thema einschätzen (Überblick in Eilders 1997; Shoemaker, Reese 1996; Staab 1988). Wenn man also anstatt des oben beschriebenen Finalmodells ein Kausalmodell zugrunde legt, nach dem Journalisten einem Ereignis einen Nachrichtenwert aufgrund bestimmter Faktoren zuschreiben, dann ist es ebenfalls relativ wahrscheinlich, dass eine Krise von Journalisten als berichtenswertes Ereignis eingestuft wird. Denn von den fünf Nachrichtenfaktoren, denen Journalisten über einen langen Zeitraum konstant einen großen Nachrichtenwert zuschreiben („persönlicher Einfluss", „Personalisierung", „Reichweite des Geschehens", „möglicher Schaden/Misserfolg" und „Grad der Kontroverse"; Kepplinger, Bastian 2000: 469) liegen mindestens zwei bei Krisen vor: *möglicher Schaden/Misserfolg* und *Grad der Kontroverse*.

Ein *möglicher Schaden/Misserfolg* liegt bei allen Krisen vor, da mindestens das Risiko eines Schadens für die Organisation selbst gegeben ist. Darüber hinaus können je nach Krisenart Schäden für andere Akteure entstehen, wenn beispielsweise Mitarbeiter einer Organisation von einem Unglück betroffen sind oder defekte Produkte an Kunden verkauft wurden. Da Journalisten diesem Nachrichtenfaktor über einen langen Zeitraum hinweg einen großen Nachrichtenwert zuschreiben, erscheint es wahrscheinlich, dass sie über eine Organisationskrise berichten, sofern sie davon erfahren. Außerdem könnte bei Krisen auch der *Grad der Kontroverse* hoch sein, sofern es Anspruchsgruppen (z. B. Umweltschutzverbände) wie gibt, die mit einer Organisation streiten. Inhaltsanalysen zeigen, dass Journalisten in ihren Krisenbeiträgen häufig Aussagen von Akteuren kontrastieren, um eine Geschichte nach einem Konfliktmuster erzählen zu können (Wien, Elmelund-Præstekær 2009). Falls diese Kontroverse nicht stark genug erscheint, ist es nach Meinung einzelner Forscher möglich, dass Journalisten mit ihrer Form der Recherche einem Thema zusätzliche Brisanz verleihen:

„Die Medien übernehmen in Krisensituationen die aktivere Rolle, sie sind eine Zeit lang "Herr der Informationslage". Dass Journalisten dabei gelegentlich (...) bewusst bestimmte Negativ-Informationen "hochziehen", vorhandene Widersprüche verstärken, neue Konflikte selbst erzeugen (...) übertreiben, dramatisieren, popularisieren, gelegentlich auch verfälschen, ist für Praxiserfahrene nichts neues." (Bentele, Janke 2008: 126 f.)

Wenn Journalisten ein Interesse daran haben, konflikthaltige Berichte zu erstellen, so könnte dies erklären, warum ihr Verhältnis zur PR-Abteilung in Krisenzeiten antagonistischer wird. Denn die Krisenorganisation dürfte an konflikthaltiger Berichterstattung nur wenig Interesse haben. Während zu Nicht-Krisenzeiten die Ziele einer PR-Abteilung und die der Journalisten im Einklang stehen können (die Journalisten brauchen Themen für Berichterstattung, PR möchte (positive) Berichterstattung über die Organisation und liefert daher Themen), stehen sie sich im Krisenfall entgegen. Journalisten wollen in der Krise eine Berichterstattung erstellen, welche häufig einen konflikthaltigen Tenor hat, die PR-Abteilung hat daran kein Interesse. Da die Zielsetzungen der Akteursgruppen sich in der Krise unterscheiden, sinkt der Einfluss von PR-Abteilungen auf die Berichterstattung. Jedoch wurde in Abschnitt 2.3 anhand der Fallstudien über vergangene Krisen gezeigt, dass die Kommunikation einer Organisation auch in der Krise einen positiven Einfluss auf die Reputation haben kann. Selbst wenn ihre Wirkung also möglicherweise eingeschränkt ist, stellt sich dennoch die Frage, wie eine Organisation denn kommunizieren sollte, um innerhalb dieser beschränkten Möglichkeiten das beste Resultat zu erzielen. Deshalb werden im folgenden Abschnitt verschiedene Ratschläge und Forschungserkenntnisse zur Wirkung von Krisenkommunikation analysiert.

3.3 Krisenkommunikation

Nach den Vorarbeiten, die in den vorangegangenen Abschnitten geleistet wurden, wird sich dieser Abschnitt speziell mit den Erkenntnissen und Empfehlungen zur Wirkung von Krisenkommunikation beschäftigen. Da sich das Forschungsinteresse dieser Arbeit auf die Kommunikation und Berichterstattung bei Krisenausbruch richtet, ist dieser Abschnitt wesentlich ausführlicher als die vorangegangenen, weil hier einzelne Forschungsergebnisse vertieft diskutiert werden. Das Ziel des Abschnitts ist es, Kommunikationsstrategien vorzustellen, deren Überprüfung in einem Experiment mit Journalisten den größten Erkenntnisgewinn für Wissenschaft und Praxis versprechen.

Den wissenschaftlichen Kenntnisstand zu Krisen-PR kann man nach Löffelholz & Schwarz (2008: 23 ff.) in institutionelle, instrumentelle und symbolisch-relationale Erkenntnisse einteilen: Institutionelle Forschung untersucht vor allen Dingen, wie Organisationen ihre Krisen antizipieren und welche Kommunikatoren mit welchen Kompetenzen ausgestattet sind. Instrumentelle Forschung untersucht, welche Methoden und Werkzeuge PR-Abteilungen in ihrer Krisenkommunikation anwenden (z. B. Art, Zahl und Detaillierungsgrad von Krisenplänen, Trainings). Symbolisch-relationale Forschung untersucht, mit welchen Kommunikationsstrategien Organisationen im Krisenfall ihre Reputation schützen oder reparieren.

Dieser Abschnitt fokussiert sich auf symbolisch-relationale Forschungsergebnisse, da diese bei der Beantwortung der Fragen helfen könnten, ob und wie PR-Meldungen die journalistische Wahrnehmung einer Organisationskrise beeinflussen. In symbolisch-relationalen Ansätzen steht die Beziehung (Relation) zwischen einer Organisation und ihren Anspruchsgruppen im Mittelpunkt. Diese Beziehung kann während einer Krise Schaden nehmen, da die Organisation beispielsweise die Erwartungshaltung von Anspruchsgruppen enttäuscht. Deswegen wenden Organisationen Kommunikations- und Handlungsstrategien an, die einen symbolischen Wert haben, um ihre Reputation bei ihren Anspruchsgruppen wieder zu verbessern. Die Organisation kann Aussagen treffen, die zeigen, dass sie aus ihren Fehlern gelernt hat, sie in Zukunft vermeiden wird und deswegen die Anspruchsgruppen um ihr Vertrauen bittet (zusammenfassend Coombs 2006a; Löffelholz, Schwarz 2008; Thießen 2011).

Die Arbeiten zu symbolisch-relationaler Erforschung von Organisationskrisen stammen zum großen Teil aus den USA, wo sie seit Mitte der 1990er Jahre betrieben wird (Forschungsüberblick in Coombs, Holladay 2010b). Mittlerweile liegen auch erste empirische Arbeiten aus Deutschland vor, welche die Einflussmöglichkeiten von Krisen-PR in speziellen Kontexten beschreiben (Internet: Köhler 2006) und Hypothesen in Experimenten testen (Schwarz 2010; Thießen 2011). Generell wird Krisenkommunikation zunehmend wichtig für die PR-Forschung, so stieg die Zahl der Artikel zu diesem Thema in den beiden wichtigsten internationalen Fachzeitschriften *Journal of Public Relations Research* und *Public Relations Review* von 1975 bis 2006 an, 2005 wurden mehr als 20 Artikel zu diesem Thema veröffentlicht (An, Cheng 2010). Die Präsentation der Ergebnisse dieser Studien ist in den folgenden Abschnitten thematisch geordnet, die Ergebnisse einzelner Studien werden an der Stelle präsentiert, an der ein Konzept oder Ratschlag diskutiert wird. Das hat zur Folge, dass Ergebnisse aus Studien, die mehrere Konzepte zugleich testen, an mehreren Stellen zitiert werden.

Die Gliederung dieses Abschnitts orientiert sich an den verschiedenen Ebenen von Krisenkommunikation, die auf Abbildung 5 dargestellt sind. Es wird unterschieden zwischen der formal-prozessualen, kommunikationsstrategischen und inhaltlichen Ebene. Diese Einteilung baut auf Coombs (2008: 276) auf, der zwei Forschungsrichtungen unterscheidet, die entweder formale oder inhaltliche Ratschläge geben. Die formale Ebene von Krisenkommunikation (bei Thießen 2011: 239 als „prozessual" bezeichnet) betrifft die Art und Weise, wie eine Botschaft *kommuniziert* wird, also z. B. schnell, sensibel, kontrolliert. Die Ratschläge zu dieser Ebene von Krisenkommunikation werden in Abschnitt 3.3.1 vorgestellt.

Bei genauer Analyse der Beispiele von Coombs (2006a; 2008) wird jedoch deutlich, dass sein oben genannter Term der *inhaltlichen* Ratschläge besser als *kommunikationsstrategische* Ratschläge bezeichnet werden sollte, da er sich nicht mit Inhalten befasst, sondern mit Kommunikationsstrategien, die beschreiben, wie man eine Botschaft *gestalten* sollte. Kommunikationsstrategische Ratschläge können z. B. die Formulierung von Botschaften betreffen oder empfehlen, *dass* die erste Krisenbotschaft konkrete Schutzmaßnahmen für Betroffene nennen sollte. Dagegen wäre es ein inhaltlicher Ratschlag, *welche* konkreten Schutzmaßnahmen man treffen sollte. Es ist denkbar, dass kommunikationsstrategische Ratschläge nicht nur in einem einzelnen Fall gelten, sondern zumindest eingeschränkt auf verschiedene Krisentypen verallgemeinert werden könnten. Diese kommunikationsstrategischen Ratschläge werden in Abschnitt 3.3.2 vorgestellt.

Ebene von Krisenkommunikation	Formal-prozessual	Kommunikationsstrategisch	Inhaltlich
Abgrenzungskriterium	Botschaftsvermittlung (*"Wie kommuniziere* ich meine Botschaft?")	Botschaftsgestaltung (*"Wie formuliere* ich meine Botschaft?")	Botschaftsinhalt (*"Was* sage ich?")
Geltungsbereich von Ratschlägen	Gut verallgemeinerbar	Eingeschränkt verallgemeinerbar	Einzelfallspezifisch

Quelle: Eigene Darstellung aufbauend auf Coombs 2008: 276

Abbildung 5: Ebenen von Krisenkommunikation

Die *inhaltliche* Ebene von Krisenkommunikation betrifft Botschaftselemente, die inhaltliche Information vermitteln, also z. B. die Angaben einer Krisenorganisation, was genau vorgefallen ist, welches Ausmaß eine Krise hat, wer davon betroffen sein könnte, welche Schutzmaßnahmen man ergreifen sollte etc. Inhalte sind einzelfallspezifisch. Deswegen werden sie in dieser Arbeit nicht weiter behandelt, da es das Ziel ist, verallgemeinerbare Regeln und Empfehlungen für Krisenkommunikation zu finden.

3.3.1 Formal-prozessuale Elemente

Dieser Abschnitt befasst sich mit Ratschlägen, die in der Literatur zur formal-prozessualen Gestaltung von Krisenkommunikation gegeben werden. Zunächst werden die Ratschläge von PR-Praktikern betrachtet, die Empfehlungen auf Basis ihrer Erfahrung geben (Abschnitt 3.3.1.1), danach die Ergebnisse der Kommunikationsforschung (Abschnitt 3.3.1.2).

3.3.1.1 Ratschläge von Praktikern

Die Veröffentlichungen von PR-Praktikern über ihre Arbeit sind sehr zahlreich (Kunczik, Szyszka 2005: 120) und folgen oftmals einem ähnlichen Erzählmuster: Praktiker zeigen zunächst anhand von Fallbeispielen und Anekdoten, wie Krisen-PR in konkreten Fällen ausgesehen hat und leiten daraus Handlungsempfehlungen für zukünftige Kommunikation ab (z. B. Baier-Fuchs 2008; Riecken 2008). Dieses Erzählmuster ist nicht nur in Praktikertexten weit verbreitet, sondern wird auch in einigen Artikeln in wissenschaftlichen Zeitschriften verwendet. Nicht selten verzichten diese Artikel auf die Nennung von Literatur-Quellen, die praxisorientierte Sichtweise dort ist also nicht einmal ansatzweise theoretisch gestützt (z. B. Lukaszewski 1997; Pines 2000). Bei fallstudienbasierten Empfehlungen bleibt jedoch unklar, ob diese auch in zukünftigen Krisen mit anderen Beteiligten, Voraussetzungen und Verläufen helfen würden (Löffelholz, Schwarz 2008: 22). Außerdem laufen die Autoren dieser Empfehlungen basierend auf Fallstudien Gefahr, dem so genannten „hindsight bias" (Blank et al. 2007: 1) zu erliegen, also Situationen im Nachhinein als wesentlich vorherseh- und steuerbarer zu beschreiben, als sie im Moment des Geschehens tatsächlich waren.

Arlt (2008: 67 f.) hat ein weiteres Problem mit anekdotischen Texten über Krisen-PR beschrieben: Je nach individuellen Vorlieben geben Autoren völlig gegensätzliche Anweisungen für Krisen-Prävention und -Reaktion (Abbildung 6). Arlt unterteilt diese Ratschläge in solche, die sich an Organisationen *vor* oder *in* einer Krise richten. Für die Phase vor einer Krise geben die Ratgeber unterschiedliche Empfehlungen, ob eine Organisation überhaupt kommunikative Krisenprävention betreiben sollte oder nicht. Manche dieser Ratschläge empfehlen Maßnahmen zur Prävention, wie z. B. Issue Management betreiben, Konfliktherde identifizieren, Frühwarnsysteme einrichten und Krisentrainings durchführen. Der gegensätzliche Ratschlag anderer Autoren lautet, dass man weder Zeit noch Energie in Krisenvorbereitung investieren sollte, da eine zukünftige Krise z. B. mit Issue Management nur schwer vorherzusagen ist, die Krisenvorbereitung selbst für Unruhe in der Organisation sorgt und man auf Krisen nur situativ reagieren kann, jedoch nicht mit Hilfe vorgefertigter Handbücher oder Prozessschemata. Der Aufwand für kommunikative Krisenprävention steht für deren Kritiker in keinem Verhältnis zum mutmaßlichen Nutzen.

Auch die Handlungsempfehlungen für die akute Krisenphase unterscheiden sich je nach Autor. So empfehlen manche Ratgeber eher eine Kommunikation, die Gelassenheit und Weitblick vermitteln soll, andere dagegen eine, welche die Organisation als sehr aktiv darstellt („Sündenböcke präsentieren", „kurzfristige Beruhigungspillen verabreichen": 67). Außerdem setzen einige Ratgeber auf größtmögliche Transparenz und Sachlichkeit in der Kommunikation, andere dagegen auf zurückhaltende Kommunikation, da sie sachlicher Argumentation in einer emotional aufgeladenen Krisensituation nur geringe Erfolgschancen einräumen (68). Diese Aufzählung zeigt, dass eine wissenschaftliche Überprüfung von Praktiker-Empfehlungen notwendig ist, um gesichertes Wissen über Krisenkommunikation zu erlangen und festzustellen, welche Regeln eine universelle oder zumindest weitreichende Gültigkeit besitzen und welche nicht. Diese wissenschaftliche Überprüfung ist umso wichtiger, da sich Fallstudien nicht nur auf das Gebiet der Praktikerliteratur beschränken, sondern auch von Wissenschaftlern häufig aufgegriffen werden, um Argumentationen zu untermauern. Röttger (2009: 1) spricht in diesem Zusammenhang von:

> „(...) einem Spannungsfeld von Grundlagenforschung und Anwendungsorientierung. Sehr deutlich lässt sich dies an klassischen US-amerikanischen Theoriebüchern (...) erkennen. Empirische Fallstudien nehmen hier eine zentrale, nicht nur illustrative Rolle ein. Häufig handelt es sich um historische oder aktuelle deskriptive Nach- und Aufzeichnungen, die nicht ausreichend theoretisch hergeleitet oder systematisch überprüft wurden und durch eine starke normative Überformung geprägt sind."

3.3 Krisenkommunikation

	Handlungsempfehlung	Empfehlung des Gegenteils
Krisenprävention	• Kommunikation auf kritische Themen hin beobachten (Issue Management) • Konflikt- und Krisenherde ermitteln • Frühwarnsysteme einrichten • Krisenhandbuch bereithalten, Krisenstab einrichten, Krisentraining durchführen	• Es wird so viel Folgenloses gesagt, wenn der Tag lang ist • Beschmutzen Sie nicht das eigene Nest • Sorgen Sie nicht für unnötige Aufregungen • Die Standardkrise gibt es nicht und Patentrezepte helfen nicht
Krisenreaktion	• Professionelles Krisenmanagement heißt, mit Weitblick nach vorne zu schauen, Gelassenheit zu wahren und die eigenen Grenzen zu erkennen • Erfolgsfaktoren: aktive, offene, umfangreiche Kommunikation • Der Dialog wird an Bedeutung zunehmen […] weg vom Monolog hin zu stärkerem Austausch • In Zukunft wird argumentative Krisen-PR entscheidend sein	• Das größte Problem ist die Angst. Gegen Angst hilft, Sündenböcke präsentieren […], kurzfristige Beruhigungspillen verabreichen […] • Durch frühzeitige Kernbotschaft das erste Interesse abdecken, den Ball flach halten, auf schnelles Ende hinarbeiten • Es bestehen berechtigte Zweifel, ob Dialogkommunikation ein sinnvolles Konzept sein kann • Wo Emotionen herrschen, lässt sich nicht mehr argumentieren

Quelle: Modifizierte Darstellung nach Arlt 2008: 67 f.

Abbildung 6: Gegensätzliche Praktikerratschläge

Um fallstudienbasierte Empfehlungen wissenschaftlich untersuchen zu können, werden diese Ratschläge nun gesammelt und ihre Qualität und Überprüfbarkeit analysiert. Diejenigen, welche die größte Wirkung im Prozess der Krisenkommunikation versprechen, werden später in einem Experiment getestet, um festzustellen, ob sie tatsächlich wirksam sind. Um die Ratschläge zu sammeln werden Texte von deutschen und US-PR-Praktikern betrachtet. Die Ratschläge deutscher Praktiker stammen größtenteils aus einem wissenschaftlichen Überblickswerk (Nolting et al. 2008) und diejenigen der US-Praktiker aus Fachzeitschriften, um einen Mindeststandard an Qualität sicherzustellen. Abbildung 7 fasst diejenigen Empfehlungen der Texte zusammen, die sich mit Botschaften in der akuten Krisenphase befassen. Ratschläge, die z. B. nicht-botschaftsbezogene Handlungsweisen nahelegen (Krisenstab einrichten etc.) wurden nicht in die Zusammenstellung aufgenommen. Sechs der acht Texte empfehlen eine möglichst *schnelle Kommunikation* relativ bald nach Kriseneintritt, so spricht Baier-Fuchs (2008: 219) von „den Herausforderungen des „Sofortismus" (...) der Medien", Lukaszewski (1997) empfiehlt eine Kommunikation in den ersten beiden Stunden nach

Krisenausbruch. Fünf Texte empfehlen jeweils eine *sensible/angemessene* oder eine *kontrollierte* Kommunikation mit *eindeutigen* Kernbotschaften und drei *Ehrlichkeit*. Weitere acht Empfehlungen wurden der *Sonstiges*-Kategorie zugeordnet, da sie nur einmal von Autoren genannt wurden, wie z. B. „nichts beschönigen" (Farmer & Tvedt 2005: 27) oder „offen und transparent kommunizieren" mit dem Hinweis, dass die Aussage „Kein Kommentar!" vermieden werden sollte (Riecken 2008: 214).

Die Praktikerratschläge *schnell, sensibel/angemessen* oder *kontrolliert/eindeutig* zu kommunizieren betreffen allesamt die formale Ebene von Botschaften, nicht die kommunikationsstrategische. Der Praktikerratschlag, *ehrlich* zu kommunizieren, ist etwas anderer Natur als die übrigen, er bezieht sich auf die Intention des Sprechers. Der Ratschlag soll zeigen, dass sich Lügen generell nicht lohnen („Lügen haben kurze Beine", Riecken 2008: 212), da sie in der Regel von Journalisten entlarvt werden. Er wird in dieser Arbeit nicht weiter überprüft, da er sich auf Inhalte einer Botschaft bezieht, denn nur auf diese trifft das Kriterium der Ehrlichkeit zu. Man kann weder bei formalen Elementen einer Botschaft lügen noch mit einer Kommunikationsstrategie, sondern lediglich bei den Informationen, die eine Botschaft enthält oder verschweigt. Deswegen kann man einer beliebigen Botschaft nicht ohne Kenntnis der Fakten und des Kontexts ansehen, ob sie eine Lüge enthält oder nicht. Nur wenn man diese Vorkenntnisse hat, kann man feststellen, ob Fehlinformationen absichtlich verbreitet werden oder z. B. aufgrund von Unwissenheit der Sprecher. Eine Überprüfung dieses Ratschlags in einer wissenschaftlichen Arbeit ist daher nicht sinnvoll, da Journalisten in einem Experiment das Hintergrundwissen fehlen würde, um die Ehrlichkeit eines Sprechers zu beurteilen.

Für die übrigen Ratschläge, *schnell, sensibel/angemessen* oder *kontrolliert/eindeutig* zu kommunizieren, wird nun analysiert, ob sich eine experimentelle Überprüfung lohnen würde. Um hypothesentaugliche Ratschläge zu identifizieren, müssen zunächst diejenigen ausgeschlossen werden, die lediglich Allgemeinplätze darstellen. Ein Ratschlag wird als Allgemeinplatz gewertet, wenn er zustimmungspflichtig ist, sein Gegenteil also unsinnig wäre. Aufgrund dieser Logik wird der Ratschlag, *sensibel* bzw. *angemessen* zu kommunizieren (z. B. in Riecken 2008: 215) als Allgemeinplatz eingestuft. Das Gegenteil dieses Ratschlages, „Kommunizieren Sie nicht sensibel" oder „Wählen Sie keine angemessene Sprache" ist kontraintuitiv. Während niemand bezweifeln dürfte, *dass* man in einer Krise (und auch jeder anderen Situation) angemessen kommunizieren sollte, stellt sich hier eher die Frage, *was* unter angemessener Kommunikation zu verstehen ist bzw. in Bezug *worauf* man angemessen kommunizieren soll. Es hängt vom Einzelfall und den Akteuren ab, welche Kommunikation sie als angemessen empfinden und welche nicht. Die Praktikertexte, die diesen Ratschlag

3.3 Krisenkommunikation

geben, wollen vermutlich Kommunikatoren für die emotionale Seite der Krisenkommunikation sensibilisieren, damit sie die Erwartungshaltung eines Publikums bedenken. Die Aussagekraft des Ratschlags beschränkt sich jedoch auf diese Sensibilisierungsfunktion, deswegen wird er in dieser Arbeit nicht weiter behandelt.

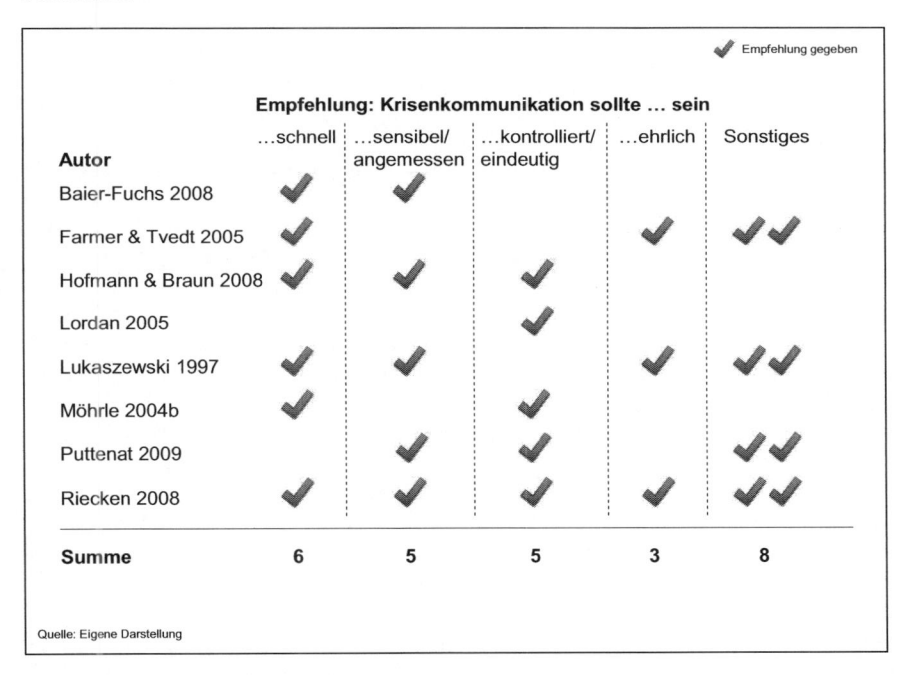

Autor	Empfehlung: Krisenkommunikation sollte ... sein				
	...schnell	...sensibel/ angemessen	...kontrolliert/ eindeutig	...ehrlich	Sonstiges
Baier-Fuchs 2008	✓	✓			
Farmer & Tvedt 2005	✓			✓	✓✓
Hofmann & Braun 2008	✓	✓	✓		
Lordan 2005			✓		
Lukaszewski 1997	✓	✓		✓	✓✓
Möhrle 2004b	✓		✓		
Puttenat 2009		✓	✓		✓✓
Riecken 2008	✓	✓	✓	✓	✓✓
Summe	6	5	5	3	8

Quelle: Eigene Darstellung

Abbildung 7: Überblick über Praktikerratschläge

Der Praktikerratschlag der *kontrollierten/eindeutigen* Kommunikation ist zwar kein Allgemeinplatz, aber ist es aus anderen Gründen nicht sinnvoll, ihn in dieser Arbeit zu testen. Unter diesem Ratschlag verstehen PR-Praktiker beispielsweise, Kernbotschaften für die Kommunikation zu entwickeln, Sprecher auszuwählen und klar zu kommunizieren (Riecken 2008). Zwar ist theoretisch auch die gegenteilige Empfehlung denkbar, beispielsweise könnte eine Organisation sich entscheiden, bewusst keine Sprachregelungen für eine Krise auszugeben oder Sprecher festzulegen, um einen authentischeren und damit eventuell sympathischeren Eindruck zu hinterlassen. Eine Organisation, die diese Handlungsweise anwendet, braucht jedoch keine Beratung zu Strategien der Krisenkommunikation. Die

Entwicklung von Kommunikationsstrategien ist nur dann sinnvoll, wenn diese planvoll und kontrolliert umgesetzt werden. Wenn jeder Organisationsangehörige frei heraus sagen soll, was er gerade denkt, bedarf es keiner strategischen Planung der Krisenkommunikation. Da diese Arbeit sich mit Kommunikationsstrategien beschäftigt, wird eine *kontrollierte/eindeutige* Kommunikation vorausgesetzt, eine empirische Überprüfung dieses Ratschlags ist daher nicht sinnvoll.

Damit bleibt noch der meistgenannte Ratschlag der Praktiker, sechs von ihnen empfehlen eine *schnelle* Kommunikation. Diese Empfehlung ist zwar weit verbreitet, stützt sich aber meist nur auf Fallstudien vergangener Krisen oder ist eine Einschätzung der jeweiligen Autoren. Es sei wichtig, schon in den ersten Stunden nach Kriseneintritt mit den Medien zu kommunizieren, damit kein Informationsvakuum entsteht, dass organisationsfremde Anspruchsgruppen (wie Bürgerinitiativen) füllen können (Riecken 2008: 211). Diese Empfehlung ist im Gegensatz zur Empfehlung *sensibler/angemessener* Kommunikation nicht zustimmungspflichtig. Denn man könnte gegen die Befürworter schneller Krisenkommunikation einwenden, dass eine zu schnell kommunizierende Organisation beispielsweise anfälliger für Fehler und Falschaussagen ist, die zu großen Reputationsschäden führen können. So führte eine Fehlinformationen von *Hoechst* während der Krise 1993 dazu, dass Journalisten dem Unternehmen nicht mehr glaubten. *Hoechst*-Sprecher bezeichneten die ausgetretene Chemikalie ortho-Nitroanisol zunächst als *mindergiftig*, später stellte sich jedoch heraus, dass die krebserregende Wirkung des Stoffes noch nicht abschließend geklärt war. Eine andere Abteilung des *Hoechst*-Konzerns hatte in Studien eine mögliche Krebsgefahr gefunden, diese Information aber nicht an die Unternehmenssprecher weitergegeben, welche die Pressekonferenz abhielten. Nachdem Journalisten später von der potentiellen Krebsgefahr erfuhren, hatte *Hoechst* bei ihnen laut Ansicht mancher Forscher jede Glaubwürdigkeit verloren (Kepplinger, Hartung 1995: 112 ff.; Zerfaß 2010: 33 f.). Ebenso hatte es negative Auswirkungen auf die Glaubwürdigkeit eines Minenbetreibers in den USA, dass er nach einem Grubenunglück fälschlicherweise meldete, dass fast alle Kumpel gerettet werden konnten. Das Gegenteil war richtig, fast alle Bergleute waren tot. Diese Fehlinformation, die der Minensprecher an die Journalisten weitergab, musste das Unternehmen später mit großem Bedauern korrigieren (Lordan 2005).

Um einschätzen zu können, ob eine Krisenorganisation dieses gestiegene Fehlerrisiko der Kommunikation in Kauf nehmen sollte, muss man genau wissen, wie viel sie mit schneller Kommunikation gewinnen kann. Um die Wirkung schneller Kommunikation quantifizieren zu können, ist daher eine wissenschaftliche Überprüfung notwendig. In Kapitel 5 wird dieser Gedanke wieder aufgenommen, wenn die Hypothesen für diese Arbeit unter Einbeziehung des wissenschaftlichen Kenntnisstandes zum Thema gebildet werden.

3.3.1.2 Forschungsstand

In diesem Abschnitt werden die Forschungserkenntnisse vorgestellt, die Kommunikationswissenschaftler zur formalen Ebene von Krisenkommunikation gesammelt haben. Coombs (2006a: 172) stellt fest, dass die Literatur vor allen Dingen drei Handlungsempfehlungen gibt: In einer Krise sollte eine Organisation *schnell*, *konsistent* und *offen* kommunizieren. Schnelle Kommunikation wird auch von anderen Forschern empfohlen, damit die Krisenorganisation sich als Informationsquelle positioniert und Journalisten nicht mangels Information noch stärker als ohnehin schon auf organisationsfremde Quellen zurückgreifen (Holladay 2009: 209). Diese Empfehlung der Schnelligkeit wurde bislang jedoch fast ausschließlich aufgrund von Anekdoten gegeben, Coombs (2006a: 174) spricht in diesem Zusammenhang von „everyday knowledge" und „accepted wisdom in the field."

Die Überprüfung solcher Praxisregeln bedeutet einen Erkenntnisfortschritt für die Wissenschaft, da sie diese entweder auf eine empirisch belegbare Basis stellen oder als wenig wirkungsvoll entlarven kann. Einige wissenschaftliche Arbeiten untersuchen teilweise die Praktiker-Empfehlung schneller Kommunikation. Thießen (2011: 240) stellt in seinen Experimenten fest, dass eine Organisation, welche aktiv über eine Krise kommuniziert, als vertrauenswürdiger wahrgenommen wird als eine nicht kommunizierende. *Aktive* Kommunikation zeichnet sich für ihn aufgrund von vier Merkmalen aus (168 f.; aufbauend auf Benson 1988): (1) die Krisenorganisation „initiiert den (Medien-)Diskurs" mittels einer *schnellen* Erstkommunikation, (2) Ansprechpartner der Organisation sind sicht- und ansprechbar, (3) die Organisation erklärt regelmäßig, wie sie handelt und (4) diese Erklärungen beschreiben die Motive, die dem Handeln zugrunde liegen, um ein planvolles Vorgehen zu signalisieren. Thießens Test einer *aktiven* Kommunikation ist also teilweise auch der Test einer *schnellen* Kommunikation, da Schnelligkeit eine Dimension aktiver Kommunikation ist.

Eine weitere Form schneller Kommunikation wird in der US-Forschung als *stealing thunder* bezeichnet (Arpan, Roskos-Ewoldsen 2005). In diesem Fall macht eine Organisation eine Krise selbst publik, anstatt nur eine PR-Meldung zu veröffentlichen, nachdem die Krise aufgedeckt wurde. Probanden im Experiment nahmen eine Organisation als glaubwürdiger wahr, wenn sie als erste über eine Krise informierte. Je mehr Glaubwürdigkeit die Probanden ihr zuschrieben, desto eher wollten sie deren Produkte kaufen und desto kleiner schätzten sie den Schaden der Krise ein (431 ff.). Beiden Studien ist gemeinsam, dass eine Organisation, die frühzeitig über eine Krise kommuniziert, von studentischen Probanden positiver wahrgenommen und als glaubwürdiger eingestuft wird.

Die zweite oben genannte formale Empfehlung lautet, man solle als Organisation *konsistent* kommunizieren und eine einheitliche Sprachregelung anwenden, damit sich Sprecher nicht in Widersprüche verstricken. Dieser Ratschlag basiert im Wesentlichen ebenfalls auf Anekdoten aus der Kommunikationspraxis, die Herausforderung für Organisationen sei es, Konsistenz zu sichern, auch wenn ihre Kommunikation potentiell fehleranfällig sei und von mehreren Sprechern vorgetragen würde (Coombs 2005: 222; 2006a: 172). Diese Empfehlung wurde in einem Experiment mit studentischen Versuchsgruppen überprüft, Probanden, die *widersprüchliche Kommunikation* erhielten, schrieben einer Organisation weniger Vertrauenswürdigkeit zu (Thießen 2011: 255). Besonders solle eine Organisation Falschmeldungen vermeiden, da diese ihre Glaubwürdigkeit und Reputation beschädigen könnte (Coombs 2008: 276 oder die oben beschriebenen Krisen in Kepplinger, Hartung 1995 und Lordan 2005). Generell muss jedoch festgehalten werden, dass dieser Effekt nur unzureichend wissenschaftlich belegt wurde, auch Coombs (2006a) bezieht sich in seiner Überblicksdarstellung lediglich auf fallstudienbasierte Quellen oder allgemeine Management-Ratgeber (Barton 2001; Clampitt 1991; Garvin 1996), deren Daten nicht aus experimentellen Tests stammen und daher nur begrenzte Aussagekraft haben.

Offenheit ist die dritte Empfehlung der Kommunikationsforscher. Diese Empfehlung hat zwei Dimensionen: einerseits die Ansprechbarkeit einer Organisation für alle Anfragen zur Krise, andererseits die Veröffentlichung jeder verfügbaren Information. Während Ansprechbarkeit empfohlen wird (Coombs 2006a), raten Forscher nicht zu rückhaltloser Informationsveröffentlichung, damit die Krisenorganisation keine Geheimnisse verrät, die ihr schaden könnten (Merten 2008: 92). Eine Organisation muss eine Balance in ihrer Informationspolitik finden, die zum einen ihr Fortbestehen sichert und keine Geheimnisse verrät, auf der anderen Seite aber Betroffenen hilft. Kaufmann et al. (1994) entwarfen eine Liste von Faktoren, die Organisationen als Richtschnur in solchen Situationen verwenden können. Sie sieht z. B. volle Bekanntgabe aller Informationen vor, die helfen, Schaden von potentiellen Opfern abzuwenden. Die wahrgenommene Offenheit von Krisenkommunikation führte in einer Studie dazu, dass Probanden weniger negative Emotionen gegenüber der Organisation empfanden, sich stärker mit ihr identifizierten, ihr gegenüber positivere Einstellungen hatten und sie auch häufiger weiterempfehlen würden (Yang et al. 2010). Bei diesem Experiment kann jedoch die Wirkung von Konfundierungen nicht ausge-

3.3 Krisenkommunikation

schlossen werden, da die offene und nicht-offene PR-Meldung sehr unterschiedlich konzipiert waren (493 f.) und daher die postulierten Wirkungszusammenhänge in dieser Studie nicht zweifelsfrei überprüft werden konnten.

Ein weiterer Faktor, der die Offenheit von Krisenorganisationen beeinflussen könnte, sind *haftungsrechtliche Überlegungen*. Eine zu demütige und entschuldigende Krisenkommunikation könnte zwar Opfer besänftigen, aber zugleich zu Problemen in Schadensersatzprozessen führen. Manche US-Juristen raten davon ab, Entschuldigungen auszusprechen, da diese eine Schuld des Sprechers implizieren, so dass die Aussage als Schuldeingeständnis in einem Schadensersatzprozess gewertet werden könnten (Tyler 1997). Andere widersprechen dieser Ansicht, da Entschuldigungen erstens nicht in überall als Beweismittel vor Gericht zulässig sind, zweitens eine Jury bei ihrer Urteilsfindung die Entschuldigung einer Organisation positiv berücksichtigen kann und drittens Entschuldigungen besonders im Fall von außergerichtlichen Vergleichen helfen können, die Kompensationszahlung zu reduzieren (Patel, Reinsch 2003). In manchen Ländern kann es sogar sehr negative Auswirkungen haben, wenn sich Organisationen nicht entschuldigen – so verdoppelte ein Berufungsgericht in Ecuador eine Strafzahlung für den Ölkonzern *Chevron* auf 18 Milliarden US Dollar, weil sich das Unternehmen zuvor nicht bei den Betroffenen einer Umweltkatastrophe entschuldigt hatte (dab/Reuters/dapd 2012).

Zur Rechtslage in Deutschland liegen keine Analysen vor, ob und wie eine Entschuldigung gegebenenfalls von einer Richterin im Rahmen der freien Beweiswürdigung als Schuldeingeständnis angesehen werden könnte. Jedoch müssen deutsche Organisationen auf jeden Fall die Aussprache von Entschuldigungen prüfen, sofern sie z. B. in den USA Geschäfte machen und deswegen vor dortigen Gerichten verklagt werden könnten (German American Chamber of Commerce California o. J.). Grundsätzlich wird eine enge Abstimmung zwischen der Kommunikationsabteilung und der Rechtsabteilung einer Krisenorganisation empfohlen, da nicht nur die Frage ob, sondern auch wie man sich entschuldigen sollte nur mit juristischer Hilfe beantwortet werden kann (Fitzpatrick 1995; Pines 2000; Tyler 1997). Als goldenen Mittelweg empfehlen Forscher die Aussprache von Mitgefühl, da dies eine Organisation positiv erscheinen lässt, jedoch nicht mit rechtlichen Verbindlichkeiten verknüpft ist (Coombs 2006a: 186). Es könnte aber schwierig sein, Aussagen juristisch wasserdicht und zugleich sympathisch und offen zu formulieren, so vermuten manche Kommunikationspraktiker einen negativen Reputationseffekt von zu juristisch klingender, technokratisch wirkender Ausdrucksweise (Hofmann, Braun 2008: 144).

Unabhängig von der Wirkung spezieller formaler Ratschläge gibt es Hinweise, dass formale Elemente grundsätzlich eine große Wirkung haben könnten. So halten es Kommunikationsmanager taiwanesischer Unternehmen für wichtiger, wie sie eine Botschaft während einer Krise formal an ihre Anspruchsgruppen kommunizieren (schnell, konsistent, aktiv), als welche inhaltliche Kommunikationsstrategie sie wählen (Huang 2008). Außerdem gaben Investment-Gesellschaften in einer Befragung an, im Fall einer Krise dann Aktien eines Unternehmens weiterhin zu halten, wenn sie von ihm schnell und mit konsistenten Botschaften informiert würden (Ferber 2004). Jedoch ist die Forschungslage zu formaler Kommunikation dennoch relativ dünn, insbesondere liegen wie oben diskutiert nur wenige Wirkungsstudien vor. In Kapitel 5 werden diese formalen Empfehlungen aufgegriffen und entschieden, welche am besten geeignet dafür sind, in einem wissenschaftlichen Experiment überprüft zu werden.

3.3.2 Kommunikationsstrategien und weitere Einflussfaktoren

Nachdem im vorangegangenen Abschnitt die Erkenntnisse und Empfehlungen zu Krisenkommunikation auf *formal-prozessualer* Ebene vorgestellt wurden, wendet sich die Arbeit nun der *kommunikationsstrategischen* Ebene zu. Da PR-Praktiker in ihren Publikationen lediglich formal-prozessuale, jedoch keine kommunikationsstrategischen Ratschläge geben, fokussiert sich dieser Abschnitt ausschließlich auf die Erkenntnisse von Forschern. Wie schon angekündigt wird hauptsächlich die *Situational Crisis Communication Theory* (SCCT, Coombs, Holladay 2002) diskutiert, da diese das Forschungsfeld zu Krisen-PR in den vergangenen Jahren geprägt hat, im *Journal of Public Relations Research* und *Public Relations Review* wurden in den vergangenen Jahren mehr Artikel zur SCCT veröffentlicht als zu jeder anderen Theorie (An, Cheng 2010). Daneben werden hier auch Studien zu anderen Theorien vorgestellt, sofern sie experimentelle Daten erheben, welche die Wirkung einzelner Stimuli in der Krisenkommunikation untersuchen (v. a. Attributionstheorie und Appraisaltheorie). Ausgeklammert werden jedoch Theorien, die sich noch im Entwicklungsstadium befinden und keine oder nur wenige experimentelle Befunde zur Erhärtung ihrer Annahmen hervorgebracht haben (wie z. B. die Contingency Theory in Jin, Cameron 2007; Jin et al. 2007). Der Schwerpunkt wird auf experimentell getestete Theorien gelegt, da nur diejenigen Theorien in einem ressourcenaufwändigen Experiment mit Journalisten überprüft werden sollen, deren Gültigkeit schon mit einem Mindestmaß an experimenteller Forschung überprüft worden ist. Dadurch wird das Risiko reduziert, im Journalistenexperiment Theorien zu überprüfen, die grundsätzliche Mängel aufweisen.

3.3 Krisenkommunikation

In den folgenden Abschnitten wird zunächst das theoretische Grundgerüst der SCCT erläutert (3.3.2.1) und auf Einflussfaktoren eingegangen, die entweder direkt für diese Theorie relevant sind (3.3.2.2) oder in angrenzender Forschung untersucht werden (3.3.2.3). Abschließend werden die Theorien und Studien kritisch diskutiert und ihre Grenzen und Forschungslücken aufzeigt (3.3.2.4). Auf Basis dieser Analyse werden später in Kapitel 5 diejenigen PR-Strategien ausgewählt, deren experimentelle Überprüfung mit Journalisten den größten Erfolg verspricht.

3.3.2.1 Theoretisches Grundgerüst der SCCT

Die SCCT geht davon aus, dass Anspruchsgruppen einer Organisation nicht nur Reputation zuschreiben, sondern auch Schuld und Verantwortlichkeit für eine Krise. Man hat nicht die Schuld an einer Krise, sondern man wird für schuldig befunden (Coombs 2006a: 175). Diese Überlegung basiert auf der Attributionstheorie von Weiner (1986; Weiner et al. 1988 aufbauend auf Heider 1958), drei Faktoren sind demnach dafür verantwortlich, ob und wie stark einem Akteur oder einer Organisation Verantwortung für eine Krise zugeschrieben wird (Coombs 1995: 448). Der erste Faktor ist die *Verortung der Krisenursache* („Locus of control"): Wenn die Rezipienten glauben, dass eine Krise innerhalb einer Organisation entstanden ist (z. B. aufgrund des Verhaltens von Mitarbeitern), schreiben sie dieser Organisation die Schuld daran zu. Glauben sie dagegen, dass die Krise von außen auf die Organisation eingewirkt hat (z. B. ein terroristischer Anschlag auf eine Produktionsstätte), dann schreiben sie der Organisation weniger oder keine Schuld zu. Der zweite Faktor ist die *längerfristige Existenz einer potentiell gefährlichen Situation* („Stability"): Wenn die Situation, die sich zu einer Krise entwickelte, bereits längerfristig bestand und die Organisation sie hätte kennen müssen, schreiben Rezipienten ihr die Schuld daran zu. Löste dagegen ein plötzliches Ereignis die Krise aus, auf das die Organisation nicht vorbereitet sein konnte, schreiben ihr die Rezipienten weniger Schuld zu. Drittens ist die *Kontrollierbarkeit* der Krise („Controllability") relevant: Wenn Rezipienten glauben, dass eine Organisation die Krise hätte kontrollieren und verhindern können, schreiben sie ihr die Schuld zu.

In Experimenten konnte nachgewiesen werden, dass Probanden einer Organisation eine schlechtere Reputation zuschreiben, wenn sie diese für verantwortlich für die Krise halten (Coombs 1998; 2004; Coombs, Holladay 2002; Dean 2004). Aufgrund mehrerer Experimente kommen Coombs & Holladay (2002) zu dem Schluss, dass die *Kontrollierbarkeit* der Krise der wichtigste der drei o. g. Faktoren ist, da Probanden einer Organisation vor allem dann Krisenverantwortung zuschreiben, wenn sie glauben, dass diese krisenauslösende Faktoren hätte kontrollieren können. Darüber hinaus büßt eine Krisenorganisation in diesem Fall bei ihren Probanden auch Reputation ein (Coombs 1998; wiederholt gemessen in Coombs 1999; Coombs, Holladay 2001; Coombs, Schmidt 2000, ähnliche Befunde in Lee 2004). Weitere Ergebnisse deuten in die gleiche Richtung. So schreiben Probanden einer Organisation eine bessere Reputation zu, wenn diese in eine Unfallkrise verwickelt ist als in eine Krise aufgrund von Regelverstößen (Coombs, Holladay 1996). Auch in diesem Fall könnte die Kontrollierbarkeit der Krise diese Befunde zumindest teilweise erklären, da Regelverstöße einfacher verhindert werden können (indem man sie nicht begeht) als Unfälle. Coombs & Holladay (2010a) fanden außerdem heraus, dass Probanden einer Organisation weniger Schuld zuschreiben, wenn eine Krise aufgrund technischen Versagens (schwierige Kontrollierbarkeit) auftritt anstatt menschlichen Versagens (einfache Kontrollierbarkeit). Die Forscher führen dies (aufbauend auf Roese 1997 und Wells, Gavanski 1989) unter anderem darauf zurück, dass Probanden gedanklich Alternativszenarien entwerfen, wie die Krise hätte verhindert werden können. Wenn diese Alternativszenarien eine einfache Möglichkeit nahelegen, mit der die Organisation die Krise hätte abwenden können, dann schreiben Probanden ihr eine große Schuld zu. Die Forscher nehmen an, dass Probanden bei einer Krise aufgrund menschlichen Versagens mehr krisenverhindernde Alternativszenarien entwerfen können als bei einer Krise aufgrund technischen Versagens und deswegen der Organisation unterschiedlich viel Schuld zuschreiben.

Laut der SCCT bestimmt zwar die zugeschriebene Kontrollierbarkeit einer Krisenursache, wie viel Schuld Probanden einer Organisation zuschreiben. Jedoch kann Kommunikation der Organisation dafür sorgen, dass auch im Fall einer großen Schuldzuschreibung ihre Reputation geschützt wird. Um über eine Krise bestmöglich zu kommunizieren, wird ein dreistufiger Prozess vorgeschlagen: Krisenmanager brauchen demnach erstens eine Liste mit Strategien zur Kommunikation, sie müssen zweitens verschiedene Typen von Krisen unterscheiden und im dritten Schritt die passende Strategie für den vorliegenden Typ auswählen (Coombs 2006a: 176). Die Liste der möglichen *Strategien* zur *Krisenreaktion* der SCCT basiert im Wesentlichen auf Forschungsergebnissen zu *Corporate Apologia, Corporate Impression Management* und der *Image Restoration Theory* (Coombs 2006a: 176).

Corporate Apologia beruht auf der Annahme, dass Organisationen in der Öffentlichkeit wahrgenommen werden wie Personen, also mit Eigenschaften und Charakterzügen. Wenn einer Person Fehlverhalten vorgeworfen wird, dann kann sie ihr Image mit einer Entschuldigung reparieren (Ryan 1982). Wenn Organisa-

3.3 Krisenkommunikation

tionen in der Öffentlichkeit auch wie Personen wahrgenommen werden, dann könnten sie im Fall eines wahrgenommenen Fehlverhaltens ebenfalls versuchen, mit einer Entschuldigung ihr Ansehen zu reparieren (Dionisopolous, Vibbert 1988). Forscher formulieren aufgrund dieser Annahme verschiedene Strategien, mit denen Organisationen sich entschuldigen können (Hobbs 1995; Ice 1991). Hearit (1995b; 1996) entwickelte ausgehend von diesen Arbeiten das Konzept der *Corporate Apologia*, das darauf basiert, dass Anspruchsgruppen einer Organisation Kompetenzen zuschreiben und Handlungsweisen von ihr erwarten. In einer Krise können diese beiden Dimensionen bedroht sein: Eine Organisation kann inkompetent erscheinen oder die Handlungserwartungen der Anspruchsgruppen verletzen. Deswegen sollte sie Kommunikationsstrategien wählen, um beide Dimensionen zu adressieren. Grundsätzlich hat sie dafür zwei Optionen, sie kann die Verantwortung für eine Krise entweder akzeptieren oder ablehnen. Wenn eine Organisation sich entscheidet, zumindest teilweise Verantwortung für die Krise zu übernehmen, so sollte die Kommunikationsstrategie fünf Elemente enthalten (Hearit 1994; 1995a):

1. Die Organisation framt eine Krise aus ihrem Blickwinkel,
2. spricht den Betroffenen ihr Mitgefühl aus,
3. distanziert sich mit Hilfe von drei Strategien von der Krise (einzelne Fakten bestreiten, einen Sündenbock opfern, die Krise als unnatürlich und nicht repräsentativ darstellen),
4. löst das Problem, das die Krise verursacht hat und
5. erklärt, wie sie das Problem gelöst hat.

Der *Corporate Impression Management*-Ansatz wurde vor allem von Allen & Caillouet (1994; Caillouet, Allen 1996) entwickelt. Die Forscher gehen genauso wie die *Corporate Apologia* von der Annahme aus, dass eine Organisation von ihren Anspruchsgruppen legitimiert werden möchte, diese sollen die Tätigkeit der Organisation für gut oder zumindest akzeptabel befinden. Wenn eine Krise auftritt, ist diese Akzeptanz gefährdet. Die Forscher nennen sieben kommunikative Strategien, wie eine Organisation in einer Krise die Akzeptanz zurückgewinnen kann (nach Coombs 2006a: 180):

1. Ausrede (z. B. die guten Absichten der Organisation darstellen),
2. Rechtfertigung (z. B. geringe Schadenshöhe aufzeigen),
3. Anbiederung (Anspruchsgruppen schmeicheln),
4. Drohung (Zustimmung von Anspruchsgruppen einfordern),
5. Schuldeingeständnis (Demutsgeste gegenüber Anspruchsgruppen),
6. Abwiegelung (Verantwortung anderem Akteur zuschieben) und
7. Anfechtung (Schuldzuschreibung als faktisch falsch darstellen).

Die *Image Restoration Theory* wurde von Benoit & Brinson entwickelt und deckt sich in vielen Punkten mit dem *Corporate Impression Management*. Laut dieser Theorie wenden Organisationen verschiedene Strategien zur Krisenkommunikation an, um ihr Verhalten zu erklären und ihr Image wiederherzustellen. In einer Reihe von Studien identifizierten die Forscher dafür sechs Strategien (Benoit 1995a; 1995b; Benoit, Brinson 1999; Brinson, Benoit 1996; 1999):

1. Anfechtung (Krise leugnen oder Schuld abwälzen),
2. Verantwortlichkeit bestreiten (z. B. wegen Informationsdefizits)
3. Betonung positiver Elemente (z. B. gute Beziehung zu Anspruchsgruppen),
4. Änderung von Verhalten (Krise lösen und in Zukunft vermeiden),
5. Schuldeingeständnis (mit Entschuldigung) und
6. Loslösung von Krise (Sündenbock als Schuldigen präsentieren, der die Organisation verlassen muss).

Die Autoren der SCCT kombinieren die Ergebnisse dieser drei Forschungsrichtungen, um eine eigene Liste von kommunikativen Krisenreaktionsstrategien zusammenzustellen (Coombs 1995; Coombs, Holladay 1996). Später wurden zehn Strategien aufgrund der Antworten einer studentischen Versuchsgruppe in drei Gruppen eingeordnet (Coombs 2006b: 248):

1. Die Gruppe „Verweigerung von Krisenverantwortung" enthält die Strategien „Angriff gegen Akteure, welche die Organisation beschuldigen", „Bestreiten der Existenz einer Krise" und „Verantwortung einem Sündenbock außerhalb der Organisation zuweisen".
2. Die Gruppe „Abschwächung von Krisenverantwortung" enthält die Strategien „Ausrede" und „Rechtfertigung".
3. Die Gruppe „Annahme von Krisenverantwortung" enthält die Strategien „Anbiederung an Anspruchsgruppen" (z. B. Dank für Mithilfe bei Krisenlösung, Verweis auf gute Beziehungen in der Vergangenheit), „Ausdruck von Besorgnis für Krisenopfer und Interesse an deren Wohlergehen", „Ausdruck von Mitgefühl für Krisenopfer" (wie finanzielle Entschädigung), „Ausdruck von Bedauern über Krise" und „Bitte um Entschuldigung".

Aus diesen drei Gruppen sollen PR-Praktiker die passende Antwort auswählen, die zu ihrem *Krisentyp* passt. Dafür ist es notwendig, dass sie diese Typen erkennen können. Diese sind laut der SCCT gemäß der oben vorgestellten Attributionstheorie danach unterschieden, in welchem Maß Anspruchsgruppen einer Organisation die Schuld und Verantwortung für eine Krise zuschreiben (Coombs 1998: 180). Die SCCT unterscheidet drei Krisentypen (Coombs, Holladay 2002):

3.3 Krisenkommunikation

(1) *Opferkrisen*, in denen eine Organisation als Opfer einer Handlung von externen Akteuren (wie z. B. Terroristen) wahrgenommen wird. Anspruchsgruppen schreiben ihr nur geringe oder keine Schuld für die Krise zu. Dieser Gruppe weisen die Forscher Krisen zu, die auf Naturkatastrophen, negativen Gerüchten, Gewalttätigkeit von Mitarbeitern oder Erpressungen mit Produktvergiftungen beruhen.

(2) Der zweite Krisentyp sind *Unfallkrisen*, in denen eine Organisation in Unfälle verwickelt ist, welche Beobachter z. B. auf höhere Gewalt oder technische Defekte zurückführen. Bei diesem Krisentyp schreiben Anspruchsgruppen ihr eine moderate Mitschuld oder Verantwortung an der Krise zu. Hier sind Krisen zu finden, die auf Anschuldigungen von Anspruchsgruppen, gravierenden Umweltverschmutzungen, Unfällen aufgrund technischer Defekte und Produktrückrufen aufgrund technischer Defekte beruhen.

(3) Der dritte Krisentyp wird als *vermeidbare* oder *intentionale* Krise bezeichnet (Coombs 2004; Coombs, Holladay 2002). Hier wurden folgende Krisen eingeordnet: Unfälle aufgrund menschlichen Versagens, Produktrückrufe aufgrund menschlichen Versagens, Fehlverhalten von Organisationsangehörigen (z. B. sexuelle Belästigung), betrügerisches Verhalten ohne physisch Geschädigte (z. B. Manipulation von Tachometern vor einem Autoverkauf) und betrügerisches Verhalten mit physisch Geschädigten (z. B. wissentlicher Verkauf verdorbener Lebensmittel).

Diese Einteilung basiert auf den Ergebnissen eines Experiments mit Studierenden, die bei verschiedenen Krisentypen angaben, wie stark sie die betroffene Organisation für verantwortlich hielten und welche Reputation sie ihr zuschrieben. Die Forscher führten anhand der Antworten auf diesen beiden Dimensionen eine Clusteranalyse durch, welche die Einteilung in die drei beschriebenen Gruppen nahelegte (Coombs, Holladay 2002: 177 ff.). Mit dieser Typisierung von Krisen entfernt sich die SCCT von den theoretischen Grundfaktoren der Attributionstheorie (*Verortung der Krisenursache, Stabilität* und *Kontrollierbarkeit* nach Weiner et al. 1988), denn die Forscher klassifizieren Krisen nur aufgrund des Kriteriums *Kontrollierbarkeit* bzw. *zugeschriebene Krisenverantwortung*, welches sie wie oben beschrieben als entscheidenden Einflussfaktor auf die Reputation einer Krisenorganisation ansehen.

Der letzte Schritt der SCCT ist *Zuweisung* einer der gerade vorgestellten Kommunikationsstrategien zu dem vorliegenden Krisentyp. Ein Krisenmanager sollte die Kommunikationsstrategie so auswählen, dass die Organisation mit ihrer Kommunikation genau so viel Krisenverantwortung übernimmt, wie die Anspruchsgruppen ihr zuschreiben (Coombs 1998: 180; 2004: 268). Dies ist die *situationsbedingte* Komponente der SCCT, Antwortstrategien werden je nach Krisensituation ausgewählt. Je mehr Verantwortung der Organisation für die

Krise zugeschrieben wird, desto mehr sollte sie laut SCCT übernehmen. Umgekehrt sollte sie die Verantwortung für eine Krise zurückweisen, wenn Anspruchsgruppen ihr keine zuschreiben. Ergebnisse eines Experiments deuten darauf hin, dass eine passend ausgewählte Antwortstrategie zu einer besseren Organisationsreputation führt als eine unpassende (Coombs, Holladay 1996). Jedoch testete diese Studie nur exemplarisch zwei Arten von Strategien und zwei Arten von Krisen, die Auswahl zwischen passenden und unpassenden Strategien trafen die Forscher nach ihrem Bauchgefühl. Dieser empirische Befund mit so wenigen Variationen ist nur ein erster Schritt in einer Beweiskette, die notwendig wäre, um das vorgeschlagene Zuweisungs-Verfahren von Antwortstrategien zu Krisentypen empirisch zu erhärten. Coombs selbst hat keine weiteren Experimente zum Test dieses Zuweisungs-Verfahrens durchgeführt, dennoch rät er beispielsweise Organisationen, denen eine sehr große Verantwortung für eine Krise zugeschrieben wird, stärker vermittelnde statt abwiegelnde Kommunikationsstrategien zu wählen:

„Crisis responsibility seems to be a natural link between crisis situations and CCSs [Crisis communication strategies]. Crisis responsibility represents the degree to which stakeholders blame the organization for the crisis event. As with crises themselves, stakeholder perceptions are of central concern. As perceptions of crisis responsibility strengthen, the threat of image damage should strengthen, meaning crisis managers need to utilize more accommodative strategies." (Coombs 1998: 180)

Die Wirkung dieser „Strategien der Übereinkunft" (Thießen 2011: 165) und weiterer SCCT-Kommunikationsstrategien auf verschiedene abhängige Variablen wurden mehrfach untersucht. Coombs (1999: 134 ff.) selbst fand in einem Experiment mit US-Krisenmanagern heraus, dass diese auch bei einer Unfallkrise einer Organisation dann die besten Reputationswerte zuschrieben, wenn sie Mitgefühl aussprach. Die Aussprache von Mitgefühl scheint nach den Ergebnissen dieses Experiments also nicht nur bei vermeidbaren Krisen eine erfolgversprechende Strategie zu sein, sondern auch bei Unfallkrisen. Daneben zeigen Befunde, dass Probanden eine größere Kaufbereitschaft für Produkte einer Organisation angeben, ihr weniger Krisenverantwortung zuschreiben, einen besseren Eindruck von ihr haben und mehr Sympathie für sie sowie Vertrauen zu ihr empfinden, wenn die Organisation die Krise nicht leugnet, sondern eine Entschuldigung ausspricht oder eine andere Strategie der Übereinkunft (Entschädigung, Handlungsänderung) wählt (Lee 2004; Lyon, Cameron 2004).

Browns & Whites Befunde (2011: 85 f.) zeigen, dass Probanden einer Organisation die geringste Krisenverantwortung zuschreiben, wenn deren Kommunikation auf Werte und Ziele der Organisation hinweist (im Gegensatz zu Sündenbock-, Rechtfertigungs- und Ausredestrategien). Thießen (2011) testete Hypothesen zur SCCT in der bisher umfassendsten Art und Weise, in seinen Experimenten konnte die Botschaftsstrategie der Übereinkunft im Fall einer vermeidbaren Krise jedoch die zugeschriebene Vertrauenswürdigkeit einer Organisation nicht signifikant steigern. Deans Befunde (2004) deuten darauf hin, dass Probanden einer Krisenorganisation eine bessere Reputation zuschreiben, wenn diese eine „angemessene" Kommunikationsstrategie („fair, equitable, and just": 200) statt einer „unangemessenen" („insincere and blame shifting": 200) wählt. Diese Ergebnisse könnten ebenfalls in die Richtung deuten, dass Organisationen in einer Krise vermittelnde Kommunikationsstrategien einsetzen sollten. Jedoch ist das Erklärungspotential dieser Studie aufgrund zahlreicher Mängel eingeschränkt, so ist sie nicht nur vage in ihrer Definition von „angemessen" und „unangemessen" (siehe Zitate oben), sondern vermengt im Stimulusmaterial zahlreiche Elemente, deren Einfluss nicht abschließend geklärt ist.

Zusammenfassend kann man an dieser Stelle schon festhalten, dass zwar einige Forschung zur Wirkung von Krisenkommunikation betrieben wurde, diese sich jedoch meist mit Einzelaspekten beschäftigt und zudem das Zuweisungs-Verfahren der SCCT nur bedingt empirisch abgesichert (weitere Forschungslücken und umfassende Kritik der SCCT folgen in Abschnitt 3.3.2.4). Nachdem nun die Grundzüge der SCCT und zentrale experimentelle Befunde dazu vorgestellt wurden, werden im nächsten Schritt weitere Faktoren betrachtet, die laut SCCT die Reputation von Krisenorganisationen beeinflussen können.

3.3.2.2 Weitere Einflussfaktoren aus der SCCT

Wie oben schon besprochen ist der Grundgedanke der SCCT, dass eine Organisation analysiert, welcher Krisentyp vorliegt und danach eine passende Kommunikationsstrategie auswählt, um ihre Reputation bestmöglich zu schützen. Das Modell der SCCT enthält neben der Antwortstrategie noch weitere Faktoren, welche die Reputation einer Organisation bzw. die Handlungsabsicht ihrer Anspruchsgruppen beeinflussen können (Coombs 2007b, dargestellt auf Abbildung 8). Laut dieses Modells beeinflussen auch die *Krisenhistorie* (= wie viele vergleichbare Krisen hat eine Organisation in der Vergangenheit erlebt) und ihre *Beziehungshistorie* (= welche Beziehung hat eine Organisation zu ihren Anspruchsgruppen), welche Reputation Anspruchsgruppen ihr zuschreiben. Darüber hinaus wird der Einfluss von *Emotion* auf die Handlungsabsicht von Anspruchsgruppen thematisiert.

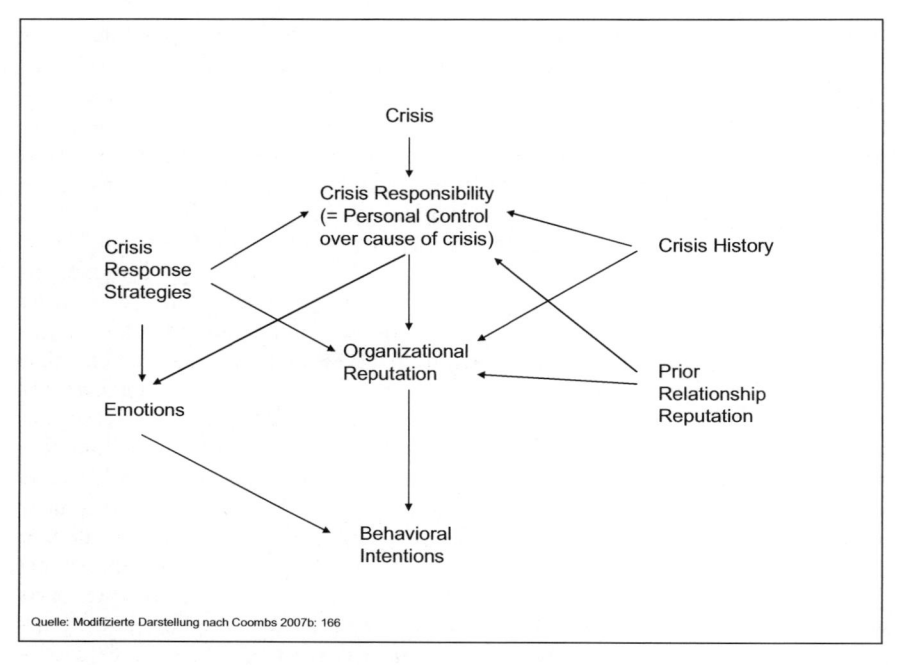

Abbildung 8: Krisenwahrnehmung laut SCCT

Wenn Rezipienten glauben, dass eine Organisation eine *negative Krisenhistorie* hat, also schon für viele Krisen verantwortlich war, schreiben sie ihr mehr Verantwortung für eine aktuelle Krise und eine schlechtere Reputation zu (Coombs 1998; 2004; Coombs, Holladay 1996; 2001). Dagegen führt eine krisenfreie Vorgeschichte nicht dazu, dass Versuchspersonen ihr weniger Verantwortung zuschreiben (Coombs, Holladay 2001). Laut diesen Ergebnissen kann eine Organisation wenig gewinnen, wenn ihre Krisenhistorie diskutiert wird: Im guten Fall hat diese Darstellung keinerlei Auswirkungen für die Organisation, im schlechten Fall negative. Die Forscher bezeichnen dieses Phänomen als „Velcro effect" (321), also „Klettverschlusseffekt". Eine schlechte Vergangenheit würde bildlich gesprochen an einer Organisation kleben (daher die Namensgebung des Effekts), ihre Reputation belasten und zu stärkerer Zuschreibung von Krisenverantwortung führen. Eine gute Vorgeschichte würde dagegen keine positiven Effekte erzielen. Diese Befunde stützen sich jedoch nur auf Laborexperimente mit Studierenden (bzw. in Coombs 2004 einer gemischten Gruppe, die mehrheitlich aus Studierenden bestand) und bedürfen daher weiterer wissenschaftlicher

Überprüfung. Schwarz (2010) testet ein ähnliches Konzept, in seinen Experimenten ist die Krisenhistorie einer Organisation als *Konsistenz* definiert. Hohe Konsistenz liegt vor, wenn eine Organisation ein bestimmtes Verhalten schon mehrfach gezeigt hat, im konkreten Falle also schon mehrfach in Krisen ähnlichen Typs verwickelt war. Die Annahme, dass Probanden im Fall einer einmaligen Krise die Ursache weniger in den Eigenschaften der Organisation an sich vermuten, konnte aber nicht erhärtet werden (192 ff.).

Die Überlegungen anderer Forscher zeigen, dass die Thematisierung einer Krisenhistorie in der Berichterstattung durchaus vorkommen kann. Kepplinger et al. (1989) bezeichnen den Vorgang, dass Journalisten über vergangene Ereignisse berichten, um damit einen Kontext für die Einordnung aktueller Ereignisse zu geben, als „instrumentelle Aktualisierung". Über das vergangene Ereignis wird in diesem Fall nicht wegen seines eigenen, inhärenten Nachrichtenwerts berichtet, sondern wegen seiner Funktion als Referenzpunkt für das aktuelle Ereignis. Es dient lediglich als Instrument, um einen anderen Sachverhalt zu kontextualisieren. In ihrer allgemeinen Form beschreibt instrumentelle Aktualisierung die Kontextualisierung irgendeines Ereignisses (krisenhaft oder nicht) mittels vergangener Ereignisse, die auch nicht zwangsläufig die gleiche Organisation betreffen müssen. Die Darstellung der Krisenhistorie einer Organisation ist ein Sonderfall der instrumentellen Aktualisierung, bei dem Journalisten einen Bezug herstellen zwischen der aktuellen Krise und den vergangenen. Fallstudien zeigen, dass Journalisten dieses Stilmittel des Verweises auf die Krisenhistorie einer Organisation einsetzen (Coombs 2004: 266).

Der zweite Einflussfaktor, den die Autoren untersuchen, ist die *Beziehungshistorie*, die eine Organisation mit ihren Anspruchsgruppen hat. Studien operationalisieren diese Beziehungshistorie auf drei unterschiedliche Weisen. Entweder verwenden sie eine *indirekte* Beziehungshistorie, in diesem Fall thematisiert das Stimulusmaterial, welche Beziehung eine fiktive Organisation mit ihren Anspruchsgruppen (z. B. Mitarbeitern) hat, die Probanden der Experimente sind hier von der Krise nicht betroffen. Die zweite Möglichkeit ist die *direkte* Beziehungshistorie, in diesem Fall handelt das Stimulusmaterial von einer Organisation, zu der die (von der Krise selbst betroffenen) Probanden eine Beziehung haben. Bei der dritten Gruppe thematisiert das Stimulusmaterial die Krisen von realen Organisationen und misst vor dem Experiment, welche *vorkritische Reputation* die nicht krisenbetroffenen Probanden diesen zuschreiben. Dieses Konzept der vorkritischen Reputation ist eng verknüpft mit dem der Beziehungshistorie, Coombs (2007b) verwendet die Begriffe wie auf Abbildung 8 gezeigt synonym (auch in Coombs, Holladay 2006; Lyon, Cameron 2004). Da die vorkritische Reputation von real existierenden Organisationen sich jedoch konzeptionell von den anderen beiden Formen der Beziehungshistorie unterscheidet und in den Experimenten auch anders gemessen wird, ist sie hier separat aufgeführt.

Studien zur *indirekten* Beziehungshistorie fanden unterschiedliche Effekte, so konnten Coombs & Holladay (2001) lediglich einen Velcro-Effekt nachweisen, also eine negative Wirkung einer negativen indirekten Beziehungshistorie auf die Reputation einer Organisation. Wenn berichtet wurde, dass eine Organisation unabhängig von einer Krise eine schlechte, konfliktbelastete Beziehung zu ihren Mitarbeitern hatte, wirkte sich das negativ darauf aus, wie Probanden die Rolle der Organisation in der Krise bewerteten. Lyons & Camerons Befunde (2004) zeigen dagegen auch, dass Probanden einer Krisenorganisation gegenüber besser eingestellt sind und eine größere Kauf- und Investitionsbereitschaft in deren Produkte haben, wenn eine positive Beziehungshistorie dargestellt wird. Dean (2004) fand nicht erklärbare Ergebnisse zur Wirkung der indirekten Beziehungshistorie, was jedoch auch an den oben angesprochenen Mängeln in Konzeption und Operationalisierung dieser Studie liegen könnte.

Brown & White (2011) testeten den Effekt einer *direkten* Beziehungshistorie. Die Probanden in diesem Experiment waren Studierende, die eine reale Krise an ihrer eigenen Universität bewerteten, von der sie selbst betroffen waren. Sie hielten die Universität für signifikant weniger verantwortlich für eine Krise, wenn sie eine gute Beziehung zu ihr hatten. Da die Beziehungshistorie bei den Probanden einen stärkeren Effekt hatte als die ebenfalls getesteten Strategien zur Krisenkommunikation, folgerten die Forscher, dass eine Organisation auf jeden Fall in präventive Vertrauensbildung mit ihren Anspruchsgruppen investieren sollte. Die Realitätsnähe des Experiments wurde erkauft mit dem gestiegenen Risiko einer Konfundierung, so kann nicht ausgeschlossen werden, dass die studentischen Probanden unterschiedliche Voreinstellungen und Wissensstände über die Krise an ihrer Universität hatten.

Die dritte Gruppe von Studien operationalisierte die Beziehungshistorie als *vorkritische Reputation* realer Organisationen. Das Stimulusmaterial dieser Studien beschreibt fiktive Krisen einer Organisation und fragt die vor- und nachkritische Reputation ab, die Probanden diesen Organisationen zuschreiben (Coombs, Holladay 2006; 2010a). Der theoretische Ausgangspunkt dieser Studien ist der so genannte „halo effect" („Heiligenschein", Klein, Dawar 2004: 203), also der Vertrauensbonus, den eine Organisation dank ihrer guten Reputation bei Anspruchsgruppen genießen sollte. Es wird vermutet, dass der Halo-Effekt entweder dazu führen könnte, dass Anspruchsgruppen der Organisation im Zweifel vertrauen und daher bei einer unklaren Krisenlage deren Aussagen glauben („benefit of the doubt"; Coombs, Holladay 2006: 125), oder dass die Anspruchsgruppen schemainkonsistente Information ignorieren oder deren Bedeutung kognitiv abwerten. Wenn Anspruchsgruppen einer Organisation eine

3.3 Krisenkommunikation

positive Reputation zuschreiben, könnten sie Negativinformationen über die Organisation ausblenden, da diese nicht zum bereits etablierten Schema einer guten Reputation passen.

Die experimentelle Überprüfung des Effekts lieferte unklare Befunde. Manche Experimente führten zu Ergebnissen, welche die Forscher als Hinweise auf den Halo-Effekt interpretierten. Wenn Probanden einer Organisation eine gute vorkritische Reputation zuschrieben, dann schrieben sie ihr auch eine gute nachkritische zu – unabhängig davon, wie viel Verantwortung für die Krise sie bei ihr vermuteten (Coombs, Holladay 2006: Experiment 1 – dieses Experiment hatte aber laut Aussage der Forscher (130) methodische Schwächen; 2010a: Experiment 2). Die Forscher argumentieren, dass die Zuschreibung von Krisenverantwortung eigentlich auch zu einer schlechteren Zuschreibung von Reputation führen sollte. Dass dieser Effekt nicht auftritt, könne auf einen Halo-Effekt zurückzuführen sein. Jedoch konnte dieser Halo-Effekt nicht in allen Experimenten nachgewiesen werden (2006: Experiment 2). Die Dateninterpretation der Forscher erscheint daneben logisch problematisch, sie schließen auf einen Halo-Effekt, weil sich Ergebnisse zwischen Gruppen *nicht* signifikant voneinander unterscheiden (Coombs, Holladay 2010a: Experiment 2). Wenn Probanden einer realen Organisation eine *gute* vorkritische Reputation zuschrieben, so blieb diese gute Reputationszuschreibung erhalten, unabhängig davon, welche Krisenursache im Stimulusmaterial beschrieben wurde und wie viel Krisenverantwortung die Probanden der Organisation zuschrieben. Es sind jedoch – neben dem vermuteten Halo-Effekt – viele andere Gründe denkbar, warum *kein* Effekt in diesem Experiment aufgetreten ist, angefangen bei der Möglichkeit, dass Studierende ihre Meinung über reale Organisationen nicht deswegen ändern, weil ihnen Forscher in einem Laborexperiment Stimulusmaterial vorlegen. Es ist logisch nicht zulässig, aufgrund eines *nicht* vorhandenen Effekts auf eine Wirkung von Stimuli (in diesem Fall: der vorkritischen Reputation) zu schließen.

Die Erklärungen in dieser Studie sind darüber hinaus zweifelhaft, da die nachkritische Reputationszuschreibung auch bei denjenigen Rezipienten nicht vom Krisentyp beeinflusst wurde, die der Organisation eine *schlechte* vorkritische Reputation zuschrieben. Dieses Ergebnis interpretierten die Autoren als Beleg des Velcro-Effekts, da in diesem Fall die schlechte vorkritische Reputation dazu geführt habe, dass die Probanden die Organisation sowieso für schuldig hielten und ihr deswegen unabhängig vom Krisentyp das gleiche Maß an Schuld und nachkritischer Reputation zugeschrieben hätten. Die Forscher interpretierten es als Bestätigung zweier unterschiedlicher Effekte, dass bei zwei Ausprägungen einer Kontrollvariablen (gute/schlechte vorkritische Reputation, welche die Probanden der realen Krisenorganisation zuschrieben) in beiden Fällen kein Effekt auftrat, anstatt die Nullhypothese anzunehmen, dass das Stimulusmaterial auf einer Dimension schlicht keine Effekte auslöste. Diese Form der Beweisführung ist forschungslogisch nicht zulässig. Diese Mängel der empirischen Belege werden in die Diskussion in Kapitel 5 aufgenommen, wo ausgewählt wird, welche Ergebnisse bisheriger Forschung in einem Experiment mit Journalisten überprüft werden sollen.

Ein weiterer Faktor, der laut Abbildung 8 von der wahrgenommenen Krisenverantwortung und der Kommunikationsstrategie einer Organisation beeinflusst wird, ist die *Emotion* bei Anspruchsgruppen. Sie kann ihrerseits eine Wirkung darauf ausüben, welches Verhalten die Anspruchsgruppen gegenüber der Organisation zeigen. Die Autoren der SCCT nennen zwar Emotion als einen Einflussfaktor im Prozess der Krisenkommunikation (Coombs 2007b), haben aber selbst nur zwei Studien dazu durchgeführt (Coombs, Holladay 2009; 2011). In einer Studie führte die Variation des Medienmaterials, das Probanden über eine Krise informierte, zu keinem Effekt auf deren Ärger (2009), in der anderen konnte keine Wirkung der Bebilderung von Krisenmeldungen auf die Emotion von Probanden nachgewiesen werden (2011).

Jedoch setzen sich neben der SCCT auch Studien aus der Psychologie intensiv mit Emotion zu Krisenberichten auseinander. Diese Studien bauen auf der Appraisaltheorie auf, deren Grundannahme besagt, dass Menschen Ereignisse bewerten und aufgrund dieser Bewertung Emotionen entwickeln (wie z. B. Ärger; Forschungsüberblick in Scherer et al. 2001; aktuelle Befunde in Smith, Kirby 2009). Die wahrgenommene Art der Verursachung bestimmt laut diesen Studien, welche Emotion die Öffentlichkeit wegen einer Krise empfindet. Wenn in Studien als Ursache eines Umweltschadens menschliches Versagen angegeben wurde (z. B. Tankerunglück aufgrund menschlicher Fehler), dann empfanden die Rezipienten wesentlich mehr Ärger als im Fall einer Krise, die auf höhere Gewalt zurückgeführt wurde (Nerb et al. 1998; Nerb 2000; Nerb, Spada 2001; Wahl et al. 2000). Probanden, die sich ärgern, sollten eine Boykottabsicht gegenüber der krisenverursachenden Organisation entwickeln. Dagegen sollte Probanden, die Traurigkeit über eine Krise verspüren, ein Hilfsbedürfnis empfinden (Nerb, Spada 2001).

Eine Analyse von Einträgen in Verbraucherportalen nach einer Rückrufaktion des Spielzeugherstellers *Mattel* fand ähnliche emotionale Reaktionen (Choi, Lin 2009). Wenn *Mattel* als Verursacher eines Produktionsfehlers gesehen wurde, artikulierten die Nutzer von Online-Plattformen vor allen Dingen Ärger über das Verhalten des Unternehmens. Einige Nutzer, welche die Schuld für die fehlerhaften Produkte bei chinesischen Zulieferern sahen, empfanden dagegen eher Sympathie für *Mattel* und sahen die Organisation in einer Opferrolle.

Pfeiffer et al. (2005: 45 ff.) haben in ihren Experimenten gemessen, wie sich die fünf kognitiven Determinanten „Schadenshöhe", „personale Verursachung des Schadens", „Kontrollmöglichkeit der Situation durch den Verursacher", „niedere Beweggründe" und „Wissen des Akteurs um die Gefährlichkeit seines Handelns" auf die Emotionen „Ärger" und „Traurigkeit" auswirken. Die Variation der Variable „personale Verursachung" hatte den größten Effekt, Probanden empfanden wesentlich mehr Ärger, wenn eine Umweltkrise von Menschen ausgelöst wurde, als im Fall nicht spezifizierter Verursachung (50). Die anderen Faktoren hatten dagegen nur geringen Einfluss auf den Ärger der Probanden, außerdem löste das Stimulusmaterial generell nur wenig Traurigkeit aus. Zusammenfassend kann man zu der Erforschung von emotionalen Reaktionen festhalten, dass Probanden insbesondere Ärger über Krisen empfinden, sofern sie der Organisation die Verantwortung dafür zuschreiben.

3.3.2.3 Weitere Einflussfaktoren aus angrenzender Forschung

Neben den bisher vorgestellten Elementen der SCCT haben Forscher noch weitere Einflussfaktoren auf die nachkritische Reputation und Schuldzuschreibung zu Organisationen getestet, die jedoch nicht im SCCT-Modell (Abbildung 8) enthalten sind oder teilweise aus anderen Forschungsrichtungen stammen (z. B. Attributions- und Persuasionsforschung). Diese Faktoren sind die Wirkung ...

1. ...der Höhe des Schadens, den eine Krise verursacht,
2. ...visueller Stimuli,
3. ...von Kommunikationsstrategien zum Test von Kausal- und Verantwortungsattribution,
4. ...der Übernahme von Verantwortung,
5. ...des Belegs von Krisenkompetenz,
6. ...des Organisations- und
7. ...Krisentyps sowie
8. ...der Glaubwürdigkeit von PR-Quellen.

(1) Für den Einfluss der *Schadenshöhe* haben Forscher bisher noch keine eindeutigen Ergebnisse gefunden. So zeigten Probanden eine Art Sympathieeffekt in einer Untersuchung: Je größer der beschriebene Schaden im Stimulusmaterial war, desto positiver beurteilten sie die Organisationsreputation (Coombs 1998). Das widersprach der Ausgangshypothese, in der eine negative Korrelation von Schadenshöhe und Organisationsreputation vermutet wurde. Dieser Befund wurde damit erklärt, dass Probanden die Organisation möglicherweise als Opfer

wahrnehmen, wenn sie in der Krise einen schweren Schaden erlitten hat. Andere Forschungsergebnisse deuten jedoch auf eine negative Korrelation von Schadenshöhe und Verantwortungszuschreibung hin, dort schrieben Rezipienten einer Organisation eine umso größere Verantwortung für eine Krise zu, je schwerwiegender die Verletzungen der dargestellten Opfer waren (Coombs 2006a: 181). Befunde eines Experiments in Hong Kong deuten in die gleiche Richtung, die Probanden schrieben einer Organisation mehr Verantwortung für die Krise zu, je größer der Schaden war (Lee 2005: 381).

(2) Die Wirkung *visueller Stimuli* auf Rezipienten ist noch ungeklärt, eine Studie konnte keine Effekte der Variation der Mediengattung (Print/TV) im Stimulusmaterial auf verschiedene Dimensionen (Reputation der Organisation, Ärger der Probanden) feststellen (Coombs, Holladay 2009). Eine weitere Studie testete, ob Bilder von Opfern in einem Krisenbeitrag andere Reaktionen bei Probanden auslösten als neutrale oder keine Bilder (Coombs, Holladay 2011). Die Bebilderung führte jedoch entweder zu widersprüchlichen oder nicht erklärbaren Effekten darauf, welche Krisenverantwortung und Reputation die Probanden der Organisation zuschrieben und wie viel Ärger sie empfanden. Die Forscher empfehlen daher weitere Studien zum Thema.

(3) Schwarz (2010) führte für seine Dissertation umfassende Experimente zur *Kausal- und Verantwortungsattribution* in Krisen durch. Er entfernte sich in seiner Arbeit bewusst von der SCCT, da er diese für zu simplifizierend hielt (105) und testete statt dessen die Wirkung von drei Faktoren auf die Kausalattribution zu Krisen (93): *Konsens* („tritt eine Krise nur in einer bestimmten Organisation auf?"), *Distinktheit* („tritt eine Krise nur in einem bestimmten Tätigkeitsfeld einer Organisation auf oder in mehreren?") und *Konsistenz* („tritt eine Krise erstmalig in einer Organisation auf gab es schon Fälle in der Vergangenheit?"). Der Autor nahm an, dass Probanden die Krisenursache mehr in den stabilen Eigenschaften einer Organisation vermuten, wenn diese als Einzige darunter leidet (geringer Konsens), sie schon mehrfach von einer Krise dieser Art betroffen war (hohe Konsistenz) oder Krisen in mehreren Tätigkeitsfeldern einer Organisation auftreten (geringe Distinktheit 144 ff.). Er führte zwei Experimente mit insgesamt knapp 800 Probanden durch, in denen jedoch die vermuteten Wirkungszusammenhänge nicht nachgewiesen werden konnten, in manchen Fällen waren die Ergebnisse nur in einem der beiden Experimente signifikant und hypothesenkonform, in anderen musste die Hypothese beide Male zurückgewiesen werden (189 ff.). Je mehr Probanden jedoch die Ursache für eine Krise in den stabilen Eigenschaften der Organisation vermuteten, desto mehr Verantwortung schrieben sie ihr zu (211, 216).

Thießen (2011) testete in seinen Experimenten neben den oben schon vorgestellten Aspekten der Krisenkommunikation (Strategie der Übereinkunft, akti-

3.3 Krisenkommunikation

ve Kommunikation, widerspruchsfreie Kommunikation) noch die Einflüsse von *Verantwortungsübernahme*, des *Belegs von Krisenkompetenz* und des *Organisations-* und *Krisentyps* auf die Vertrauenswürdigkeit einer Organisation.

(4) Bei der *Verantwortungsübernahme* wurde unterschieden zwischen der Übernahme unmittelbarer gesellschaftlicher Verantwortung (Organisationshandeln, das die Krise löst und die Opfer entschädigt) und mittelbarer gesellschaftlicher Verantwortung (in die Zukunft gerichtetes Organisationshandeln, bei dem z. B. ein Hilfsfond für Opfer ähnlicher Krisen eingerichtet wird; 176 ff., 203). Die Übernahme sowohl von unmittelbarer als auch mittelbarer gesellschaftlicher Verantwortung führte dazu, dass Probanden die Krisenorganisation für vertrauenswürdiger hielten (276, 284).

(5) Der *Beleg von Krisenkompetenz* wurde im Experiment darüber operationalisiert, ob eine Organisation in ihrer ersten PR-Meldung aufzeigt, welche Schritte sie zur Krisenlösung unternimmt. Es wurde davon ausgegangen, dass eine Organisation negativ bewertet wird, wenn sie keine Krisenkompetenz in ihrer ersten PR-Meldung nachweisen kann. Jedoch wirkte sich die Variation dieser unabhängigen Variablen nicht auf die allgemeine Vertrauenswürdigkeit aus, die die Probanden im Experiment der Organisation zuschrieben. Lediglich die Problemlösungsfähigkeit der Organisation wurde von Probanden besser eingeschätzt, wenn sie Schritte zur Krisenlösung ankündigte (273).

(6/7) Der *Organisationstyp* (gewinnorientierte Organisation/Non-Profit) und *Krisentyp* (funktionale/soziale Krise) wurden variiert, um zu testen, wie diese intervenierenden Variablen die Wirkung der übrigen unabhängigen Variablen (Strategie der Übereinkunft, aktive Kommunikation, widerspruchsfreie Kommunikation, Übernahme unmittelbarer und mittelbarer gesellschaftlicher Verantwortung, Beleg von Krisenkompetenz) verändern. Diese Variationen blieben aber größtenteils ohne Ergebnis.

(8) Eine weitere Studie zu Krisen-PR untersuchte die *Glaubwürdigkeit von PR-Botschaften* abhängig davon, aus welcher Quelle sie stammen (Callison, Zillmann 2002). Die studentischen Probanden bewerteten die PR-Abteilung der Organisation als unglaubwürdigste Quelle, schrieben aber sowohl von der Organisation engagierten als auch unabhängigen Experten die gleiche Glaubwürdigkeit zu. Die Forscher empfahlen daher Organisationen, sich für ihre Krisenkommunikation Schützenhilfe von Experten einzukaufen, da diese bessere Glaubwürdigkeitswerte aufweisen. Diese Empfehlung wird jedoch dadurch eingeschränkt, dass die Persuasionswirkung der Botschaft (trotz der unterschiedlichen Quellenglaubwürdigkeit) für alle Quellen gleich war, was die Forscher auf Mängel im Stimulusmaterial zurückführten. Es erscheint auch fraglich, ob die Effekte dieses Experiments bei den tatsächlichen Zielgruppen von Krisen-PR (wie z. B. Journalisten) auftreten würden. Warum sollten Journalisten nur deshalb eine

Quelle für glaubwürdiger halten, weil sie nicht dauerhaft in der PR-Abteilung einer Organisation angestellt ist, sondern nur kurzfristig als Sprecher eingekauft (und entsprechend deklariert) wird? Journalisten sollte klar sein, dass in beiden Fällen eine Auftragskommunikation stattfindet. Diese Überlegungen werden gestützt von einer späteren Studie, bei der die Befragten die Krisen-Aussagen von Organisationsangehörigen (unabhängig von deren Rolle) generell für weniger glaubwürdig hielten als die Aussagen einer unabhängigen Quelle (Callison 2004).

Nachdem nun ein Überblick gegeben wurde, welche Aspekte der Wirkung von Krisenkommunikation die Forschung derzeit untersucht, werden im nächsten Abschnitt die theoretischen Annahmen und methodische Vorgehensweise dieser Studien kritisch überprüft, um offene Forschungslücken zu identifizieren.

3.3.2.4 Kritik und Forschungslücken

In den vorangegangenen Abschnitten wurde eine große Anzahl von Studien sowohl zu formalen als auch strategischen Elementen von Krisenkommunikation zusammengefasst und thematisch geordnet. Wenn man diesen Forschungsstand betrachtet, so fallen drei große Lücken bzw. Mängel auf. Erstens stellt sich die Frage, ob der Zuweisungs-Prozess der SCCT korrekt konzeptioniert und theoretisch hergeleitet wurde. Zweitens ist kritisch zu prüfen, ob die SCCT in der Praxis überhaupt angewendet werden könnte. Drittens muss man festhalten, dass eine methodische Forschungslücke existiert, bisherige Befunde zu Krisenkommunikation wurden nur unzureichend empirisch abgesichert, da fast alle Experimente mit studentischen Versuchsgruppen durchgeführt wurden. Diese drei Kritikpunkte werden im Folgenden ausführlich diskutiert.

Die erste Forschungslücke betrifft die unzureichende, da zu simplifizierte *Konzeption des Zuweisungs-Prozesses* von Kommunikationsstrategien zu Krisentypen der SCCT (Coombs 2006b: 243). Dabei werden Krisen wie in Abschnitt 3.3.2.1 beschrieben in drei Gruppen eingeteilt: Opfer- (Organisation ist Opfer, geringste Schuldzuschreibung von Anspruchsgruppen), Unfall- (mittlere Schuldzuschreibung) und vermeidbare/intentionale Krisen (Organisation ist „Täter", größte Schuldzuschreibung). Aus zwei Gründen erscheint diese Einteilung problematisch: Erstens wird bezweifelt, dass einer Organisation von allen Anspruchsgruppen ein homogenes Maß an Schuld zugeschrieben wird. Manche Anspruchsgruppen könnten der Organisation mehr Krisenschuld zuschreiben, andere weniger. Die SCCT lässt aber offen, wie eine Organisation herausfinden

3.3 Krisenkommunikation

soll, welche Krisenverantwortung ihr von ihren wichtigsten Anspruchsgruppen (wie z. B. Journalisten oder Investoren) zugeschrieben wird. Dies wäre notwendig, damit man die laut SCCT „richtige" Kommunikationsstrategie auswählen kann, um zumindest bei diesen wichtigsten Gruppen zu punkten. Die SCCT lässt diesen entscheidenden Punkt jedoch offen, sie geht stattdessen implizit von einem gleich großen Maß von Schuldzuschreibung für alle Anspruchsgruppen aus bzw. von einer unspezifizierten Gesamtheit von Anspruchsgruppen.

Selbst wenn alle Anspruchsgruppen der Organisation gleich viel Krisenverantwortung zuschreiben würden, so wird auch zweitens bezweifelt, dass man anhand einfach erkennbarer Indikatoren die Schuldzuschreibung für zukünftige Krisen vorhersagen kann. Krisen sind „hochgradig komplexe Situationen, die sich schwerlich auf einige wenige Kategorien (Gerüchte, Naturkatastrophen, Streiks etc.) und damit verknüpfte scheinbar deterministische Kausalattributionsprozesse reduzieren lassen" (Schwarz 2010: 105). Eine Einteilung aufgrund der vermuteten zugeschriebenen Krisenverantwortung scheint also auch deswegen unmöglich, weil ein bestimmter Krisentyp nicht automatisch zu einer bestimmten Schuldzuschreibung führen muss. In der SCCT ist die Typisierung der Krisen anhand der Schuldzuschreibung von Probanden nur sehr schwach empirisch abgesichert, sie basiert auf einer einzigen Befragung von Studierenden, die für verschiedene fiktiven Krisen bestimmen sollten, wie viel Verantwortung sie der Organisation zuschrieben (Coombs, Holladay 2002; für zwei der 13 Krisentypen wurde noch ein zweiter Test in Coombs, Holladay 2010a durchgeführt). Jedoch erscheint es fraglich, ob die Zuweisung von 13 Krisen in diesem Experiment zu drei Clustern (*Unfall-*, *Opfer-* und *vermeidbare Krise*) empirisch aussagekräftig genug ist, um darauf den „Schlüsselstein" (Coombs 2004: 268) des SCCT-Krisenantwortprozesseses, die zugeschriebene Krisenverantwortung, zu basieren.

Ein Beispiel hierfür: Eine der 13 Krisen, welche die Forscher entworfen hatten, ist die „Megadamage"-Krise, operationalisiert als großer Umweltschaden aufgrund einer Ölverschmutzung in den USA (Coombs, Holladay 2002: 170). Dieser Krisentyp löste bei den Probanden im Experiment eine moderate Zuschreibung von Krisenverantwortung aus und wurde deswegen von den Forschern in die „Unfallkrisen"-Gruppe eingeteilt, bei der eine Organisation in moderatem Maß Krisenverantwortung übernehmen sollte, wie z. B. mit einer „Anbiederung an Anspruchsgruppen", „Rechtfertigung" oder „Ausrede" (Coombs 2006a: 182 f.). Wenn man aber die in Abschnitt 2.3 vorgestellte *Deepwater Horizon*-Krise von *BP* 2010 betrachtet, so stellt man fest, dass diese nur anhand ihrer objektiven Merkmale ebenfalls eine „Megadamage"-Krise sein könnte: Es liegt ein großer Umweltschaden aufgrund einer Ölverschmutzung vor, der hauptsächlich die USA betrifft. Dennoch waren die öffentlichen Reaktionen auf die

BP-Krise so stark, dass der Vorstandsvorsitze Tony Hayward mit seiner abwiegelnden Kommunikationsstrategie scheiterte und seinen Posten räumen musste. Die Öffentlichkeit schrieb *BP* offenbar ein großes Maß an Krisenverantwortung zu. Dieses Beispiel illustriert, wie schwierig es ist, nur anhand weniger formaler Indikatoren (wie z. B. Art der Krise, Branche der Organisation, betroffene Region) den Krisentyp sicher zu bestimmen und daraus eine Kommunikationsstrategie abzuleiten. Es stellt sich nicht nur die Frage, ob Coombs & Holladay bei einzelnen Krisentypen eine Fehlzuordnung zu Gruppen vorgenommen haben, sondern es scheint grundsätzlich zweifelhaft, ob man zugeschriebene Schuld überhaupt anhand einfach erkennbarer Krisenmerkmale bestimmen kann. Der schematische SCCT-Auswahlprozess, nach dem die Organisation ihre Kommunikationsstrategie auswählt im Sinne von: „diese gerade ausgebrochene Krise wird dazu führen, dass uns die homogene Gesamtheit der Anspruchsgruppen eine Krisenverantwortung der Stärke xy zuschreibt, also wählen wir eine Kommunikationsstrategie aus, die Krisenverantwortung der Stärke xy übernimmt", fußt auf simplifizierten Annahmen über die Realität einer Organisationskrise und der damit verbundenen Verantwortungszuschreibung, die als unrealistisch abgelehnt werden. Der Auswahlprozess der SCCT erweckt den Anschein von Präzision, aber seine Grundannahmen spiegeln nicht die komplexe Wirklichkeit der Reputationszuschreibung während einer Organisationskrise wieder. Wenn diese Vorhersage von Schuldzuschreibungen aber nicht möglich ist, funktioniert die Zuweisung von Kommunikationsstrategien zu Krisentypen nicht mehr, welche die SCCT vorschlägt.

Eng verknüpft mit dieser konzeptionellen Schwäche ist die unzureichende Möglichkeit, die SCCT *in der Praxis anzuwenden*. Selbst wenn der Zuweisungsprozess korrekt konzeptioniert wäre und tatsächlich Rezipienten einer Organisation ein genau vorhersagbares Maß an Krisenverantwortung zuschreiben würden, bleibt unklar, wie Krisenmanager in den ersten Stunden nach dem Ausbruch entscheiden sollen, welcher Krisentyp vorliegt. Diese Entscheidung wäre notwendig, um bei Krisenbeginn die passende Kommunikationsstrategie auszuwählen, aber sie dürfte in vielen Fällen sehr schwer fallen. Es mag für Forscher einfach sein, einen Mustertyp einer Krise im Laborexperiment zu testen oder vergangene Krisen nach einem Schema einzuteilen. Aber einem Krisenmanager, der gerade erste Informationen über eine potentielle Krise erhält, hilft das nur wenig bei seiner konkreten Entscheidung, was er mit welchen Worten an welche Anspruchsgruppen und Journalisten kommunizieren soll. Coombs beschreibt jedoch einen Dreischritt, nach dem Krisenmanager vorgehen sollen:

> „In SCCT, a crisis manager begins by identifying the basic crisis type to determine the initial level of crisis responsibility stakeholders will attribute to the crisis situation. Next, performance

3.3 Krisenkommunikation

history and the amount of damage are considered to determine if adjustment should be made to the original crisis responsibility assessment (...). After the final adjustment, the crisis managers select the crisis response strategy(ies) to fit the level of crisis responsibility." (Coombs 2006a: 184)

Diese Beschreibung klingt einfach, aber es stellt sich die Frage, wie ein Krisenmanager diese Entscheidungen im Detail treffen soll. Bereits die Identifizierung des Krisentyps mag in den ersten Stunden nach Krisenausbruch nur schwer möglich sein – selbst wenn Informationen über den Sachverhalt vorliegen, kann ein Krisenmanager nur schwer beurteilen, ob beispielsweise ein Unfall von Öffentlichkeit und Medien eher als bedauerliche Folge höherer Gewalt oder als persönliches Versagen einzelner Organisationsangehöriger (z. B. aufgrund mangelnder Kontrolle oder unzureichender Vorsichtsmaßnahmen) beurteilt würde. Die SCCT scheint in ersten Laborexperimenten passable Resultate zu liefern, wenn Forscher einen Mustertyp einer Krise entwerfen und von Versuchspersonen eine Momentaufnahme von deren Einschätzung dazu einholen. Während diese empirischen Befunde dazu beitragen, Wirkungen von Krisenkommunikation zu erklären, bleibt es fraglich, ob diese Theorie auch eine Handlungshilfe für Krisenmanager im Ernstfall geben kann.

Zwar muss eine Theorie nicht zwangsläufig zu Handlungsempfehlungen führen, so lange sie auf anderen Gebieten überzeugen kann, also z. B. die Wirklichkeit gut beschreibt, ohne deswegen Prognosen zu erlauben (für eine Zusammenfassung, was Theorien leisten müssen, siehe Fröhlich 2005: 91 ff.). Wenn Autoren einer Theorie aber explizit deren Praxistauglichkeit betonen, was bei der SCCT der Fall ist (z. B. Coombs, Holladay 2002: 183; Coombs 2006a: 193; 2007a: 135), dann muss sich diese auch daran messen lassen. Diesen selbst gesetzten Anspruch scheint die SCCT jedoch nicht erfüllen zu können. Es ist bezeichnend, dass kein einziger Artikel gefunden werden konnte, in dem ein Krisenpraktiker oder Coombs & Holladay selbst beschreiben, wie in einer realen Krise die SCCT erfolgreich angewendet wurde, um die Krisenkommunikation einer Organisation zu verbessern. Wegen der gerade beschriebenen konzeptionellen Schwächen des SCCT-Auswahlprozesses können PR-Verantwortliche nicht zu Beginn einer Krise anhand einfach erkennbarer Merkmale bestimmen, wie viel Krisenverantwortung die diffuse Gesamtheit aller Anspruchsgruppen der Organisation zuschreiben wird und ihre Kommunikation dann an dieser gemutmaßten Verantwortung ausrichten. Selbst wenn der SCCT-Auswahlprozess korrekt wäre, so wird bezweifelt, dass ein Sprecher bei Krisenausbruch überhaupt genug Information hat, um eine der komplexen Kommunikationsstrategien der SCCT danach auszuwählen.

Jedoch sollte man nicht alle Erkenntnisse der Krisenkommunikationsforschung verwerfen, nur weil das SCCT-Grundgerüst mangelhaft abgesichert und wenig praxistauglich ist. Die hier vorgestellten Studien haben zahlreiche Aspekte von Krisenkommunikation untersucht und den Kenntnisstand darüber erweitert, selbst wenn noch keine vereinheitlichende Theorie vorliegt, die den Prozess überzeugend beschreiben kann. Bezüglich der Einzelerkenntnisse, die bisher über Krisenkommunikation gewonnen wurden, ist es jedoch aus *methodischer Sicht* an der Zeit, vermutete Wirkungszusammenhänge mit nicht-studentischen Versuchsgruppen zu testen. Dieser Test ist elementar, da sich Studierende in zahlreichen Merkmalen von anderen gesellschaftlichen Gruppen unterscheiden. Nicht nur sind Studierende im Schnitt jünger als die Durchschnittsbevölkerung und haben einen höheren formalen Bildungsgrad (Statistisches Bundesamt Deutschland 2011a: 23), sondern sie könnten gerade Krisenkommunikation anders rezipieren als Journalisten. Denn Journalisten bewerten beispielsweise PR nicht nur schlecht, sondern vor allen Dingen *schlechter* als die Durchschnittsbevölkerung (Bentele, Seidenglanz 2006). Deswegen erscheint es fraglich, ob die Reaktion anderer Versuchsgruppen auf PR als Hilfsgröße verwendet werden kann, um zu bestimmen, wie Journalisten darauf reagieren. Darüber hinaus sind Journalisten täglich mit PR konfrontiert, so dass sie bestimmte Gewöhnungseffekte und Routinen entwickeln könnten, die jeglichen Persuasionsaufwand einer Organisation wertlos machen (wie z. B.: *Traue in einer Krise nie Aussagen der betroffenen Organisation*). Außerdem ändert sich ihr Verhalten gegenüber PR gerade in Krisenzeiten (Barth, Donsbach 1992; Ingenhoff, Thießen 2009), was ein weiterer Hinweis darauf ist, dass die journalistische Wahrnehmung von Krisen-PR so speziell ist, dass sie nicht mit der Wahrnehmung verglichen werden kann, die Studierende im Labor haben.

Daher ist es zwingend notwendig, bisherige Laborbefunde zu Krisenkommunikation an Journalisten zu überprüfen, um entscheiden zu können, ob die vermuteten Wirkungen tatsächlich in der Praxis auftreten. Der Test von Hypothesen im Labor mit Studierenden kann nur ein Zwischenschritt sein im Prozess des Erkenntnisgewinns über Wirkungszusammenhänge in der Realität. Die Darstellung auf Abbildung 9 und 10 zeigt jedoch, dass die große Mehrheit aller Wirkungsstudien zu Krisenkommunikation mit Studierenden durchgeführt wurde (und in aktuellen Veröffentlichungen nach wie vor durchgeführt wird). Die dort aufgelisteten 23 Studien zu Krisenkommunikation führten insgesamt 29 Experimente durch, davon 20 ausschließlich mit studentischen Versuchsgruppen. Die neun Experimente, die nicht ausschließlich studentische Versuchsgruppen verwendeten, sind Coombs 1999 und 2004, Coombs & Schmidt 2000, Nerb & Spada 2001 (drei Experimente), Lee 2004 und 2005 (beide Artikel beziehen sich

3.3 Krisenkommunikation

auf dasselbe Experiment), Lyon & Cameron 2004 und Schwarz 2010 (eines von zwei Experimenten).

Studie	Untersuchte Zusammenhänge: Wirkung von...	Experimentalgruppe nicht 100% studentisch / Experimentalgruppe
Coombs & Holladay 1996	• Krisentyp und Kommunikationsstrategie auf Reputation • Krisenhistorie[1] auf Reputation	116 Studierende
Coombs 1998	• Wahrgenommener Krisenverantwortung (wKV) auf Reputation • Wahrgenommener Kontrollierbarkeit der Krise (wKontr), Krisenhistorie und Schadenshöhe auf wKV und Reputation	518 Studierende
Coombs 1999	Kommunikationsstrategie auf Reputation, Akzeptanz der Krisenlösung, Verhaltensabsicht ggü. Organisation und wKontr	114 Krisenmanager
Coombs & Schmidt 2000	Kommunikationsstrategie auf Reputation, Akzeptanz der Krisenlösung, Verhaltensabsicht ggü. Organisation und wKontr	141 Probanden, davon rund 80% Studierende
Coombs & Holladay 2001	Beziehungshistorie[2], Krisenhistorie und wKontr auf wKV und Reputation	174 Studierende
Nerb & Spada 2001	Krisenursache und -umstände auf Emotion bei Umweltkrisen	3 Exp. mit 78 / 89 / 91 Studierenden (hpts.)
Callison & Zillman 2002	Organisationszugehörigkeit der Quelle auf Zuschreibung von Glaubwürdigkeit und Überzeugungswirkung der Botschaft	346 Studierende
Coombs & Holladay 2002	• wKV auf Reputation in Abhängigkeit vom Krisentyp • Verhältnis wKontr zu wKV	130 Studierende
Coombs 2004	Krisenhistorie auf wKV und Reputation	185 Studierende und 147 Nicht-Studierende[3]
Dean 2004	Kommunikationsstrategie, vorkritischer Reputation und wKV auf nachkritische Reputation	291 Studierende
Lee 2004, 2005	Verortung der Krisenursache, wKontr, Kommunikationsstrategie und Schadenshöhe auf wKV und Reputation	385 Studierende und deren Bekannte

1 Anzahl und Art vergangener Krisen, die in einer Organisation vorkamen / 2 Qualität genereller Beziehung einer Organisation mit ihren Anspruchsgruppen / 3 „Communitiy members"
Quelle: Eigene Darstellung

Abbildung 9: Experimentelle Studien zu Krisenkommunikation (1/2)

Im Folgenden werden diese neun Experimente, deren Versuchsgruppen nicht nur aus Studierenden bestanden, aus methodischen Gesichtspunkten analysiert, um die Qualität und Übertragbarkeit ihrer Befunde zu bestimmen. Coombs (1999: 132) testete Hypothesen mit Krisenmanagern auf einer Konferenz, später wies er darauf hin, dass damit nun die Ergebnisse von früheren Tests mit studentischen Versuchsgruppen an einer nicht-studentischen Zielgruppe repliziert worden seien (Coombs, Holladay 2002: 181). Zwischen den beiden Studien (Coombs 1998; 1999) bestand jedoch keine ausreichende Gleichheit im Versuchsdesign, um von einer Replizierung von Ergebnissen zu sprechen. In der ersten Studie testete der Forscher mit einer studentischen Versuchsgruppe und Stimulusmaterial, das fiktive Krisen beschrieb, verschiedene Hypothesen zu zugeschriebener Krisenverantwortung, Verortung der Krisenursache, Krisenhistorie und Schadenshöhe (Coombs 1998). Im Folgejahr entwarf er andere Krisen und testete mit Krisenmanagern andere Hypothesen bzgl. mitfühlender und anweisender Kommunikationsstrategien (Coombs 1999). Die beiden Experimente hatten lediglich eine Analyse gemeinsam, in der die Organisationsreputation, zugeschriebene Krisenverantwortung und persönliche Kontrollierbarkeit der Krise bzw. externe Krisenverursachung korreliert wurden (Coombs 1998: 185, Table 2; 1999: 136, Table 5). In beiden Experimenten korreliert die persönliche Kontrollierbarkeit

Studie	Untersuchte Zusammenhänge: Wirkung von...	Experimentalgruppe nicht 100% studentisch Experimentalgruppe
Lyon & Cameron 2004	Reputation und Kommunikationsstrategie auf Einstellung ggü. Organisation, Kaufabsicht und Glaubwürdigkeitszuschreibung	40 Studierende und 40 Nicht-Studierende
Arpan & Roskos-Ewoldsen 2005	• Selbstbekanntgabe einer Krise und Involvierung mit Organisation auf wahrgenommene Glaubwürdigkeit • Wahrg. Glaubwürdigkeit auf wahrg. Schadenshöhe • Involvierung, wahrg. Schaden und Glaubw. auf Kaufabsicht	134 Studierende
Pfeiffer, Manz & Nerb 2005	Menschliche Verursachung von Krise und Art der Beweggründe der Akteure auf Emotion	• Exp. 1: 80 Stud. • Exp. 2: 532 Stud.
Coombs 2006	Kommunikationsstrategie auf wKV	78 Studierende
Coombs & Holladay 2006	Vorkritischer Reputation auf nachkritische Reputation unter Berücksichtigung der wKV („Halo-Effekt")	• Exp. 1: 49 Stud. • Exp. 2: 81 Stud.
Coombs & Holladay 2009	Kommunikationsstrategie und Mediengattung auf Reputation, Ärger, und Akzeptanz der Krisenreaktion	184 Studierende
Coombs & Holladay 2010	• Krisenursache (technisches/menschliches Versagen) auf wKV • Vorkritische Reputation auf wKV	• Exp. 1: 74 Stud. • Exp. 2: 95 Stud.
Schwarz 2010	Konsens, Distinktheit und Konsistenz auf Kausalattribution, Verantwortungsattribution und Reputation	• Exp. 1: 423 Stud. • Exp. 2: 377 Anwohner
Yang, Kang & Johnson 2010	Zugänglichkeit von Krisenbeschreibungen, Offenheit und Glaubwürdigkeit auf Kommunikationsinteresse von Bloggern	281 Studierende
Brown & White 2011	Reputation und Kommunikationsstrategie auf wKV	275 Studierende
Coombs & Holladay 2011	Opfer-Bildern auf wKV, Reputation, Emotion und Kommentierungsbereitschaft zu Krise	194 Studierende
Thießen 2011	Kommunikationsstrategie, aktiver und integrierter Kommunikation, Krisenkompetenz und Verantwortungsübernahme auf Vertrauenswürdigkeit, abhängig von Organisations- und Krisentyp	719 Studierende

Quelle: Eigene Darstellung

Abbildung 10: Experimentelle Studien zu Krisenkommunikation (2/2)

der Krise positiv mit der zugeschriebenen Krisenverantwortung und diese beiden Faktoren negativ mit der Reputation der Organisation, jedoch unterscheiden sich die Korrelationen zwischen den Experimenten in ihrer Stärke. Da diese Ergebnisse mit unterschiedlichem Stimulusmaterial erzielt wurden, das zum Test unterschiedlicher Hypothesen entworfen worden war, kann man nur bedingt davon sprechen, dass Befunde des ersten Experiments im zweiten repliziert worden seien. Selbst wenn man über diese Unterschiede in der Operationalisierung hinwegsieht, sind nur drei zuvor gefundene Korrelationen von Coombs mit einer nicht-studentischen Versuchsgruppe getestet worden, für alle anderen Hypothesen und Berechnungen seiner Veröffentlichungen steht dieser Test noch aus.

3.3 Krisenkommunikation

Auch sind Krisenmanager keine Zielgruppe von Krisenkommunikation. Wenn man testen möchte, wie Krisenkommunikation in der Realität wirkt, sollte man nicht mit den Kommunikatoren experimentieren, sondern mit den Adressaten (wie z. B. Journalisten). Die Krisenmanager auf der Konferenz scheint der Forscher hier eher als *convenient sample*-Probanden rekrutiert zu haben, anstatt einen möglicherweise aufwändigeren Test mit den tatsächlichen Anspruchsgruppen in einer Krise durchzuführen.

Wenn man die übrigen Experimente betrachtet, so stellt man fest, dass die Versuchsgruppen von Coombs & Schmidt (2000: 174), Nerb & Spada (2001: 534, 537, 540) sowie Coombs (2004) zwar nicht ausschließlich, aber mehrheitlich aus Studierenden bestanden. Deshalb können diese Versuchsgruppen aus methodischer Sicht als Studierenden-Versuchsgruppen eingeordnet werden. Gleiches gilt für die Arbeiten von Lee (2004; 2005), ihre Versuchsgruppe bestand zu 36 % aus Studierenden, die restlichen Versuchsteilnehmer wurden im Schneeballsystem rekrutiert, indem die Studierenden gebeten wurden, Stimulusmaterial und Fragebogen an interessierte Bekannte weiterzugeben. Insgesamt hatten 82 % der Versuchsgruppe einen Studienabschluss, das Durchschnittsalter lag bei 29 Jahren (2004: 605; 2005: 374). Auch diese Versuchsgruppe hat also einen Überhang von Studierenden oder Alumni von Universitäten. Lyons & Camerons (2004) Versuchsgruppe setzte sich zur Hälfte aus Studierenden und zur anderen Hälfte aus nicht-studierenden Bewohnern einer US-Universitätsstadt zusammen. Studierende und Bevölkerung unterschieden sich in ihren Antworten fast überhaupt nicht, was ein Indiz sein könnte, dass die Allgemeinbevölkerung eine Krisenkommunikation ähnlich wahrnimmt wie Studierende. Jedoch waren beide Gruppen von Teilnehmern nicht von den Krisen im Stimulusmaterial betroffen, so dass in diesem Experiment nicht die Wirkung von Krisenkommunikation an Anspruchsgruppen getestet wurde.

Die einzige Arbeit, die eine realitätsnahe Überprüfung von Hypothesen zu Krisenkommunikation an Anspruchsgruppen vornahm, ist die Dissertation von Schwarz (2010). Er testete Hypothesen zur Kausal- und Verantwortungsattribution zunächst an Studierenden und danach in einem zweiten Experiment an Bewohnern eines Ortes. Diesen Bewohnern wurde Stimulusmaterial über eine Unfallkrise eines fiktiven Herstellers von Windkraftanlagen vorgelegt, der angeblich auch plane, Anlagen am Wohnort der Versuchspersonen zu bauen (156 ff.). Dadurch wurde den Versuchspersonen ein persönlicher Bezug suggeriert, der sie zu einer Anspruchsgruppe der fiktiven Organisation machen sollte. Der Vergleich der beiden Experimente von Schwarz zeigt, wie wichtig der Hypothesentest mit nicht-studentischen Zielgruppen ist: Nur sieben von 14 Hypothesentests führten in beiden Experimenten zum gleichen Ergebnis, in den anderen 50 % der Fälle unterschieden sich die Aussagen der Studierenden von denen der Anwohner (175 ff.). Dieses Ergebnis verdeutlicht, dass man Krisenkommunikations-Hypothesen zwingend mit nicht-studentischen Versuchsgruppen testen muss, um die Übertragbarkeit von Befunden in die Praxis zu testen. Dass Wirkungszusammenhänge zu Krisenkommunikation nicht häufiger an nicht-studentischen Versuchsgruppen getestet werden, ist umso erstaunlicher, da Coombs & Holladay (1996: 294) schon nach ihren ersten Experimenten auf die Probleme mit Befunden hingewiesen haben, die nur mit studentischen Versuchsgruppen erzielt wurden: „This study suffers from the weaknesses of any experimental design using college students as participants rather than actual publics involved in a crisis". Von den Studien auf Abbildung 9 und 10, die Experimente an Versuchsgruppen mit einem großem oder einhundertprozentigem Studierendenanteil durchführen, weisen sieben auf die einschränkende Aussagekraft ihrer Befunde aufgrund der Versuchsgruppen-Zusammensetzung hin (Brown, White 2011: 79; Coombs, Holladay 1996: 294; 2001: 336; 2002: 181; 2009: 4; Lee 2004: 614; Thießen 2011: 320).

Einen weiteren Hinweis, wie wichtig Journalisten als Zielgruppe von Krisenkommunikation sind, geben die Versuchsaufbauten der Studien, die in diesem Abschnitt vorgestellt wurden. Viele Forscher verwenden in ihren Experimenten fiktive Medienberichte als Stimulusmaterial, sie variieren dort Variablen, um deren Wirkung auf Probanden zu messen (z. B. Coombs, Holladay 2011: 117; Schwarz 2010: 150; Thießen 2011: 200). Diese Studien treffen also Annahmen darüber, wie Medienberichterstattung über Krisen auf Rezipienten wirkt. Zugleich leiten die Forscher aus ihren Befunden häufig Empfehlungen ab, wie eine Krisenorganisation kommunizieren sollte, um bei den Rezipienten bestimmte, positive Reaktionen auszulösen (z. B. Coombs 2006a: 184; Schwarz 2010: 244 ff.; Thießen 2011: 313 ff). Bei dieser Schlussfolgerung liegen jedoch implizite Annahmen zugrunde. Entweder müssen Forscher annehmen, dass die Krisenkommunikation von Organisationen ungefiltert oder zumindest in Grundzügen von Journalisten an Rezipienten weitergegeben wird. Denn sie geben aufgrund dieser Experimente mit Medienstimuli Ratschläge an Organisationen, wie diese ihre Kommunikation formulieren sollten, um bei Rezipienten positive Effekte auszulösen. Diese Effekte würden aber nur dann auftreten, wenn die Kommunikation der Organisation die Rezipienten auch erreicht, sprich die Kommunikationsstrategien aus der Krisen-PR in der Berichterstattung erhalten bleiben. Alternativ könnten die Forscher auch vermuten, dass Journalisten auf die Krisenkommunikation von Organisationen ähnlich reagieren wie studentische Probanden im Labor (z. B. im Prozess der Reputationszuschreibung) und positiver über Krisen berichten, weil sie Krisenkommunikation rezipiert haben, die in einer bestimmten Weise formuliert war. In diesem Fall würde die Kommunikationsstrategie der Organisation ihren Einfluss nicht direkt auf Rezipienten ausüben, sondern die Journalisten beeinflussen, die dann positivere Berichterstattung erstellen.

Diese beiden impliziten Annahmen erscheinen problematisch. Wie in Abschnitt 3.2.2 gezeigt wurde, übernehmen Journalisten gerade in Krisenzeiten weniger PR-Botschaften in ihre Berichterstattung (Barth, Donsbach 1992), statt dessen suchen sie gezielt nach inoffiziellen oder organisationsexternen Quellen, um exklusive Information über eine Krise zu bekommen (Ingenhoff, Thießen 2009). Darüber hinaus übernehmen Journalisten in der Regel sowieso kaum Bewertungen aus PR-Meldungen, sondern höchstens Fakten (Bentele, Nothhaft 2004). Von daher scheint es sehr unwahrscheinlich, dass die erste Annahme zutrifft, Krisenorganisationen können nicht davon ausgehen, dass Journalisten ihre PR-Information ungefiltert oder auch nur tendenziell in ihre Berichterstattung übernehmen. Ob jedoch die zweite Annahme zutrifft, also Journalisten genauso oder ähnlich auf Krisenkommunikation reagieren wie Studierende und aufgrund einer bestimmten Kommunikation ein positiveres Bild von der Organisation entwickeln, bedarf wissenschaftlicher Klärung.

Diese Punkte verdeutlichen, wie wichtig es ist, die Wirkung von Krisenkommunikation mit Journalisten zu testen. Ansonsten läuft man als Forscher Gefahr, Wirkungszusammenhänge fälschlicherweise für allgemeingültig zu halten, die nur mit Studierenden getestet wurden. All die Effekte, die in den bisher vorgestellten Wirkungsstudien auftreten, könnten zwar möglicherweise auch bei Anspruchsgruppen in der Realität auftreten. Wenn diese Anspruchsgruppen sich aber ausschließlich per Berichterstattung über eine Krise informieren (wie in der Literatur vermutet: Carroll, McCombs 2003; Coombs 2004: 286; Coombs, Holladay 2010a: 198), so ist es für Organisationen vor allen Dingen relevant, wie Journalisten auf Stimuli reagieren, da sie die Beiträge über die Krise erstellen. Wenn Krisenkommunikationsforschung daher Organisationen bei ihrer Kommunikation helfen will, dann sollte sie sich auf die Wirkung von Stimuli bei Journalisten konzentrieren.

3.4 Zusammenfassung

In diesem Kapitel wurde der Forschungsstand zu PR und Krisen-PR analysiert. Zunächst wurde in Abschnitt 3.1 die PR-Forschung mit Organisationsfokus vorgestellt und diese Arbeit verortet als Beitrag zur Erforschung von Krisenkommunikation mit Journalisten. Danach wurde in Abschnitt 3.2 auf das Verhältnis zwischen Journalisten und PR-Praktikern eingegangen, dabei wurden zwei Erkenntnisse gewonnen: Zum einen scheinen die Systeme Journalismus und PR eng verzahnt, was bis zur Rollenvermischung führen kann (Hoffjann 2007). Auf der anderen Seite stehen sich PR-Akteure und Journalisten dennoch häufig misstrauisch gegenüber (Netzwerk Recherche 2011), besonders während Krisen scheint sich die kritische Distanz zu vergrößern. So verlieren PR-Praktiker in Krisenzeiten an Informationsmacht, da Journalisten dann intensiver recherchieren und weniger Aussagen aus offiziellen PR-Quellen in die Berichterstattung einfließen (Barth, Donsbach 1992; Holladay 2009; Ingenhoff, Thießen 2009).

In Abschnitt 3.3 wurde der Forschungsstand zu Krisenkommunikation analysiert. Zunächst wurde auf formal-prozessuale Ratschläge eingegangen, die PR-Praktiker und Forscher den Krisenorganisationen geben. Danach wurden die Ergebnisse der symbolisch-relationalen Forschung untersucht, die Wirkungszusammenhänge von Krisenkommunikation mit experimentellen Methoden analysiert. Insbesondere wurde die *Situational Crisis Communication Theory* (SCCT) detailliert vorgestellt und ihre Konzeption sowie empirische Studien zu ihrer Überprüfung ausführlich diskutiert. Dabei wurde festgestellt, dass die SCCT zwar einen großen Fundus an Ergebnissen produziert hat, aber unter konzeptionellen Mängeln leidet (Schwarz 2010: 85; 101 ff.), die ihr theoretisches Erklärungspotential und ihre Anwendbarkeit in der Kommunikationspraxis einschränken. Dennoch haben die Studien viele Erkenntnisfortschritte über die Wirkung einzelner Elemente von Krisenkommunikation erbracht, auch wenn diese bisher noch kaum für die Praxis nutzbar gemacht wurden. Selbst wenn der Zuweisungsprozess der SCCT nicht funktionieren sollte, so ist es dennoch möglich, dass einzelne Kommunikationsstrategien eine positive Wirkung für die Krisenorganisation erzielen können. Jedoch ist die Wirkung dieser Strategien bei ihrer Kernzielgruppe, den Journalisten, noch ungeklärt (Abbildung 9 und 10). Diese Forschungslücken werden berücksichtigt, wenn in Kapitel 5 das forschungsleitende Modell für diese Arbeit gebildet wird.

4 Theoretische Grundlagen II: Koorientierung

Wenn man das Verhalten von Journalisten während einer Organisationskrise umfassend verstehen will, muss man sich mit dem Phänomen der Koorientierung befassen. Die Kommunikationswissenschaft untersucht hier, wie Journalisten welche Medien wann nutzen, aus welchen Gründen und mit welcher Wirkung. Wie schon in Abschnitt 2.2 dargestellt wurde, haben Journalisten gerade bei neu entstehenden Krisen die Herausforderung, den Sachverhalt schnell und möglichst präzise zu erfassen, um Beiträge darüber erstellen zu können. Zugleich müssen sie einen Frame auswählen, aus dem sie über die Krise berichten.

Einige Befunde deuten darauf hin, dass sie die Meinung und Berichterstattung ihrer Kollegen heranziehen könnten, um sich in dieser Zeit der Unsicherheit zu orientieren. Sollten Journalisten solches Koorientierungsverhalten bei Organisationskrisen zeigen, dann könnte dies Berichterstattungswellen in zahlreichen Medien auslösen. Solch eine Berichterstattungswelle über eine Krise wäre wiederum wesentlich gefährlicher für eine Organisation als einzelne Beiträge, da ihre Reputation von intensiverer Berichterstattung z. B. wegen des Second-Level Agenda Settings (also des medialen Vorgebens der Attribute, die mit einer Organisation verknüpft werden) stärker bedroht sein könnte.

Deswegen wird Koorientierung in diesem Kapitel analysiert und auf ihre Relevanz für Krisenberichterstattung hin überprüft. Es werden zum einen Arbeiten analysiert, die Koorientierung auf theoretischer Ebene beschreiben (Krämer et al. 2009) oder diese Theoriebildung mit empirischen Daten untermauern (Reinemann 2003; 2004; Reinemann, Huismann 2007). Daneben wird Literatur zu intermedialem Agenda Setting (z. B. Vliegenthart, Walgrave 2008; Wien, Elmelund-Præstekær 2009), Medienhypes (Vasterman 2005) und Skandalierungen (Kepplinger 2001) untersucht, da diese Phänomene der Berichterstattung ebenfalls von Koorientierung ausgelöst oder verstärkt werden könnten. Im Folgenden wird dargelegt, welche Dimensionen journalistische Koorientierung hat, wie stark Journalisten andere Medien nutzen, was die Ursachen und Wirkungen von Koorientierung sind und warum sie besonders im Krisenkontext relevant wird. Der Forschungsüberblick fokussiert sich auf Koorientierung bei Nachrichten, Unterhaltungsformate werden dagegen ausgeklammert, da Organisationskrisen ein Nachrichtenthema sind (für einen Überblick zu Koorientierung in Unterhaltungsformaten siehe Reinemann, Huismann 2007).

4.1 Definition und Dimensionen

Der Begriff *Koorientierung* von Journalisten hat in der wissenschaftlichen Diskussion eine doppelte Bedeutung, es wird unterschieden zwischen Kollegen- und Medienorientierung. Eine *Kollegenorientierung* liegt vor, wenn sich Journalisten an Handlungen und Ansichten ihrer Kollegen orientieren. Diese Orientierung kann sich darin äußern, dass einzelne Journalisten die Ansichten der Kollegengruppe übernehmen (verdeckter, „coverter" Prozess) und ihre Handlungen an die der anderen Gruppenmitglieder angleichen (sichtbarer „overter" Prozess; Reinemann, Huismann 2007: 466). Die soziale Bezugsgruppe fungiert als

> „In-group, die aus Mitgliedern [besteht], die der gleichen ‚sozialen Kategorie' angehören. Charakteristisch für die In-group ist, dass die soziale Interaktion der Gruppenmitglieder zu gemeinsamen Werten und Standards führt." (Reinemann 2003: 33 in Anlehnung an Donsbach 1982)

Es ist wahrscheinlich, dass jeder Berufstätige seine Ansichten und Handlungen zumindest teilweise nach denen seiner Kollegen ausrichtet, beispielsweise kann ein Anfänger Handlungsroutinen von Kollegen übernehmen und so Berufserfahrung gewinnen. Diese Form der Koorientierung hat eine normierende Komponente, Donsbach bezeichnete sie schon früh als „Kollegenorientierung", die er im Journalismus in fünf Ausprägungen einteilt (Donsbach 1981 nach Reinemann 2003: 33): Soziale Interaktion im Beruf, soziale Interaktion außerhalb des Berufs, professionelle Kommunikation im engeren Sinne (Gegenlesen von Beiträgen innerhalb eines Mediums, Rezeption von Beiträgen anderer Medien), Einholen von Feedback für die eigene Arbeit und Mitgliedschaft in formalen Berufsorganisationen. Manche Forscher vertreten die Ansicht, dass normierende Kollegenorientierung unter Journalisten besonders stark ausgeprägt ist:

> „Journalisten unterhalten sich häufiger als die Angehörigen aller anderen Gruppen (...) mit ihren Kollegen über berufliche, lokale und allgemeine Probleme. (...) Nur ein verschwindend geringer Teil gibt an, er kenne die Ansichten seiner Kollegen nicht. Die Kenntnis der Kollegenmeinungen bildet, sozialpsychologischen Regelmäßigkeiten folgend, den ersten Schritt zur Entwicklung gemeinsamer Urteilsgrundlagen und zur gegenseitigen Anpassung der Auffassungen." (Kepplinger 1979: 13 f.)

Ob Koorientierung unter Journalisten auch heute noch stärker ausgeprägt ist als in anderen Berufsgruppen, können nur vergleichende Untersuchungen zeigen. Dass Kollegenorientierung unter Journalisten eine normierende Funktion auf die

4.1 Definition und Dimensionen

Handlungen von Journalisten hat, ist dagegen nach wie vor sehr wahrscheinlich. Reinemann (2003: 288) hat auf eine zweite Bedeutung von Koorientierung hingewiesen: Wenn sie Konkurrenzmedien nutzen, beschreibt er diesen Vorgang als „Medienorientierung". Für diese Arbeit wird Koorientierung daher aufbauend auf Reinemann (2003) wie folgt definiert:

> Journalistische Koorientierung ist der Sammelbegriff für Kollegen- und Medienorientierung. Kollegenorientierung beschreibt den Vorgang, dass Journalisten ihre Kollegen beobachten, mit ihnen interagieren und ihr Verhalten an das ihrer Kollegen anpassen. Medienorientierung beschreibt den Vorgang, dass Journalisten Konkurrenzmedien rezipieren und ihre Ansichten, ihr Verhalten und ihre Berichterstattung an den Beiträgen dieser Medien ausrichten.

Koorientierung hat nicht nur zwei Bedeutungen, sondern umfasst auch mehrere Dimensionen, so kann sowohl zwischen Koorientierung am eigenen Medium (intraredaktionell) und der Konkurrenz (interredaktionell) unterschieden werden, als auch zwischen Koorientierung mittels direkter Kommunikation, mittels kognitiver Prozesse, die nur im Kopf eines Journalisten ablaufen oder mittels Mediennutzung (Reinemann 2003: 41; siehe Abbildung 11).

	Akteurskonstellation	
Wege der Kommunikation	Intraredaktionell	Interredaktionell
Interpersonal	Kommunikation mit Kollegen des eigenen Mediums	Kommunikation mit Kollegen anderer Medien
Kognitiv	Kognitive Bezugnahme auf Kollegen des eigenen Mediums	Kognitive Bezugnahme auf Kollegen anderer Medien
Massenmedial	Nutzung des eigenen Mediums	Nutzung anderer Medien *(Fokus dieser Arbeit)*

Diese Form der Koorientierung könnte Berichterstattungswellen über Krisen auslösen.

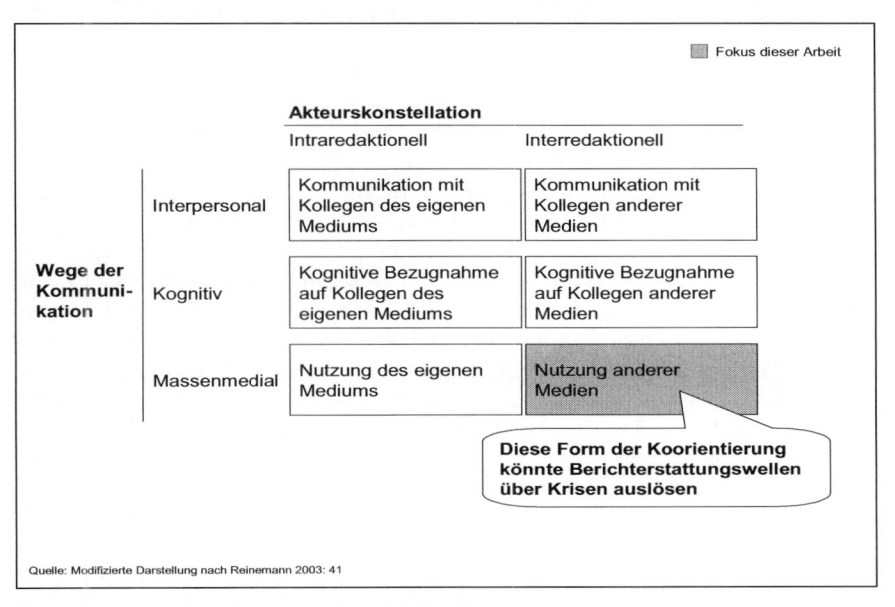

Quelle: Modifizierte Darstellung nach Reinemann 2003: 41

Abbildung 11: Dimensionen journalistischer Koorientierung

Die interredaktionelle Medienorientierung bietet den besten Ansatzpunkt für das Forschungsinteresse dieser Arbeit, es soll untersucht werden, ob diese Form der Koorientierung Berichterstattungswellen über eine Organisationskrise auslösen oder verstärken kann. Wenn dies der Fall ist, dann könnte ein einzelner Bericht über eine Krise viele Folgebeiträge in anderen Medien auslösen, was das Risiko eines Reputationsschadens für die Krisenorganisation steigern würde. Um zu überprüfen, ob und warum solche Koorientierungseffekte auftreten könnten, werden im Folgenden zunächst die Befunde zur Mediennutzung von Journalisten vorgestellt, danach deren Ursachen diskutiert und auf ihre Wirkungen gerade im Krisenkontext eingegangen.

4.2 Mediennutzung von Journalisten

Bevor man die Ursachen und möglichen Wirkungen von journalistischer Medienorientierung analysiert, muss man zunächst untersuchen, ob Journalisten überhaupt ausreichend Medien nutzen, um Orientierungseffekte zu ermöglichen. Die Forschungslage legt diese Vermutung nahe, so nutzten deutsche Politikjournalisten im Jahr 2003 andere Medien im Schnitt 274 Minuten pro Tag, vor allen Dingen Tageszeitungen (87 Minuten), Radio (77) und Fernsehen (76; Reinemann 2003: 145). Insbesondere rezipierten mehr als 50 % dieser Journalisten die *Süddeutsche Zeitung*, die *Frankfurter Allgemeine Zeitung,* die *Bild-Zeitung* sowie *Tagesschau* und *Tagesthemen* fast täglich, außerdem den *Spiegel* fast wöchentlich (157 ff.; Abbildung 12). Journalisten nutzten Medien nicht nur, sondern schrieben ihnen auch eine große Bedeutung im Prozess der Nachrichtenproduktion zu, mehr als 50 % von ihnen nannten Tageszeitungen als relevante Quelle und Entscheidungshilfe für ihre Themensuche, Themenauswahl und Recherche, ebenfalls mehr als 50 % gaben Wochenmedien als relevant für ihre Recherche an (250). Außerdem glaubten die Journalisten, dass der *Spiegel* (51 %), die *Bild-Zeitung* (45 %) und die *Süddeutsche Zeitung* (39 %) ein bundesweites Thema setzen können (257). Daneben schrieben sie der *Frankfurter Allgemeinen Zeitung* (50 %), der *Süddeutschen Zeitung* (48 %) und dem *Spiegel* (47 %) das größte Prestige innerhalb der deutschen Medien zu, glaubten jedoch andererseits, dass die *Bild-Zeitung* den größten Einfluss auf Bundespolitik (50 %) und Bevölkerungsmeinung (81 %) habe (262 ff.).

Aktuellere Daten bestätigen die häufige Nutzung dieser Medien, so waren die meistgenutzten Medien in einer repräsentativen Journalistenbefragung die *Süddeutsche Zeitung* (35 %), *Der Spiegel* (34 %), die *Frankfurter Allgemeine*

Zeitung (15 %) sowie die *Tagesschau* (19 %) und *Tagesthemen* (14 %; Weischenberg et al. 2006b: 359). Eine Online-Umfrage unter Politikjournalisten ergab ein ähnliches Bild, die meistgenutzten Tageszeitungen waren dort die *Süddeutsche Zeitung* (78 %), *Frankfurter Allgemeine Zeitung* (52 %) und *Bild-Zeitung* (34 %), das meistgenutzte Wochenmedium der *Spiegel* (88 %) und dessen Ableger *Spiegel Online* (88 %), die am meisten genutzten TV-Sendungen *heute* (73 %), die *Tagesschau* (65 %) und *Tagesthemen* (49 %; Lünenborg, Berghofer 2010: 29 ff.). Gerade *Spiegel Online* scheint einen großen Einfluss auf Journalisten auszuüben, wie sie auch in persönlichen Befragungen angeben (Kramp, Weichert 2008: 39).

Die gestiegene Wichtigkeit von *Spiegel Online* für den Journalismus in den letzten Jahren wird deutlich, wenn man die Befragungsergebnisse auf Abbildung 12 vergleicht. In der Befragungsstudie von Reinemann (2003) nutzten nur 16 % der Journalisten *Spiegel Online* häufig, zahlreiche andere Medien wurden von ihnen weit häufiger genutzt. Sieben Jahre später gaben dagegen 88 % der Journalisten eine häufige Nutzung dieses Mediums an, es ist gemeinsam mit der Printausgabe des *Spiegels* das am häufigsten genutzte Medium (Lünenborg & Berghofer 2010). Einschränkend muss zu diesem Vergleich angemerkt werden, dass die Daten 2003 postalisch erhoben wurden, 2010 per Online-Umfrage. Aufgrund des Erhebungsinstruments könnte die Stichprobe 2010 eine größere Zahl von online-affinen Journalisten enthalten, so dass *Spiegel Online* auch deswegen so große Nutzungszahlen aufweist. Jedoch unterscheiden sich die Werte für die anderen Medien kaum zwischen den beiden Befragungen, was ein Indiz dafür ist, dass die online befragten Journalisten 2010 nicht grundsätzlich eine nichtrepräsentative Mediennutzung im Gegensatz zu den postalisch befragten von 2003 haben, sondern dass *Spiegel Online* im Zeitraum zwischen den Befragungen tatsächlich an Popularität bei Journalisten gewonnen hat.

Diese Ergebnisse zeigen, dass Journalisten andere Medien in großem Umfang nutzen und dabei einige wenige Medien einen großen Stellenwert einnehmen, der sich sowohl in der Nutzungsdauer als auch den zugeschriebenen Eigenschaften (Agenda Setting-Funktion, Prestige) widerspiegelt. Diese Medien werden in der Forschung mit Blick auf ihre Funktion für den übrigen Journalismus als „Leitmedien" (Kepplinger 2001: 46; Kramp, Weichert 2008: 38) oder „Meinungsführer" (Weischenberg et al. 2006b: 359) bezeichnet. Da eine so große Nutzung vorliegt und die Journalisten selbst von der Bedeutung dieser Medien für verschiedene Arbeitsschritte in der Beitragserstellung sprechen, kann man davon ausgehen, dass Koorientierungseffekte prinzipiell auftreten könnten.

Am häufigsten genutzte Medien[1]
Prozent

■ *Spiegel Online*-Nutzung

Reinemann 2003[2] — Spiegel 82, Süddeutsche 73, Tagesschau 66, Tagesthemen 59, FAZ 59, Bild-Zeitung 59, heute journal 43, Welt 41, Spiegel Online 16

Weischenberg 2006b[3] — Süddeutsche 35, Spiegel 34, Tagesschau 19, FAZ 15, Tagesthemen 14, Zeit 11, Bild-Zeitung 10, heute journal 8

Lünenborg & Berghofer 2010[4] — Spiegel 88, Spiegel Online 88, Süddeutsche 78, Tagesschau 65, Zeit 52, FAZ 51, Tagesthemen 49, Bild-Zeitung 34

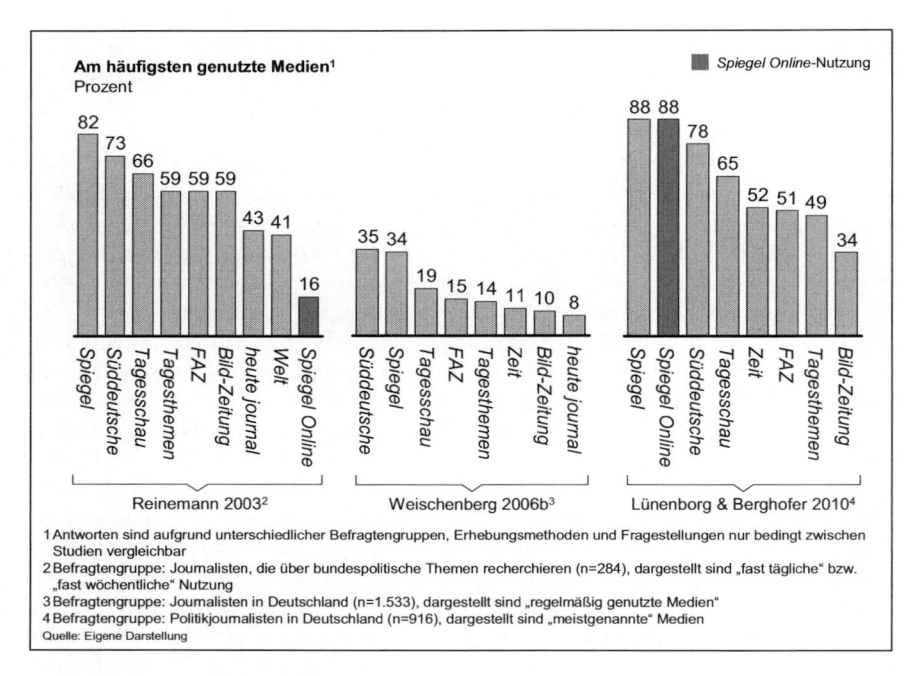

1 Antworten sind aufgrund unterschiedlicher Befragtengruppen, Erhebungsmethoden und Fragestellungen nur bedingt zwischen Studien vergleichbar
2 Befragtengruppe: Journalisten, die über bundespolitische Themen recherchieren (n=284), dargestellt sind „fast tägliche" bzw. „fast wöchentliche" Nutzung
3 Befragtengruppe: Journalisten in Deutschland (n=1.533), dargestellt sind „regelmäßig genutzte Medien"
4 Befragtengruppe: Politikjournalisten in Deutschland (n=916), dargestellt sind „meistgenannte" Medien
Quelle: Eigene Darstellung

Abbildung 12: Mediennutzung von Journalisten

4.3 Ursachen für Koorientierung

Nachdem nun geklärt wurde, dass Koorientierung prinzipiell auftreten könnte, werden in diesem Abschnitt die Ursachen dafür diskutiert. Insbesondere wird untersucht, ob bestimmte Ursachen im Fall einer ausbrechenden Organisationskrise zu einer verstärkten Koorientierung führen könnten. Bei dieser Untersuchung wird davon ausgegangen, dass Journalisten aus verschiedenen Motiven heraus Koorientierungshandlungen vornehmen können. Im Folgenden werden zunächst psychologische und danach professionelle Motive betrachtet.

4.3.1 Psychologische Motive

Aufbauend auf Reinemann (2003: 65) und Krämer et al. (2009) kann man zwei psychologische Bedürfnisse identifizieren, die Journalisten mit Hilfe von Koorientierung befriedigen könnten: erstens können sie die *Akzeptanz ihrer In-group* erreichen und zweitens *Komplexität und gefühlte Unsicherheit* reduzieren. Zum ersten Punkt kann man festhalten, dass Menschen generell ihr Verhalten an das einer Bezugsgruppe anpassen, da sie unter Isolationsfurcht leiden und Akzeptanz dieser Gruppe erreichen möchten (Noelle-Neumann 1980). Asch (1955) untersuchte Gruppenkonformität in Experimenten, in denen er Probanden ein Bild zeigte und fragte, welche der darauf abgebildeten Striche gleich lang seien. Wenn die Probanden mit einer (vom Versuchsleiter vorher instruierten) Gruppe im Raum saßen, die sich auf eine falsche Antwort einigte, dann schlossen sie sich meistens dieser falschen Gruppenmeinung an. Die Probanden gaben nach dem Experiment sogar an, an ihrer Urteilskraft gezweifelt und eher den Aussagen der Gruppe geglaubt zu haben als ihrer eigenen Sehkraft. Diese Experimente zeigen, dass Menschen ein psychologisches Grundbedürfnis haben, von einer Gruppe akzeptiert zu werden. Um diese Akzeptanz zu erreichen, passen sie ihre eigenen Ansichten und Handlungen an die der Gruppe an.

Journalistische Koorientierung ist laut Kepplinger (2001) eine Ausprägung dieses psychologischen Grundbedürfnisses, Journalisten beobachten ihre Kollegen und rezipieren deren Medienbeiträge, um ihre eigenen Handlungen danach auszurichten und von ihren Kollegen akzeptiert zu werden. Breed (1955b) beschrieb Koorientierungseffekte in Zeitungsredaktionen und erklärte diese als größtenteils psychologisch motivierte Handlungsweise. Das Interesse seiner Studie richtete sich vor allem auf die soziale Kontrolle, mit deren Hilfe Journalisten auf Blattlinie gebracht werden. Laut seinen Befunden stellten eingebaute Korrektive wie z. B. die Tatsache, dass alle Journalisten vor der Veröffentlichung ihrer Beiträge die Freigabe des Chefredakteurs einholen mussten, eine große Konformität innerhalb eines Mediums sicher. Die Studie nennt sechs Ursachen, die zu Konformität führen (330):

1. Das Medium hat Autorität und kann Sanktionen verhängen (Beiträge nicht annehmen, Journalist entlassen etc.),
2. der Journalist respektiert seinen Vorgesetzten und möchte Beiträge erstellen, die den Chefredakteur zufrieden stellen,
3. der Journalist will Karriere machen und legt entsprechende Qualitätsstandards an seine Beiträge an,
4. keine Machtgruppe innerhalb eines Mediums, mit der sich der Journalist identifizieren könnte, kämpft gegen die Blattlinie,

5. der Journalist will Konflikte vermeiden und eine gute Arbeitsatmosphäre erhalten und außerdem
6. steht er unter großem Zeitdruck, so dass er es sich nicht leisten kann, lange mit seinem Vorgesetzten über einen Beitrag zu diskutieren.

Die Studie stellte aber fest, dass nur selten formale Sanktionsmechanismen eingesetzt wurden, um Journalisten auf Blattlinie zu bringen. Es fand eher ein Prozess der schrittweisen Annäherung jedes Redakteurs an die Blattlinie statt, der als „Osmose" bezeichnet wurde (328). Journalisten passen sich laut dieser Studie also auch ohne die Anwendung formaler Sanktionsmechanismen der Norm an, um von der Gruppe akzeptiert zu werden.

Neben der Isolationsfurcht sind die Bedürfnisse zur *Reduktion von Komplexität und Unsicherheit* weitere psychologische Faktoren, die journalistische Koorientierung auslösen könnten (Krämer et al. 2009: 97; Reinemann 2003: 35). Journalisten müssen täglich entscheiden, ob ein neu auftretendes Ereignis berichtenswert ist. Jedoch gibt es keinen festen Maßstab, nach dem sie diese Entscheidung treffen könnten. Zwar können Journalistenhandbücher generelle Entscheidungshilfen geben, warum ein Thema berichtenswert ist, aber dennoch müssen Journalisten oder Chefredakteure entscheiden, wie sie diese Richtlinien auf eine konkrete Ereignislage anwenden. Außerdem kennt ein Journalist wahrscheinlich nicht alle Fakten zu einem Thema, muss also unter Unkenntnis der Details entscheiden, ob sich eine Recherche und Berichterstattung lohnen. So können Journalisten z. B. unsicher sein, ob eine gerade ausbrechende Organisationskrise ein berichtenswertes Thema ist oder nicht. Sie wissen wenig über den Sachverhalt, müssen aber dennoch unter Zeitdruck einen Medienbeitrag produzieren, der im Zweifelsfall Kritik standhalten muss. Dieser Zeitdruck bei journalistischer Arbeit ist in den vergangenen Jahren gestiegen (Lünenborg, Berghofer 2010: 44).

In dieser Situation können Journalisten die Komplexität eines Ereignisses und ihre Unsicherheit beispielsweise damit reduzieren, indem sie vor einer Veröffentlichung eines Beitrags die Meinung ihrer Kollegen einholen. So können sie die Beiträge ihrer Kollegen rezipieren, um eine Erzählung des Themas zu erhalten, die sich auf einige Punkte fokussiert und im Idealfall die diffuse Ereignislage in einer stringenten, weniger komplexen Geschichte darstellt. Außerdem können sie so ein Gefühl dafür entwickeln, in welche Richtung der allgemeine Tenor der Berichterstattung geht. Wenn sie ihren Redaktionskollegen Beiträge zum Gegenlesen geben, können sie diese zusätzlich an deren Meinung justieren (Überblick in Reinemann 2003: 35).

Diese Handlungen können die Unsicherheit reduzieren, die ein Journalist bezüglich eines neuen Themas empfindet. Sie garantieren jedoch nicht, dass ein Beitrag faktisch korrekter wird. So können auch mehrere Journalisten aus ver-

4.3 Ursachen für Koorientierung

schiedenen Medien der gleichen Fehleinschätzung aufsitzen bzw. sich darin gegenseitig bestärken. Diese Vermutung wird von Experimentalbefunden mit Studierenden gestützt, bei denen eine Gruppe einen Sachverhalt im Durchschnitt faktisch weniger korrekt einschätzte, wenn alle Gruppenmitglieder ihre gegenseitige Einschätzung kannten (Lorenz et al. 2011). Die einzelnen Gruppenmitglieder richteten nicht nur ihre eigene Einschätzung an derjenigen der Gruppe aus (wodurch die Gruppenschätzung insgesamt schlechter wurde), sondern waren zugleich überzeugter, dass ihre Einschätzung auf Basis der Gruppenmeinung besser und richtiger sei (verglichen mit einer Kontrollgruppe, die keine Information über die Gruppenmeinung hatte). In diesem Experiment traten wohlgemerkt keine Meinungsführer-Effekte auf, da die Probanden nicht miteinander über den Sachverhalt diskutierten, sondern lediglich die anonymisierte Meinung anderer Gruppenmitglieder genannt bekamen und auf dieser Basis ihr eigenes Urteil anpassten. Man könnte vermuten, dass sich solche gegenseitigen Angleichungen intensivieren, wenn es etablierte Meinungsführer gibt, an denen sich andere Gruppenmitglieder orientieren. Dies könnte gerade im Journalismus der Fall sein, der einzelne Journalist würde sich dann sicherer in seiner Entscheidung zu einem Thema fühlen, wenn er sich auf Linie mit den Meinungsführern unter seinen Kollegen weiß (Reinemann 2003: 35 f.).

Koorientierung scheint also ein probates Mittel zu sein, mit dem Journalisten ihre Unsicherheit reduzieren können. Da keine objektiven Kriterien außerhalb des Journalismus vorliegen, mit denen die Publikationswürdigkeit eines Themas bestimmt werden kann, ein „archimedischer Punkt" (Krämer et al. 2009: 104) also fehlt, verwenden Journalisten stattdessen die Berichterstattung ihrer Kollegen als Behelfskriterium. Diese Koorientierung gibt Journalisten das Gefühl von Stabilität, wenn sie Unsicherheit darüber empfinden, wie sie Sachverhalte bewerten sollen:

> „So long as newsmen follow the same routines, espousing the same professional values and using each other as their standards of comparison, newsmaking will tend to be insular and self-reinforcing. But that insularity is precisely what newsmen need. It provides them with a modicum of certitude that enables them to act in an otherwise uncertain environment." (Sigal 1973: 180 f.)

Wenn alle Journalisten ihre Berichterstattung zu einem Thema entweder an einem Meinungsführer-Medium oder bestimmten anderen Medien (z. B. dem direkten regionalen Konkurrenten) ausrichten, werden sie Folgeberichte produzieren, die dann wiederum als Legitimation für die Erst- und weitere Folgeberichterstattung gesehen werden können (Krämer et al. 2009: 104). Dies könnte besonders beim Ausbruch einer Organisationskrise relevant werden, da Journalisten über solch ein unerwartetes Ereignis im Zweifel wenig wissen und deswegen eine größere Unsicherheit empfinden könnten (96). Wenn ein Meinungsführer über eine Krise berichtet und damit die Marschrichtung für andere Medien vorgibt, dann könnte dies eine Berichterstattungswelle auslösen, die von der zu Beginn kommunizierten Sichtweise dieses Meinungsführers dominiert wird.

4.3.2 Professionelle und ökonomische Motive

Neben den gerade diskutierten psychologischen Motiven für Koorientierung sind außerdem professionelle und ökonomische Motive denkbar, aufgrund derer sich Journalisten an anderen Medien orientieren könnten: Erstens können sie die *Kosten* der Informationsbeschaffung senken, zweitens ihre *Konkurrenz beobachten* und die *Wünsche ihres Publikums* ermitteln und drittens auf eine gute *Bewertung von Vorgesetzten* hoffen (aufbauend auf Reinemann 2003: 36 ff.).

Medienorientierung kann Journalisten helfen, *günstig und schnell Information zu beschaffen*. Wenn sie ein Thema recherchieren, können sie das Archiv ihres eigenen Mediums und die Beiträge der Konkurrenz durchforsten, um an Information zu gelangen. Diese Medienbeiträge sind kostenlos oder sehr günstig verfügbar, vor allen Dingen im Vergleich zu alternativen Recherchequellen. Wenn Journalisten beispielsweise selbst Experten ausfindig machen und interviewen müssten, könnte dies wesentlich zeitaufwändiger sein. Diese Zeit zur Recherche haben Journalisten nicht immer – so reduzierte sich die durchschnittliche tägliche Recherchezeit von 140 Minuten im Jahr 1993 auf nur noch 117 Minuten im Jahr 2006 (Weischenberg et al. 2006b: 354). Neben der Zeitnot bestehen weitere Probleme bei der direkten Ansprache von Quellen, so können diese Geld für Information verlangen oder die Auskunft komplett verweigern (Reinemann 2003: 56).

Gerade vor dem Hintergrund von immer stärkerer Ökonomisierung und Kostenzwängen in Redaktionen ist es attraktiv für Journalisten, andere Medien zur Informationsbeschaffung zu nutzen. Denn diese liefern Journalisten nicht nur Information, sie liefern sie außerdem im richtigen Format und mit Fokus auf medienrelevante Nachrichtenfaktoren (57 f.). Darüber hinaus geben andere Medienberichte zugleich eine Orientierungshilfe für Journalisten, welche Form der Berichterstattung rechtlich (noch) legitim ist. Wenn z. B. erste Medien Details aus der Privatsphäre einer Person berichten, könnten andere dies als Indikator heranziehen, dass die Rechtslage solch eine Berichterstattung im konkreten Fall erlaubt (Krämer et al. 2009: 101). Auch können andere Medien einfach über die

Berichterstattung der Leitmedien berichten und sich so auf rechtlich sicherem Terrain bewegen, da sie selbst weniger Risiko eingehen, dafür zur Rechenschaft gezogen zu werden. Über dieses Verhalten der rechtlichen Absicherung wurde im Rahmen des Abhörskandals der britischen Boulevard-Zeitung *News of the World* berichtet. Wenn UK-Gerichte die Veröffentlichung von Informationen über Prominente in Großbritannien untersagten, gaben die Journalisten der Zeitung diese Information an US-Medien weiter, um sich dann straffrei auf deren Berichte über das Thema beziehen zu können (Patalong 2011). Dies ist eine Sonderform der Koorientierung, da die Medien hier eine Koorientierungsbeziehung als partnerschaftliches Verhältnis zum gegenseitigen Nutzen eingehen.

Darüber hinaus können Journalisten mit externer Medienorientierung das Verhalten ihrer *Konkurrenz beobachten* und *Wünsche ihres Publikums antizipieren* (Eps et al. 1996b: 103). Diese beiden Punkte sind eng verknüpft. Wenn Journalisten eine externe Medienorientierung an Beiträgen ihrer Konkurrenten vornehmen (z. B. das Konkurrenzblatt in der gleichen Stadt oder den Sender mit ähnlicher Zielgruppe nutzen), dann können sie ermitteln, wo Leistungsunterschiede zur Konkurrenz bestehen. Anhand dieser Leistungsbewertung können sie feststellen, bei welchen Themen das eigene Medium die exklusiveren Fakten und besseren Geschichten hat und wo noch Handlungsbedarf besteht. Diese Beobachtung kann auch dazu beitragen, die Wünsche des Publikums zu erkennen. Dies ist insbesondere dann der Fall, wenn Journalisten davon ausgehen, dass ein anderes Medium die Themen setzt, die das eigene Publikum interessieren. Die Leitmedien stellen laut Ansicht mancher Autoren einen Indikator für Journalisten dar, anhand dessen sie bestimmen, was das Publikum generell für wichtig hält (Krämer et al. 2009: 102). Diese Form der Publikumsorientierung ist mit dem *Third Person Effect* vergleichbar (Davison 1983; Perloff 1993). Journalisten würden demnach nicht zwangsläufig Medien nutzen, die sie aus persönlichem Interesse schätzen, sondern diejenigen, von denen sie glauben, dass ihr Publikum sie für wichtig erachtet (Reinemann 2003: 20, 38).

Ein weiteres Motiv für journalistische Koorientierung könnte ihr Interesse an beruflichem Erfolg sein (Reinemann 2007: 59 f.), wofür die *gute Bewertung durch Vorgesetzte* ein wichtiger Faktor sein könnte. Chefredakteure könnten nicht nur kurzfristig darüber entscheiden, ob und wie ein Beitrag eines Journalisten im Medium erscheint, sondern auch Einfluss auf dessen langfristigen beruflichen Aufstieg ausüben. Dies würde erklären, warum Journalisten ihre Führungskräfte in Redaktionen als wichtigste Einflussgruppe auf ihre Arbeit nennen. Mehr als 70 % aller Journalisten gaben in Umfragen an, dass das obere und mittlere redaktionelle Management einen sehr wichtigen Einfluss auf ihre Arbeit hat, nur rund 20 % nannten dagegen ihr Publikum als sehr wichtige Einflussgruppe (Weischenberg et al. 2006b: 358). Dies könnte unter anderem daran liegen, dass unmittelbare Vorgesetzte die Beiträge von 73 % aller Journalisten gegenlasen, bevor sie veröffentlicht wurden (Weischenberg et al. 2006a: 87). Auch sagten Politikjournalisten, dass sie am meisten Kommentare über ihre Arbeit entweder von ihren Kollegen (59 %) oder Chefs (50 %) erhielten (Mehrfachnennung möglich; Lünenborg, Berghofer 2010: 32). Aufbauend auf diesen Ergebnissen kann man vermuten, dass karriereorientierte Journalisten mit ihren Beiträgen vor allem ihre Vorgesetzten zufriedenstellen wollen. Andere Rezipienten, wie z. B. das Publikum, sind dagegen nur mittelbar für den beruflichen Aufstieg relevant, falls der Journalist für ein Medium arbeitet, bei dem Publikumsresonanz einzelnen Beiträgen zugeordnet werden kann (Einschaltquote, Seitenaufrufe) und zur Leistungsbewertung herangezogen wird.

Falls Journalisten Beiträge erstellen wollen, die ihren Vorgesetzten gefallen, dann sollten sie sich an deren Bewertungsmaßstäben orientieren. Diese Bewertungsmaßstäbe könnten beeinflusst sein von Veröffentlichungen der Konkurrenzmedien bzw. der Nachrichtenagenturen. Da Vorgesetzte meistens das Agenturmaterial vorliegen haben, bevor ihr eigenes Medium Beiträge zu einem Thema bringt, können sie es als Korrekturmechanismus verwenden, um Falschmeldungen vorzubeugen. Diese Kontrolle kann dazu führen, dass Journalisten ihre Beiträge von Anfang an auf das Agenturmaterial ausrichten, um kritische Nachfragen ihrer Vorgesetzten zu vermeiden:

> „They [Journalisten] wanted to avoid "call-backs" – phone calls from their editors asking them why they had deviated from the AP or UPI. If the editors were going to run a story different from the story in the nation's 1,700 other newspapers, they wanted a good reason for it. Most reporters dreaded call-backs. Thus, the pack followed the wire-service men whenever possible. Nobody made a secret of running with the wires; it was an accepted practice."
> (Crouse 1972: 22)

Wenn Vorgesetzte die Leistung eines Journalisten anhand eines Vergleichs mit Konkurrenzbeiträgen bewerten, dann ist es für diesen sehr verlockend, sich für die eigene Berichterstattung an den Konkurrenzbeiträgen zu orientieren. Denn wenn die Journalisten Konkurrenzmedien als Quelle ihrer eigenen Berichterstattung nutzen, stellen sie sicher, dass sie alle Themen der Konkurrenz abdecken (mit zeitlicher Verzögerung). So entgehen sie möglicherweise der „Flurschelte" (Reinemann 2003: 54), bei der sie sich vor ihren Vorgesetzten dafür rechtfertigen müssen, wenn die Konkurrenzmedien ein Thema bringen, zu dem das eigene Medium nichts hat.

Die Kehrseite eines solchen Recherchestils ist, dass das Medium keine Scoops landen kann und Gefahr läuft, Falschmeldungen zu übernehmen. Zu Scoops ist anzumerken, dass manche Autoren die These vertreten, Chefredakteure seien weniger an Scoops interessiert als daran, kein Thema zu verpassen. Vollständigkeit ist den Vorgesetzten laut Crouse (1972: 10) wichtiger als Exklusivität, diese Einstellung herrscht laut der Reflexion eines Journalisten auch 40 Jahre später noch vor:

> „In den Printredaktionen (...) werden Journalisten kaum dafür kritisiert, wenn in der eigenen Zeitung dieselben Fakten oder Einschätzungen stehen wie bei der Konkurrenz – wohl aber dann, wenn etwas fehlt, was die Konkurrenten haben. All das verstärkt den Gruppendruck." (Brost 2012)

Außerdem ist es sicherer für Journalisten, Tatsachen zu berichten, die auch in anderen Medien dargestellt werden. Wenn die anderen Medien sauber recherchiert haben, erhält man ohne Mehraufwand eine korrekte Faktenbasis. War die Berichterstattung der Konkurrenzmedien falsch, so kann man sich zumindest darauf berufen, dass alle den gleichen Fehlern aufgesessen sind und die Falschmeldung nicht aufgrund individueller Inkompetenz zustande gekommen ist. Die Übernahme von Falschmeldungen findet in der Praxis offenbar statt und kann im Extremfall zu einer ganzen Berichterstattungswelle führen, wie derjenigen über einen angeblichen Neonazi-Mord im sächsischen Sebnitz (Kepplinger 2001; Minkmar 2000). Aufgrund einer Falschmeldung in der *Bild-Zeitung* im Jahr 2000 berichteten zahlreiche Medien über das angebliche Verbrechen, jedoch entpuppten sich die Vorwürfe wenig später als gegenstandslos. Dies zeigt, dass es Fälle gibt, in denen Journalisten unzureichend recherchieren und stattdessen Fakten von ihren Kollegen übernehmen.

Diese Analyse der möglichen psychologischen und professionellen Ursachen von Koorientierung gibt auch einen Einblick in die Zielkonflikte, vor denen Journalisten stehen können. Diese können vorliegen, wenn psychologische, professionelle und normative Ziele kollidieren und Journalisten auswählen müssen, wie und in welchem Maß sie diese Ziele in ihrer Berichterstattung erfüllen wollen. Normative Ansprüche an den Journalismus betreffen Qualitätsstandards der Arbeit und die Funktion des Journalismus für die Demokratie. So beschreibt der Pressekodex des *Deutschen Presserats* Journalismus als eine Tätigkeit, die eine „Verantwortung gegenüber der Öffentlichkeit" sowie eine „Verpflichtung für das Ansehen der Presse" beinhaltet (Deutscher Presserat 2008, Präambel), was zu Verhaltensnormen wie „Wahrhaftigkeit" und „Sorgfalt" während der Recherche führen soll (Ziffer 1 und 2, ebenso diskutiert in Fröhlich 2008: 194). Der demokratietheoretische Wert der Presse wird zusätzlich im Grundgesetz gestärkt, das in Artikel 5 explizit die Pressefreiheit garantiert und Zensur untersagt. Somit kommt Journalisten in der deutschen Demokratie ein besonderer Status zu, da ihr

Beruf im Gegensatz zu vielen anderen unter dem expliziten Schutz des Grundgesetzes steht.

Diese normativen Ansprüche der „sorgfältigen" Recherche würden eine zu starke Medienorientierung verbieten, da z. B. die ungeprüfte Übernahme von Fakten aus der Berichterstattung anderer Medien dem Ideal einer sorgfältigen Recherche diametral entgegensteht. Auch geht die Meinungsvielfalt zwischen unterschiedlichen Medien zurück, wenn alle sich mittels Koorientierung einander angleichen. Jedoch ist die Erfüllung dieser normativen Ansprüche nicht das einzige Ziel, das sich Journalisten setzen können, andere Ziele sind z. B. „Gewinnmaximierung bzw. die Maximierung von Auflagen und Reichweiten, (...) die Erreichung bestimmter politischer Ziele oder das Streben nach Anerkennung und Prestige" (Reinemann 2008a: 200). Koorientierung kann ein geeignetes Mittel sein, um diese Ziele zu erreichen, wie anhand der Darstellung der professionellen und ökonomischen Motive gezeigt wurde. Denn gerade die Medienorientierung spart Journalisten Zeit und Geld, dient zur Ermittlung von Publikumserwartungen sowie der Konkurrenzbeobachtung und kann als Hilfsmittel verwendet werden, um die Erwartungen von Vorgesetzten zu erfüllen.

4.4 Wirkungen von Koorientierung

Nachdem nun geklärt ist, dass Journalisten genügend Medien nutzen, um potentiell Koorientierungseffekte zu ermöglichen und sie außerdem psychologische und professionelle Anreize dafür haben, werden in diesem Abschnitt die Wirkungen vorgestellt, die Koorientierung (insbesondere in Bezug auf Krisenberichterstattung) auslösen kann. In Abschnitt 4.4.1 werden zunächst die Koorientierungswirkungen auf Akteursebene diskutiert und analysiert, an welchen Stellen der journalistischen Arbeit Koorientierung wie wirken kann. Abschnitt 4.4.2 befasst sich mit Wirkungen von Koorientierung auf das Mediensystem, es werden die Phänomene des *intermedialen Agenda Settings* (inklusive des Sonderfalls der *Medienhypes*), *intermedialen Frame Settings* und der *intermedialen Übernahme von Bewertungen* diskutiert. Bei der Übernahme von Bewertungen wird insbesondere die Rolle analysiert, die Koorientierung während einer *Skandalierung* spielt, da diese eine sehr wirkungsmächtige Form der Krisenberichterstattung sein kann.

4.4.1 Akteursebene

Prinzipiell kann man spekulieren, ob die tägliche Mediennutzung der Journalisten (274 Minuten pro Tag, Reinemann 2003) bei ihnen zu den gleichen Wirkungen führt wie bei Normalbürgern. Diese Wirkungen auf Journalisten sind für sich genommen schon interessant: Zeigen Journalisten aufgrund ihrer Mediennutzung die gleichen Effekte (z. B. Agenda Setting, Priming, Erregung, Fallbeispieleffekt) wie Normalbürger, die keine detaillierten Kenntnisse über das Medienhandwerk haben? Oder sind sie wegen ihrer Fachkenntnisse immun gegen bestimmte Wirkungen? Bezüglich dieser Wirkungen besteht eine Forschungslücke, auf die schon vor Jahren hingewiesen wurde:

> „Bei Journalisten ist das gesamte Spektrum an Medienwirkungen denkbar, das für „normale" Rezipienten untersucht und nachgewiesen worden ist. Aufgrund der zentralen Rolle von Journalisten in der demokratischen Öffentlichkeit sollte den Medienwirkungen auf Journalisten deshalb eigentlich die besondere Aufmerksamkeit der Kommunikationswissenschaft gelten. Leider ist dies bislang nicht der Fall (...)." (Reinemann 2003: 66)

Die vorliegende Arbeit wird sich auf diejenigen Medienwirkungen fokussieren, die sich direkt auf die Berichterstattung von Journalisten auswirken. Sie könnten sich z. B. bei der Auswahl von Thema, Umfang oder Tenor eines Beitrags an Kollegen orientieren, wie auf Abbildung 13 ausgeführt ist. Diese Darstellung betrachtet die Nachrichtenauswahl als einen kausalen Prozess, bei dem ein Ereignis (Input) zu einem Beitrag (Output) verarbeitet wird. Andere Perspektiven auf Nachrichtenauswahl, die z. B. annehmen, dass Journalisten aufgrund finaler Motive über Themen schreiben, selbst wenn dazu kein Input vorliegt, werden ausgeklammert. Ein Journalist kann sich laut der Darstellung sowohl bei der Auswahl eines Themas, seiner Recherche und seiner Beitragserstellung an Kollegen orientieren. Bei der *Themenauswahl* entscheidet er gemeinsam mit Kollegen in der Redaktionskonferenz, welche Ereignisse zu Berichten verarbeitet werden sollen. Die Einschätzung seiner Kollegen kann ihn hier ebenso beeinflussen wie die Berichterstattung der Konkurrenz. Wenn andere Medien bereits über ein Thema berichtet haben, kann er entscheiden, ebenso darüber zu berichten, weil es das eigene Publikum interessieren könnte. In diesem Fall wären die Konkurrenz-Medien Agenda Setter. Journalisten können sich aber auch gegen Berichterstattung über ein Thema entscheiden, um den Eindruck zu vermeiden, langsamer zu sein als die Konkurrenz. Dunwoody & Peters (1993: 328) beschreiben diese Denkweise:

„Es gilt bei Journalisten als „Niederlage", wenn eine Information später als bei der Konkurrenz veröffentlicht wird. War ein Konkurrenzmedium einmal schneller, ist der Wettbewerb auf der Aktualitätsdimension verloren, dann werden Strategien zur „Vertuschung" dieser Niederlage angewandt. Diese können im Ignorieren der Nachricht bestehen (...)."

Entstehungsschritte eines Medienbeitrags	Ereignis[1]	Beitragsrecherche		Beitragserstellung	Veröffentlichung	Evaluation
Entscheidungsfrage		Themensuche und -Auswahl: Soll Beitrag erscheinen?		Genug Material gesammelt?	Kontrolle: Form und Inhalt ok?	**Offene Forschungsfrage** Wie stark orientieren sich Journalisten bei ihrer Publikationsentscheidung und Bewertung einer Krise an ihren Kollegen?
Verantwortlich		Redaktionskonferenz, Chefredakteur	Journalist	Journalist	Journalist	Chefredakteur
Koorientierung						
• Intraredaktionell		Kollegen	Beitrags-Archiv	Kollegen	Kollegen (Gegenlesen)	• Blattlinie • Styleguide
• Interredaktionell		Medien-BE[2] (bzgl. Vorkommen des Ereignisses in Beiträgen)	• Medien-BE[3] • Agenturmeldungen • Kollegen anderer Medien	Medien-BE (Meinungsführer-Medien)	Medien-BE (bzgl. Spin, Tonfall)	Medien-BE (bzgl. Spin, Tonfall)

■ Entstehungsschritte
□ Sonstige Schritte

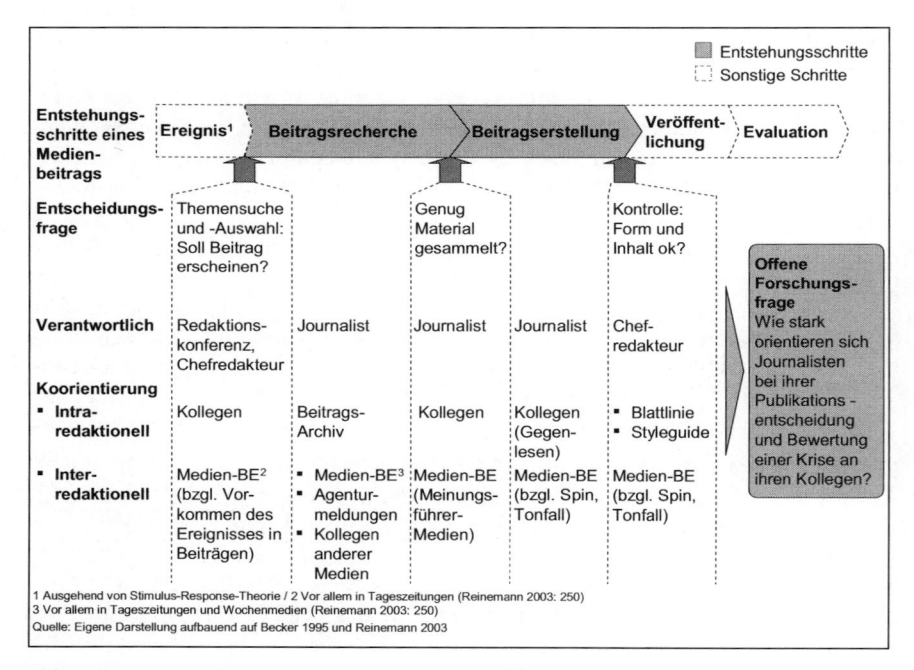

1 Ausgehend von Stimulus-Response-Theorie / 2 Vor allem in Tageszeitungen (Reinemann 2003: 250)
3 Vor allem in Tageszeitungen und Wochenmedien (Reinemann 2003: 250)
Quelle: Eigene Darstellung aufbauend auf Becker 1995 und Reinemann 2003

Abbildung 13: Koorientierung während der Beitragsentstehung (schematisch)

Wenn ein Journalist sich entschieden hat, über ein Ereignis zu berichten, dann kann er zur *Beitragsrecherche* sowohl das Archiv des eigenen Mediums nutzen (intraredaktionelle Medienorientierung) als auch Meldungen der Presseagenturen und Konkurrenz (interredaktionelle Medienorientierung). Befragungsergebnisse zeigen, dass Agenturmaterial die wichtigste Recherchequelle für Journalisten darstellt, die über bundespolitische Themen schreiben, Beiträge anderer Medien und das eigene Beitragsarchiv folgen auf Rang 4 und 5 (Reinemann 2003: 236).

Bei der *Beitragserstellung* wirkt Koorientierung, wenn ein Journalist z. B. mit Kollegen über die beste Form der Darstellung diskutiert und ihnen Beiträge zum Gegenlesen vorlegt (intraredaktionell) oder sich in Umfang und Tenor der Darstellung an Konkurrenzmedien orientiert (interredaktionell). Für die interredaktionelle Orientierung kann er Meinungsführer-Medien rezipieren, wenn er ein Gefühl dafür gewinnen will, welchen Tenor die Berichterstattung über das Thema hat. Auch kann der Chefredakteur sich vor der Freigabe zur *Veröffentlichung* an anderen Medien und Agenturmaterial orientieren, um die Qualität eines Berichts zu überprüfen. Nach der Veröffentlichung können Journalist oder Chefredakteur andere Medien heranziehen, um eine *Evaluation* der Qualität und Wirkung eines Berichts im Vergleich zur Konkurrenz vorzunehmen. Koorientierung könnte daher alle Stufen der Beitragsentstehung beeinflussen. Jedoch ist in der Forschung bislang noch ungeklärt, ob diese Effekte tatsächlich auftreten und wie stark sie sind.

Die Kommunikationswissenschaft hat zahlreiche Theorien entwickelt, die den hier dargestellten Prozess der journalistischen Nachrichtenauswahl und Beitragserstellung anhand bestimmter Variablen erklären (z. B. Gatekeeper, News Bias, Nachrichtenwert, Agenda Setting, Framing; Eilders 1997; Shoemaker, Reese 1996; Staab 1988). Jedoch verweist Donsbach (2004: 135) darauf, dass diese Erklärungsmodelle die psychologische Seite journalistischer Auswahl- und Darstellungsentscheidungen vernachlässigen. Die Variablen, die in diesen Theorien gemessen werden (z. B. Verhältnis Agentur-Input zu Beitrags-Output) könnten zwar den Nachrichten-Auswahlprozess darstellen, aber diese Variablen würden nicht weiter auf zugrunde liegende psychologische Auswahlentscheidungen hinterfragt. Diese psychologischen Auswahlentscheidungen auf Akteursebene sind bisher noch kaum untersucht, vor allen Dingen fehlt der experimentelle Nachweis von Koorientierungswirkungen mit Journalisten. Ein Magisterarbeits-Experiment mit Publizistik-Studierenden konnte keine Koorientierungswirkungen feststellen, was aber mit Mängeln in der Untersuchungsanlage begründet wurde (Becker 1995). Auch ist es zwingend notwendig, ein Experiment mit einer Versuchsgruppe aus Journalisten durchzuführen, um festzustellen, ob Koorientierung tatsächlich auftritt. Selbst Studierende der Publizistik unterscheiden sich zu sehr von Journalisten (z. B. bzgl. demographischer Merkmale, Berufserfahrung, Routinen), um mit ihnen nachweisen zu können, wie Koorientierung im Journalismus abläuft.

4.4.2 Medienebene

Koorientierung kann nicht nur auf kognitive und emotionale Prozesse einzelner Journalisten wirken (wie z. B. Einstellungsänderung oder Handlung), sondern kann auch zu Effekten führen, die im Mediensystem als Ganzes sichtbar werden.

Reinemann (2003: 76) unterscheidet zwischen drei Arten von Einflüssen der Medienorientierung auf das Mediensystem: *intermedialem Agenda Setting, intermedialem Frame Setting* und *intermedialer Persuasion*.

Unter *intermedialem Agenda Setting* wird in dieser Arbeit der Vorgang verstanden, dass die Themenwahl eines Mediums von der eines anderen beeinflusst wird (in Anlehnung an Reinemann 2003: 77). Intermediales Agenda Setting ist schon lange Gegenstand der Kommunikationsforschung, die meisten Studien versuchen mittels Inhaltsanalysen herauszufinden, welche Medien die Agenda bei welchen Themen setzen und welche ihr folgen. Zahlreiche Befunde deuten darauf hin, dass Zeitungsberichte die Agenda von Fernsehnachrichten setzen können (z. B. Golan 2006; Lopez-Escobar et al. 1998; Trumbo 1995; Vliegenthart, Walgrave 2008; jedoch nicht nachweisbar in Boyle 2001). Außerdem legen Befunde nahe, dass Zeitungsberichte auch die Agenda von Internet-Nachrichten bestimmen (in Bezug auf *Shells Brent Spar*-Krise Berens 2001: 223 ff.; für eine fiktive Krise Lee et al. 2005). Daneben untersuchten Forscher, ob Medien mit einem bestimmten Status oder Themenschwerpunkt als Agenda Setter fungieren können. Ein Agenda Setting-Einfluss der Elitemedien wurde schon früh angenommen (Breed 1955a), empirische Befunde konnten diese Annahme bisher aber höchstens teilweise erhärten (Boyle 2001; Shaw et al. 1999). Andere Ergebnisse deuten darauf hin, dass alternative Medien die Agenda für bestimmte Themen setzen können, welche die Massenmedien später aufgreifen (Mathes, Pfetsch 1991), ebenso können Fachmedien die Themen für Massenmedien setzen (Trumbo 1995). Außerdem tritt Agenda Setting besonders bei Themen auf, die politische und gesellschaftliche Institutionen betreffen, weniger bei Naturkatastrophen oder Verbrechen (Vliegenthart, Walgrave 2008).

Man muss an dieser Stelle einschränkend erwähnen, dass die Ergebnisse der genannten Studien nur bedingt vergleichbar sind. Das liegt zum einen daran, dass sie Agenda Setting-Effekte über unterschiedlich lange Zeiträume messen. Während manche Studien lediglich einen Tag als Maßeinheit dafür nehmen, ob ein Thema aus einem Medium in einem anderen aufgegriffen wird (Golan 2006), verwenden andere Zeiträume von bis zu mehreren Wochen (Boyle 2001; Trumbo 1995, Übersicht in Vliegenthart, Walgrave 2008). Je kürzer man den Beobachtungszeitraum wählt, desto besser kann man offenbar Agenda Setting-Effekte nachweisen (Vliegenthart, Walgrave 2008).

Neben diesen und weiteren Unterschieden in der Operationalisierung (z. B. thematischer Fokus), welche die Vergleichbarkeit von Agenda Setting-Studien einschränkt, existiert noch eine methodische Einschränkung. Fast alle der in diesem Abschnitt genannten Agenda Setting-Studien untersuchen mittels Inhaltsanalysen das Themenspektrum verschiedener Medien und berechnen zeitversetzte Kreuzkorrelationen, um herauszufinden, welches Medium die Agenda

4.4 Wirkungen von Koorientierung

setzt und welches ihr folgt. Bei einer zeitversetzten Kreuzkorrelation werden z. B. die Inhalte zweier Medien zu zwei Zeitpunkten erhoben und danach ermittelt, ob die Berichterstattung von Medium 1 zum Zeitpunkt 1 stärker mit der Berichterstattung von Medium 2 zum Zeitpunkt 2 korreliert als umgekehrt. Wenn der beschriebene Zusammenhang nachgewiesen wird, dann gehen Forscher davon aus, dass Medium 1 die Agenda an Zeitpunkt 1 setzt und Medium 2 ihr an Zeitpunkt 2 folgt (zur graphischen Darstellung dieser Analyselogik siehe Lopez-Escobar et al. 1998: 234).

Zu dieser Methode muss angemerkt werden, dass man mit Korrelationen zwar Zusammenhänge darstellen kann, aber deren Richtung unklar bleibt. Eine Korrelation gibt keinen Aufschluss darüber, welches die unabhängige Variable ist und welches die abhängige, die von der unabhängigen beeinflusst wird (Schulz 1970). Eine zeitversetzte Kreuzkorrelation hat den Vorteil, dass man bestimmen kann, welches Medium zuerst über ein neues Thema berichtet. Doch auch diese Methode kann keine Gewissheit über den Kausalzusammenhang geben, da der störende Einfluss von Drittvariablen nicht geklärt ist. Wenn beispielsweise eine zeitversetzte Kreuzkorrelation ergibt, dass zuerst ein Prestigemedium über ein Thema berichtet und danach Berichte in weniger prestigeträchtigen Medien folgen, so kann man dennoch nicht mit Gewissheit sagen, dass die Berichterstattung des Prestigemediums die *Ursache* für die spätere Berichterstattung der anderen Medien ist. Alternativ wäre z. B. denkbar, dass das Prestigemedium früher Zugang zu den Quellen eines Themas bekommt als die anderen Medien und somit der Zeitpunkt des Quellenzugangs den Zeitpunkt der Berichterstattung bestimmt. Die Kreuzkorrelation kann keinen Aufschluss darüber geben, *warum* andere Medien sich später als das Prestigemedium entscheiden, über ein Thema zu berichten. Wenn man das Erklärungspotential dieser Kreuzkorrelationen vergrößern will, kann man diese Ergebnisse zusätzlich mit anderen Methoden der Datenerhebung validieren, wie z. B. einer Redaktionsbeobachtung. Jedoch scheinen intermediale Agenda Setting-Studien diese Methoden normalerweise nicht zu kombinieren, um Befunde abzusichern (Reinemann 2003: 79).

Journalistenbefragungen geben ebenfalls Hinweise auf das Vorhandensein und die Richtung von intramedialem Agenda Setting. So nannten Journalisten „Berichte anderer Medien" als wichtige Einflussquelle für ihre Themensuche und Recherche (220, 236). Politische Journalisten in Berlin schreiben insbesondere *Spiegel Online* eine Funktion als Agenda- und Bewertungs-Setter zu, ihre Arbeit unterliege...

> „(...) häufig dem binnenredaktionellen Zwang, sich an der Berichterstattung der großen Leitmedien zu orientieren (...). Manche Korrespondenten monieren zudem Aufträge ihrer Zentral-

redaktionen, die inhaltliche Berichterstattung und mitunter sogar Wertungen nach Spiegel Online auszurichten" (Kramp, Weichert 2008: 38)

Diese Befragungsergebnisse erhärten Befunde von Inhaltsanalysen, die einen Agenda Setting-Einfluss bestimmter Medien auf andere vermuten. Ein wissenschaftliches Experiment bleibt aber die einzige Methode, welche die Richtung und Stärke von Kausalzusammenhängen sicher nachweisen kann. Selbst bei einer Kombination mehrerer anderer Messmethoden bleibt eine Restunsicherheit über diese Richtung, die nur mit Hilfe eines Experiments ausgeräumt werden kann. Bisher ist jedoch noch keine Studie bekannt, die intermediales Agenda Setting mit Journalisten experimentell untersucht.

Ein Sonderfall des intermedialen Agenda Setting sind die so genannten *Medienhypes*, bei denen Medien kurzfristig und sehr intensiv über ein Thema berichten, Journalisten sich an ihren Kollegen orientieren und bei ihrer gemeinsamen Einschätzung eventuell von Fakten entfernen (Reinemann 2003: 82). Ein Medienhype unterscheidet sich von normalem intermedialem Agenda Setting, Vasterman (2005, 515 f.) definiert ihn anhand von vier Merkmalen:

„- The sudden materialization of a news wave, which rises steeply and fades away slowly and is not linked to the frequency of any actual events as reported, and which is based on consonant choices in the newsrooms (...).
- The existence of a key event: there is a clear starting point for the news wave (...).
- The media are making the news instead of reporting events by reporting comparable incidents and linking them to the key event (...).
- There is an interaction between the media and social actors resulting in (...) increased coverage of reactions from social actors."

Diese Definition rekurriert auf Forschungsergebnisse z. B. zu Schlüsselereignissen, deren Relevanz für Organisationskrisen bereits in Abschnitt 2.2 gezeigt wurde. Das Beispiel der Berichterstattung über die *Störfall-Serie* der *Hoechst AG* zeigt, wie eine Krise zum Gegenstand eines Medienhypes werden kann, sobald Journalisten die Ausgangskrise als Schlüsselereignis interpretieren und deswegen Folgeberichterstattung über zahlreiche weitere Unfälle und kleinere Krisen einer Organisation erstellen (Kepplinger 2011: 85; Kepplinger, Hartung 1995).

Vasterman (2005) analysierte die Merkmale von Berichterstattung, bei der Journalisten bestimmte Gewalttaten als Schlüsselereignisse auffassten, die eine kurze, intensive Berichterstattungswelle auslösten. Häufig berichteten die Medien bereits kurz nach Beginn der Berichterstattungswelle in größerem Umfang über andere, ähnliche Ereignisse als über das eigentliche Schlüsselereignis selbst. Ähnliche Befunde liegen auch für Hypes in der dänischen Presse vor (Wien, Elmelund-Præstekær 2009). Die Medienhypes waren von einem Schlüsselereignis ausgelöst, auf welches ca. drei Wochen lang Berichterstattung in mehreren Wellen erfolgte. Die Autoren stellten fest, dass die auslösenden Schlüsselereignisse bestimmte Qualitäten aufwiesen: In der Regel lag eine Verletzung moralischer Normen vor, sie mussten eine öffentliche Debatte ermöglichen und außerdem von Journalisten aus verschiedenen Perspektiven darstellbar sein. Diese Merkmale können auf Organisationskrisen zutreffen, so können die Medien mehrere Perspektiven darstellen (mindestens die der Organisation und der betroffenen Anspruchsgruppen), über die debattiert werden kann. Darüber hinaus kann angeprangert werden, dass die Organisation sich entweder während der Entstehung von oder der Reaktion auf eine Krise moralisch falsch verhalten hat.

Der wellenartige Verlauf von Medienhypes wird unter anderem damit erklärt, dass Journalisten verschiedene Quellen für ihre Artikelerstellung heranziehen. Zu Zeiten intensiver Berichterstattung beziehen sich viele Artikel auf Aussagen von Politikern oder Betroffenen, deren Meinungsäußerungen gegeneinander kontrastiert werden können. Auf diese Phase folgt eine Periode von weniger intensiver Berichterstattung, in der hauptsächlich Experten Fakten zur Debatte beisteuern oder sie in einen größeren Erklärungszusammenhang setzen. Die Autoren vermuten als Grund für den Rückgang der Berichterstattung, dass die faktenbasierten Aussagen der Experten weniger konflikthaltig seien, weswegen Journalisten keine Folgeberichterstattung erstellen können, in denen eine Gegenpartei die Aussagen angreift (197). Es kann allerdings aufgrund dieser Analyse nicht sicher ermittelt werden, ob die faktenbezogenen Experten die Ursache für das Abflauen der Berichterstattung sind oder lediglich ein Symptom, da Journalisten wegen des abflauenden Konflikts in Ermangelung anderer Quellen auf wenig emotionalisierende Experten zurückgreifen. Wie oben schon diskutiert sagt eine Korrelation in den Daten (in diesem Fall: Zahl der Berichte und Art der Quelle) noch nichts über die Richtung der Kausalbeziehung zwischen diesen Variablen aus.

Ähnlich wie das intermediale Agenda Setting funktioniert auch das *intermediale Frame Setting*. Dieses liegt vor, wenn Journalisten den Interpretationsrahmen aus einem anderen Medium in ihre eigene Berichterstattung übernehmen. Journalisten framen ein Thema in ihrer Berichterstattung, um dessen Komplexität zu reduzieren und einzelne Fakten in eine zusammenhängende Geschichte für ihr Publikum einzuordnen (Scheufele 1999; 2003; Scheufele, Tewksbury 2007). In Abschnitt 2.2 wurde bereits diskutiert, dass Journalisten bei plötzlich eintretenden Ereignissen (wie z. B. Krisen) unsicher sein könnten, welchen Interpretationsrahmen sie an ein Thema anlegen sollen. Sie kennen eventuell zum Ausbruchszeitpunkt der Krise weder die Vorgeschichte noch die relevanten Akteure und können die Ereignisse daher nicht in ihr bestehendes Wissen einordnen. In diesen „Orientierungsphasen" (Scheufele 2003: 104), in denen ein Frame für das Thema entwickelt werden muss, könnten Journalisten sich mit Kollegen austauschen bzw. Konkurrenzmedien nutzen, um sich einen Überblick zu verschaffen und einen Interpretationsrahmen zu bilden (Reinemann 2003: 84). Wenn alle Journalisten aufgrund dieser Koorientierung ein Thema aus gleicher Perspektive framen, dann könnten Rezipienten diesen Frame übernehmen und anwenden, wenn sie über die Krise nachdenken.

In Bezug auf die *Bewertung* von Ereignissen könnte Koorientierung ebenfalls eine wichtige Rolle spielen, sofern Journalisten die Bewertung eines Sachverhalts aus anderen Medien in ihre Berichterstattung übernehmen („intermediale Persuasion"; Reinemann 2003: 76). In Bezug auf Organisationskrisen ist dies insbesondere dann relevant, wenn die Übernahme von Bewertungen zwischen Medien zu einer *Skandalierung* der Krisenorganisation oder einzelner Repräsentanten führt. Ein Medienskandal hat mehrere Merkmale, die ihn von anderer Berichterstattung abgrenzen (siehe Hitzler 1989; Hondrich 2002; Kepplinger 2001; 2002; Maurer, Reinemann 2006; Piwinger, Niehüser 1991):

1. Es liegt ein Missstand bzw. eine Krise vor.
2. Dieser Missstand wird in den Medien als nicht normenkonform etikettiert, häufig wird diese Sichtweise von speziellen Interessengruppen unterstützt, welche die Organisation angreifen.
3. In den Medien etabliert sich binnen Kürze ein konsonant negativer Frame auf das Thema, der als moralisch einzig richtiger Standpunkt dargestellt wird. Gegenpositionen zu diesem Standpunkt sind in der öffentlichen Debatte kaum zu finden und stehen unter großem Rechtfertigungsdruck.
4. Die mediale Öffentlichkeit fordert nicht nur eine Lösung der Krise, sondern auch einen Schuldigen, der für die Krise verantwortlich ist. Dieser muss eine Entschuldigungshandlung (z. B. Erklärung, Rücktritt) vornehmen, um moralische und emotionale Ansprüche der Öffentlichkeit zu befriedigen.
5. Die Berichterstattung hat meist einen klaren erkennbaren Anfangs- und Endzeitpunkt.

Skandale werden dieser Beschreibung zufolge nicht aufgedeckt, sondern konstruiert. Sachverhalte kann man aufdecken, ein Skandal ist dagegen die Beschreibung und konsonant negative Bewertung eines Sachverhalts aus einer bestimmten Perspektive. Journalisten spielen eine Schlüsselrolle bei Skandalierungen, da sie einen großen Einfluss darauf haben können, wie ihr Publikum einen Sachverhalt bewertet. Wenn alle Medien eine Krise konsonant als Skandal

4.4 Wirkungen von Koorientierung

darstellen, dann erhöht sich die Wahrscheinlichkeit, dass Mediennutzer diese Sichtweise übernehmen. Diese Konsonanz in der Berichterstattung ist ein wichtiger Faktor für den weiteren Verlauf von Skandalen, so treten z. B. politische Akteure bei konsonant negativer Berichterstattung eher zurück (Vergleich der Berichterstattung über Lothar Späth und Manfred Stolpe in Kepplinger 1994: 215 f.; 2001: 115 f.; Rücktritt des Moderators Werner Höfer untersucht in Eps et al. 1996a; 1996b). Man kann davon ausgehen, dass auch die Reputation einer Organisation stärker leidet, wenn alle Medien die Krise skandalieren, als im Fall eines ausgewogeneren Tenors der Berichterstattung. Wenn die Skandalierung eines Sachverhalts so große Effekte auf die Betroffenen haben kann, stellt sich die Frage, wie sie ausgelöst wird. Man kann vermuten, dass diese Vereinheitlichung der journalistischen Bewertungen von Koorientierung verursacht, verstärkt und beschleunigt wird. Manche Forscher vermuten, dass das Risiko einer Skandalierung gerade bei krisenhaften Ereignissen steigt, da Journalisten dann verstärkt die Berichterstattung ihrer Kollegen rezipieren, weswegen sich ihre Bewertungen aneinander angleichen (Kepplinger 2001: 46).

Wenn eine Krise skandaliert wird, so könnte dies dazu führen, dass die Medien vor allen Dingen organisationskritische Quellen zitieren, wodurch den Rezipienten der Eindruck vermittelt wird, dass eine überwiegende Mehrheit von Akteuren eine Krisenorganisation verurteilt. Diese Zitierung „opportuner Zeugen" (Hagen 1992: 444) wurde bei der Berichterstattung über mehrere Themen nachgewiesen, wie z. B. der Diskussion um die Volkszählung im Jahr 1987 (Hagen 1992), dem Thema Kernenergie in US-Medien (Rothman, Lichter 1982) und der gescheiterten Übernahme von *ProSiebenSat.1* durch *Springer* (Kemner et al. 2008). In diesen Fällen wurden in den Medien Aussagen von Quellen zitiert, weil diese die gleiche Meinung vertraten wie die Journalisten selbst. Kritische Quellen könnten grundsätzlich auch ein Eigeninteresse daran haben, als opportune Zeugen in Medienbeiträgen über Organisationskrisen aufzutauchen, um sich zu profilieren. So wurden beispielsweise Politiker der *Grünen* wegen kritischer Äußerungen gegenüber *Hoechst* während der Krise 1993 in den Medien zitiert und sehr positiv für ihr Engagement bewertet (Maurer, Reinemann 2006: 143). Skandalierungen von Organisationskrisen würden erleichtert, wenn Quellen bereitwillig kontroverse Aussagen abgeben, um aus der Berichterstattung darüber einen persönlichen Vorteil zu ziehen. Voraussetzung für solch eine Skandalierung ist jedoch die Etablierung einer konsonanten Sichtweise auf eine Krise in allen Medien. Es wurde noch nicht experimentell überprüft, ob Koorientierungsprozesse dabei eine Rolle spielen.

4.5 Zusammenfassung

In diesem Kapitel zu Koorientierung wurde gezeigt, dass Journalisten sich aus psychologischen und professionellen Motiven heraus an ihren Kollegen orientieren könnten. Diese Koorientierung kann zwei verschiedene Ausprägungen haben, so können sich Journalisten direkt am Verhalten und den Einstellungen ihrer Kollegen orientieren (Kollegenorientierung) oder an deren Berichterstattung (Medienorientierung). Voraussetzung für Medienorientierung von Journalisten ist deren Mediennutzung, sie lag 2003 bei mehr als viereinhalb Stunden pro Tag mit besonderem Fokus auf die *Süddeutsche Zeitung*, die *Frankfurter Allgemeine Zeitung*, die *Bild-Zeitung, Tagesschau* und *Tagesthemen* sowie den *Spiegel* und *Spiegel Online* (Lünenborg, Berghofer 2010; Reinemann 2003; Weischenberg et al. 2006a). Bezüglich der Wirkung von Koorientierung betrachten viele Studien die Phänomene des intermedialen Agenda Settings und der Übernahme von Bewertungen (Kepplinger 2001; Shaw et al. 1999; Vasterman 2005; Vliegenthart, Walgrave 2008; Wien, Elmelund-Præstekær 2009). Diese Studien untersuchen mittels Inhaltsanalysen, ob und wie bestimmte Medien die Agenda oder Bewertung zu Themen setzen können, die dann von anderen Medien übernommen werden. Sie können Zusammenhänge aufzeigen, jedoch nur begrenzte Aussagen über Ursachen und Wirkungen treffen. Dieser Nachweis von Kausalitäten, den nur ein Experiment leisten kann, steht bisher noch aus.

Im Fall von Organisationskrisen ist es relevant, ob und wie stark Koorientierung auftritt, da Journalisten gerade hier die Medienberichterstattung ihrer Kollegen heranziehen könnten, um ihre eigene Unsicherheit zum Nachrichtenwert, passenden Frame und der passenden Bewertung zu reduzieren. Diese Unsicherheit existiert, da Krisen plötzliche Ereignisse sind, die Journalisten noch nicht in bestehende kognitive Muster zu Themen einordnen können. Für eine Krisenorganisation wäre solch eine Koorientierung sehr relevant, wenn sie zu einer Berichterstattungswelle über die Krise oder sogar deren Skandalisierung führt. Darüber hinaus können Journalisten im Fall von nachgewiesenen Koorientierungseffekten reflektieren, wie sie Koorientierung bei ihrer eigenen Arbeit einsetzen und ob sie ihr Verhalten ändern wollen, um ihre eigenen Ziele besser zu erreichen. Sie könnten sich dafür entscheiden, andere Medienbeiträge häufiger als Grundlage ihrer Berichterstattung zu nutzen, um die oben besprochenen psychologischen und professionellen Vorteile zu erzielen. Andererseits könnten sie auch versuchen, ihre Medienorientierung zu reduzieren, um ihren normativen Zielen besser gerecht zu werden.

5 Modell und Hypothesen

Welchen Nachrichtenwert schreiben Journalisten einer Krise zu? Wie beurteilen sie zu Beginn dieser Krise die betroffene Organisation? Haben PR-Meldungen oder die Berichterstattung anderer Medien einen Einfluss auf diese Wahrnehmungen? Bisher wurde diskutiert, dass Berichterstattung ein relevanter Faktor für die Reputation von Organisationen sein kann (Kapitel 2). Da die Berichterstattung diese große Rolle spielen kann, hat sich die Arbeit mit zwei Faktoren befasst, die einen Einfluss darauf haben könnten, wie Journalisten über eine Krise berichten: zum einen Krisenkommunikation (Kapitel 3) und zum anderen Koorientierung (Kapitel 4). Dieses Kapitel wird nun die bislang getrennt dargestellten Forschungsfelder verknüpfen und davon ausgehend weiteren Forschungsbedarf identifizieren. Dazu wird in Abschnitt 5.1 aufbauend auf dem bisher vorgestellten Wissensstand ein Modell entwickelt, das Wahrnehmungsprozesse und Verhalten von Journalisten, Organisationen und Anspruchsgruppen bei Krisenausbruch beschreibt. Dieses Modell wird erstmals Prozesse der Krisenkommunikation und Koorientierung gemeinsam heranziehen, um die Entstehung von Krisenberichterstattung zu erklären. In Abschnitt 5.2 werden Hypothesen und Forschungsfragen entwickelt, mit denen einzelne Aspekte des Modells überprüft werden.

5.1 Modellentwicklung

Wenn man die Kommunikationsprozesse bei Krisenausbruch erklären will, muss man zunächst die Ebene festlegen, auf der man sie untersucht. Dafür stehen drei Ebenen zur Auswahl: die Makroebene, auf der man z. B. die Systeme PR und Journalismus betrachtet, die Mesoebene, auf der man z. B. das Verhalten einzelner Medienorganisationen betrachtet, und die Mikroebene, auf der man das Verhalten einzelner Akteure untersucht. In dieser Arbeit wurde bislang vor allen Dingen die Mikro- oder Akteursebene betrachtet, welche die Handlungen von einzelnen Journalisten und PR-Praktikern in den Mittelpunkt der Analyse rückt. Diese Betrachtungsebene wurde aus sachlogischen Überlegungen gewählt, da die Krisenwahrnehmung einzelner Journalisten im Fokus des Interesses steht und entsprechend das größte Erklärungspotential auf Akteursebene vermutet wird. Damit steht diese Arbeit in der Tradition von Studien der Journalismusforschung, die Journalisten in ihrer Rolle als subjektiv rational handelnde Akteure betrachten:

> „Eine handlungstheoretische Perspektive stellt individuelle und korporative journalistische Akteure ins Zentrum der Journalismusforschung und begreift Journalismus als ein System interagierender Akteure. Grundlage ist die Überzeugung, dass letztlich nur Akteure handeln können und diese Akteure auch angesichts von Rollen und Programmen noch immer Entscheidungen treffen müssen, um handeln zu können." (Reinemann 2007: 63)

Es wird davon ausgegangen, dass diese Perspektive für das Forschungsinteresse der Arbeit den größten Erkenntnisgewinn verspricht, da es einzelne Journalisten sind, die Aussagen der betroffenen Organisation rezipieren, in weiteren Quellen recherchieren und Berichte über die Krise erstellen. Alle diese Prozesse sind auf Akteursebene angesiedelt, Betrachtungen auf Makroebene könnten diese individuellen Entscheidungen nicht erklären. Zwar ist ein einzelner Journalist in einen institutionellen Kontext eingebunden (er ist Mitarbeiter in einer Redaktion, sein Medium unterliegt ökonomischen Zwängen etc.), jedoch wird davon ausgegangen, dass einzelne Journalisten oder Chefredakteure (gegebenenfalls in der Gruppe) darüber entscheiden, ob und wie ein Medium bei Krisenbeginn berichtet. Auch wenn ein Medium einem Journalisten vorschreiben würde, aus welcher Perspektive er zu berichten habe, so wird dies als individueller Prozess angesehen, der von einem Akteur wie z. B. dem Chefredakteur ausgeht. Da die Akteursebene somit das größte Erklärungspotential für diese Arbeit verspricht, wird das Modell auf diese Ebene fokussieren.

Der Fokus des Modells liegt inhaltlich auf der Kommunikation und Berichterstattung über eine Krise, weil diese Faktoren einen großen Einfluss darauf haben könnten, ob und wie die Reputation einer Krisenorganisation beschädigt wird. Denn der Reputationsschaden wird nicht ausschließlich vom ursprünglichen Schaden determiniert, den Anspruchsgruppen wegen einer Krise erleiden, wie in der Analyse von Fallstudien vergangener Krisen gezeigt wurde (Abschnitt 2.3). Auch Krisen mit geringen Schäden (wie *Hoechst* 1993 oder *Shell* 1995) können sehr schwerwiegende Reputationsschäden zur Folge haben. Eine Organisation kann sogar nur aufgrund dieser Reputationsschäden große finanzielle Verluste erleiden, die ihre Existenz bedrohen können. So waren z. B. *Birkel* und *Hoechst* aufgrund der krisenbedingten Reputationsschäden angeschlagen und wurden später von Konkurrenten übernommen. Auf Basis von Befunden der symbolisch-relationalen Kommunikationsforschung wird vermutet, dass Krisenkommunikation einen entscheidenden Einfluss darauf haben kann, ob und wie

5.1 Modellentwicklung

stark die Reputation einer Organisation geschädigt wird (Coombs 2006a; Schwarz 2010; Thießen 2011; siehe Abschnitt 3.3).

Zeitlich betrachtet dieses Modell den Beginn der akuten Krisenphase, die in Abschnitt 2.1 vorgestellt wurde. Ausgeklammert werden sowohl die latente Krisenphase, die der akuten vorausgeht, als auch die nachkritische Phase, in der eine Organisation zum Normalzustand zurückkehrt. Zu Beginn dieser Phase herrscht bei Organisationsangehörigen, Anspruchsgruppen und Journalisten ein Informationsvakuum, das Ausmaß der Krise, die Zahl der Betroffenen und die Folgen für alle Beteiligten lassen sich dann nur schwer einschätzen (Köhler 2006). Zugleich müssen die Akteure Entscheidungen treffen, um auf die Krise zu reagieren. Aufgrund der allgemeinen Unsicherheit könnte Kommunikation der Organisation dazu beitragen, die Handlungen von Journalisten und Anspruchsgruppen zu beeinflussen. Die Organisation kann daher versuchen, mit ihrer Kommunikation zu vermitteln, was genau geschehen ist und wie man die Krise lösen will.

Wenn diese Kommunikation erfolgreich ist, kann sie Journalisten dabei helfen, ihre eigene Unsicherheit über die Krise zu reduzieren. Denn ebenso wie die Organisation stehen auch Journalisten bei Krisenausbruch vor einem Unsicherheitsproblem, während dieser „Orientierungsphasen" (Scheufele 2003: 104) müssen sie sich eine Meinung bilden, ob und wie sie über die Krise berichten wollen. Je nachdem, wie diese Entscheidungen ausfallen, kann über eine Krise mehr oder weniger intensiv und mit unterschiedlicher Wertung berichtet werden. Im Extremfall einer konsonant negativen Berichterstattung würde die Krise sogar skandaliert (Kepplinger 2001). Der Krisenausbruch und die ersten Stunden bzw. Tage danach scheinen daher der Zeitpunkt zu sein, an dem die Weichen für die zukünftige Berichterstattung gestellt werden. Denn sobald sich Berichterstattungsmuster etabliert haben, können diese selbst dann bestehen bleiben, wenn neue Fakten die Krise anders erscheinen lassen als zunächst angenommen. Dies konnte in Kapitel 2 am Beispiel der Berichterstattung über die *Brent Spar*-Krise gezeigt werden. Nachdem sich die Sichtweise von *Greenpeace* als allgemeines Deutungsmuster etabliert hatte, wurde über später kommunizierte Fakten der *Shell AG* entweder überhaupt nicht oder nur mit negativer Wertung berichtet (Berens 2001; Kepplinger 2001). Die Kommunikation von Organisationen und Journalisten unmittelbar nach Krisenausbruch scheint daher von großer Bedeutung für die nachfolgende Berichterstattung über die Krise zu sein.

Journalisten stehen im Zentrum des Forschungsinteresses, da Medienberichte einen großen Einfluss auf die Reputation einer Organisation haben können, wenn sie die Aufmerksamkeit der Öffentlichkeit auf eine Krise lenken und zugleich das Handeln der Organisation bewerten (Berens 2001: 58). Das Ziel dieser Arbeit ist es daher, den *Prozess journalistischer Meinungsbildung zum Zeitpunkt des Ausbruchs der akuten Krisenphase* besser zu verstehen. Ausgehend von diesem Ziel wurde ein Modell erstellt (Abbildung 14), das die journalistische Wahrnehmung und Berichterstattung über eine Krise und Krisenorganisation in den Mittelpunkt rückt, da diese Berichterstattung die öffentliche Bewertung einer Krise und die Reputation einer Krisenorganisation beeinflussen können. Das unterscheidet diese Arbeit von der bisherigen Forschung zu Krisenwahrnehmung und -kommunikation, welche ihre Hypothesen in der Regel lediglich mit Studierenden testete (siehe Kritik in Abschnitt 3.3.2.4) und in bisherigen Modellen zu Krisenkommunikation der Medienberichterstattung allenfalls eine Nebenrolle zuweist. So nennt Schwarz (2010: 135) in seinem Modell „Medienberichterstattung" als nur eine von vier bzw. fünf möglichen Quellen, anhand derer Anspruchsgruppen sich über eine Krise informieren oder eine Meinung bilden. Das Modell dieser Arbeit rückt dagegen Journalisten ins Zentrum, da ihre Berichterstattung als entscheidend für die öffentliche Wahrnehmung und Bewertung einer Krise angesehen wird. Dies führt zu einem weiteren Unterschied von bisherigen Arbeiten zur Krisenkommunikation: In dieser Arbeit ist die Reputation der Organisation nicht die unmittelbare, sondern nur die mittelbare Zielgröße. Vorangegangene Arbeiten haben häufig gemessen, wie die Variation unabhängiger Variablen im Stimulusmaterial beeinflusst, welche Reputation Probanden einer Organisation zuschreiben (siehe Abschnitt 3.3). Diese Arbeit untersucht aber Journalisten und ihre Berichterstattung, da davon ausgegangen wird, dass Anspruchsgruppen einer Organisation *aufgrund von Krisenberichterstattung* eine nachkritische Reputation zuschreiben (siehe Abschnitt 3.3.2.4). Deswegen fokussiert sich das Modell auf die Ersteller von Berichterstattung.

Das Modell beschreibt, dass Journalisten zunächst von einer Krise erfahren, z. B. aus Agenturmeldungen, von Informanten oder einer Pressemeldung der betroffenen Organisation. An dieser Stelle können zwei Prozesse einsetzen und parallel ablaufen: zum einen ist dies die Recherche der Journalisten für einen Beitrag zu dieser Krise, zum anderen die Meinungsbildung über die Krise. Es wird angenommen, dass diese Prozesse parallel ablaufen, die Journalisten also zu Krisenbeginn einen ersten Eindruck entwickeln, der sich jedoch während der Recherche im Lichte neuer Informationen verändern kann (Wechselwirkungs-Pfeil im Modell stellt diesen gegenseitigen Einfluss dar).

Für ihre Recherche können Journalisten Informationen aus verschiedenen Quellen suchen. So können sie zunächst mit der Krisenorganisation selbst Kontakt aufnehmen, um deren offizielle (und ggf. auch inoffizielle) Aussagen einzuholen. Wie in Kapitel 3 diskutiert wurde, könnte die Organisation in diesem Fall von einer positiven vorkritischen Reputation profitieren, sofern die Journalisten ihr einen „Vertrauensvorschuss" einräumen (Bentele, Janke 2008: 115). Jedoch ist der Einfluss von Botschaften der Organisation auf Journalisten noch nicht geklärt. Deswegen wird diese Arbeit die *Krisenkommunikation* von Organisatio-

5.1 Modellentwicklung

nen an Journalisten als eine der unabhängigen Variablen behandeln, deren Wirkung untersucht wird. Darüber hinaus können sich Journalisten über eine Krise informieren, indem sie die *Berichterstattung anderer Medien* rezipieren. Diese Medienorientierung könnten Journalisten vornehmen, um zu entscheiden, ob sie über ein Thema berichten (intermediales Agenda Setting), welchen Interpretationsrahmen sie anlegen (intermediales Framing) und wie sie die Situation bewerten (intermediale Bewertungsübernahme). Der Einfluss von Koorientierung auf die Beitragserstellung ist jedoch noch nicht abschließend geklärt und vor allen Dingen noch nicht quantifiziert worden. Deswegen wird die *Wirkung von Medienorientierung* als weitere unabhängige Variable untersucht. Darüber hinaus können Journalisten Information aus weiteren Quellen suchen, so können sie Anspruchsgruppen (wie z. B. Betroffene, Rettungskräfte oder Experten) interviewen, um weitere Perspektiven auf die Krise oder Zitate für ihre Beiträge zu sammeln.

Der parallel ablaufende Prozess der Meinungsbildung ist im Modell in drei Dimensionen unterteilt: Journalisten können sich eine Meinung bilden über den *Nachrichtenwert* der Krise, die Rolle der *Krisenorganisation* sowie *ausgelöste Emotionen*. Diese drei Dimensionen journalistischer Wahrnehmung sind die *abhängigen Variablen* in dieser Arbeit. Sie wurden aus verschiedenen Gründen gewählt. Aufgrund ihrer *Wahrnehmung des Nachrichtenwerts der Krise* können Journalisten entscheiden, *ob* sie über die Krise berichten. Falls eine Krise attraktive Nachrichtenfaktoren enthält (wie z. B. *Schaden/Misserfolg* oder *Grad der Kontroverse*, Abschnitt 3.2.2), steigt wahrscheinlich die Publikationswahrscheinlichkeit. Wenn Journalisten einer Krise dagegen nur geringen Nachrichtenwert zuschreiben, erstellen sie wahrscheinlich keine Beiträge. Der Effekt einer Krise auf die Reputation einer Organisation dürfte dann entsprechend gering sein, da wahrscheinlich nur wenige, direkt betroffene Anspruchsgruppen überhaupt davon erfahren. Die *Wahrnehmung der Krisenorganisation* und die *Emotion bezüglich der Krise* betreffen dagegen die Frage, *wie* Journalisten über die Krise berichten. Diese beiden Dimensionen wurden aufbauend auf Erkenntnissen der Reputationsforschung ausgewählt, die zwischen kognitiven und emotionalen Bewertungsdimensionen unterscheidet (Thießen 2011: 29 aufbauend auf Ingenhoff, Sommer 2007; 60). Da die Reputationszuschreibung durch Anspruchsgruppen die mittelbare Zielgröße dieser Arbeit ist, werden die abhängigen Variablen aufbauend auf den Erkenntnissen der Reputationsforschung gewählt. Denn es könnte für die Reputationszuschreibung auf diesen beiden Dimensionen relevant sein, welche Berichterstattung sie dazu rezipieren.

Wenn sich Journalisten eine Meinung zum Verhalten der Krisenorganisation bilden, könnte dies beeinflussen, wie sie diese in ihrer Berichterstattung porträtieren. Diese Dimension umfasst die *kognitiven* Elemente der Bewertung, hier kann unter anderem einfließen, ob sie das Verhalten der Krisenorganisation einerseits für kompetent und andererseits für moralisch korrekt halten. Imhof & Eisenegger (2007: 6) sprechen in diesem Zusammenhang von „funktionaler" und „sozialer" Bewertung einer Organisation (in Anlehnung an Habermas 1984). Darüber hinaus kann die Meinungsbildung der Journalisten eine emotionale Komponente enthalten („expressive" Bewertung; Imhof, Eisenegger 2007: 6). Zahlreiche Studien zeigen, dass Probanden emotionale Reaktionen auf Krisen entwickeln können (Nerb 2000; Nerb et al. 1998 Pfeiffer et al. 2005; Analyse in Abschnitt 3.3.2.2). Auch das Modell der SCCT nimmt einen Einfluss von Emotionen auf die Krisenwahrnehmung von Rezipienten an. Es wäre möglich, dass Journalisten – ebenso wie andere Personengruppen – eine Emotion zu einer Krise oder Krisenorganisation entwickeln. Relevant wird dies jedoch nur dann, wenn diese Emotion die Berichterstattung beeinflusst. Wenn Journalisten beispielsweise Ärger über eine Krise empfinden, könnte sich dies in ihrer Berichterstattung widerspiegeln, z. B. in ihren Fragen in Interviews oder der Auswahl von Quellen (wie verärgerten oder besorgten Käufern verseuchter Produkte). Es wurde anhand des Beispiels der *Hoechst*-Krise 1993 gezeigt, dass solch eine emotionalisierende Berichterstattung durchaus vorkommen kann. Damals verfassten Journalisten emotionalisierende Beiträge, die die Angst in der Bevölkerung beschrieben und sie möglicherweise auch weiter schürten („Mütter flehen: Holt unsere Kinder aus dem Gift", *Bild-Zeitung* nach Kepplinger 2001: 33).

Auch wenn Journalisten zwar selbst keine Emotion zu der Krise empfinden, jedoch Gefühle bei ihrem Publikum vermuten, könnte dies dazu führen, dass sie emotionalisierende Berichterstattung erstellen, um (vermutete) Publikumserwartungen zu erfüllen. In diesem Fall könnten bei ihnen Third-Person-Effekte auftreten, die zu einer falschen Emotionsvermutung führen (Davison 1983; Perloff 1993). Aus praktischer Hinsicht ist es irrelevant, ob Journalisten eine Emotion selbst empfinden oder diese (korrekt oder inkorrekt) bei ihrem Publikum vermuten. Sobald sie emotionalisierende Berichte erstellen, kann dies beeinflussen, welche Gefühle ihr Publikum über eine Krise entwickelt (Schemer 2009; Wirth, Schramm 2005). Da die Berichterstattung der Journalisten davon beeinflusst werden könnte, wie sie selbst über eine Krise fühlen oder welche Gefühle sie bei ihrem Publikum vermuten, wird dieser Faktor in das Modell aufgenommen.

Wenn die Journalisten genügend Information recherchiert und sich eine Meinung über die Krise gebildet haben, werden sie einen Beitrag darüber erstellen, sofern sie diese als publikationswürdig einschätzen. Diese Berichterstattung kommt zu dem Fundus von Berichten hinzu, aus dem sich Journalisten anderer Medien über die Krise und die Meinung ihrer Kollegen informieren (Medienorientierung). Der Rückkopplungs-Pfeil im Modell stellt diesen selbstverstärkenden Prozess dar, bei dem die Berichterstattung in einigen Medien von Journalisten

5.1 Modellentwicklung

rezipiert wird, was sie dazu bewegen kann, selbst weitere Folgeberichte zu verfassen.

Nachdem Journalisten Beiträge über die Krise erstellt haben, können diese von direkt und nicht direkt betroffenen Anspruchsgruppen rezipiert werden. Aufgrund der generell hohen Mediennutzungsdauer in Deutschland von rund zehn Stunden täglich (Ridder et al. 2010) als auch der Bedeutung von Mediennutzung zur Informationsgewinnung (tns Infratest 2010) kann man davon ausgehen, dass die nicht direkt betroffene Öffentlichkeit die Krisenberichterstattung zumindest wahrnimmt. Wenn sich diese Anspruchsgruppen und die Öffentlichkeit eine Meinung über die Krise und Krisenorganisation bilden, so ist es wahrscheinlich, dass sie sich dazu in großem Maße auf die Medienberichterstattung stützen. Auf Basis von Befragungen und Inhaltsanalysen gehen Forscher davon aus, dass Rezipienten eine Krisenorganisation aus der Perspektive betrachten, die von der Berichterstattung vorgegeben wird (Carroll, McCombs 2003; Meijer, Kleinnijenhuis 2006; Abschnitt 2.2). Diese Berichterstattung muss nicht die einzige Grundlage sein, auf der sich Anspruchsgruppen und Öffentlichkeit eine Meinung bilden, so können sie z. B. auch nicht medial gefilterte Kommunikation der Krisenorganisation erhalten (auf deren Website etc.). In diesem Fall ziehen sie laut Forschungsergebnissen die vorkritische Reputation einer Organisation heran, um die Glaubwürdigkeit der Botschaften zu bewerten (Brown, White 2011; Coombs, Holladay 2006; Lyon, Cameron 2004; Schwarz 2010: 222). Jedoch kann man annehmen, dass die Anspruchsgruppen und Öffentlichkeit wesentlich intensiver mit Medienbeiträgen konfrontiert sind als mit direkter Organisationskommunikation, da letztere nicht über die gleiche Reichweite verfügt wie traditionelle Medien. Darüber hinaus ist es auch möglich, dass die Rezipienten den Medienberichten mehr vertrauen als PR der Krisenorganisation, wenn sie Journalisten als unvoreingenommener und ehrlicher einschätzen. Aus diesen Gründen könnte die Medienberichterstattung eine entscheidende Rolle dabei spielen, welche Reputation einer Organisation nach einer Krise zugeschrieben wird.

Nachdem nun das forschungsleitende Modell dieser Arbeit eingeführt ist, werden die Forschungslücken zu Krisenkommunikation und Koorientierung diskutiert und Hypothesen und Forschungsfragen entwickelt, mit deren Hilfe sie geschlossen werden sollen.

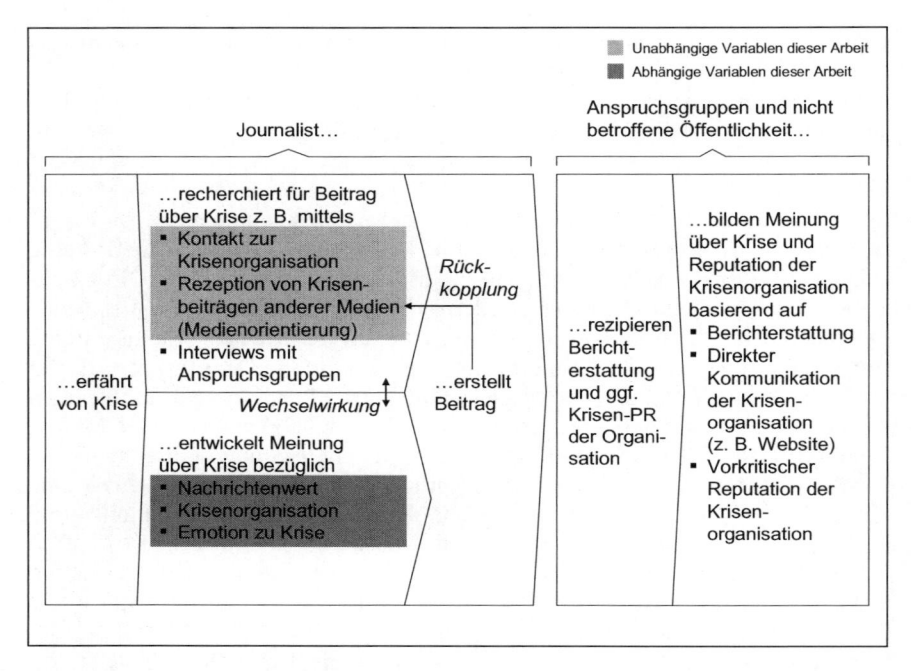

Abbildung 14: Modell zur Entstehung und Wirkung von Krisenberichterstattung

5.2 Hypothesen und Forschungsfragen

Der Forschungsstand zu Krisenkommunikation von Organisationen und Koorientierung zwischen Journalisten wurde bereits ausführlich analysiert (Kapitel 3 und 4). In den folgenden beiden Abschnitten werden daher die Lücken in diesen beiden Forschungsfeldern im Überblick dargestellt und Hypothesen und Forschungsfragen formuliert, um sie zu schließen.

5.2.1 Krisenkommunikation

Ein Ziel dieser Arbeit ist es, Wirkungen von Krisenkommunikation zu überprüfen. Dabei sollen das wissenschaftliche Verständnis der Phänomene erweitert und außerdem konkrete Handlungsempfehlungen für Kommunikatoren (PR-Praktiker und Journalisten) entwickelt werden. Mit diesem Praxisbezug erfüllt diese Studie eine Forderung nach der besseren wissenschaftlichen Fundierung von Empfehlungen für die Kommunikationspraxis:

> „We "know" little about how people react to crisis or crisis responses, given the lack of experimental study of the phenomenon. What we need in crisis communication is a shift towards evidence-based management, the use of scientific evidence to guide managerial decision-making." (Coombs 2007a: 135)

Wie jedoch in der Kritik der bisherigen symbolisch-relationalen Forschung gezeigt wurde, bestehen noch konzeptionelle und methodische Lücken (Abschnitt 3.3.2.4). Erstens erscheint die *Situational Crisis Communication Theory* (SCCT) nicht nur mangelhaft konzeptioniert, sondern auch wenig praxistauglich. Daher besteht eine Forschungslücke darin, Kommunikationspraktikern empirisch getestete Handlungsempfehlungen zu geben, die diese tatsächlich anwenden können. Man müsste dazu Kommunikationsstrategien identifizieren, die bei den Adressaten der Kommunikation positive Effekte im Sinne der Krisenorganisation hervorrufen. Um aber diese Strategien identifizieren zu können, muss zunächst eine zweite, methodische Einschränkung der bisherigen Forschung ausgeräumt werden: Die Experimente vergangener Studien wurden fast ausschließlich mit studentischen Versuchsgruppen durchgeführt, jedoch in keinem einzigen Fall mit Journalisten (Abbildung 9 und 10). Da Journalisten die zentralen Adressaten von Krisenkommunikation sind und sie anders auf PR reagieren könnten als z. B. studentische Versuchsgruppen, müssen Wirkungen von Krisenkommunikation mit journalistischen Versuchsgruppen getestet werden. Diese Arbeit wird solch eine Überprüfung mit Journalisten vornehmen. Um die geeigneten Kommunikationsratschläge zu finden, bei denen sich solch eine Überprüfung lohnt, werden in den nächsten Abschnitten zunächst Empfehlungen zu formal-prozessualen Elementen und danach diejenigen zu Kommunikationsstrategien analysiert.

5.2.1.1 Formal-prozessuale Elemente

Bei der Analyse in Abschnitt 3.3.1.1 wurde bereits gezeigt, dass PR-Praktiker am häufigsten die Empfehlung aussprechen, *schnell* zu kommunizieren. Dort wurde schon diskutiert, dass *schnelle* Kommunikation häufig mit *aktiver* Kommunikation gleichgesetzt werden kann, da *Schnelligkeit* in der Forschung als ein entscheidendes Kriterium *aktiver Kommunikation* angesehen wird (Thießen 2011: 168). Außerdem empfehlen Praktiker *Schnelligkeit* auf Basis von Fallstudien, in denen diese ebenfalls gleichbedeutend ist mit *aktiver Kommunikation*. Denn diese Fallstudien beschreiben Krisen, die auch ohne die Kommunikation der Krisenorganisation von externen Akteuren erkannt würden, wie z. B. das ICE-Unglück von Eschede 1998 (Baier-Fuchs 2008) oder das Chaos im US-Luftraum direkt nach den Terroranschlägen am 11. September 2001 (Riecken 2008). Im Fall dieser Krisen ist eine *schnelle* Kommunikation gleichbedeutend mit einer *aktiven*, denn relativ bald nach Krisenausbruch werden die ersten Journalisten und Anspruchsgruppen ihre Anfragen an die Krisenorganisation richten. Wenn die Organisation erst dann kommuniziert, wenn Anfragen von Journalisten vorliegen, so ist ihre Kommunikation nicht mehr aktiv, sondern reaktiv. Sie würde an einen bereits begonnen Diskurs anknüpfen, anstatt diesen zu starten. Nur eine Organisation, die schnell nach Krisenausbruch kommuniziert, hat eine Chance, mit ihren Botschaften den Diskurs zu initiieren. *Schnelle* und *aktive* Krisenkommunikation sind also in den Krisen gleichbedeutend, die von externen Akteuren erkannt und thematisiert werden können. Die einzige Ausnahme wäre der theoretisch denkbare Fall, bei dem eine Krisenorganisation die Öffentlichkeit über eine bereits länger bestehende Krise informiert, auf die noch kein Journalist und keine Anspruchsgruppe aufmerksam geworden sind. In diesem Fall wäre die Kommunikation *aktiv*, obwohl sie nicht direkt nach Krisenausbruch stattfindet, da sie nicht auf einen bestehenden Krisendiskurs reagiert. Dieser Sonderfall wird aus der weiteren Betrachtung ausgeklammert, da er nur selten vorkommen dürfte. Denn wenn eine Krise innerhalb einer Organisation bekannt ist, dann scheint es wahrscheinlich, dass die Öffentlichkeit nach einiger Zeit von dieser Krise erfährt, weil Gerüchte nach außen dringen oder Informationen von Organisationsangehörigen bewusst an Journalisten weitergegeben werden. Deswegen dürfte es nur relativ selten der Fall sein, dass eine Organisation längerfristig von einer Krise weiß und erst dann entscheiden kann, *aktiv* darüber zu kommunizieren.

Die Wirkung *aktiver* Krisenkommunikation wurde bisher noch nie an Journalisten überprüft, lediglich ein Experiment mit Studierenden deutet darauf hin, dass eine aktive Kommunikation positive Auswirkungen auf die Reputation einer Organisation hat (Thießen 2011: 240). Da diese Empfehlung von den PR-

5.2 Hypothesen und Forschungsfragen

Praktikern am häufigsten genannt wurde, wird sie in dieser Arbeit überprüft. Entsprechend der auf Abbildung 14 beschriebenen Zieldimensionen der *Wahrnehmung des Nachrichtenwerts der Krise*, der *Wahrnehmung der Krisenorganisation* und der *Emotion bezüglich der Krise* werden die drei Hypothesen 1.1a bis 1.1c gebildet. Die Hypothesen sind aufbauend auf der Annahme formuliert, dass eine Krisenorganisation mit ihrer Kommunikation versucht, bestimmte Ziele zu erreichen. Sie veröffentlicht die Meldung also entweder, um Journalisten davon zu überzeugen, dass eine Krise einen geringen Nachrichtenwert hat, um möglichst positiv wahrgenommen zu werden und um das emotionale Potential einer Krise zu reduzieren.

> Hypothese 1.1a (Aktive Kommunikation – Wahrnehmung des Nachrichtenwerts der Krise): Journalisten, die aktive PR-Information einer Organisation über eine Krise erhalten, beurteilen die Krise als weniger wichtiges Thema als ihre Kollegen, die keine aktive PR-Information erhalten.
> Hypothese 1.1b (Aktive Kommunikation – Wahrnehmung der Krisenorganisation): Journalisten, die aktive PR-Information einer Organisation über eine Krise erhalten, bewerten die Rolle dieser Organisation in der Krise positiver als Journalisten, die keine aktive PR-Information erhalten.
> Hypothese 1.1c (Aktive Kommunikation – Emotion bezüglich Krise): Journalisten, die aktive PR-Information einer Organisation über eine Krise erhalten, vermuten weniger emotionales Potential in der Krise als Journalisten, die keine aktive PR-Information erhalten.

Forscher empfehlen neben der *schnellen* Kommunikation auch eine *kontrollierte* und *offene* (Abschnitt 3.3.1.2). In Abschnitt 3.3.1.1 wurde bereits ausgeführt, dass die Überprüfung einer *kontrollierten* Kommunikation in dieser Arbeit nicht sinnvoll ist, da die kontrollierte Umsetzung einer Kommunikationsstrategie als Voraussetzung für diese Arbeit angenommen wird. *Offenheit* ist dagegen teilweise eine selbstverständliche und teilweise eine kontextabhängige Empfehlung. Selbstverständlich erscheint die Kommunikation von Fakten, die Schaden von Opfern abwenden. Dies ist nicht nur moralisch geboten, sondern darüber hinaus für die Organisation selbst sinnvoll, da ein geringerer Schaden für Betroffene auch dabei helfen sollte, Folgeschäden für die Krisenorganisation zu reduzieren. Kontextabhängig ist dagegen die Preisgabe von Information, die Betroffene nicht direkt zu ihrem Schutz benötigen, aber die entweder Geheimnisse der Organisation verrät oder juristische Implikationen für sie haben könnte. Da diese Entscheidung nur im Einzelfall getroffen werden kann, ist es nicht möglich, in einem Experiment verallgemeinerbare Kommunikationsstrategien dazu zu testen.

Deswegen wird diese Arbeit von allen formalen Empfehlungen ausschließlich die der *aktiven* Kommunikation überprüfen.

5.2.1.2 Kommunikationsstrategien

Im diesem Abschnitt werden basierend auf der Analyse des Forschungsstands in Kapitel 3 Hypothesen zu den Kommunikationsstrategien gebildet, deren Überprüfung den größtmöglichen Nutzen für Forschung und Praxis versprechen. Aus forschungsökonomischen Gründen können nicht alle Wirkungszusammenhänge, mit denen sich die bisherige Forschung beschäftigt hat, in einem einzigen Experiment überprüft werden. Denn die benötigte journalistische Versuchsgruppe wäre viel zu groß, um sie im Rahmen einer einzigen Arbeit zu rekrutieren. Deswegen muss entschieden werden, welche Befunde der bisherigen Forschung mit Journalisten überprüft werden sollen. Um sich dafür zu qualifizieren, sollten Ratschläge einerseits auf verschiedene Krisensituationen anwendbar, also zumindest eingeschränkt generalisierbar sein. Zweitens sollten die getesteten Empfehlungen auf eine ausreichend breite wissenschaftliche Basis aufbauen, Wirkungszusammenhänge sollten im Idealfall schon in mehreren Experimenten überprüft worden sein. Dadurch soll sichergestellt werden, dass die überprüften Hypothesen ein Mindestmaß an Erfolgswahrscheinlichkeit aufweisen.

Wenn man die bisherige Erforschung zur SCCT und angrenzende Studien betrachtet, stellt man fest, dass sie sich meistens auf drei Faktoren beziehen, welche die Reputation einer Krisenorganisation beeinflussen können. Der grundlegende Einflussfaktor, der laut der SCCT die Reputationszuschreibung bestimmt, ist die *zugeschriebene Krisenverantwortung* zu einer Organisation. Diese Zuschreibung nehmen Probanden vor aufgrund ihrer Einschätzung, für wie *kontrollierbar* sie die Krise halten. Darüber hinaus vermutet die SCCT zwei weitere, intervenierende Einflussfaktoren auf den Prozess der Verantwortungszuschreibung: die *Beziehungshistorie* und *Krisenhistorie* der Organisation (siehe Abbildung 8). Diese drei Faktoren werden nun dahingehend analysiert, ob sich eine Überprüfung ihrer Wirkung mit Journalisten lohnen würde.

Zahlreiche Studien zur SCCT oder der allgemeinen Attributionstheorie nehmen an, dass die *Kontrollierbarkeit der Krisenursache* einen großen Einfluss darauf hat, wie Probanden eine Krisenorganisation bewerten. Wenn diese Probanden eine einfache Kontrollierbarkeit der Krisenursache vermuten, weil die Krise z. B. aufgrund des persönlichen Versagens von Organisationsmitgliedern ausgelöst wurde, halten sie die Organisation für verantwortlich an der Krise.

5.2 Hypothesen und Forschungsfragen

Wenn sie dagegen eine Krisenursache vermuten, die nicht von der Organisation kontrolliert werden konnte, schreiben sie dieser entsprechend weniger Schuld zu (Coombs 1998; Coombs, Holladay 2010a; Lee 2004; 2005; ähnliche Befunde auch in Coombs 1999; Coombs, Holladay 2001; Coombs, Schmidt 2000; Schwarz 2010). Coombs & Holladay (2002) nehmen aufgrund ihrer Befunde sogar an, dass persönliche Kontrollierbarkeit einer Krise und Verantwortlichkeit für diese von Probanden als identische Faktoren wahrgenommen werden.

Alle diese Ergebnisse wurden mit Versuchsgruppen erzielt, die fast ausschließlich oder vollständig aus Studierenden bestanden. Deswegen wird nun getestet, wie die Variation der Kontrollierbarkeit einer Krise auf Journalisten wirkt. Außerdem soll herausgefunden werden, ob eine Krisenorganisation überhaupt selbst diese Einschätzung der Kontrollierbarkeit erfolgreich vornehmen kann, oder ob diese Strategie wirkungslos ist, weil Probanden ihr z. B. Voreingenommenheit unterstellen. Dieser Test wird also überprüfen, ob eine der am besten empirisch belegten Strategien zur Krisenkommunikation in der Praxis wirken würde oder nicht. Die Strategie wird als ausreichend praxisrelevant angesehen, so dass ein Test mit ihr forschungsökonomisch sinnvoll ist. Denn sie kann von allen Organisationen angewendet werden, die davon ausgehen, dass die krisenauslösenden Umstände nur sehr begrenzt oder überhaupt nicht ihrer Kontrolle unterlagen. Mit Hypothesen 1.2a bis 1.2c wird die Wirkung der Kontrollierbarkeit der Krisenursache überprüft. Es wird angenommen, dass eine Darstellung der Ursache als *von der Organisation kontrollierbar* zu negativeren Wirkungen für die Krisenorganisation führt als eine Kommunikation, welche die Ursache als *nicht von der Organisation kontrollierbar* darstellt.

> Hypothese 1.2a (Kontrollierbarkeit der Krisenursache – Wahrnehmung des Nachrichtenwerts der Krise): Journalisten, die PR-Material erhalten, das eine Krisenursache als nicht kontrollierbar (durch die Krisenorganisation) darstellt, beurteilen die Krise als weniger wichtiges Thema als ihre Kollegen, deren PR-Material die Krise als kontrollierbar darstellt.
> Hypothese 1.2b (Kontrollierbarkeit der Krisenursache – Wahrnehmung der Krisenorganisation): Journalisten, die PR-Material erhalten, das eine Krisenursache als nicht kontrollierbar (durch die Krisenorganisation) darstellt, bewerten die Rolle dieser Organisation in der Krise positiver als Journalisten, deren PR-Material die Krise als kontrollierbar darstellt.
> Hypothese 1.2c (Kontrollierbarkeit der Krisenursache – Emotion bezüglich Krise): Journalisten, die PR-Material erhalten, das eine Krisenursache als nicht kontrollierbar (durch die Krisenorganisation) darstellt, vermuten weniger emotionales Potential in der Krise als Journalisten, deren PR-Material die Krise als kontrollierbar darstellt.

Bezüglich der *Beziehungshistorie* wurde in Abschnitt 3.3.2.2 bereits auf das Problem der Definitionsvielfalt in der bisherigen Forschung hingewiesen. So verwenden manche Studien eine *indirekte* Beziehungshistorie, dort erhalten Probanden Information, welche Beziehung eine Organisation zu ihren Anspruchsgruppen hat (Coombs, Holladay 2001; Dean 2004; Lyon, Cameron 2004). Andere testen die Effekte einer *direkten* Beziehungshistorie zwischen den Probanden und der Krisenorganisation (Brown, White 2011), weitere Studien messen die vorkritische Reputation realer Organisationen als Hilfswert, um die Beziehungshistorie zu bestimmen (Coombs, Holladay 2006; 2010a).

Da alle diese Definitionsarten von Beziehungshistorie zu Problemen in einem Experiment mit Journalisten führen würden, wird diese Variable in dieser Arbeit nicht experimentell getestet. Denn würde man testen wollen, welche Wirkung die *direkte* oder die *reputationsbasierte* Beziehungshistorie bei journalistischen Probanden haben, so müsste man eine Organisation auswählen, die alle Journalisten kennen (z. B. ein bekanntes Unternehmen). Bei dieser Operationalisierung besteht jedoch ein großes Konfundierungsrisiko, die Ergebnisse des Experiments könnten verzerrt werden, wenn bei manchen Journalisten z. B. Voreinstellungen gegenüber der Organisation existieren oder Bewertungsschemata ausgelöst werden, die dem Versuchsleiter verborgen bleiben. Auch sollte keine real existierende Organisation für das Stimulusmaterial gewählt werden, weil dies die Übertragbarkeit der Befunde auf die Krisen anderer Organisationen einschränken könnte. Wenn Journalisten die Krisen von bestimmten, real existierenden Organisationen wahrnehmen, so könnte ihre Voreinstellung zu diesen Organisationen zu spezifischen Reaktionen führen, die in anderen Fällen möglicherweise nicht auftreten würden. Wenn beispielsweise eine fiktive Krisenkommunikation der *Bahn* in einem Experiment mit Journalisten Wirkungen hervorruft, heißt das nicht, dass sie bei der *Deutschen Lufthansa AG* zur gleichen Wirkung führen muss. Die Voreinstellungen der Journalisten zu diesen beiden Organisationen könnten sich zu stark unterscheiden, obwohl sie beide in der Transport- und Logistikbranche tätig sind. Um daher generelle Effekte von Kommunikationsstrategien testen zu können, ist es sinnvoll, eine fiktive Organisation für das Stimulusmaterial zu wählen, die keine Konfundierungseffekte auslösen kann. Bei einer fiktiven Organisation könnte man den Verweis auf eine *indirekte* Form der Beziehungshistorie testen, also im Stimulusmaterial beschreiben, welche Beziehungen eine fiktive Organisation zu Anspruchsgruppen unterhält. Jedoch ist es aus mehreren Gründen nicht sinnvoll, solch eine Form der Beziehungshistorie in dieser Arbeit zu testen.

Erstens hat die Forschung auf diesem Gebiet noch kein einheitliches Ergebnis hervorgebracht (siehe Diskussion in Abschnitt 3.3.2.2). Zweitens könnte der Verweis auf eine gute Beziehungshistorie für Organisationen in der Praxis

5.2 Hypothesen und Forschungsfragen

schwierig umzusetzen und möglicherweise sogar riskant sein. Der Verweis ist schwierig umzusetzen, wenn die Organisation keine formalen Beweise liefern kann, dass sie sich um eine gute Beziehung mit ihren Anspruchsgruppen bemüht (wie z. B. Sozial-Preise, Veröffentlichung der Spendentätigkeit für wohltätige Zwecke). Wenn diese formalen Beweise fehlen, dann kann die Organisation lediglich beteuern, dass ihr an einer guten Beziehung mit ihren Anspruchsgruppen gelegen ist. Dies könnte sich aber als riskant erweisen, sofern Journalisten sich entschließen, aus dieser Aussage eine Konflikt-Erzählung zu entwickeln. Sie könnten den Aussagen der Organisation beispielsweise die Aussagen von Anspruchsgruppen gegenüberstellen, die sich von der Organisation *nicht* gut behandelt fühlen. In diesem Fall würde die Berichterstattung über die Krise zusätzlich mit einem Konflikt aufgeladen. Solche Konflikt-Erzählmuster werden häufig in der Krisenberichterstattung verwendet (Wien, Elmelund-Præstekær 2009), was unter anderem auf den großen Nachrichtenwert zurückzuführen sein könnte, den Journalisten dem Nachrichtenfaktor *Grad der Kontroverse* zuschreiben (Kepplinger, Bastian 2000). Journalisten könnten den Verweis einer Krisenorganisation auf ihre gute Beziehungshistorie zum Anlass nehmen, um in ihrer Berichterstattung ein Konflikt-Erzählschema zu verwenden, das diesen Verweis kritisch hinterfragt. Deswegen erscheint der Verweis auf die gute Beziehungshistorie keine praktikable Kommunikationsstrategie für eine Krisenorganisation zu sein, sie wird also in dieser Arbeit nicht getestet.

Die zweite intervenierende Einflussvariable der SCCT ist die *Krisenhistorie* der betroffenen Organisation. Wenn eine Organisation bisher eine krisenfreie oder -arme Vorgeschichte hat, kann sie dies in ihrer Krisenkommunikation betonen, um die akute Krise als untypisches Ereignis zu relativieren, das nur ein nicht repräsentativer Einzelfall in der sonst makellosen Organisationsgeschichte sei (Coombs 2006a: 180 f.). Es erscheint aus mehrfacher Hinsicht sinnvoll, die Wirkung der Krisenhistorie in einem Experiment mit Journalisten zu testen. Zunächst wurde die Wirkung der Krisenhistorie schon mehrfach wissenschaftlich überprüft. So fanden manche Studien heraus, dass Probanden einer Organisation mit krisenfreier Historie eine bessere Reputation zuschreiben als einer mit belasteter Vorgeschichte (Coombs 1998; 2004; Coombs, Holladay 1996). In einer Studie wurde vermutet, dass eine negative Krisenhistorie der Organisation schade, eine krisenfreie ihr aber nicht helfe (Velcro-Effekt in Coombs, Holladay 2001). Jedoch wird dieser Velcro-Effekt nur aufgrund der Befunde eines einzigen Experiments angenommen, ist also empirisch nur schwach abgesichert. Außerdem stellt sich die Frage, ob Journalisten einer Organisation deren krisenfreie Historie möglicherweise höher anrechnen als die Studierenden in diesem Experiment.

Neben der Bereicherung der Forschungsdebatte gibt es noch einen praktischen Grund, warum man die Wirkung des Verweises auf die Krisenhistorie testen sollte. Die Krisenhistorie einer Organisation ist objektiv nachprüfbar, was sie weniger angreifbar macht. So kann eine Organisation betonen, dass sie noch nie von einer vergleichbaren Krise betroffen war. Sofern diese Darstellung den Tatsachen entspricht, ist dieser Punkt faktisch nicht angreifbar. Dies ist ein großer Vorteil dieser Strategie gegenüber anderen Relativierungsstrategien, welche stärker auf einer subjektiven Interpretation von Sachverhalten beruhen. Denn wenn eine Organisation eine Behauptung aufstellt, die auf subjektiver Interpretation beruht, dann besteht das Risiko, dass Journalisten oder Anspruchsgruppen der Deutung der Organisation nicht zustimmen. Wenn sie z. B. versucht, während einer Krise auf deren geringe Schadenshöhe zu verweisen, dann könnte dies zwar zu reputationsschützenden Effekten führen (Coombs 1998; Lee 2004; 2005), jedoch besteht auch die Gefahr, damit sehr negative Reaktionen auszulösen. Wenn diese Strategie fehlschlägt, weil Journalisten oder Anspruchsgruppen einen Schaden als schwerwiegend empfinden, kann eine Organisation als uneinsichtig oder arrogant wahrgenommen werden, wenn sie diesen als Lappalie abtut (wie z. B. die *Deepwater Horizon*-Krise in Webb 2010 oder die „peanuts"-Aussage des *Deutsche Bank*-Chefs Hilmar Kopper während der Schneider-Affäre 1994; Haller 1999: 67).

Die Krisenhistorie einer Organisation ist dagegen weniger von der subjektiven Einschätzung von Anspruchsgruppen abhängig, sondern ein objektiv messbares Kriterium. Wenn eine Organisation z. B. in der Vergangenheit noch nie Produkte wegen eines Defekts zurückrufen musste, so kann sie in einer Produktkrise darauf verweisen. Solch ein Verweis würde einer Überprüfung der Fakten standhalten. Darüber hinaus können viele Organisationen auf ihre positive Krisenhistorie verweisen (außer sie haben bereits eine vergleichbare Krise erlitten), die Verallgemeinerbarkeit dieser Kommunikationsstrategie ist also hoch. Es erscheint für eine Organisation relativ gut möglich, in ihrer Krisenkommunikation zu betonen, dass diese spezielle Krise erstmalig auftritt bzw. ein vergleichbares Ereignis schon lange zurückliegt. Aus diesen Gründen wird diese Arbeit mit den Hypothesen 1.3a bis 1.3c experimentell überprüfen, wie es wirkt, wenn eine Organisation ihre positive (= krisenfreie) Historie betont.

Neben den gerade diskutierten Strategien zur Krisenkommunikation wurden in Abschnitt 3.3 noch zahlreiche weitere Elemente von Krisenkommunikation vorgestellt, die entweder Praktiker empfohlen oder Forscher getestet haben (wie z. B. Wirkung von Bebilderung von Krisenberichterstattung in Coombs, Holladay 2011 oder die Übernahme gesellschaftlicher Verantwortung in Thießen 2011; Überblick auf Abbildung 9 und 10). Jedoch wurden diese Strategien noch nicht in einer ausreichenden Zahl von Experimenten mit Studierenden überprüft, so dass ein Test mit Journalisten verfrüht wäre. Erst wenn Strategien mehrfach mit Studierenden überprüft wurden, werden sie als ausreichend empirisch abgesichert angesehen, um eine aufwändigere und kostspieligere Überprüfung an Journalisten zu rechtfertigen. Diese Absicherung ist bei den Strategien vorhanden, die gerade in Hypothesen überführt wurden. Da dies bei den anderen Strategien aus Abschnitt 3.3 noch nicht der Fall ist, wird auf deren empirische Überprüfung in dieser Arbeit verzichtet.

> Hypothese 1.3a (Relativierung mittels Verweis auf Krisenhistorie – Wahrnehmung des Nachrichtenwerts der Krise): Journalisten, die PR-Material erhalten, das die aktuelle Krise mit der guten Krisenhistorie der Organisation zu relativieren versucht, beurteilen die Krise als weniger wichtiges Thema als ihre Kollegen, deren PR-Material die Krise nicht relativiert.
> Hypothese 1.3b (Relativierung mittels Verweis auf Krisenhistorie – Wahrnehmung der Krisenorganisation): Journalisten, die PR-Material erhalten, das die aktuelle Krise mit der guten Krisenhistorie der Organisation zu relativieren versucht, bewerten die Rolle dieser Organisation in der Krise positiver als Journalisten, deren PR-Material die Krise nicht relativiert.
> Hypothese 1.3c (Relativierung mittels Verweis auf Krisenhistorie – Emotion bezüglich Krise): Journalisten, die PR-Material erhalten, das die aktuelle Krise mit der guten Krisenhistorie der Organisation zu relativieren versucht, vermuten weniger emotionales Potential in der Krise als Journalisten, deren PR-Material die Krise nicht relativiert.

5.2.2 Koorientierung

Neben der Kommunikation zwischen Organisationen und Journalisten betrachtet diese Arbeit auch erstmals, ob Koorientierungseffekte die Krisenwahrnehmung von Journalisten verändern. Die bisherige empirische Koorientierungsforschung fokussiert sich entweder auf die Mediennutzung von Journalisten (Reinemann 2003) oder auf Effekte des intermedialen Agenda Settings (Vliegenthart, Walgrave 2008), der Medienhypes (Vasterman 2005; Wien, Elmelund-Præstekær 2009) oder der Skandalierung (Kepplinger 1998). Jedoch können die Methoden, die in diesen Studien verwendet wurden, im Gegensatz zu Experimenten keine zweifelsfreien Wirkungszusammenhänge nachweisen. Diese Arbeit wird daher den Forschungsstand zu Koorientierung erweitern, indem sie diese experimentelle Messung mit Journalisten vornimmt. Da Berichterstattung wie in Kapitel 4 erläutert einen großen Einfluss auf den Verlauf und die Folgen einer Organisationskrise haben kann, ist es relevant, ob Koorientierung beeinflusst, wie Journalisten den Nachrichtenwert eines Themas bewerten. Sowohl Krisenorganisationen als auch Journalisten müssten sich im Fall eines nachgewiesenen Einflusses fragen, welche Konsequenzen dies für ihre Arbeit in Krisensituationen hat. Mit H 2 wird die Wirkung von Koorientierung auf die journalistische *Wahrnehmung des Nachrichtenwerts der Krise* untersucht. Es wird davon ausgegangen, dass Journalisten die Krise als wichtigeres, berichtenswerteres Thema einschätzen, wenn bereits Berichterstattung dazu vorliegt. Bezüglich der *Wahrnehmung der Krisenorganisation* und des *emotionalen Potentials* ist aber unklar, in welche Richtung ein Zusammenhang vorliegen könnte. Deswegen werden Forschungsfrage 1 und 2 offen formuliert, um diese beiden Punkte zu testen.

> Hypothese 2 (Koorientierung – Wahrnehmung des Nachrichtenwerts der Krise): Journalisten, die einen Beitrag eines Leitmediums über die Krise lesen, sehen diese als wichtigeres Thema an als ihre Kollegen, die keinen Beitrag dazu lesen.
> Forschungsfrage 1 (Koorientierung – Wahrnehmung der Krisenorganisation): Bewerten Journalisten, die einen Beitrag eines Leitmediums über die Krise lesen, die Rolle der Organisation in der Krise anders als Journalisten, die keinen Beitrag dazu lesen?
> Forschungsfrage 2 (Koorientierung – Emotion bezüglich Krise): Vermuten Journalisten, die einen Beitrag eines Leitmediums über die Krise lesen, ein anderes emotionales Potential in der Krise als Journalisten, die keinen Beitrag dazu lesen?

5.2.3 Interaktionseffekte

Nachdem nun die Hypothesen und Forschungsfragen zu Krisen-PR und Koorientierung gebildet wurden, stellt sich noch die Frage nach Interaktionseffekten zwischen den unabhängigen Variablen. Eine explorative Analyse wird untersuchen, ob Interaktionseffekte zwischen einzelnen Stimulusvariationen vorliegen, also beispielsweise eine bestimmte PR-Strategie nur dann wirkt, wenn zugleich Berichterstattung vorliegt. So ist es z. B. denkbar, dass Journalisten sich aufgrund existierender Berichterstattung dafür entscheiden, eine PR-Meldung einer

5.2 Hypothesen und Forschungsfragen

Krisenorganisation kritischer zu kommentieren oder anders zu bewerten. Journalisten könnten beispielsweise einer Organisation misstrauen, die ihre Krise kleinzureden versucht, wenn bereits zahlreiche Medien darüber berichten. In diesem Fall könnten die Journalisten ein Missverhältnis zwischen den kommunikativen Anforderungen an die Organisation und der stattfindenden Kommunikation wahrnehmen.

Die Analyse der möglichen Interaktionen zwischen PR-Strategien und Koorientierung wird in dieser Arbeit ergebnisoffen geführt, da keine Hypothesenbildung über Wirkungszusammenhänge möglich ist. Es ist unklar, ob die Variation einzelner PR-Strategien und Berichterstattung miteinander interagieren werden. Die PR-Meldung enthält z. B. keine Kommunikationsstrategien, deren Wirkung von existierender Berichterstattung konterkariert werden sollte (siehe Diskussion des Stimulusmaterials in Abschnitt 6.2.1). Gleiches gilt für Interaktionseffekte zwischen den Variationen der beiden PR-Strategien, auch hier kann nicht sinnvoll spekuliert werden, in welche Richtung diese Effekte auftreten würden. Deswegen werden die Interaktionseffekte mit einer ergebnisoffenen Forschungsfrage überprüft anstelle einer Hypothese, die eine Vermutung über die Wirkungsrichtung enthalten würde. Sollten die Antworten der Journalisten Hinweise auf Interaktionseffekte zwischen einzelnen Variationen von unabhängigen Variablen liefern, so wäre dies ein Ansatzpunkt für weitere Forschung.

> **Forschungsfrage 3:** Liegen Interaktionseffekte zwischen einzelnen Variationen von unabhängigen Variablen vor?

Nun sind alle Hypothesen und Forschungsfragen formuliert, die in dieser Arbeit untersucht werden. Im nächsten Abschnitt wird die Untersuchungsanlage vorgestellt, mit der sie getestet werden.

6 Methodisches Vorgehen

In diesem Kapitel werden die Anlage und Durchführung der empirischen Untersuchung beschrieben, mit der die gerade aufgestellten Hypothesen und Forschungsfragen getestet und beantwortet werden. In Abschnitt 6.1 wird beschrieben, wieso als empirische Methode ein Experiment mit einer journalistischen Versuchsgruppe gewählt wurde und welche Besonderheiten dabei zu beachten sind. Abschnitt 6.2 stellt das experimentelle Material und den Versuchsaufbau vor. Hier wird diskutiert, mit welcher Operationalisierung die oben vorgestellten Hypothesen und Forschungsfragen überprüft werden. Ein komplettes Exemplar des Stimulusmaterials und Fragebogens ist im Anhang dieser Arbeit zu finden. Abschnitt 6.3 widmet sich der Durchführung des Experiments, hier werden sowohl der Vorbereitungszeitraum als auch die Feldphase von März bis April 2011 beschrieben.

6.1 Methodenwahl

Um die in Kapitel 5 aufgestellten Hypothesen und Forschungsfragen zu überprüfen, bietet es sich an, ein Experiment mit Journalisten durchzuführen. Die prinzipielle Logik sozialwissenschaftlicher Experimente ist der Vergleich des Verhaltens oder der Antworten zwischen verschiedenen Versuchsgruppen, die unterschiedliche Stimuli erhalten haben (Campbell, Stanley 1963; Daschmann 2003; Huber 2002; Lang 1996). Wenn diese Versuchsgruppen sich unterschiedlich verhalten, obwohl abgesehen von den Stimuli keine Unterschiede zwischen ihnen vorliegen, dann werden die gefundenen Unterschiede als *Wirkung* der Stimuli angesehen. Das Experiment ist die einzige Methode der Sozialwissenschaft, das einen solchen Nachweis von Wirkungszusammenhängen erbringen kann (Daschmann 2003: 273). Andere Methoden wie beispielsweise Inhaltsanalysen, Befragungen oder teilnehmende Beobachtungen, erlauben dagegen keine klaren Kausalnachweise.

Ein Experiment wählen Forscher dann als Methode aus, wenn bereits ein Grundverständnis über ein Phänomen existiert, auf dessen Basis Hypothesen gebildet und getestet werden können. Wenn man dagegen ein noch unbekanntes

Phänomen erkunden will, eignen sich eher qualitative, ergebnisoffene Methoden (wie z. B. Tiefeninterviews), da Forscher noch keine Hypothesen über Wirkungszusammenhänge bilden können (Bortz, Döring 2006: 301; Daschmann 2003). Wie in Kapitel 3 und 4 dargestellt wurde, haben sich Forscher bereits intensiv mit Krisenkommunikation und Koorientierung beschäftigt. Ein Grundverständnis über diese Prozesse ist vorhanden, welches nun mit Hilfe experimenteller Forschung erweitert werden kann. Im Fall von Krisen-PR und Koorientierung ist ein Experiment mit Journalisten der nächste logische Schritt, um die Erkenntnisse in beiden Feldern zu vertiefen. Denn in der Krisen-PR-Forschung wurden bereits viele Erkenntnisse mit Experimenten gewonnen, welche jedoch fast ausschließlich mit Studierenden durchgeführt wurden (Abschnitt 3.3.2.4). Da aber Journalisten die Kernzielgruppe von Krisenkommunikation sind, ist eine Überprüfung bisheriger Befunde mit ihnen notwendig. Die Koorientierungsforschung fokussiert sich auf die Zielgruppe der Journalisten, hat bisher aber noch keine experimentellen Messmethoden verwendet, sondern Befragungen oder Inhaltsanalysen (Reinemann 2003; Vliegenthart, Walgrave 2008; Wien, Elmelund-Præstekær 2009; siehe Kapitel 4). Ein experimenteller Test von Koorientierungswirkungen würde daher den Forschungsstand sinnvoll ergänzen. Ein Journalistenexperiment adressiert die Defizite bisheriger Forschung zu Krisen-PR und Koorientierung: Befunde der Krisen-PR-Forschung würden an Relevanz gewinnen, wenn sie auch an Journalisten nachweisbar wären, Annahmen der Koorientierungsforschung würden empirisch erhärtet, wenn sie in einem Experiment bestätigt würden, das einen klaren Ursache-Wirkungs-Zusammenhang nachweisen kann.

Damit ein Experiment Wirkungszusammenhänge nachweisen kann, müssen drei Voraussetzungen erfüllt sein (Sarris, Reiß 2005: 64). Erstens müssen a priori Hypothesen aufgestellt werden, die in einem Experiment falsifiziert werden können. Der *schwarzer Schwan*-Logik von Popper (2005) folgend können Hypothesen niemals verifiziert werden, sondern nur einem Falsifikationsversuch widerstehen. Diejenigen Hypothesen, die vielen Falsifikationsversuchen widerstanden haben, werden so lange als bestmögliche Erklärungen für die Realität angenommen, bis sie falsifiziert und durch andere Hypothesen ersetzt werden können. Die zweite Voraussetzung ist, dass Forscher a priori unabhängige und abhängige Variablen definieren. Die unabhängigen Variablen werden variiert und der Effekt auf die abhängigen Variablen gemessen. Drittens müssen Störvariablen von den Forschern kontrolliert werden, damit sie nicht die Ergebnisse verzerren. Als Störvariablen werden Einflussfaktoren bezeichnet, die auf die unabhängige oder abhängige Variable einwirken können, jedoch vom Forscher nicht aktiv variiert werden. Wenn eine Störvariable einen Teil der Probanden während des Experiments beeinflusst, so können Forscher nicht sagen, ob sich die Ergebnisse zweier Versuchsgruppen aufgrund der Wirkung der unabhängigen Variablen oder der Störvariablen unterscheiden (Daschmann 2003: 274). Störvariablen kann ein Versuchsleiter kontrollieren, indem er dafür sorgt, dass alle Versuchsgruppen ihnen in gleichem Maße ausgesetzt sind. Wenn ein Experiment beispielsweise in zwei Laborräumen durchgeführt wird, sollte ein Forscher sicherstellen, dass es in beiden Räumen gleich hell und gleich laut ist. Damit würde ausgeschlossen, dass sich die Versuchsgruppen wegen unterschiedlicher Helligkeit oder Zimmerlautstärke unterschiedlich verhalten. Die Kontrolle aller Störvariablen ist in der Praxis aber schwerer möglich als in diesem Beispiel, da ein Forscher nicht alle Störvariablen erkennen kann.

Wenn Forscher nicht alle Störvariablen kontrollieren können, jedoch die beiden anderen Voraussetzungen für ein Experiment erfüllt sind (a priori Hypothesen und die Manipulation der unabhängigen Variablen durch den Versuchsleiter), spricht man von einem *Quasi-Experiment*. Da es unmöglich ist, sämtliche Störvariablen vor einem Experiment zu kennen und auszuschalten, ist das strenge Experiment lediglich ein Ideal, an dass sich Forscher mit quasi-experimentellen Designs bestmöglich annähern können (Schwarz 2010: 137). Je besser ein Experiment diese drei Bedingungen erfüllt, desto größer ist seine *interne Validität*, da die Unterschiede zwischen Versuchsgruppen eindeutig auf die Variation der unabhängigen Variablen zurückgeführt werden können.

Die zweite Dimension neben der internen Validität, die ein Experiment optimieren sollte, ist die *externe Validität* (Campbell, Stanley 1963: 5 ff.; Himme 2007: 375 ff.). Der Begriff beschreibt, wie gut sich die Befunde des Experiments auf andere, nicht-experimentelle Situationen in der Realität übertragen lassen. Die externe Validität ist groß, wenn ein im Experiment gefundener Zusammenhang in gleicher Art und Stärke auch außerhalb des Experiments auftritt. Wenn dagegen ein Zusammenhang nur mit einer bestimmten Versuchsgruppe und nur in einer bestimmten Versuchssituation auftritt, dann ist die externe Validität dieses Befunds gering (Bortz, Döring 2006: 33).

Häufig werden Experimente nach dem Ort der Durchführung unterschieden in *Labor-* und *Feldexperimente*. Wenn ein Forscher die Versuchspersonen in ein Labor einlädt, wo er viele Störvariablen kontrollieren kann, steigert das die interne Validität der Befunde. Jedoch sinkt in diesem Fall die externe Validität, da Personen in einem Labor anders reagieren könnten als in ihrer gewohnten Umgebung. In einem Feldexperiment testet ein Forscher die Reaktionen von Versuchspersonen in deren gewohnter Umgebung, was die externe Validität der Befunde erhöht. Umgekehrt sinkt die interne Validität, da er die Störvariablen schlechter oder überhaupt nicht mehr kontrollieren kann (57 f.).

Wenn man ein Experiment mit Journalisten durchführt, muss man überlegen, wie man interne und externe Validität zugleich maximieren kann. Die Literatur empfiehlt Feldexperimente für Studien, die nicht nur die Forschung bereichern, sondern zugleich auch möglichst praxisrelevante Ergebnisse erzielen wollen (Rack, Christophersen 2007). Wegen des dezidierten Praxisfokus dieser Arbeit wird daher ein Feldexperiment gewählt, bei dem Journalisten das Stimulusmaterial unter möglichst realitätsnahen Bedingungen rezipieren. Es bietet sich an, ihnen das Stimulusmaterial und den Fragebogen an ihre Redaktionsadressen zu schicken mit der Bitte um Rücksendung. Da die Journalisten schriftliche Information über eine Krise (= das Stimulusmaterial) an ihrem Arbeitsplatz erhalten, bildet diese Untersuchungsanlage den realen Arbeitsablauf der Journalisten nach, bei dem sie z. B. PR-Meldungen von Organisationen oder Anspruchsgruppen über eine Krise erhalten. Neben diesen inhaltlichen sprechen auch forschungsökonomische Auswahlkriterien für ein postalisches Experiment, diese Methode ist wesentlich zeit- und kostensparender, als wenn z. B. ein Forscher alle Journalisten an ihrem Arbeitsplatz aufsuchen würde, um dort mit ihnen das Experiment durchzuführen. Zwar könnte er mit einem persönlichen Besuch bei Journalisten möglicherweise Störvariablen besser kontrollieren, jedoch würde dadurch auch die Künstlichkeit der Versuchssituation erhöht, was die externe Validität der Befunde reduzieren würde.

6.2 Material und Versuchsaufbau

Nachdem nun die Auswahl der Methode begründet ist, wird in diesem Abschnitt das Experiment beschrieben, mit dem die in Kapitel 5 entwickelten Hypothesen getestet werden. Zunächst wird in Abschnitt 6.2.1 das Stimulusmaterial präsentiert und gezeigt, wie die unabhängigen Variablen operationalisiert und variiert werden. Danach wird der Fragebogen im Detail vorgestellt, mit dem die abhängigen Variablen des Experiments abgefragt werden (Abschnitt 6.2.2). Das gesamte experimentelle Material wurde drei Journalisten in einem Pretest vorgelegt, mit Hilfe ihrer Antworten wurden sowohl das Stimulusmaterial als auch der Fragebogen optimiert.

6.2.1 Stimulusmaterial

Das Stimulusmaterial des Experiments besteht aus einer fiktiven *dpa*-Meldung über eine Organisationskrise, einem Statement der Organisation und einem fiktiven *Spiegel Online*-Beitrag über die Krise. Die fiktive *dpa*-Meldung wurde an alle Versuchsgruppen einschließlich der Kontrollgruppe verschickt. Diese Meldung thematisiert Testergebnisse des Magazins *Stiftung Warentest*, die auf Benzol-Verunreinigungen in Shampoos des fiktiven Herstellers *Kamilla* hinweisen. Die Krise im Stimulusmaterial ist also eine *Produktkrise*, die deswegen statt anderer Krisentypen (wie z. B. einer Unfallkrise) ausgewählt wurde, da solche Krisen eine große allgemeine Relevanz für Organisationen besitzen (Krisen in Geschäftsabläufen sind das am häufigsten diskutierte Thema in englischsprachigen PR-Fachzeitschriften; An, Cheng 2010). Konkret wird eine Verunreinigung von Shampoos mit Benzol beschrieben, da mit solch einer Benzol-Krise in einer Studie bereits erfolgreich Hypothesen zu Krisenkommunikation getestet wurden (Coombs, Holladay 2010a).

dpa wird aus zwei Gründen als Quelle der Meldung gewählt. Zum einen wird eine größere Realitätsnähe angenommen, da Journalisten täglich viele Meldungen von Presseagenturen erhalten, auf deren Grundlage sie recherchieren und Beiträge erstellen. Eine Einbettung des Materials in eine *dpa*-Meldung sollte daher die Glaubwürdigkeit der Information steigern. Zum anderen zeigen Befragungen, dass Material von Presseagenturen eine große Rolle für die journalistische Themenfindung und Recherche spielt (Reinemann 2003: 220, 236). Weil die Einstiegsmeldung als *dpa*-Material gekennzeichnet ist, sollten Journalisten sie hoffentlich als glaubwürdiger wahrnehmen und davon ausgehen, dass die Fakten bereits auf Richtigkeit geprüft worden sind. Abbildung 15 stellt den Wortlaut der *dpa*-Meldung dar. Die Meldung berichtet über die Benzolfunde von *Stiftung Warentest*, ohne die Vorfälle zu bewerten. Sie zitiert die Aussagen eines fiktiven *Stiftung Warentest*-Chefredakteurs und verweist darauf, dass eine Stellungnahme des Shampooherstellers *Kamilla* noch aussteht.

Um die in Kapitel 5 aufgestellten Hypothesen zu testen, werden im Experiment vier unabhängige Variablen auf je zwei Stufen variiert. Die erste unabhängige Variable operationalisiert die *aktive Kommunikation* der Krisenorganisation. Diese wird variiert, indem das Stimulusmaterial zusätzlich zur *dpa*-Meldung entweder noch eine PR-Meldung des fiktiven Shampooherstellers *Kamilla* enthält (= aktive Kommunikation) oder nicht (= keine aktive Kommunikation). Wenn Journalisten die PR-Meldung erhalten, so werden sie von der Krisenorganisation informiert, bevor andere Medien darüber berichten. Damit nimmt die

Organisation eine aktive Rolle ein, da sie selbst eine Meldung veröffentlicht und nicht nur auf bestehende Berichterstattung reagiert.

> **Stiftung Warentest findet krebserregendes Benzol in Shampoos von Kamilla**
>
> Das Verbrauchermagazin „Stiftung Warentest" veröffentlicht in seiner morgen erscheinenden Ausgabe Testergebnisse, die eine Benzolbelastung der Shampoos der „Kamilla Pflegeprodukte GmbH" zeigen. „Wir haben Shampoos in deutschen Supermärkten eingekauft und getestet. Die Produkte von Kamilla enthielten krebserregende Benzolverbindungen, teilweise wurde der Grenzwert um das Achtfache überschritten", so Stiftung Warentest.
>
> Warentest-Chefredakteur Christopher Wening rät Verbrauchern zur Vorsicht: „Unsere Ergebnisse zeigen klare Benzol-Belastungen in den Kamilla-Shampoos: Dieser Stoff ist krebserregend und hat in Shampoos nichts zu suchen. Es ist nicht auszuschließen, dass auch noch weitere Pflegeprodukte von Kamilla betroffen sind."
>
> Die Kamilla Pflegeprodukte GmbH war bisher noch nicht für eine Stellungnahme zu erreichen. (dpa)

Quelle: Eigene Darstellung

Abbildung 15: Wortlaut der *dpa*-Meldung

Die zweite unabhängige Variable ist die Darstellung der *Kontrollierbarkeit der Krisenursache*. Die Ausprägung *kontrollierbar* wurde in der PR-Meldung so operationalisiert, dass der Organisationssprecher einen Fehler der Qualitätskontrolleure der Krisenorganisation vermutet. Hätte die Qualitätskontrolle hier korrekt funktioniert, wäre die Krise vor ihrem Ausbruch verhindert worden. In der Variation *Keine Kontrollierbarkeit* betont er, dass Benzol in Pflegeprodukten so selten ist, dass keine Standardtests für diese Substanz vorgeschrieben sind. Der Hersteller konnte daher in dieser Variation nicht davon ausgehen, dass seine Produkte Benzol enthalten und war nicht zum einem Test verpflichtet. So soll die Variation *Keine Kontrollierbarkeit* zeigen, dass die Krisenorganisation das Problem weder vorhersehen noch verhindern konnte. Um die Ausprägung zu verstärken, wird zudem eine externe Verortung der Krisenursache erwähnt, der Unternehmensvorstand spekuliert, dass die Benzolbelastung möglicherweise von den Plastikflaschen stammt, die nicht von *Kamilla* selbst hergestellt werden, sondern von einem Zulieferer. Diese externe Verortung wird in manchen Studien ver-

6.2 Material und Versuchsaufbau

wendet, um den Eindruck der Unkontrollierbarkeit einer Situation zu verstärken (Lee 2004; 2005).

Die dritte unabhängige Variable betrifft die *Relativierung der Krise mittels Verweis auf die Krisenhistorie*. In der *Relativierung*-Ausprägung spricht der *Kamilla*-Geschäftsführer davon, dass es noch nie Beanstandungen wegen mangelhafter Produkte gegeben habe. In der *Keine Relativierung*-Ausprägung unterbleibt dieser Verweis. Abbildung 16 stellt den Wortlaut der PR-Meldungen inklusive Stimulusvariationen dar. Zunächst steigt die PR-Meldung mit einem Statement des Geschäftsführers der Krisenorganisation ein, der sein Bedauern über die Vorfälle ausdrückt und über Maßnahmen berichtet, die zur Krisenlösung eingeleitet wurden. Danach folgen zwei Abschnitte, in denen die Kommunikationsstrategien *Kontrollierbarkeit der Krisenursache* und *Relativierung* variiert werden. Die Meldung endet mit Kontaktdaten der Pressestelle.

KAMILLA INFORMIERT: WIR ERGREIFEN INITIATIVE ZU BENZOL-VORWÜRFEN	
„Wir nehmen die Benzol-Vorwürfe sehr ernst", so Franz Riegel, Geschäftsführer der KAMILLA Pflegeprodukte GmbH. In der vergangenen Woche wurde das Unternehmen von der Stiftung Warentest kontaktiert, die in einigen KAMILLA-Shampoos krebserregendes Benzol entdeckt hatte. „Wir haben alle Produkte der betroffenen Charge aus dem Handel zurückgerufen und eine Untersuchungskommission eingesetzt, um den Sachverhalt endgültig aufzuklären", sagte Riegel weiter. Etwa 8.000 Shampooflaschen dieser Charge sind bereits von Kunden gekauft und verbraucht worden, die restlichen Shampoos konnte KAMILLA zurückrufen. KAMILLA überprüft intensiv, wieso benzolbelastete Produkte in den Handel kamen.	
Variationen der Kommunikationsstrategie *Kontrollierbarkeit der Krisenursache*	
Verweis auf geringe Kontrollierbarkeit „Eine Möglichkeit wäre, dass unsere Zulieferer Shampooflaschen mit benzolbelastetem Plastik an uns geliefert haben und auf diesem Weg Benzol in das Shampoo kam", erläutert Franz Riegel. „Der KAMILLA-Qualitätssicherung mache ich hier keinen Vorwurf. Benzol kommt im Produktionsprozess von Shampoo an keiner Stelle vor und wird daher in normalen Tests von Pflegeprodukt-Herstellern nicht überprüft."	**Verweis auf hohe Kontrollierbarkeit** „Egal, wie die Verunreinigung aufgetreten ist: Unsere Qualitätssicherung muss besser werden. Ich kann mir nicht erklären, wieso unsere Leute diese Benzol-Belastung nicht entdeckt haben, bevor die Produkte in den Handel kamen. Offenbar gibt es hier Defizite in der hausinternen Qualitätssicherung, die wir beheben müssen."
Variationen der Kommunikationsstrategie *Relativierung*	
Relativierung durch Verweis auf positive Krisenhistorie Franz Riegel betont die hohen Qualitätsansprüche seines Unternehmens: „Man muss diese Fälle ins Verhältnis setzen. KAMILLA verkauft seit 20 Jahren mehr als eine halbe Million Pflegeprodukte pro Jahr. Bisher gab es noch nie Beanstandungen wegen der Qualität der Produkte, das ist eine beeindruckende Leistung. Die Qualität von KAMILLA-Produkten ist sehr gut – selbst trotz der aktuellen Benzol-Diskussion."	**Keine Relativierung** -
KAMILLA informiert Sie gerne über weitere aktuelle Entwicklungen. Für Rückfragen wenden Sie sich bitte an unsere Pressestelle, Tel.: 089 - 1234 1234.	

Abbildung 16: Wortlaut der PR-Meldung

Ein Teil der Stimulusgruppen erhält außerdem einen *fiktiven Spiegel Online-Beitrag*, der über die Vorwürfe gegen *Kamilla* berichtet. Mit einem Vergleich der *Spiegel Online-* vs. Kein-*Spiegel Online*-Gruppen wird überprüft, welche

Koorientierungswirkungen der Beitrag auslöst. *Spiegel Online* wurde als Quelle gewählt, da dieses Medium von vielen Journalisten sehr häufig genutzt wird und manche ihm einen großen Einfluss auf ihre Berichterstattung attestieren (Kramp, Weichert 2008; Lünenborg, Berghofer 2010: 29 ff.; siehe Abbildung 12).

Abbildung 17 stellt den Wortlaut des *Spiegel Online*-Beitrags dar. In den drei Absätzen wird zunächst ein Einstieg in das Thema gegeben, danach über die Benzol-Testergebnisse von *Stiftung Warentest* berichtet, die bereits in der *dpa*-Meldung thematisiert wurden, und abschließend über die Folgen der Krise für den betroffenen Shampoohersteller *Kamilla* spekuliert. Der letzte Absatz betont, dass die Krisenursache noch nicht feststeht, jedoch die Gefahr eines größeren Schadens für die Organisation droht, falls sich die Krise ausweitet. Der Beitrag ist neutral formuliert, er berichtet lediglich über die Krise, nimmt aber keine Wertung der betroffenen Akteure oder des Shampooherstellers vor. Damit soll getestet werden, ob eine nicht-wertende Thematisierung eines Sachverhalts schon ausreicht, um bei Journalisten Agenda Setting-Effekte auszulösen. Würde der Beitrag auch wertende Elemente enthalten, könnte man nicht mehr genau bestimmen, ob mögliche Agenda Setting-Effekte auf die Thematisierung der Krise im *Spiegel Online*-Beitrag oder deren dortige Bewertung zurückzuführen sind. Der Beitrag wird im Experiment im Layout von *Spiegel Online* präsentiert (siehe Anhang).

Die unabhängigen Variablen zu *aktiver Kommunikation*, den beiden PR-Strategien *Kontrollierbarkeit der Krisenursache* und *Relativierung der Krise* sowie der *Koorientierung* werden also auf jeweils zwei Stufen variiert (Abbildung 18). Die Untersuchung zu aktiver Kommunikation unterscheidet sich in ihrer Logik von den anderen Gruppen, da nur diese Variable gegen die Kontrollgruppe getestet wird. Indem die Antworten der vier Stimulusgruppen, die eine *dpa*-Meldung und PR-Mitteilung erhalten, mit der Kontrollgruppe verglichen werden, soll ermittelt werden, welchen Effekt *aktive* Kommunikation (= die Veröffentlichung der Pressemitteilung) hat. Dagegen werden für die übrigen drei unabhängigen Variablen (die beiden PR-Strategien und der *Spiegel Online*-Beitrag) einzelne Gruppen gegeneinander getestet, um die Effekte bestimmter Stimulusvariationen und -kombinationen zu bestimmen. Somit ist das Experiment als 2x2x2-Design mit Kontrollgruppe aufgebaut.

6.2 Material und Versuchsaufbau

> **Kamilla: Haarpflege mit Krebsrisiko?**
>
> Franz Riegel hat eigentlich einen relativ entspannten Job. Der 61-jährige ist Geschäftsführer der Kamilla Pflegeprodukte GmbH und präsentiert normalerweise neue Shampoos und Duschgels, die sein mittelständisches Unternehmen entwickelt hat. Doch heute ist alles anders: Er muss sich mit Vorwürfen auseinandersetzen, dass Kamilla-Shampoos krebserregende Giftstoffe enthalten.
>
> Wie die Stiftung Warentest in ihren Laboruntersuchungen herausfand, sind Shampoos von Kamilla mit Benzol belastet. Da Benzol sehr krebserregend ist, sollten Menschen jeden Kontakt mit diesem Stoff vermeiden. „Ich rate den Verbrauchern zur Vorsicht mit den Shampoos von Kamilla", so Warentest-Chefredakteur Christopher Wening.
>
> Für Kamilla ist dieses Testergebnis alarmierend. Die Shampoos waren jahrelang das Aushängeschild der Firma, man versprach seinen Kunden höchste Qualität. Momentan betreibt man noch Ursachenforschung bei Kamilla. Wenn herauskommen sollte, dass die Qualitätssicherung schlampig gearbeitet hat oder sogar noch weitere Produkte belastet sind, wäre das eine handfeste Krise für das Unternehmen – und zugleich ein gefundenes Fressen für die Konkurrenz.

Quelle: Eigene Darstellung

Abbildung 17: Wortlaut des *Spiegel Online*-Beitrags

Unabhängige Variable	Variation	
Aktive Kommunikation	Journalisten erhalten PR-Meldung der Krisenorganisation	
	Journalisten erhalten keine PR-Meldung (= Kontrollgruppe)	
Kontrollierbarkeit	PR-Meldung vermutet unkontrollierbare Krisenursache	
	PR-Meldung vermutet kontrollierbare Krisenursache	2 x 2 x 2-Design
Relativierung	PR-Meldung verweist auf positive Krisenhistorie	
	PR-Meldung enthält keinen Verweis	
Koorientierung	Journalisten erhalten *Spiegel Online*-Artikel über Krise	
	Journalisten erhalten keinen *Spiegel Online*-Artikel	

Quelle: Eigene Darstellung

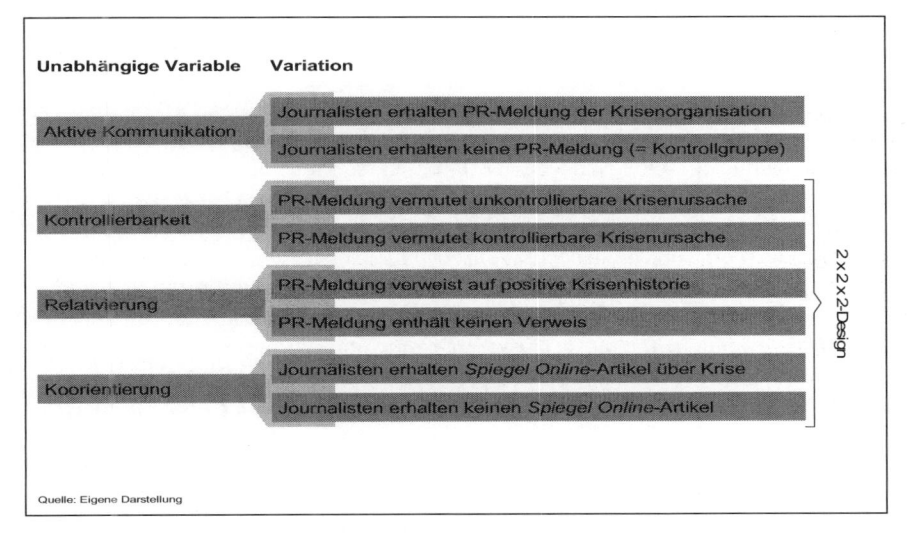

Abbildung 18: Variation der unabhängigen Variablen

6.2.2 Fragebogen

Nachdem nun das Stimulusmaterial beschrieben wurde, wird in diesem Abschnitt der Fragebogen vorgestellt, mit dem die abhängigen Variablen gemessen werden. Wie in Kapitel 5 diskutiert sind die abhängigen Variablen dieser Arbeit die journalistische *Wahrnehmung des Nachrichtenwerts der Krise*, die *Wahrnehmung der Krisenorganisation* und die *Emotion bezüglich der Krise*. Zunächst beginnt der Fragebogen jedoch mit Fragen darüber, wie Journalisten in der *Kamilla*-Krise recherchieren würden und welche Information sie suchen. Dies wird zum einen abgefragt, um den Einstieg in den Fragebogen zu erleichtern, zum anderen sollten Erkenntnisse darüber gewonnen werden, auf welche Informationen Journalisten im Fall einer Organisationskrise Wert legen. Mit Hilfe dieser Angaben können Organisationen ihre Krisenkommunikation besser an die Bedürfnisse von Journalisten anpassen und außerdem Journalisten ihre eigenen Recherchemethoden mit denen ihrer Kollegen vergleichen.

Nach diesen Einstiegsfragen werden die abhängigen Variablen mit sechsstufigen semantischen Differentialen abgefragt. Sechsstufige Differentiale werden anstelle von fünf- oder siebenstufigen gewählt, damit Journalisten eine Tendenz in ihren Antworten angeben müssen (links oder rechts der Mitte) und keinen neutralen Mittelwert ankreuzen können. Dieses Vorgehen wird gewählt, weil sich die Journalisten bei sechsstufigen Skalen über die einzelnen Differentiale Gedanken machen müssen und nicht z. B. mangels Interesse einfach einen Mittelwert ankreuzen können. Inhaltlich ähnliche Ausprägungen stehen im Fragebogen nicht durchgängig auf der gleichen Seite der semantischen Differentiale, so dass Fragebögen identifiziert und aussortiert werden können, in denen Journalisten durchgängig dieselbe Seite des Differentials ankreuzten, ohne auf die Frageinhalte zu achten.

Um zu erfahren, wie die Journalisten den *Nachrichtenwert der Krise* einschätzen, werden verschiedene Fragen gestellt. Neben der direkten Frage nach dem zugeschriebenen Nachrichtenwert (*Vorwürfe sind sehr/nicht berichtenswert*) wird weiterhin abgefragt, wie schwerwiegend die Journalisten den *Schaden für Verbraucher* und für die *betroffene Organisation* einschätzen. Darüber hinaus sollen sie auf mehreren Skalen angeben, wie sie die Krise und Krisenvorwürfe einschätzen (*schwerwiegend/nicht schwerwiegend, übertrieben/nicht übertrieben, von großem/geringem öffentlichem Interesse*). Die Fragen nach der Schadenshöhe werden gestellt, da *möglicher Schaden/Misserfolg* einer der wenigen Nachrichtenfaktoren ist, dem Journalisten stabil über einen langen Zeitraum hinweg einen großen Nachrichtenwert zuschreiben (Kepplinger, Bastian 2000). Wenn die Journalisten also auf diesen Skalen einen großen Schaden vermuten, so könnte dies darauf hindeuten, dass sie dem Thema einen großen Nachrichtenwert zuschreiben.

Mit Hilfe der semantischen Differentiale zur *Wahrnehmung der Krisenorganisation* soll einerseits ermittelt werden, wie die Journalisten die Qualität der Arbeit und Kommunikation der Krisenorganisation einschätzen (funktionale Kriterien: *transparent/intransparent, professionell/unprofessionell, kompetent/inkompetent*). Zum anderen soll festgestellt werden, wie sie das Handeln der Organisation aus sozialer bzw. moralischer Sicht bewerten (soziale Kriterien: *schuldig/unschuldig, verantwortungsbewusst/verantwortungslos, defensiv/offensiv, glaubwürdig/unglaubwürdig, kriminell/nicht kriminell*). Diese Einteilung der Abfrage in funktionale und soziale/moralische Kriterien lehnt sich an die bisherige Reputationsforschung an (Imhof, Eisenegger 2007: 6). Das Differential *schuldig/unschuldig* wird auch deswegen abgefragt, um zu überprüfen, ob die Variation der PR-Strategie *Darstellung der Krisenursache* als *kontrollierbar* bzw. *nicht kontrollierbar* wie intendiert von den Journalisten wahrgenommen wird. Wenn sie das Material wie intendiert aufnehmen, dann sollten sie bei der *kontrollierbar*-Variation der Organisation mehr Schuld an der Krise zuschreiben.

Neben der Bewertung der Krisenorganisation wird auch die *Emotion* abgefragt, die die Krise auslöst. Diese Dimension wird in den Fragebogen aufgenommen, da die Rolle von Emotionen in der Forschung zu Krisenkommunikation und den Appraisaltheorien diskutiert wird (Abschnitt 3.3.2.2 und 5.1), Forscher vermuten negative Folgen für die Reputation einer Krisenorganisation, wenn Anspruchsgruppen zu einer Krise sehr negative Emotionen entwickeln (Coombs 2007b). Die Skalen in diesem Fragebogen sind in Anlehnung an die existierende Forschung entwickelt, so wird zunächst nach *Ärger* und *Schock* gefragt (*Wenn mein Publikum von den Vorwürfen erfahren würde, ...wäre es verärgert/nicht verärgert über das Verhalten von Kamilla, ...wäre es schockiert/nicht schockiert)*, da diese beiden Emotionen die Forschung zu Krisenkommunikation dominieren (Coombs, Holladay 2009; 2011; Pang et al. 2010; Pfeiffer et al. 2005) und von Anspruchsgruppen in realen Krisen am häufigsten artikuliert wurden (Choi, Lin 2009). Aufbauend auf vorangegangenen Studien (Nerb, Spada 2001: 533; Pfeiffer et al. 2005: 45) wird neben *Ärger* auch die daraus resultierende *Boykottabsicht* abgefragt (*...würde es nichts mehr von Kamilla kaufen/würde es weiterhin Kamilla-Produkte kaufen*). Die zweite Emotion, die in den Studien zur Appraisaltheorie bei Krisen untersucht wird, ist Traurigkeit, verbunden mit Hilfsbereitschaft (Nerb et al. 1998). Traurigkeit wird auch in dieser Arbeit abgefragt (*...wäre es verstört und traurig/nicht verstört und traurig*), jedoch wird auf die Abfrage von Hilfsbereitschaft verzichtet. Hilfsbereitschaft wurde zwar in vergangenen Studien über Umweltkrisen ausgelöst (wie z. B. größere Spendenbereitschaft für Naturschutz o. ä.; Nerb et al. 1998; Pfeiffer et al. 2005), aber diese Emotion wird bei der Produktkrise im Stimulusmaterial vermutlich nicht ausgelöst, da kein konkretes Hilfsverhalten naheliegt und zudem kein direkter Hilfsempfänger existiert.

Die journalistischen Probanden werden in dieser Arbeit nicht nach ihrer eigenen Emotion zur Krise und Krisenorganisation gefragt, sondern stattdessen danach, welche Emotion sie bei ihrem Publikum vermuten. Die Fragen werden auf diese Weise formuliert, da alle Journalisten im Pretest angegeben haben, selbst keine Emotion zur Krise zu empfinden. Dieser Pretest-Befund könnte damit begründet werden, dass die Krise im Stimulusmaterial entweder keine Emotion bei Journalisten auslöst, oder sie diese nur unbewusst verspüren oder nicht zugeben. Indem die Journalisten nach der Emotion gefragt werden, die sie bei ihrem Publikum vermuten, wird auf anderem Wege ermittelt, ob die Emotions-Dimension ihre Beitragserstellung beeinflussen könnte. Zwar ist es bei dieser Art der Fragestellung möglich, dass z. B. Third-Person-Effekte auftreten (Davison 1983; Perloff 1993, diskutiert in Abschnitt 5.1). Jedoch ist selbst eine inkorrekte Emotionsvermutung der Journalisten aus praktischer Hinsicht relevant, wenn sie zu emotionalisierender Berichterstattung führt. Für eine Organisation in der Krise ist es daher wichtig, auf Emotionsskalen möglichst gute Ergebnisse zu erzielen, da ihr nicht an emotionalisierender Berichterstattung gelegen sein kann.

Zum Abschluss werden noch mehrere Fragen gestellt, um herauszufinden, wie Journalisten PR allgemein und speziell in Krisen beurteilen. Damit soll ermittelt werden, ob die Wirkung von PR bei manchen Journalisten eingeschränkt ist, weil sie diese z. B. für unglaubwürdig halten. Die Fragen zur Einschätzung von PR orientieren sich an vorangegangenen Journalistenbefragungen (Weischenberg et al. 2006a). Daneben wird auch die allgemeine Quellennutzung zur Beitragsrecherche abgefragt, die Fragen lehnen sich erneut an vorangegangene Studien an (Lünenborg, Berghofer 2010). Abschließend werden die Soziodemografika der Journalisten erhoben.

Zusammenfassend ist auf Abbildung 19 der Aufbau des Experiments dargestellt. Zunächst bekommen alle Versuchsgruppen die *dpa*-Mitteilung, welche die Krisensituation beschreibt. Jede der Versuchsgruppen 1 bis 8 erhält zusätzlich eine individuelle Kombination der beiden PR-Stimuli sowie des *Spiegel Online*-Artikels. Da jede Gruppe eine einzigartige Kombination der Stimulusvariationen erhält, können mögliche Unterschiede zwischen den Antworten dieser Gruppen auf die Wirkung individueller Stimuli zurückgeführt werden. Die neunte Gruppe fungiert als Kontrollgruppe, sie erhält neben der *dpa*-Meldung kein weiteres Stimulusmaterial. Zum Abschluss des Experiments füllen alle Gruppen den gleichen Fragebogen aus.

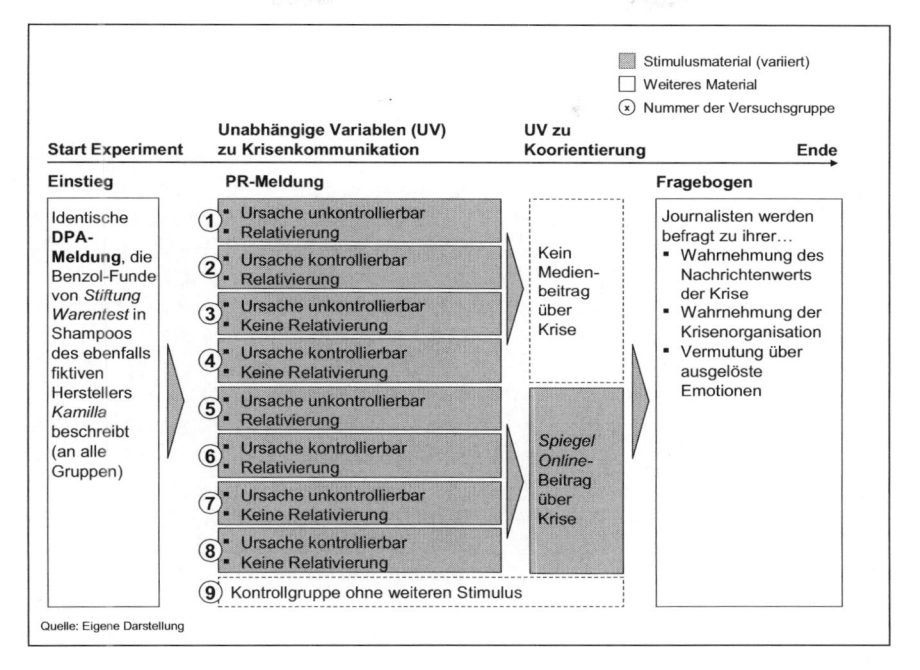

Abbildung 19: Versuchsaufbau

6.3 Durchführung

Für das Experiment wurden Adressen von Journalisten aus dem Mitgliederverzeichnis der Bundespressekonferenz sowie von den Websites verschiedener Medien gesammelt. Für die Online-Recherche wurden zunächst Suchmaschinen und Websites verwendet, welche die Namen und Kontakte möglichst vieler deutscher Medien enthielten (z. B. tageszeitung-24.de). Von Tageszeitungen wurden diejenigen mit einer Auflage von weniger als 5000 Stück aus der Stichprobe ebenso ausgeschlossen wie extremistische und nicht-deutschsprachige Publikationen (Auflage ermittelt aus Schütz 2009). Diese Entscheidung wurde getroffen, da vermutet wurde, dass diese Publikationen ein völlig anderes Themenspektrum abdecken und ihre Journalisten möglicherweise andere Arbeitsroutinen haben als die der übrigen Medien. Diese Arbeit ist jedoch nur an Ergebnissen interessiert, die Aussagen über die Wahrnehmung und Arbeitsweisen der großen Mehrheit von Journalisten zulassen.

Nach der Anwendung dieses Ausschlusskriteriums wurde von allen übrigen Medien jeweils ein Journalisten-Kontakt pro Redaktion ermittelt, insgesamt wurden so 988 Adressen gesammelt. Dies war die maximal mögliche Zahl von Redaktions- und Journalistenadressen, die auf dem o. g. Weg zu ermitteln war. Wenn man von einer Grundgesamtheit von 2.390 Medienorganisationen in Deutschland ausgeht, worunter jedoch mehr als 1.000 für diese Arbeit irrelevante Anzeigenblätter, Stadtmagazine und kleine Spartenzeitschriften fallen (Weischenberg et al. 2006b: 349), ist diese Anzahl identifizierter Adressen zufriedenstellend. Bei der Online-Recherche wurden Journalisten aus den Wirtschaftsressorts ausgewählt, sofern solch eine Ressortaufteilung auf den Websites der Medien ersichtlich war. Dies war jedoch nur bei einer kleinen Gruppe von überregionalen Medien der Fall. Von den Medien, auf deren Webpräsenz keine solch klare Ressorttrennung ersichtlich war, wurden Journalisten ausgewählt, die Artikel entweder zu einem Wirtschaftsthema oder einem anderen aktuellen Nachrichtenthema verfasst hatten (z. B. Politik). Nicht einbezogen wurden Journalisten, die lediglich Artikel über Sport-, Reise- oder Kulturthemen berichtet hatten. Mit dieser Vorgehensweise sollte sichergestellt werden, dass auch bei kleineren Medien ohne starke Ressorttrennung die geeigneten Journalisten angeschrieben wurden, in deren Zuständigkeit die Berichterstattung über eine Organisationskrise fallen könnte.

Bei der Durchführung des Experiments wurden mehrere Schritte unternommen, um die interne und externe Validität der Ergebnisse zu steigern. So war das Experiment samt Fragebogen bewusst kurz gehalten, damit Journalisten es in etwa 10 bis 15 Minuten komplettieren konnten. Eine zügige Durchführung erhöht die interne Validität, wenn sie das Risiko minimiert, dass die Antworten der Journalisten von Drittvariablen beeinflusst werden (z. B. die Diskussion des Fragebogens mit Kollegen, die Effekte längeren Nachdenkens über das Stimulusmaterial etc.). Darüber hinaus sollte die Kürze auch die Teilnahmebereitschaft der Journalisten steigern, welche der große Unsicherheitsfaktor in dieser Untersuchungsanlage war. In diesem Feldexperiment wurde ein größeres Verweigerungs- und Abbruchsrisiko vermutet als z. B. bei Laborexperimenten, bei denen Forscher die studentischen Probanden (eine „captive audience", Daschmann 2003: 275) meist zur Teilnahme an längeren Experimenten bewegen können. Da eine Mindestzahl von Teilnehmern jedoch für statistische Signifikanztests unerlässlich ist, wurde ein Experimentaldesign verwendet, das nur wenig Zeit der Journalisten beanspruchte.

Als weitere Maßnahme, um die interne Validität zu steigern, wurden die Journalisten im Anschreiben und auf den einzelnen Seiten des Stimulusmaterials

6.3 Durchführung

gebeten, das Material in der vorgegebenen Reihenfolge zu bearbeiten, also zunächst die *dpa*-Meldung und danach ggf. PR-Material und *Spiegel* Online-Artikel zu lesen und abschließend den Fragebogen auszufüllen. Trotz der Kürze des Experiments und der Anweisungen im Anschreiben kann nicht vollständig garantiert werden, dass Journalisten das Stimulus-Material und den Fragebogen alleine und an einem Stück rezipiert haben, sondern z. B. gemeinsam mit Kollegen. Dieses Risiko war zwar gegeben, musste aber in Kauf genommen werden, um Journalisten mit einem realitätsnahen Design befragen zu können.

Die externe Validität des Experiments wurde erhöht, indem das Material größtenteils an Redaktionsadressen verschickt wurde. Somit konnten die Journalisten das Stimulusmaterial unter den gleichen Bedingungen empfangen und rezipieren wie reale PR-Meldungen. In einigen Fällen wurden die Fragebögen an die Privatadressen von freien Journalisten verschickt, falls keine Redaktionsadressen vorlagen. Beim Versand wurde darauf geachtet, dass alle Adressaten in unterschiedlichen Redaktionen saßen. Diese Streuung von Material über viele Redaktionen ist auch bei nichtexperimentellen Journalistenbefragungen üblich (Reinemann 2003; Scholl, Weischenberg 1998). In dieser Arbeit soll diese Methode Störvariablen eliminieren, konkret muss verhindert werden, dass mehrere Journalisten über das Material diskutieren oder ihre Stimulus-Versionen vergleichen. Denn wenn sie bemerkten, dass sich das Stimulusmaterial unterscheidet, würden sie möglicherweise über die Hypothesen des Experiments spekulieren, was eine erhebliche Störvariable darstellen würde. Aufgrund dieser Überlegung wurden auch Journalisten angeschrieben, die zwar für dasselbe Medium arbeiten, aber an verschiedenen Orten. Die räumliche Trennung sollte ausreichen, um eine zufällige Diskussion zwischen Kollegen über das Stimulusmaterial zu verhindern.

Die Journalisten wurden per Zufallsgenerator einer der neun Versuchsgruppen zugewiesen, um die statistischen Voraussetzungen für den Vergleich von Experimentalgruppen zu erfüllen (Lang 1996). Alle Journalisten wurden namentlich angeschrieben, um die Wahrscheinlichkeit zu erhöhen, dass nur die Journalisten am Experiment teilnehmen, die vom Versuchsleiter ausgewählt und einer Versuchsgruppe zugewiesen worden sind. Würde dagegen das Material nur allgemein an „Die Redaktion" o. ä. adressiert, wäre die randomisierte Zuweisung von Journalisten zu Versuchsgruppen verletzt. Denn in diesem Fall würde nicht der Versuchsleiter die Journalisten zuweisen, sondern sie würden selbst entscheiden, wer in der allgemein angeschriebenen Redaktion den Fragebogen ausfüllt. Die Auswahl wäre dann nicht mehr randomisiert, womit ein wichtiges Abgrenzungskriterium eines strengen Experiments von einem Quasi-Experiment verletzt wäre (Schwarz 2010: 137). Zwar kann nicht völlig ausgeschlossen werden, dass die angeschriebenen Journalisten den Fragebogen nicht selbst ausgefüllt, sondern ihn an einen Kollegen weitergegeben haben. Dieses Restrisiko ist zwar gegeben, wird jedoch in Anbetracht der namentlichen Adressierung und Anweisungen im Experiment als gering eingeschätzt.

Für das Experiment wurden Anfang März 2011 insgesamt 988 Journalisten in Deutschland angeschrieben, der Befragungszeitraum dauerte bis Anfang April. Die Befragungsmonate wurden auf Basis von Studien gewählt, die den Einfluss des Erhebungsmonats auf die Rücklaufquote analysieren (Losch et al. 2002; Vigderhous 1981). Zunächst wurden das Anschreiben samt Stimulus-Material, Fragebogen und frankiertem Rückumschlag verschickt, zwei Wochen später eine Erinnerungspostkarte. Dieses Vorgehen wird empfohlen, um die Rücklaufquote zu erhöhen (Porst et al. 1998; de Rada 2001). Im Anschreiben wurde erklärt, dass diese Studie die Recherchemethoden von Journalisten untersucht. Um die Kooperationsbereitschaft der Journalisten zu steigern, wurde ihnen als Gegenleistung für ihre Teilnahme eine kostenlose Zusammenfassung der Ergebnisse dieser Arbeit angeboten. Dieser transaktionale Ansatz wird empfohlen, um die Kooperation von Zielgruppen zu erreichen, die nur ein begrenztes Zeitbudget zur Verfügung haben (Brandl, Klinger 2006; Hammen 2009; Röttger 2010: 175 f.).

Nachdem nun die Operationalisierung der unabhängigen und abhängigen Variablen sowie die Anlage und Durchführung des Experiments vorgestellt wurden, werden im folgenden Kapitel dessen Ergebnisse präsentiert und die Hypothesen und Forschungsfragen überprüft, die in Kapitel 5 formuliert wurden.

7 Ergebnisse

Die Präsentation der Ergebnisse dieser Arbeit ist in zwei Abschnitte unterteilt. Zunächst werden alle Ergebnisse vorgestellt, die allgemeine Angaben zur Versuchsgruppe zeigen, jedoch noch nicht die Wirkung der Stimuli untersuchen (Abschnitt 7.1). Hier werden die demographischen Merkmale der Versuchsgruppe präsentiert und generelle Angaben zur Arbeitsweise der Journalisten und ihre Bewertung des Stimulusmaterials vorgestellt. In diesem Abschnitt soll überprüft werden, ob möglicherweise Störvariablen in der Zusammensetzung der Versuchsgruppen, ihrer Einstellung gegenüber PR oder ihrer Rezeption des Stimulusmaterials vorliegen, welche die Interpretation der Ergebnisse erschweren könnten.

Nach dieser Analyse werden in Abschnitt 7.2 die Befunde und Gruppenvergleiche vorgestellt, welche die Hypothesen testen und Forschungsfragen beantworten. Zur einfacheren Lesbarkeit wird in diesem Kapitel von der *Kamilla*-Krise gesprochen, wenn die Krise im Stimulusmaterial gemeint ist, bei der Benzol in den Shampoos des fiktiven Kosmetikherstellers *Kamilla* gefunden wurde.

7.1 Allgemeine Angaben zur Versuchsgruppe

In diesem Abschnitt werden die allgemeinen Befunde zur Versuchsgruppe diskutiert. Zunächst werden die soziodemographischen Merkmale der Journalisten dargestellt, um mögliche Störeinflüsse zu identifizieren. Danach werden ihre Antworten bezüglich ihrer Recherchetechniken und der allgemeinen Bewertung von PR präsentiert, um festzustellen, ob journalistische Voreinstellungen existieren, welche die Wirkung der Stimuli einschränken könnten. Abschließend wird die generelle Bewertung des Stimulusmaterials betrachtet, um festzustellen, wie gut die Journalisten es aufgenommen haben.

7.1.1 Soziodemografische Merkmale

Von 988 angeschriebenen Journalisten antworteten 221, die Rücklaufquote des postalischen Experiments entspricht damit 22,4 %. Ein Fragebogen wurde wegen unzureichender Angaben ausgeschlossen, so dass N = 220 Antworten in die Analyse aufgenommen wurden. Abbildung 20 zeigt die soziodemografischen und berufsbezogenen Merkmale der experimentellen Gruppen im Vergleich. Der Rücklauf pro Gruppe liegt zwischen 21 und 30 Fragebögen. Die Kontrollgruppe enthält unter anderem deshalb mehr Antworten als die Versuchsgruppen, weil an sie ursprünglich 116 Fragebögen verschickt wurden, an jede Stimulusgruppe dagegen nur 109. Mit diesem Vorgehen sollte sichergestellt werden, dass für die Kontrollgruppe auf jeden Fall ein ausreichender Rücklauf vorliegt. Denn wäre der Rücklauf der Kontrollgruppe zu gering, so wären die Anforderungen für Signifikanztests aller Gruppen gegen die Kontrollgruppe nicht erfüllt und somit mehr Auswertungs-Berechnungen betroffen, als wenn nur eine von acht Stimulusgruppen wegen zu geringen Rücklaufs ausfallen würde. Erfreulicherweise antworteten aber in allen Gruppen mehr als 20 Probanden, was als Schwellenwert angesehen wird, ab dem man Signifikanztests in Varianzanalysen sinnvoll rechnen kann (Biemann 2007: 154).

Von den 210 Probanden, die ihr Geschlecht im Fragebogen angegeben haben, sind 128 männlich und 82 weiblich, das Durchschnittsalter liegt bei 47,4 Jahren. Die meisten Probanden arbeiten für Tageszeitungen (60 %), gefolgt von Radiosendern (24 %), TV (14 %), Wochenzeitungen und Magazinen (12 %) sowie reinen Online-Medien (4 %). 13 % der Journalisten sind für mehrere Mediengattungen zugleich tätig. 39 % der Journalisten sind als Redakteure fest angestellt, gefolgt von Ressortleitern (22 %), freien Journalisten (21 %), Journalisten in Leitungsfunktion (12 %) und sonstigen Positionen (6 %). Es wurde darauf verzichtet, noch weitere demographische Merkmale (wie z. B. Einkommen) zu erheben, da kein Einfluss dieser Merkmale auf die untersuchten Fragestellungen angenommen wird. Leser, die sich für demographische Merkmale deutscher Journalisten im Allgemeinen interessieren, finden diese in den Studien von Weischenberg et al. (2006a; b).

Wenn man die Antworten verschiedener Versuchsgruppen vergleicht, muss man darauf achten, dass sich deren soziodemografischen Merkmale ähneln. Wären in manchen Versuchsgruppen z. B. junge Versuchsteilnehmer überrepräsentiert, könnte man nicht sicher sagen, ob unterschiedliche Antworten zwischen Gruppen auf das Alter der Probanden oder die Stimulusvariation zurückführen sind. Erfreulicherweise ähneln sich die Gruppen jedoch in den entscheidenden Merkmalen der Geschlechter- ($\chi^2(8) = 4{,}919$, $p = 0{,}77$) und Altersverteilung

7.1 Allgemeine Angaben zur Versuchsgruppe

($F(8,201) = 0{,}735$, $p = 0{,}66$). Für die Mediengattung, in der die Probanden tätig sind, als auch deren berufliche Position ist die erwartete Zellhäufigkeit zu gering, um Signifikanztests bezüglich der Merkmalsverteilung rechnen zu können. Eine nicht-statistische Betrachtung der Gruppen zeigt aber, dass die einzelnen Merkmale zwischen den Gruppen weitgehend ähnlich verteilt sind. Lediglich in Versuchsgruppe 1 sind vergleichsweise wenig Probanden (4) für Zeitungen tätig und mehr (11) für Radiosender. Zusammenfassend lässt sich festhalten, dass sich die demografischen und beruflichen Merkmale der Probanden in einzelnen Versuchsgruppen statistisch nicht signifikant voneinander unterscheiden. Somit liegen hier keine Störvariablen zwischen den Versuchsgruppen vor, welche die Interpretation der Befunde erschweren würden.

Versuchs-gruppe (n)	Geschlecht			Alter		Mediengattung[1]					Position im Medium[4]				
	♂	♀	k.A.	Ø	+/-	TZ[2]	Radio	TV	WZ & Mag.[3]	Online	Ressort-leiter Redakteur		Leitung[5] Freie		Sonstiges
1 (23)	15	7	1	45,3	8,3	4	11	5	5	2	8	6	5	2	1
2 (24)	15	9	0	45,5	11,1	17	5	2	1	2	10	7	2	3	1
3 (27)	13	12	2	47,4	8,7	16	7	3	4	1	12	3	5	4	3
4 (24)	12	11	1	49,9	12,6	12	7	2	4	0	6	7	9	1	1
5 (25)	15	9	1	47,1	12,6	16	5	7	4	0	12	2	6	3	2
6 (24)	18	6	0	48,1	11,6	18	3	4	2	2	12	6	5	1	0
7 (21)	10	9	2	47,5	7,6	14	6	1	3	0	7	2	8	4	0
8 (22)	12	9	1	45,0	9,6	15	2	5	2	1	9	6	1	5	1
Kontrollgr. (30)	18	10	2	49,9	8,7	21	6	2	2	0	10	8	5	3	4
Gesamt (N=220)	128	82	10	47,4	10,2	133	52	31	27	8	86	47	46	26	13
% von 220	58	37	5			60	24	14	12	4	39	22	21	12	6
Test auf Unabhängigkeit	Chi-Quadrat $\chi^2(8) = 4{,}919$, $p = 0{,}77$			ANOVA $F(8,201) =$ $0{,}735$, $p = 0{,}66$		Zellhäufigkeit zu gering für Unabhängigkeitstests					Zellhäufigkeit zu gering für Unabhängigkeitstests				

1 Gestützte Abfrage, Mehrfachnennungen möglich / 2 Tageszeitung / 3 Wochenzeitung & Magazin
4 Gestützte Abfrage, bei Mehrfachnennung wird höchstgenannte Position gezeigt / 5 z. B. Chefredakteur
Quelle: Eigene Darstellung basierend auf dem Experiment mit Journalisten

Abbildung 20: Soziodemografische und berufsbezogene Merkmale

7.1.2 Planung der weiteren Recherche

In diesem Abschnitt wird überprüft, welche Quellen die Journalisten für ihre Beitragsrecherche im Allgemeinen und speziell bei der im Stimulusmaterial dargestellten Krise nutzen würden. Damit soll geklärt werden, ob die Journalisten die Quellen aus dem Stimulusmaterial (*dpa*-Meldung, PR-Meldung und Medienbeitrag) zur Beitragsrecherche heranziehen würden. Wenn dies der Fall ist, dann können die experimentellen Befunde besser in die Realität übertragen werden, da Journalisten während ihrer Arbeit in den gleichen Quellen recherchieren würden, die auch im Experiment verwendet wurden. Ergebnisse anderer Befragungen deuten bereits darauf hin, dass Journalisten in den hier verwendeten Quellen recherchieren. So nennen deutsche Politikjournalisten als wichtige Recherchequellen „Berichte der Nachrichtenagenturen" (82 % „sehr wichtig" oder „wichtig"), „Berichte anderer Medien" (67 %) und „Pressestellen in Politik/Verbänden" (53 %; Reinemann 2003: 236).

Auch bei der Abfrage in diesem Experiment zeigt sich, dass die Quellen, die im Stimulusmaterial verwendet wurden, von Journalisten genutzt werden. Abbildung 21 zeigt die Antworten der Journalisten auf die gestützte Abfrage, welche Quellen sie allgemein für ihre Recherche nutzen (Mehrfachnennungen waren möglich). Sie nennen am häufigsten *Ortstermine und Interviews* als Quelle (95 % aller Probanden), gefolgt von *Informanten* (89 %), *Agenturmeldungen* (78 %), *Online-Quellen* (74 %), *anderen Medien* (62 %) und *PR-Material* (59 %). Von allen Journalisten, die in *Online-Quellen* recherchieren, verwenden 46 % Suchmaschinen, 36 % das Online-Lexikon *Wikipedia* und 38 % sonstige Online-Quellen. *Sonstige Quellen* nennen nur 21 % der Journalisten, dies ist ein Hinweis darauf, dass die Fragekategorien der gestützten Abfrage alle wichtigen Recherchequellen einschließen. Da jeweils mehr als die Hälfte aller Probanden *Agenturmeldungen*, *andere Medien* und *PR-Material* als Recherchequellen für ihre Arbeit nennen, wird angenommen, dass die Auswahl der Quellen im Stimulusmaterial keine Störvariable darstellt, welche die interne oder externe Validität der Ergebnisse beeinträchtigen könnte.

Neben der Überprüfung, ob Journalisten allgemein die Quellen des Stimulusmaterials zur Recherche nutzen, wurde abgefragt, welche Quellen sie in der konkreten *Kamilla*-Krise heranziehen würden. Wenn sie auch in dieser konkreten Krise den Kontakt zur Organisation suchen würden, dann erhöht das ebenfalls die externe Validität der Befunde. Denn es wäre möglich, dass Journalisten während einer Krise von ihren normalen Rechercheroutinen abweichen und z. B. weniger PR-Meldungen als Quelle nutzen (siehe Diskussion in Abschnitt 3.3.2.4 oder Barth, Donsbach 1992; Callison, Zillmann 2002). Wenn dies der Fall wäre,

7.1 Allgemeine Angaben zur Versuchsgruppe 167

würde dies die externe Validität des Stimulusmaterials einschränken, da die Krisen-PR-Meldung von Journalisten in einer realen Krisensituation möglicherweise ignoriert würde. Zwar deuten Befunde vorangegangener Studien darauf hin, dass Journalisten im Krisenfall die Organisation kontaktieren (Ingenhoff, Thießen 2009). Jedoch wurden diese Angaben in Interviews mit einer sehr kleinen Versuchsgruppe erhoben, so dass diese Information von den Probanden abgefragt werden muss, um Gewissheit zu erlangen.

„Welche Quellen nutzen Sie, um Information für Ihre Berichterstattung zu sammeln?"
Gestützte Abfrage, Mehrfachnennungen möglich, Angaben in Prozent von 220

- Interviews und Ortstermine: 95
- Informanten: 89
- Agenturmeldungen: 78
- Online-Quellen: 74
- Andere Medien: 62
- PR-Material: 59
- Sonstige Quellen: 21

Von allen Journalisten, die Online recherchieren, nutzen dafür
- 46 % Suchmaschinen
- 36 % Wikipedia
- 38 % Sonstige Online-Quellen

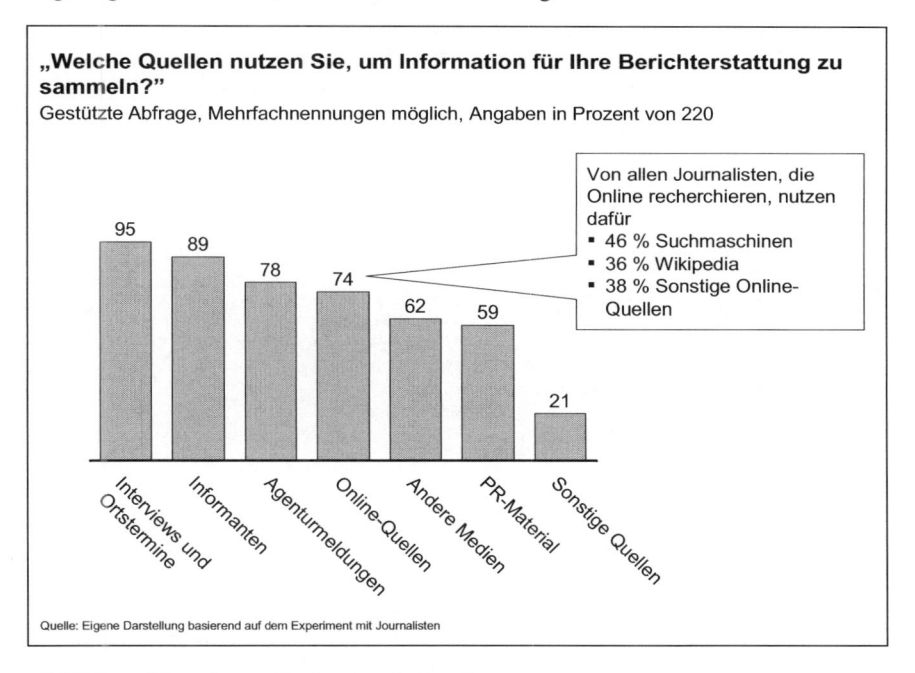

Quelle: Eigene Darstellung basierend auf dem Experiment mit Journalisten

Abbildung 21: Generelle Recherchequellen

Die Quellennutzung für die Recherche zur *Kamilla*-Krise wurde mit zwei Fragen ermittelt. Zunächst wurden die Journalisten ungestützt nach ihren bevorzugten Quellen für die Recherche während der *Kamilla*-Krise gefragt. Ihre Antworten lassen sich in vier Kategorien einteilen (Abbildung 22): 78 % der 206 Probanden, die noch weitere Quellen für ihre Recherche nutzen würden, planen ein Interview mit den Akteuren der Krise (47 % mit *Kamilla* und 31 % mit *Stiftung Warentest*, die das Benzol in den Shampoos entdeckt hatte), 77 % würden unabhängige Experten wie Chemiker, Mediziner und Ärzte befragen, 38 % würden sich an staatliche Stellen wie Aufsichts- und Verbraucherschutzbehörden wenden, 17 % würden weitere Betroffene wie z. B. Zulieferer der Krisenorganisation oder Einzelhändler heranziehen und 6 % würden deren Kunden interviewen. Daneben würden 6 % der Journalisten in sonstigen Quellen recherchieren. 58 % der Journalisten geben an, bei Quellen aus mindestens zwei der drei der meistgenannten Gruppen (Akteure, Experten, staatliche Stellen) anzufragen, 12 % der Journalisten nennen Akteure aller drei Gruppen als mögliche Quellen.

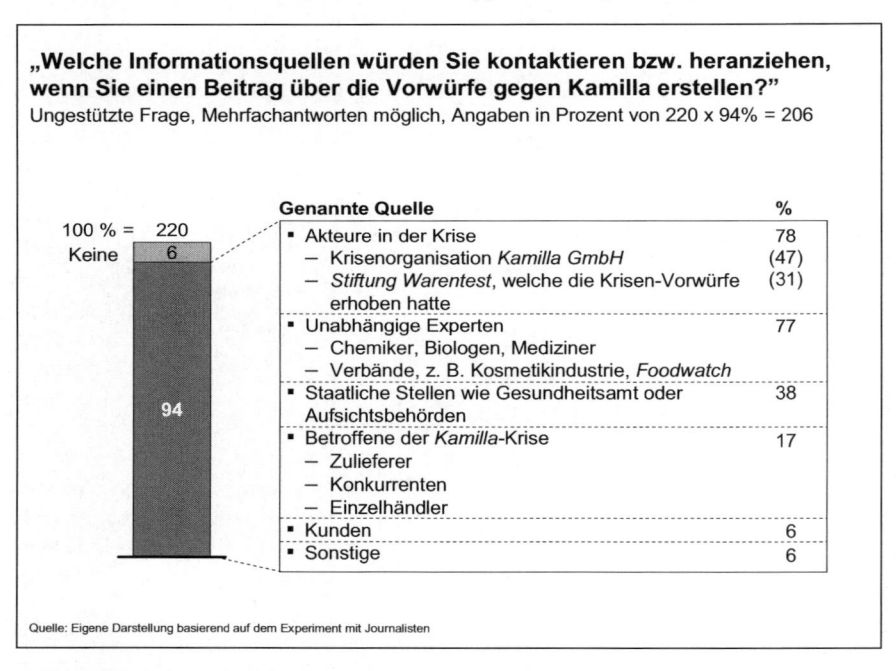

„Welche Informationsquellen würden Sie kontaktieren bzw. heranziehen, wenn Sie einen Beitrag über die Vorwürfe gegen Kamilla erstellen?"
Ungestützte Frage, Mehrfachantworten möglich, Angaben in Prozent von 220 x 94% = 206

Genannte Quelle	%
• Akteure in der Krise	78
– Krisenorganisation *Kamilla GmbH*	(47)
– *Stiftung Warentest*, welche die Krisen-Vorwürfe erhoben hatte	(31)
• Unabhängige Experten	77
– Chemiker, Biologen, Mediziner	
– Verbände, z. B. Kosmetikindustrie, *Foodwatch*	
• Staatliche Stellen wie Gesundheitsamt oder Aufsichtsbehörden	38
• Betroffene der *Kamilla*-Krise	17
– Zulieferer	
– Konkurrenten	
– Einzelhändler	
• Kunden	6
• Sonstige	6

100 % = 220
Keine 6
94

Quelle: Eigene Darstellung basierend auf dem Experiment mit Journalisten

Abbildung 22: Krisenspezifische Recherchequellen

Neben der ungestützten Abfrage wurde im Fragebogen auch mit einer geschlossenen Frage geprüft, ob Journalisten *Kamilla* kontaktieren würden. Während oben in der offenen Abfrage rund die Hälfte (47 %) der Journalisten angeben, *Kamilla* während der Beitragsrecherche zu kontaktieren, sind es in der geschlossenen Frage sogar 74 %. Weitere 24 % würden möglicherweise Kontakt aufnehmen, lediglich 2 % schließen eine Kontaktaufnahme aus. Die 74 % der Journalisten, die *Kamilla auf jeden Fall* kontaktieren würden, halten das Thema auch für signifikant *berichtenswerter* als die übrigen 26 % ($F(1,200) = 5{,}688$, $p \leq 0{,}05$, $\eta^2 = 0{,}028$). Die Journalisten, die über das Thema berichten wollen,

7.1 Allgemeine Angaben zur Versuchsgruppe

würden also mit der Krisenorganisation in Kontakt treten. Zwar sagt die Bereitschaft zur Kontaktaufnahme noch nichts darüber aus, welche Voreinstellung die Journalisten gegenüber den Organisationssprechern und deren Aussagen haben. Jedoch ist diese Bereitschaft zumindest ein Anzeichen dafür, dass die Journalisten die Krisenorganisation als relevanten Gesprächspartner ansehen könnten. Deswegen kann man davon ausgehen, dass sie deren Aussagen (so wie in den PR-Meldungen des Stimulusmaterials präsentiert) zumindest zur Kenntnis nehmen würden. Wie diese Aussagen auf sie wirken, wird in Abschnitt 7.2 überprüft.

Die Journalisten wurden auch gefragt, welche Information sie noch zur *Kamilla*-Krise recherchieren würden, bevor sie einen Beitrag erstellen. Auf die ungestützte Frage nach zusätzlichen Informationswünschen geben 182 Journalisten (83 %) an, weitere Information recherchieren zu wollen. Von diesen Journalisten wollen 62 % weitere Information über den Giftstoff Benzol, wie z. B. detaillierte Informationen bzgl. dessen Giftigkeit oder Kanzerogenität. 15 % fragen, ob möglicherweise andere Produkte betroffen sein könnten. 14 % erkundigen sich nach generellen Informationen zur Krisenorganisation, insbesondere würden sie wissen wollen, ob die Organisation die verseuchten Produkte auch in dem Sende- oder Lesegebiet ihres Mediums verkauft. 13 % fragen, ob die Krisenorganisation oder andere Shampoohersteller in der Vergangenheit schon mit ähnlichen Krisen zu kämpfen hatten, weitere 11 % stellen Fragen im Hinblick auf Verbraucher, wie z. B. nach Verhaltensanweisungen oder Rückgabemöglichkeiten für Shampoos. Daneben wurden 35 % der Fragen in der *Sonstiges*-Kategorie verschlüsselt, in dieser Kategorie finden sich Fragen nach den Testmethoden, mit denen die Benzolbelastung von *Stiftung Warentest* ermittelt wurde sowie weitere, allgemeine Fragen zum Thema. Abbildung 23 fasst die Informationswünsche der Journalisten zusammen.

Wenn man die Ergebnisse der Antworten kombiniert, in welchen Quellen die Journalisten recherchieren und welche Fragen sie stellen würden, dann kann man überlegen, welche Quelle am besten welche Information geben kann. Diese Erkenntnisse sind für eine Krisenorganisation relevant, da sie bereits ihre erste Kommunikation besser auf die Recherchebedürfnisse von Journalisten ausrichten könnte. Wenn sie das schafft, profitiert sie möglicherweise davon, sofern sie dann von Journalisten als relevantere Informationsquelle wahrgenommen wird. Daneben profitieren auch die Journalisten, da sie Zeit und Aufwand bei ihrer Recherche sparen, wenn sie eine PR-Meldung erhalten, die bereits an ihre Bedürfnisse angepasst wurde. Daher stellt sich die Frage, welche Information eine Krisenorganisation in ihrer PR-Meldung auf jeden Fall geben sollte, um den Anforderungen der Journalisten zu genügen.

Informationswünsche in Bezug auf Benzol kann *Kamilla* zumindest teilweise beantworten, indem die Organisation die chemischen Daten und eine Einschätzung zur Giftigkeit des Stoffs liefert. Es scheint jedoch wahrscheinlich, dass Journalisten diese Bewertungen mit unabhängigen Experten wie Chemikern oder Medizinern überprüfen, um eine Beurteilung aus neutraler Quelle zu erhalten. Journalisten werden sich bei der Bewertung der Gefährlichkeit des Giftstoffs (und somit der ganzen Krise) nicht ausschließlich auf Aussagen der Krisenorganisation verlassen, da diese versuchen könnte, die Situation zu verharmlosen. Sie werden sich wahrscheinlich selbst dann an unabhängige Experten wenden, wenn die Krisenorganisation umfassende Fakten über die gefundenen Giftstoffe bereitstellt. Dies zeigt sich auch an der häufigen Nennung von unabhängigen Experten als Quelle (77 %).

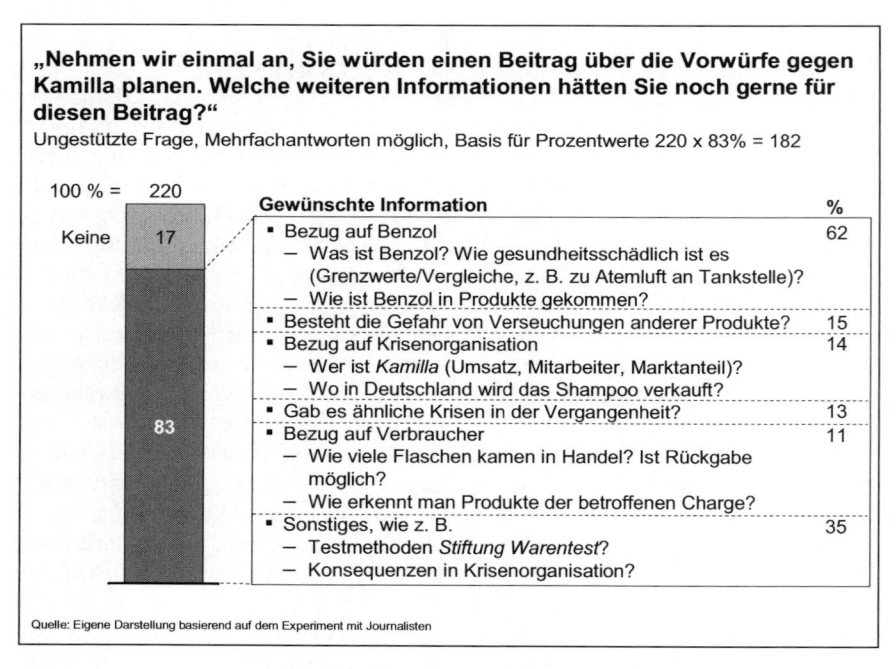

„Nehmen wir einmal an, Sie würden einen Beitrag über die Vorwürfe gegen Kamilla planen. Welche weiteren Informationen hätten Sie noch gerne für diesen Beitrag?"
Ungestützte Frage, Mehrfachantworten möglich, Basis für Prozentwerte 220 x 83% = 182

100 % = 220
Keine 17
83

Gewünschte Information	%
• Bezug auf Benzol	62
– Was ist Benzol? Wie gesundheitsschädlich ist es (Grenzwerte/Vergleiche, z. B. zu Atemluft an Tankstelle)?	
– Wie ist Benzol in Produkte gekommen?	
• Besteht die Gefahr von Verseuchungen anderer Produkte?	15
• Bezug auf Krisenorganisation	14
– Wer ist *Kamilla* (Umsatz, Mitarbeiter, Marktanteil)?	
– Wo in Deutschland wird das Shampoo verkauft?	
• Gab es ähnliche Krisen in der Vergangenheit?	13
• Bezug auf Verbraucher	11
– Wie viele Flaschen kamen in Handel? Ist Rückgabe möglich?	
– Wie erkennt man Produkte der betroffenen Charge?	
• Sonstiges, wie z. B.	35
– Testmethoden *Stiftung Warentest*?	
– Konsequenzen in Krisenorganisation?	

Quelle: Eigene Darstellung basierend auf dem Experiment mit Journalisten

Abbildung 23: Informationsbedürfnisse der Journalisten

Die Fragen nach der *möglichen Verseuchung anderer Produkte* kann die Krisenorganisation in ihrer ersten PR-Meldung bedingt beantworten, da diese Information bei Krisenausbruch eventuell noch nicht vorliegt. Es könnte für eine Organi-

7.1 Allgemeine Angaben zur Versuchsgruppe 171

sation schwierig sein, die Zahl betroffener Produkte dann schon mit Sicherheit zu beziffern.

Eine Information, welche die Krisenorganisation dagegen sehr gut in ihre erste PR-Meldung einbinden kann, sind *Fakten über sie selbst*. Die Organisation kann ihre wichtigsten Kennzahlen auf einen Blick zusammenfassen und den Journalisten so aufwändige Recherchearbeit ersparen.

Die Frage der Journalisten nach *ähnlichen Krisen in der Vergangenheit* kann die Organisation zumindest für sich selbst beantworten, dieser Hinweis auf die eigene Krisenhistorie ist eine der Stimulusvariationen, die im Experiment getestet werden. Die Tatsache, dass Journalisten diese Information in einer Krise nachfragen, zeigt die Relevanz dieser Kommunikationsstrategie. 70 % der Journalisten, die nach ähnlichen Krisen in der Vergangenheit fragen, haben Stimulusmaterial erhalten, dass die Krisenhistorie der Organisation *nicht* thematisierte. Dies ist ein Indiz, dass die PR-Meldung durchaus dazu dienen kann, die Fragen von Journalisten zu beantworten.

Die Fragen, die Journalisten im *Hinblick auf die Verbraucher* stellen, kann eine Krisenorganisation zumindest teilweise beantworten. Sie kann detaillierte Angaben machen, wie man verseuchte Produkte identifizieren kann und Maßnahmen wie z. B. Umtauschaktionen zumindest ankündigen, selbst wenn Details noch ausgearbeitet werden müssen. Doch unabhängig davon, ob die Krisenorganisation Informationen für Verbraucher kommuniziert, ist es wahrscheinlich, dass Journalisten verschiedene Betroffene einer Krise (wie Verbraucher oder Einzelhändler) aus Gründen der Beitragsgestaltung ansprechen. Wenn sie Shampookäufer interviewen, die ihrer Verunsicherung und Besorgnis Ausdruck verleihen, können Journalisten einen persönlichen Bezug zwischen der Krise und dem Alltag des Publikums herstellen und zugleich emotionale Elemente in die Berichte einbauen. Diese Betroffenheitsdarstellung anhand eines Fallbeispiels ist ein häufig verwendetes Stilmittel in der Beitragserstellung, das eben aus diesen stilistischen (nicht inhaltlichen) Gründen ausgewählt wird (Daschmann 1992; 2001; Herrmann 2007).

Diese Analyse zeigt den begrenzten Einfluss der Krisenorganisation auf den Rechercheprozess der Journalisten. Sie kann Information über sich selbst geben (Kennzahlen), Fakten zur Krise beisteuern und geplante nächste Schritte zu deren Lösung ankündigen. Jedoch kann *Kamilla* weder stilistische Funktionen für die Beitragserstellung übernehmen, für welche die Journalisten Betroffene befragen, noch eine neutrale Bewertung der eigenen Krise vornehmen, für die Experten und staatliche Stellen kontaktiert werden. Die Kommunikation der Krisenorganisation kann also eine wichtige Rolle in der Beitragserstellung spielen, aber Journalisten werden fast zwangsläufig auch andere Akteure kontaktieren.

7.1.3 Bewertung von PR

Nachdem oben schon festgestellt wurde, dass Journalisten mit der Krisenorganisation in Kontakt treten würden, wenn sie einen Beitrag über eine Krise planen, wird hier untersucht, welche Meinung oder Voreinstellung sie gegenüber deren PR-Aussagen haben. Diese Analyse ist notwendig, um herauszufinden, ob Journalisten Vorbehalte gegen Aussagen aus PR-Quellen haben, welche die Wirkung des Stimulusmaterials generell einschränken könnten. Wenn Journalisten beispielsweise PR als unglaubwürdig einschätzen, könnte dies ihre Antworten im Experiment beeinflussen.

Abbildung 24 zeigt, wie Journalisten PR generell bewerten, also ohne speziellen Bezug auf eine Krise. Das größte Manko von PR ist nach ihrer Einschätzung der mangelnde Informationsgehalt, PR enthält laut ihrer Aussage *nur selten alle notwendige Information* (Mittelwert (MW) 1,88 auf einer 6-stufigen Likert-Skala). Auch beurteilen Journalisten PR überwiegend als *nicht zeitsparend* (MW 2,86) und glauben, dass sie zu *unkritischer Berichterstattung verführt* (MW 3,10) und *unzuverlässig* ist (MW 3,16). Bei der Frage, ob PR eine *gute Quelle für neue Themen* ist, liegen die Angaben der Journalisten fast genau am „neutralen" Mittelwert von 3,5 (MW 3,52). Journalisten sind überwiegend der Meinung, dass PR *gut aufbereitet* ist (MW 3,79) und bewerten sie als *nicht überflüssig* (MW 3,96). Darüber hinaus ist die Mehrheit der Journalisten überzeugt, dass PR *nicht zunehmend eigene Beiträge ersetzt* (MW 4,42), also keine PR-Meldungen unbearbeitet in den redaktionellen Teil eines Mediums übernommen werden. Die Mittelwerte für fünf der acht abgefragten Differentiale liegen in einer Spannweite von +/-0,5 um den „neutralen" Mittelwert von 3,5. Dies lässt darauf schließen, dass die Journalisten der Versuchsgruppe keine starken Vorbehalte gegenüber PR haben, da sie lediglich auf den beiden Skalen *PR enthält nicht alle notwendige Information* und *PR spart mir keine Zeit bei meiner Recherche* kritische Antworten geben. Deswegen wird davon ausgegangen, dass die Wirkung von PR-Stimuli, die im Experiment getestet werden, nicht wegen grundsätzlicher Vorbehalte eingeschränkt ist.

Zu einer ähnlichen Schlussfolgerung gelangt man auch, wenn man die Journalisten fragt, was sie im Speziellen von der PR einer Organisation während einer Krise halten. Sie wurden gefragt, welcher Antwort sie in Bezug auf den Informationsgehalt von Krisen-PR am ehesten zustimmen: einer positiven (*PR enthält alle Information, die ich brauche*), einer negativen (*PR ist zu beschönigend*) oder einer neutralen (*PR-Meldungen sind ein Ausgangspunkt für Recherche*). Lediglich 1 % der Journalisten gab an, dass Krisen-PR alle notwendige Information enthielte. Diese Aussage deckt sich mit ihrer allgemeinen Bewer-

7.1 Allgemeine Angaben zur Versuchsgruppe

tung von PR, auch dort bewerten sie den mangelnden Informationsgehalt als das größte Problem von PR-Meldungen (Abbildung 24). 39 % bewerten PR als zu beschönigend, 61 % entscheiden sich für die neutrale Antwort, sie sehen Krisen-PR als Ausgangspunkt für weitere Recherche an. Da eine Mehrheit der Journalisten PR als Ausgangspunkt für weitere Recherche ansieht, wird davon ausgegangen, dass sie keine so starken Vorbehalte gegenüber PR haben, dass sie die Aussagen im Stimulusmaterial völlig ignorieren würden.

„Was ist denn Ihre generelle Erfahrung bei Ihrer Arbeit mit PR-Material? PR-Material..."
Sechsstufige Likert-Skala, 1 = Vollständige Zustimmung zu Aussage, 6 = Vollständige Ablehnung
Mittelwerte (+/- Standardabweichung), n = 202 bis 210

Gute Meinung von PR	Wert	Schlechte Meinung von PR
...enthält nicht alle notwendige Information	1,88 +/-0,94	...enthält alle notwendige Information
...spart mir keine Zeit bei meiner Recherche	2,86 +/-1,28	...spart mir Zeit bei meiner Recherche
...verführt zu unkritischer Berichterstattung	3,10 +/-1,67	...verführt nicht zu unkritischer Berichterstattung
...ist unzuverlässig	3,16 +/-1,20	...ist nicht unzuverlässig
...ist keine gute Quelle für neue Themen	3,52 +/-1,43	...ist eine gute Quelle für neue Themen
...ist schlecht aufbereitet	3,79 +/-1,23	...ist gut aufbereitet
...ist überflüssig	3,96 +/-1,39	...ist nicht überflüssig
...ersetzt zunehmend selbst recherchierte Beiträge	4,42 +/-1,74	...ersetzt nicht zunehmend selbst recherchierte Beiträge

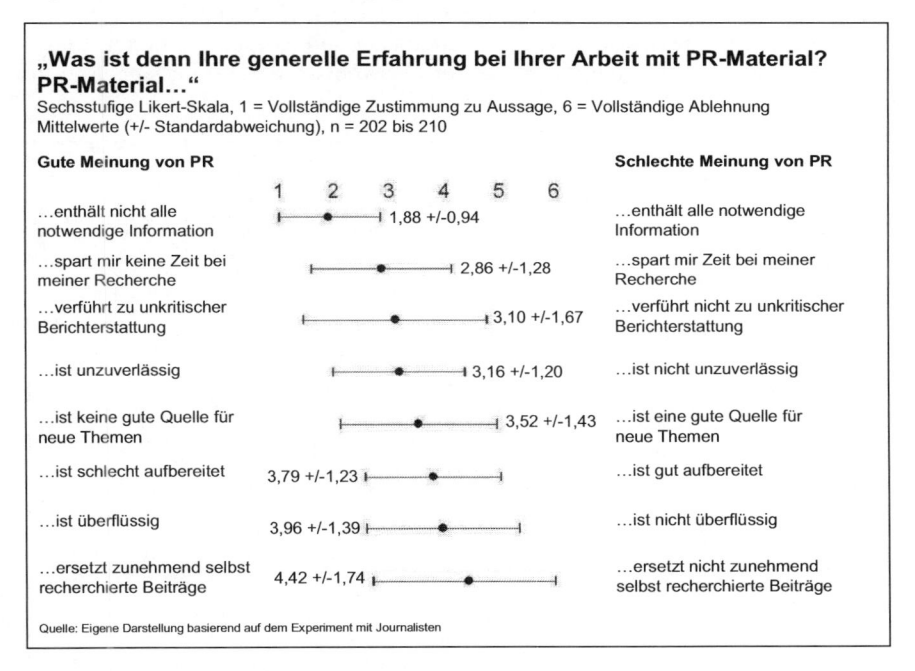

Quelle: Eigene Darstellung basierend auf dem Experiment mit Journalisten

Abbildung 24: Bewertung von PR-Material

Neben der Analyse ihrer allgemeinen Meinung zu PR muss noch sichergestellt werden, dass besonders PR-kritische oder -offene Journalisten nicht in einzelnen Versuchsgruppen überrepräsentiert sind, weil das die Antworten zwischen den Gruppen möglicherweise verzerren könnte. PR-kritische und -offene Journalisten wurden mit Hilfe eines Summenindexes identifiziert, der auf den ersten sieben Skalen von Abbildung 24 basiert (alle Skalen zu PR mit Ausnahme von *PR ersetzt zunehmend selbst recherchierte Beiträge*, da diese Skala keine Wertung von PR vornimmt). Das Viertel der Journalisten, welches PR auf diesen Skalen am negativsten bewertet, wird als *PR-Kritiker* eingestuft, das Viertel mit den positivsten Bewertungen als *PR-Offene* bezeichnet. Auf Abbildung 25 ist die Verteilung dieser PR-kritischen und -offenen Journalisten auf die einzelnen Versuchsgruppen dargestellt. Sie verteilen sich nicht völlig gleichmäßig auf alle Experimentalgruppen, so beträgt der Unterschied im Verhältnis zwischen den beiden extremsten Versuchsgruppen 2 und 4 insgesamt 47 Prozentpunkte. Sollten diese beiden Gruppen in späteren Analysen ein auffälliges Verhalten zeigen, wird dieser Befund dazu herangezogen werden, um diese Auffälligkeiten zu interpretieren. Auch wird die Einstellung der Journalisten zu PR in den späteren Analysen als Kontrollvariable eingesetzt, um die Ergebnisse der Varianzanalysen zu überprüfen.

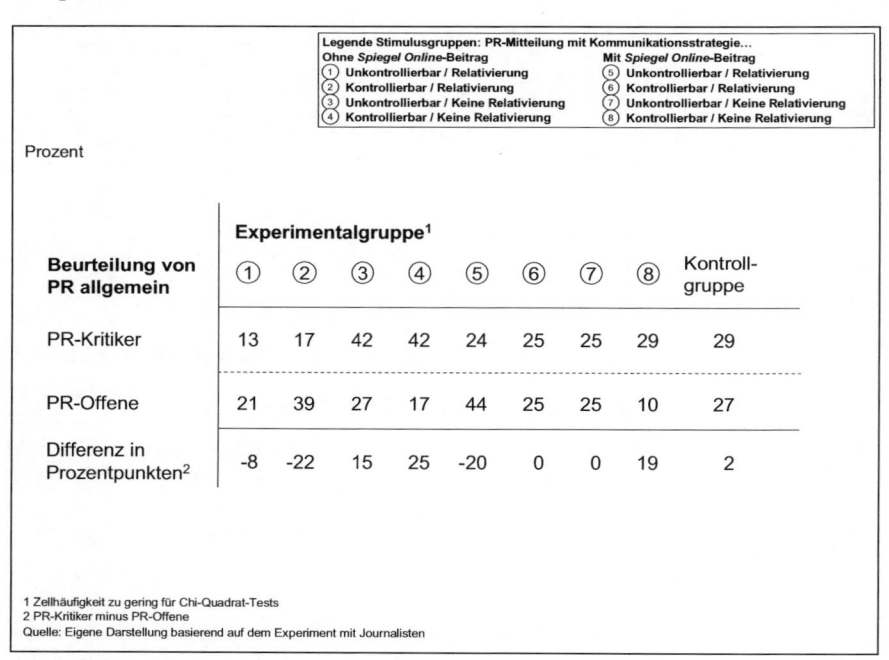

	Legende Stimulusgruppen: PR-Mitteilung mit Kommunikationsstrategie…	
	Ohne *Spiegel Online*-Beitrag	**Mit *Spiegel Online*-Beitrag**
	① Unkontrollierbar / Relativierung	⑤ Unkontrollierbar / Relativierung
	② Kontrollierbar / Relativierung	⑥ Kontrollierbar / Relativierung
	③ Unkontrollierbar / Keine Relativierung	⑦ Unkontrollierbar / Keine Relativierung
	④ Kontrollierbar / Keine Relativierung	⑧ Kontrollierbar / Keine Relativierung

Prozent

Beurteilung von PR allgemein	Experimentalgruppe[1]								Kontrollgruppe
	①	②	③	④	⑤	⑥	⑦	⑧	
PR-Kritiker	13	17	42	42	24	25	25	29	29
PR-Offene	21	39	27	17	44	25	25	10	27
Differenz in Prozentpunkten[2]	-8	-22	15	25	-20	0	0	19	2

[1] Zellhäufigkeit zu gering für Chi-Quadrat-Tests
[2] PR-Kritiker minus PR-Offene
Quelle: Eigene Darstellung basierend auf dem Experiment mit Journalisten

Abbildung 25: Verteilung PR-kritscher und -offener Journalisten

Im Rahmen dieser Gruppenbildung wurde auch überprüft, ob die Variation des Stimulusmaterials die Angaben der Journalisten zu PR beeinflusst hatte. Da die Journalisten zunächst Stimulusmaterial rezipierten und danach den Fragebogen ausfüllten, wäre solch ein Effekt möglich. So könnten die Antworten der Journalisten, was sie grundsätzlich von PR halten, von der konkreten PR-Meldung im Stimulusmaterial beeinflusst worden sein. Solch ein Effekt trat möglicherweise auf zwei Skalen auf, so unterschieden sich die Antworten einzelner Gruppen in Varianzanalysen (ANOVAs) signifikant für *PR ist zeitsparend* ($F(8,206) = 2,283$, $p \leq 0,05$, $\eta^2 = 0,084$) und *PR verführt zu unkritischer Berichterstattung* ($F(8,209) = 2,825$, $p \leq 0,05$, $\eta^2 = 0,101$). Ein anschließender Post-Hoc-Test ergab jedoch keine Signifikanzen, so dass nicht ausgeschlossen werden kann, dass es sich bei diesen Befunden um statistische Artefakte handelt.

Zusammenfassend kann man zu diesem Abschnitt festhalten, dass Journalisten nicht generell PR-Material ablehnen, sie bewerten PR nur auf den Skalen *enthält nicht alle notwendige Information* und *spart mir keine Zeit bei meiner Recherche* kritisch und sehen PR als *Ausgangspunkt für zukünftige Recherche* an. Jedoch sind die besonders PR-kritischen und -offenen Journalisten nicht über alle Gruppen gleich verteilt, so dass mögliche verzerrende Effekte nicht völlig ausgeschlossen werden können. Bei der Interpretation der Ergebnisse wird diese mögliche Störvariable berücksichtigt.

7.1.4 Bewertung des Stimulusmaterials

Um zu überprüfen, wie die Journalisten das Stimulusmaterial grundsätzlich aufgenommen haben, wird in diesem Abschnitt betrachtet, wie sie die *Krise*, *Krisenorganisation* und *Emotion* generell einschätzen. Wenn Journalisten die Krise des fiktiven Pflegeproduktherstellers *Kamilla* insgesamt als relevantes Berichterstattungsthema einstufen, dann konnte das Stimulusmaterial ihr Interesse wecken, was auf eine erfolgreiche Operationalisierung hinweist. Abbildung 26 zeigt, wie die Journalisten aller Versuchsgruppen die Krise bewerten. Auf dieser Abbildung deutet das linke Skalenende darauf hin, dass Journalisten das Thema als wichtig und damit berichtenswert einstufen. Alle Antwort-Mittelwerte liegen links des „neutralen" Mittelwerts von 3,5, was drauf hindeutet, dass die Krise im Stimulusmaterial das Interesse der Journalisten wecken konnte. Sie beurteilen die Krise insbesondere als *berichtenswert* (MW 2,07), 39 % halten sie sogar für *sehr berichtenswert*. Darüber hinaus vermuten die Journalisten einen sehr großen *Schaden für die Krisenorganisation* (MW 1,88) und in geringerem Maß einen *Schaden für Verbraucher* (MW 2,77).

Daneben wurden die Journalisten gefragt, wie sie die Vorwürfe gegen *Kamilla* einschätzen. Sie vermuten ein *großes öffentliches Interesse* an diesen Vorwürfen (MW 2,13), empfinden sie als *schwerwiegend* (MW 2,30) und *nicht übertrieben* (MW 2,64). Dass die Journalisten der Krise einen großen Nachrichtenwert zuschreiben und die Vorwürfe als gravierend ansehen, ist ein Beleg dafür, dass das Stimulus-Material wie beabsichtigt aufgenommen wurde. Die fiktive *Kamilla*-Krise sollte das Interesse der Journalisten wecken, so dass sie am Experiment teilnehmen und ihre Antworten eine Aussage darüber zulassen, wie sie sich im Fall einer realen Krise verhalten würden, über die sie berichten wollen. Dieses Ziel wurde erreicht.

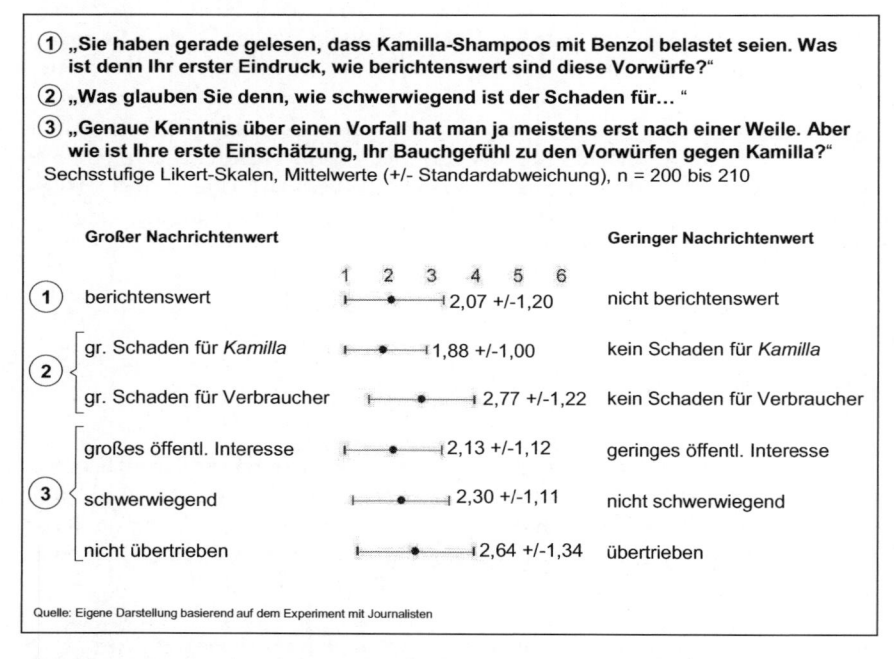

① „Sie haben gerade gelesen, dass Kamilla-Shampoos mit Benzol belastet seien. Was ist denn Ihr erster Eindruck, wie berichtenswert sind diese Vorwürfe?"
② „Was glauben Sie denn, wie schwerwiegend ist der Schaden für... "
③ „Genaue Kenntnis über einen Vorfall hat man ja meistens erst nach einer Weile. Aber wie ist Ihre erste Einschätzung, Ihr Bauchgefühl zu den Vorwürfen gegen Kamilla?"
Sechsstufige Likert-Skalen, Mittelwerte (+/- Standardabweichung), n = 200 bis 210

	Großer Nachrichtenwert		Geringer Nachrichtenwert
①	berichtenswert	2,07 +/-1,20	nicht berichtenswert
②	gr. Schaden für *Kamilla*	1,88 +/-1,00	kein Schaden für *Kamilla*
	gr. Schaden für Verbraucher	2,77 +/-1,22	kein Schaden für Verbraucher
③	großes öffentl. Interesse	2,13 +/-1,12	geringes öffentl. Interesse
	schwerwiegend	2,30 +/-1,11	nicht schwerwiegend
	nicht übertrieben	2,64 +/-1,34	übertrieben

Quelle: Eigene Darstellung basierend auf dem Experiment mit Journalisten

Abbildung 26: Wahrnehmung der Krise (Durchschnitt aller Gruppen)

Während Abbildung 26 zeigt, wie die Journalisten den Nachrichtenwert der Krise bewerten, ist auf Abbildung 27 dargestellt, wie sie das Verhalten von *Kamilla* selbst bewerten. Diese Bewertungen weichen weniger stark vom neutralen Mittelwert von 3,5 ab. Die Journalisten schätzen *Kamilla* überwiegend als *schuldig* an der Krise (MW 3,08) und *defensiv* ein (MW 3,09). Etwas positiver aus Sicht der Organisation sind die Bewertungen auf den übrigen Skalen, so schätzen die Journalisten *Kamilla* in nur moderatem Maß als *inkompetent* (MW 3,71), *unglaubwürdig* (MW 3,72), *intransparent* (MW 3,80) und *verantwortungslos* (MW 3,92) ein. Außerdem halten sie *Kamilla* kaum für *unprofessionell*

7.1 Allgemeine Angaben zur Versuchsgruppe

(MW 4,11) und *kriminell* (MW 5,06). Kein einziger Mittelwert ist kleiner als 3, zwei sind sogar größer als 4. Während es aufgrund der Antworten zum *Nachrichtenwert* oben auf Abbildung 26 wahrscheinlich scheint, dass Journalisten über die Krise berichten würden, ist es dagegen also noch offen, wie sie die Rolle der Organisation beurteilen. Die Tatsache, dass die Journalisten die Krise als nicht kriminell motiviert einschätzen, ist konform mit dem Design des Stimulus-Materials. Es wurde bewusst eine Produktkrise anstatt einer kriminell verursachten Krise (wie z. B. einer Bestechungsaffäre) gewählt. Die Antwort der Journalisten auf der *kriminell*-Skala zeigen, dass das Stimulusmaterial wie intendiert aufgenommen wurde.

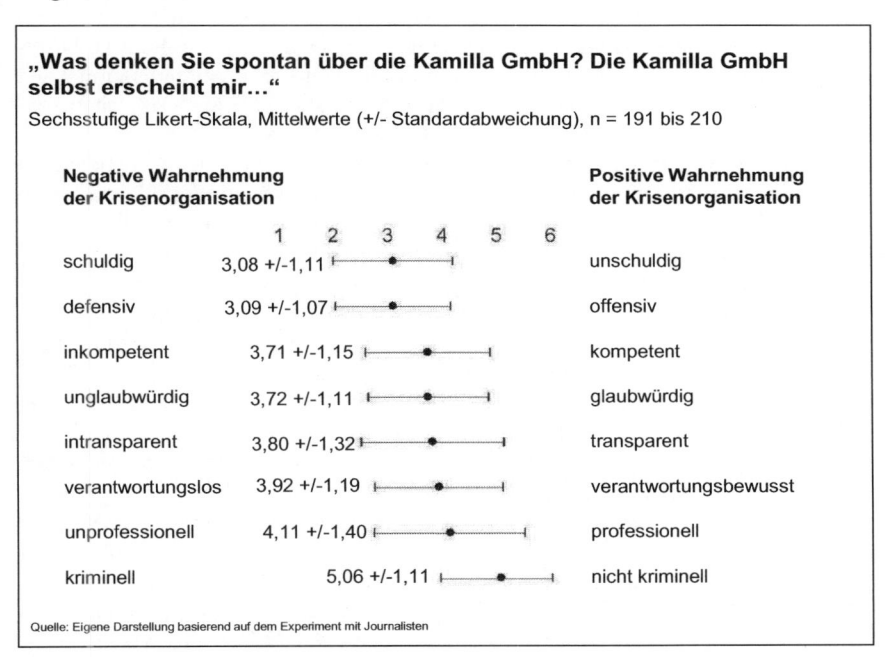

„Was denken Sie spontan über die Kamilla GmbH? Die Kamilla GmbH selbst erscheint mir..."

Sechsstufige Likert-Skala, Mittelwerte (+/- Standardabweichung), n = 191 bis 210

Negative Wahrnehmung der Krisenorganisation		Positive Wahrnehmung der Krisenorganisation
schuldig	3,08 +/-1,11	unschuldig
defensiv	3,09 +/-1,07	offensiv
inkompetent	3,71 +/-1,15	kompetent
unglaubwürdig	3,72 +/-1,11	glaubwürdig
intransparent	3,80 +/-1,32	transparent
verantwortungslos	3,92 +/-1,19	verantwortungsbewusst
unprofessionell	4,11 +/-1,40	professionell
kriminell	5,06 +/-1,11	nicht kriminell

Quelle: Eigene Darstellung basierend auf dem Experiment mit Journalisten

Abbildung 27: Bewertung der Krisenorganisation (Durchschnitt aller Gruppen)

Die relativ neutrale Bewertung von *Kamilla* deutet auch darauf hin, dass die Journalisten unvoreingenommen an den Sachverhalt herantreten. Obwohl sie einen großen Nachrichtenwert bei dem Thema vermuten, bedeutet das nicht, dass sie die betroffene Organisation vorverurteilen. Sie scheinen in der Anfangsphase einer Krise bereit zu sein, die Darstellung der Organisation anzuhören und zu prüfen. Das ist ein erstes Indiz dafür, dass es für Krisenorganisationen sinnvoll sein könnte, im Anfangsstadium einer Krise zu kommunizieren. Um besser zu verstehen, wie Journalisten die Organisation bewerten, wurden sie außerdem gefragt, ob sie bei *Kamilla* einen Skandal vermuten. 47 % der Journalisten gaben an, dass sie die Vorwürfe als skandalös einstufen, sofern sie sich bewahrheiten sollten, 18 % hielten den Vorfall nicht für einen Skandal, 35 % waren unentschieden (Frage mit vorgegebenen Antwortmöglichkeiten, n = 216). Es besteht also noch keine Einigkeit darüber, ob die vorliegende Organisationskrise skandaliert werden sollte oder nicht. In Abschnitt 4.4.2 wurde ein Skandal unter anderem dadurch charakterisiert, dass sich eine einheitliche, moralisch negative Sichtweise auf ein Thema herausbildet, die in allen Medien kommuniziert wird. Diese Einigkeit scheint zu Beginn der Krise noch nicht zu bestehen, die Meinungen der Journalisten sind geteilt. Die Krisenorganisation hätte also möglicherweise noch eine Chance, eine Skandalierung der Krise abzuwenden, da die Journalisten noch kein abschließendes Urteil gefällt haben.

Die dritte abgefragte Dimension ist die *Emotion*, welche die Journalisten bei ihrem Publikum vermuten (Abbildung 28). Wie in Abschnitt 6.2.2 diskutiert wurde, bezog sich die Frage nicht auf die Emotion der Journalisten selbst, da im Pretest dazu durchgängig keine Emotionen angegeben wurden. Die Änderung der Fragestellung im Vergleich zum Pretest hat sich bewährt, die Journalisten der Versuchsgruppe nennen nun Emotionen, die ihre Kollegen im nahezu inhaltsgleichen Pretest nicht genannt haben. Die Journalisten der Versuchsgruppe geben an, dass ihr Publikum *Kamilla*-Produkte *boykottieren* würde (MW 2,57), *verärgert* über das Verhalten von *Kamilla* wäre (MW 2,70) und *schockiert* reagieren würde (MW 3,03). *Ärger* korreliert positiv mit *Boykottabsicht* (N = 207, Pearsons r (einseitig) = 0,319, $p \leq 0,01$). Dieser Befund deckt sich mit denen vorangegangener Studien (Nerb 2000; Nerb et al. 1998), auch dort vermuteten Journalisten zugleich *Ärger* und *Boykottabsicht* bei ihrem Publikum. Dagegen schätzen Journalisten die Wahrscheinlichkeit, dass ihr Publikum *traurig* oder verstört auf die Krise reagieren würde, nur als gering ein (MW 4,14). Diese relativ geringere Traurigkeitsvermutung verglichen mit den Befunden anderer Studien könnte damit erklärt werden, dass Traurigkeit möglicherweise von Darstellungen von Opfern oder Zerstörungen ausgelöst wird, die im Stimulusmaterial dieser Arbeit nicht thematisiert wurden. Experimente anderer Studien, die größere Traurigkeit bei ihren Probanden feststellten, verwendeten dagegen als Stimuli hauptsächlich Umweltkrisen, in denen Zerstörungen dargestellt wurden (Nerb 2000; Nerb, Spada 2001; Nerb et al. 1998; Wahl et al. 2000). Möglicherweise führte diese graphische Beschreibung von Umweltschäden dazu, dass Probanden mehr Traurigkeit empfanden als im vorliegenden Experiment. Jedoch konnten selbst manche dieser Experimente zu Appraisaltheorien keine gestiegene Traurigkeit bei ihren Probanden messen (Pfeiffer et al. 2005), so dass es fraglich erscheint, ob Krisen überhaupt starke Traurigkeit bei nicht direkt betroffenen Rezipienten auslösen können.

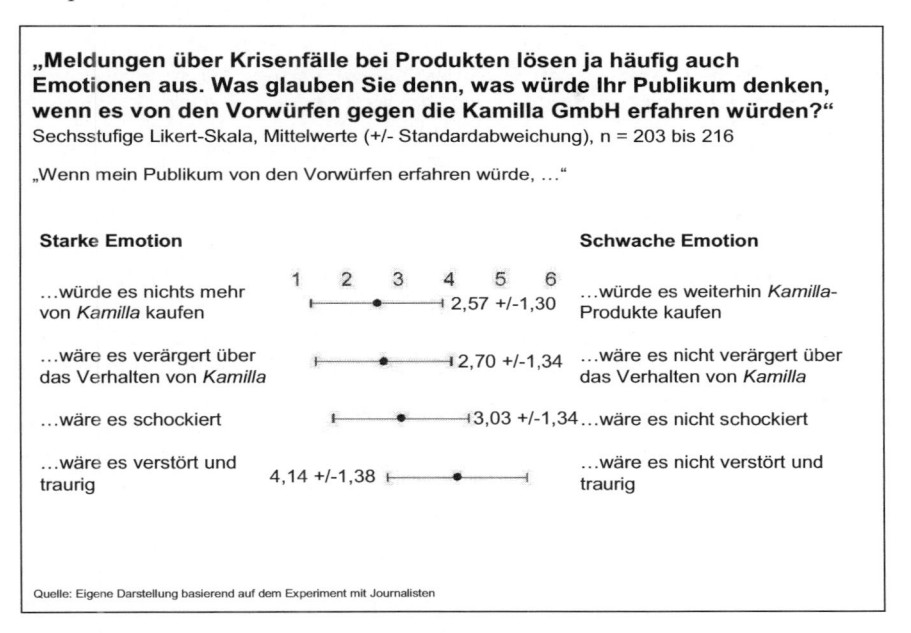

"Meldungen über Krisenfälle bei Produkten lösen ja häufig auch Emotionen aus. Was glauben Sie denn, was würde Ihr Publikum denken, wenn es von den Vorwürfen gegen die Kamilla GmbH erfahren würden?"
Sechsstufige Likert-Skala, Mittelwerte (+/- Standardabweichung), n = 203 bis 216

„Wenn mein Publikum von den Vorwürfen erfahren würde, ..."

Starke Emotion	1 2 3 4 5 6	**Schwache Emotion**
...würde es nichts mehr von *Kamilla* kaufen	2,57 +/-1,30	...würde es weiterhin *Kamilla*-Produkte kaufen
...wäre es verärgert über das Verhalten von *Kamilla*	2,70 +/-1,34	...wäre es nicht verärgert über das Verhalten von *Kamilla*
...wäre es schockiert	3,03 +/-1,34	...wäre es nicht schockiert
...wäre es verstört und traurig	4,14 +/-1,38	...wäre es nicht verstört und traurig

Quelle: Eigene Darstellung basierend auf dem Experiment mit Journalisten

---

Abbildung 28: Vermutung über ausgelöste Emotion (Durchschnitt aller Gruppen)

Zusammenfassend kann man festhalten, dass Journalisten allgemein die *Kamilla*-Krise als berichtenswertes Thema ansehen und Emotion dazu bei ihrem Publikum vermuten. Da Journalisten der *Kamilla*-Krise generell einen großen Nachrichtenwert zuschreiben, erscheint es wahrscheinlich, dass sie über eine vergleichbare Krise in der Realität berichten würden. Dieses Ergebnis erhöht die externe Validität der Befunde, da Journalisten prinzipiell über solch eine Krise berichten würden. Jedoch zeigt die Betrachtung der kumulierten Gruppen noch kein abschließendes Urteil der Journalisten über *Kamilla* selbst.

7.2 Wirkung der Stimuli

In diesem Abschnitt werden die Hypothesen und Forschungsfragen der Arbeit überprüft, zunächst in Abschnitt 7.2.1 zu *aktiver* PR-Krisenkommunikation, danach in Abschnitt 7.2.2 zu den PR-Strategien *Darstellung der Kontrollierbarkeit der Krisenursache* und *Relativierung der Krise mittels Verweis auf die Krisenhistorie*. Abschnitt 7.2.3 wird sich mit *Koorientierung* befassen und Abschnitt 7.2.4 abschließend die Experimentalergebnisse vergleichen und auf Hinweise nach *Interaktionseffekten* zwischen einzelnen Stimulusvariationen untersuchen. In allen folgenden Abschnitten werden die Ergebnisse von Varianzanalysen (ANOVAs) dargestellt, welche die Wirkung der unabhängigen Variablen auf die abhängigen (*Wahrnehmung des Nachrichtenwerts der Krise, Wahrnehmung der Krisenorganisation* und *Emotion bezüglich der Krise*) messen. Die abhängigen Variablen werden jeweils einzeln ausgewiesen (anstatt einen Index pro Dimension zu bilden), um mögliche Effekte der Stimuli detailliert zeigen zu können.

Alle Analysen zu Haupteffekten in diesem Abschnitt folgen dem gleichen Muster, zunächst werden jeweils Versuchsgruppen zusammengefasst und verglichen, die sich in der Ausprägung des untersuchten Stimulus unterscheiden (also z. B. werden die vier Gruppen mit *Spiegel Online*-Artikel zusammengefasst und verglichen mit den vier zusammengefassten Gruppen ohne *Spiegel Online*-Artikel).

Danach werden einzelne Versuchsgruppen verglichen, die sich nur in der Ausprägung eines Stimulus unterscheiden, um die Effekte detaillierter beschreiben zu können, also z. B. wird eine Versuchsgruppe, die eine bestimmte PR-Meldung und einen *Spiegel Online*-Artikel bekommen hat, mit ihrer Partnergruppe verglichen, die eine inhaltsgleiche PR-Mitteilung, jedoch keinen *Spiegel Online*-Artikel bekommen hat. Dieser Vergleich einzelner Stimulusgruppen wird mit zwei Testverfahren durchgeführt. Erstens werden Post-Hoc-Tests gerechnet (nach Scheffé oder falls notwendig LSD mit Bonferroni-Korrektur). Zweitens werden ANOVAs zwischen einzelnen Experimentalgruppen gerechnet, um die Unterschiede zwischen einzelnen Gruppen differenzierter betrachten zu können. Der Grund für diesen Test mit zwei Methoden ist die unterschiedliche Berechnung der Signifikanztests, Post-Hoc-Tests sind konservativ, sie weisen nur bei sehr großen Unterschieden Signifikanzen aus. Dagegen sind die Signifikanztests von ANOVAs weniger konservativ, so dass auch kleinere Gruppenunterschiede schon signifikant werden können. In Anbetracht der relativ kleinen Zahl von Probanden pro Gruppe wurde entschieden, auch ANOVAs zu rechnen, um schwächere Effekte noch feststellen zu können. Die Stärke von Gruppenunterschieden wird mittels der η^2 (Eta-Quadrate) bestimmt, die beschreiben, welchen Erklärungsanteil der Stimulus an der Gesamtvariation zwischen den Antworten der Versuchsgruppen liefern kann. Die Ergebnisse, die in den nächsten Abschnitten vorgestellt werden, werden im Anschluss in Kapitel 8 in den Forschungsstand eingeordnet und ihre Bedeutung für die Praxis diskutiert.

7.2.1 Aktive Kommunikation

Sollten Organisationen eine Krise aktiv kommentieren oder nicht? Um diese Frage zu beantworten, werden in diesem Abschnitt die Antworten der Versuchsgruppen, die eine PR-Meldung der Organisation (jedoch keinen *Spiegel Online*-Beitrag) erhielten, mit den Antworten der Kontrollgruppe verglichen, die ausschließlich eine *dpa*-Meldung über die Krise erhielt. Mit dieser Analyse soll herausgefunden werden, welchen Effekt die aktive Kommunikation einer Organisation zu Krisenbeginn auf Journalisten hat. Zunächst werden die Antworten aller Stimulusgruppen mit der Kontrollgruppe verglichen, um Effekte auf globaler Ebene zu identifizieren (Abbildung 29). Die abhängigen Variablen sind sortiert nach den drei Dimensionen *Wahrnehmung des Nachrichtenwerts der Krise*, *Wahrnehmung der Krisenorganisation* und der *Emotion bezüglich der Krise*, sowie innerhalb dieser Dimensionen nach den η^2, welche die Effektstärke anzeigen.

Auf einer Skala vermuten Journalisten der Stimulusgruppen einen signifikant größeren *Nachrichtenwert der Krise* verglichen mit der Kontrollgruppe: Sie glauben signifikant häufiger, dass die Vorwürfe gegen *Kamilla nicht übertrieben* seien (F(1,113) = 12,65, p ≤ 0,001, η^2 = 0,102). Auf den Skalen, welche die wahrgenommene Schadenshöhe messen, führt das Stimulusmaterial dagegen zu keinen signifikanten Antworteffekten (*Großer Schaden für Kamilla, Großer Schaden für Verbraucher, schwerwiegend*, die η^2 sind für alle diese Skalen ≤ 0,005). Dies ist vermutlich auf die Gestaltung des Stimulusmaterials zurückzuführen. Die PR-Meldung der Krisenorganisation (welche der Kontrollgruppe nicht vorlag) spricht über die Benzolfunde in Shampoos, macht aber keine Aussagen über die Schadenshöhe. Da die Organisation bestätigt, dass die Krise vorhanden ist, beurteilen Journalisten der Stimulusgruppen die Krisenvorwürfe vermutlich als *nicht übertrieben*. Weil die PR-Meldung jedoch nicht die Schadenshöhe kommentiert, unterscheiden sich die Antworten der Journalisten in Stimulusgruppen auf den anderen Skalen kaum von denen der Kontrollgruppe.

Nachdem somit der Vergleich der kumulierten Stimulusgruppen mit der Kontrollgruppe vorgestellt wurde, werden jetzt einzelne Gruppen mit der Kontrollgruppe verglichen, um die Effekte differenzierter interpretieren zu können. Die obere Hälfte von Abbildung 30 zeigt die Signifikanzen aus den Post-Hoc-Tests sowie die mittleren Differenzen zwischen den Stimulusgruppen, um interpretieren zu können, in welche Richtung sich die Versuchsgruppen voneinander unterscheiden. Für die abhängigen Variablen zur *Wahrnehmung des Nachrichtenwerts der Krise* ergab der Post-Hoc-Test lediglich zwei signifikante Gruppenunterschiede. So beurteilen sowohl die Journalisten der Stimulusgruppe 2 (PR-Strategien: *Krisenursache kontrollierbar* und *Relativierung der Krise*) sowie der Stimulusgruppe 4 (PR-Strategien: *Krisenursache kontrollierbar* und *Keine Relativierung der Krise*) die Krisenvorwürfe als signifikant weniger *übertrieben* als ihre Kollegen in der Kontrollgruppe. Um die Effekte differenzierter interpretieren zu können, werden die Ergebnisse der ANOVAs einzelner Gruppen in der unteren Hälfte von Abbildung 30 dargestellt. Aufgrund der weniger konservativen Signifikanztests werden mehr Gruppenunterschiede als signifikant eingestuft, in drei Fällen bewerten Journalisten der Stimulusgruppen die Krise als weniger *übertrieben* als ihre Kollegen der Kontrollgruppe. In allen Fällen schätzen die Journalisten der Stimulusgruppen die Krise als wichtigeres Thema ein, das heißt sie halten die Krisenvorwürfe für weniger *übertrieben*. Entsprechend dieser Befunde kann für Hypothese 1.1a folgendes festgehalten werden:

> Hypothese 1.1a (Aktive Kommunikation – Wahrnehmung des Nachrichtenwerts der Krise): Journalisten, die aktive PR-Information einer Organisation über eine Krise erhalten, beurteilen die Krise als weniger wichtiges Thema als ihre Kollegen, die keine aktive PR-Information erhalten.
>
> Die Hypothese wird zurückgewiesen, auf keiner Skala liegt ein Effekt in diese Richtung vor. Auf einer Skala stufen Journalisten die Krise sogar als wichtigeres Thema ein, wenn sie eine PR-Meldung zur Krise erhalten. Alle signifikanten Antwortunterschiede zwischen einzelnen Stimulusgruppen und Kontrollgruppe deuten in diese Richtung.

Auf den Skalen zur *Wahrnehmung der Krisenorganisation* unterscheiden sich die Journalisten der kumulierten Stimulusgruppen auf sieben von acht abgefragten Skalen signifikant von der Kontrollgruppe (Abbildung 29). Die Journalisten der Stimulusgruppen bewerten *Kamilla* als *professioneller* ($F(1,122) = 44{,}54$, $p \leq 0{,}001$, $\eta^2 = 0{,}269$), weniger *verantwortungslos* ($F(1,117) = 39{,}77$, $p \leq 0{,}001$, $\eta^2 = 0{,}255$), *transparenter* ($F(1,119) = 26{,}60$, $p \leq 0{,}001$, $\eta^2 = 0{,}184$), *kompetenter* ($F(1,112) = 22{,}53$, $p \leq 0{,}001$, $\eta^2 = 0{,}169$), weniger *defensiv* ($F(1,109) = 17{,}62$, $p \leq 0{,}001$, $\eta^2 = 0{,}140$), *glaubwürdiger* ($F(1,114) = 14{,}03$, $p \leq 0{,}001$,

7.2 Wirkung der Stimuli

$\eta^2 = 0{,}110$) und weniger *kriminell* ($F(1,112) = 12{,}99$, $p \leq 0{,}001$, $\eta^2 = 0{,}105$). In allen diesen Fällen wird die Organisation also besser von Journalisten bewertet, wenn sie eine PR-Meldung zur Krise veröffentlicht.

Interessant ist auch die detaillierte Betrachtung der η^2. Die größte Verbesserung kann die kommunizierende Krisenorganisation auf der Skala *professionell/unprofessionell* erzielen ($\eta^2 = 0{,}269$). Offenbar werten Journalisten es als Ausdruck von Professionalität, dass die Organisation über die Krise kommuniziert, sie erwarten diese Stellungnahme. Die zweitstärkste Verbesserung liegt auf der *verantwortungsbewusst/verantwortungslos*-Skala vor ($\eta^2 = 0{,}255$), sie könnte davon ausgelöst sein, dass die Organisation in der PR-Meldung die Handlungen darstellt, mit denen sie auf die Krise reagiert. So wird dort der Rückruf der Charge von Shampoos beschrieben, die laut *Kamilla* verseucht ist. Möglicherweise werten die Journalisten diese Handlung als Zeichen, dass die Organisation verantwortungsbewusst auf die Vorwürfe reagiert. Diese Interpretation stützt sich auf die Befunde von Thießen (2011: 264 ff.), dessen Probanden Organisationen mehr „emotionale Vertrauenswürdigkeit" zuschreiben, wenn diese über die geplanten und durchgeführten Schritte zur Krisenlösung berichten. Die Skala mit dem drittgrößten η^2 (0,184) ist *transparent/intransparent*. Dieser Effekt war zu erwarten, da eine Organisation, die über eine Krise kommuniziert, mehr Einblicke in ihre Handlungen und Denkweise gibt als eine Organisation, die schweigt. Die übrigen η^2 der Skalen mit signifikantem Unterschied reichen von 0,169 (*kompetent/inkompetent*) bis zu 0,105 (*kriminell/nicht kriminell*), auf allen diesen Skalen hat die PR-Meldung einen positiven Effekt für die Krisenorganisation.

Schuldig/unschuldig ist die einzige Skala, auf der keine signifikanten Unterschiede zwischen den Antworten von Stimulus- und Kontrollgruppe auftreten, offenbar werden die Journalisten in ihrem Urteil, wer die Schuld an einer Krise trägt, nicht davon beeinflusst, dass die Organisation eine PR-Meldung veröffentlicht. Generell ist der Einfluss der Stimuli auf die *Wahrnehmung der Krisenorganisation* größer als auf die *Wahrnehmung des Nachrichtenwerts der Krise*, so sind die η^2 auf sieben Skalen zur *Wahrnehmung der Krisenorganisation* größer als das größte η^2 zur *Wahrnehmung der Krise* (*nicht übertrieben* $\eta^2 = 0{,}102$). Für eine kommunizierende Krisenorganisation überwiegt also auch auf diesen Skalen wahrscheinlich der Nutzen, der sich in der besseren Wahrnehmung der Organisation selbst niederschlägt, den möglichen Schaden, der sich in der gesteigerten Aufmerksamkeit der Journalisten für die Krise zeigt.

Eine Analyse einzelner Gruppen mit Post-Hoc-Tests und ANOVAs zeigt ebenfalls die positive Wirkung der PR-Meldung für die Krisenorganisation. Bei allen Gruppenvergleichen mit Ausnahme von *schuldig/unschuldig* sind die Mittelwertsdifferenzen durchgängig positiv, das heißt Stimulusgruppen bewerten die Organisation besser als die Kontrollgruppe (obere Hälfte Abbildung 30). Diese

Unterschiede sind so groß, dass in den Post-Hoc-Tests 19 von ihnen als signifikant ausgewiesen werden, in den ANOVAs sogar 28. Die Journalisten bewerten eine Krisenorganisation also grundsätzlich besser, wenn diese eine PR-Meldung veröffentlicht, unabhängig von der spezifischen Kommunikationsstrategie. Insgesamt schneidet die Krisenorganisation bei den Stimulusgruppen laut Post-Hoc-Test in 59 % aller Vergleiche signifikant besser ab als bei der Kontrollgruppe, laut ANOVAs sogar in 88 %. Entsprechend dieser Befunde kann für Hypothese 1.1b folgendes festgehalten werden:

> **Hypothese 1.1b (Aktive Kommunikation – Wahrnehmung der Krisenorganisation):** Journalisten, die aktive PR-Information einer Organisation über eine Krise erhalten, bewerten die Rolle dieser Organisation in der Krise positiver als Journalisten, die keine aktive PR-Information erhalten.
>
> Die Hypothese wird nicht zurückgewiesen. Auf sieben von acht Skalen bewerteten Journalisten der kumulierten Stimulusgruppen die Krisenorganisation signifikant besser als ihre Kollegen der Kontrollgruppe. Darüber hinaus sind bei einem Vergleich einzelner Versuchsgruppen gegen die Kontrollgruppe je nach Testverfahren 59 % oder 88 % dieser Unterschiede signifikant.

Abschließend werden die Skalen betrachtet, auf denen die Journalisten über die *Emotion* spekulieren, die diese Krise bei ihrem Publikum auslösen könnte. Die Journalisten der Stimulusgruppen vermuten signifikant weniger *Ärger* bei ihrem Publikum ($F(1,120) = 9{,}63$, $p \leq 0{,}01$, $\eta^2 = 0{,}075$). Auch auf den drei anderen Emotionsskalen vermuten die Stimulusgruppen weniger Emotion als die Kontrollgruppe (*Schock* $F(1,117) = 1{,}11$, n. s., $\eta^2 = 0{,}009$; *Traurigkeit* $F(1,114) = 0{,}43$, n. s., $\eta^2 = 0{,}004$; *Boykott* $F(1,124) = 0{,}22$, n. s., $\eta^2 = 0{,}002$), jedoch sind diese Unterschiede nicht signifikant. Ein Vergleich der η^2 zeigt erneut, dass der Stimulus-Effekt auf der Dimension der *Wahrnehmung der Krisenorganisation* größer ist (kleinstes signifikantes $\eta^2 = 0{,}105$) als für die Vermutung über die ausgelöste *Emotion bezüglich der Krise* (größtes $\eta^2 = 0{,}075$). Offenbar nehmen Journalisten vor allen Dingen *Kamilla* selbst besser wahr, wenn die Organisation eine PR-Meldung veröffentlicht, dagegen ist die Wirkung auf die *Wahrnehmung der Krise* und die *vermutete Emotion* weit geringer. Bei einer Betrachtung der einzelnen Gruppen zeigt sich ein signifikanter Unterschied zur Kontrollgruppe auf der *Ärger*-Skala (Post-Hoc-Test), in den ANOVAs werden auf dieser Skala drei Unterschiede als signifikant eingestuft (Abbildung 30). Auf den anderen Emotionsskalen sind die Unterschiede bei keinem Testverfahren signifikant. Entsprechend der Befunde kann für Hypothese 1.1c folgendes festgehalten werden:

7.2 Wirkung der Stimuli

> **Hypothese 1.1c (Aktive Kommunikation – Emotion bezüglich Krise):** Journalisten, die aktive PR-Information einer Organisation über eine Krise erhalten, vermuten weniger emotionales Potential in der Krise als Journalisten, die keine aktive PR-Information erhalten.
>
> Die Hypothese wird nicht zurückgewiesen. Journalisten in den Stimulusgruppen vermuten signifikant weniger *Ärger* über eine Krise im Vergleich zu ihren Kollegen in der Kontrollgruppe.

Ergebnisse univariater Varianzanalysen auf Basis von Daten, die mit sechsstufigen Likert-Skalen erhoben wurden

		Wahrnehmung des Nachrichtenwerts der Krise						Wahrnehmung der Krisenorganisation								Vermutung über ausgelöste Emotion			
		nicht übertrieben	großer Schaden für Verbraucher	großes öffentl. Interesse	großer Schaden für Kamilla	schwerwiegend	berichtenswert	unprofessionell	verantwortungslos	intransparent	inkompetent	defensiv	unglaubwürdig	kriminell	schuldig	Ärger	Schock	Traurigkeit	Boykott
Stimulus- gruppen kumuliert[1] (n=83-97)	MW[2]	2,37	2,95	2,28	2,04	2,47	2,17	4,31	4,05	3,94	3,88	3,35	3,76	5,16	3,07	2,84	3,04	4,21	2,60
	+/-[3]	1,25	1,19	1,13	1,04	1,14	1,18	1,36	1,09	1,28	1,10	1,03	1,05	1,11	1,17	1,36	1,37	1,45	1,35
Kontroll- gruppe (n=23-29)	MW	3,38	2,75	2,11	1,89	2,38	2,24	2,46	2,58	2,52	2,75	2,30	2,88	4,22	3,25	1,96	2,73	4,00	2,46
	+/-	1,17	1,27	1,17	1,07	1,20	1,35	0,96	0,90	1,19	0,74	1,41	0,95	1,13	1,03	0,96	1,19	1,35	1,29
	F	12,65	,56	,50	,44	,10	,08	44,54	39,77	26,60	22,53	17,62	14,03	12,99	,46	9,63	1,11	,43	,22
	p[4]	***						***	***	***	***	***	***	***		**			
	η-Quadrat	,102	,005	,004	,004	,001	,001	,269	,255	,184	,169	,140	,110	,105	,004	,075	,009	,004	,002

1 Stimulusgruppen 1 bis 4, die keinen *Spiegel Online*-Artikel bekamen / 2 Mittelwert (je kleiner, desto größer Zustimmung zu Aussage am Spaltenkopf)
3 Standardabweichung / 4 * p ≤ 0,05, ** p ≤ 0,01, *** p ≤ 0,001
Quelle: Eigene Darstellung basierend auf dem Experiment mit Journalisten

Lesehilfe: Alle Spalten sind so aufgebaut, dass die Aussagen am Spaltenkopf der einzelnen Dimensionen immer in die gleiche Richtung deuten, also immer auf einen großen zugeschriebenen Nachrichtenwert, eine negative Bewertung der Krisenorganisation oder starke Emotion hindeuten. Diese Formatierung wird auf allen Abbildungen im Ergebnisteil angewendet. Je kleiner der Mittelwert auf einer Skala ist, desto stärker stimmen Journalisten der Aussage am Spaltenkopf zu.

Abbildung 29: Wirkung aktiver Kommunikation (kumulierte Stimulusgruppen)

			nicht übertrieben	Schaden Verbraucher	großes öff. Interesse	Schaden Kamilla	schwerwiegend	berichtenswert	unprofessionell	verantwortungslos	intransparent[3]	inkompetent	defensiv	unglaubwürdig	kriminell	schuldig	Ärger	Schock	Traurigkeit	Boykott
Stimulusgr. vs. Kontrollgr. (Post Hoc nach Scheffé)	①	MD[1] p[2]	-0,98	0,42	0,19	0,32	0,19	0,41	2,08 ***	1,92 ***	1,75 ***	1,39 ***	1,02	1,13 *	1,02	-0,25	1,13	0,36	0,00	0,49
	②	MD p	-1,42 **	0,07	0,06	-0,26	-0,13	-0,06	2,12 ***	1,47 ***	1,35 **	1,20 ***	1,10 *	0,86	1,09 *	-0,30	0,60	0,10	0,48	-0,21
	③	MD p	-0,46	0,00	0,12	0,26	0,10	-0,50	1,78 ***	1,22 **	1,14 **	1,13 **	1,07 *	0,71	0,83	0,23	0,65	0,27	0,00	-0,04
	④	MD p	-1,20 *	0,29	0,33	0,24	0,21	-0,07	1,41 **	1,33 ***	1,48 **	0,80	1,02	0,85	0,83	-0,44	1,16 *	0,53	0,36	0,33
Stimulusgruppe vs. Kontrollgr. (ANOVA)	①	η Q. p	,139 *						,504 ***	,538 ***	,372 ***	,412 ***	,133 *	,238 ***	,161 **		,177 **			
	②	η Q. p	,310 ***						,450 ***	,347 ***	,264 ***	,308 ***	,162 **	,152 **	,218 ***					
	③	η Q. p							,375 ***	,310 ***	,171 **	,343 ***	,167 **	,130 *	,155 **		,074 *			
	④	η Q. p	,212 ***						,259 ***	,281 ***	,243 ***	,119 *	,142 **	,162 **	,102 *		,233 ***			

Legende Stimulusgruppen: PR-Mitteilung mit Kommunikationsstrategie...
① Unkontrollierbar / Relativierung (n=19-23) ③ Unkontrollierbar / Keine Relativierung (22-27)
② Kontrollierbar / Relativierung (20-24) ④ Kontrollierbar / Keine Relativierung (21-24)

Wahrnehmung Nachrichtenwert | Wahrnehmung der Krisenorganisation | Vermutung Emotion

1 Mittlere Differenz (Stimulusgruppe minus Kontrollgruppe) / 2 * $p \leq 0{,}05$, ** $p \leq 0{,}01$, *** $p \leq 0{,}001$
3 Post-Hoc-Test: LSD mit Bonferroni-Korrektur (wegen Varianzinhomogenität verwendet statt Scheffé-Test)
Quelle: Eigene Darstellung basierend auf dem Experiment mit Journalisten

Lesehilfe: In der oberen Hälfte werden die Ergebnisse von Post-Hoc-Tests der Stimulusgruppen 1 bis 4 vorgestellt, in der unteren die der Signifikanztests von ANOVAs. Journalisten der Kontrollgruppe halten z. B. die Krisenvorwürfe im Mittel um 0,98 Skalenpunkte für *übertriebener* als Journalisten der Stimulusgruppe 1. Dieser Unterschied ist nicht signifikant im Post-Hoc-Test (obere Hälfte), wird jedoch in einer ANOVA als signifikant ausgegeben mit einem η^2 von 0,139 (untere Hälfte). Mittels Levene-Test wurde bestimmt, ob Post-Hoc-Tests nach Scheffé oder LSD mit Bonferroni-Korrektur gerechnet wurden (Abbildung 42 im Anhang). In der unteren Hälfte werden nur die signifikanten Ergebnisse der ANOVAs mit ihrem η^2 gezeigt, im Anhang finden sich alle weiteren Ergebnisse dieser ANOVAs (Abbildung 43 und 44).

Abbildung 30: Wirkung aktiver Kommunikation (einzelne Stimulusgruppen)

Wie in Abschnitt 7.1.3 schon angekündigt wird als zusätzliche Kontrolle überprüft, ob die Antworten der Journalisten davon beeinflusst werden, welche Voreinstellungen sie gegenüber PR haben. Mit ANOVAs wurde ermittelt, ob sich die Antworten der PR-kritischen und -offenen Journalisten zwischen den hier betrachteten Stimulusgruppen unterscheiden. Die Ergebnisse zeigen drei signifikante Unterschiede, so halten PR-kritische Journalisten die Krisenorganisation *Kamilla* für *intransparenter* (F(1,48) = 7,285, $p \leq 0{,}01$, $\eta^2 = 0{,}134$), *inkompetenter* (F(1,48) = 7,143, $p \leq 0{,}01$, $\eta^2 = 0{,}132$) und *unglaubwürdiger* (F(1,49) =

4,564, p ≤ 0,05, η² = 0,087). Dieses Resultat könnte darauf hindeuten, dass Organisationen es besonders bei den PR-kritischen Journalisten schwer haben, ihre Reputation zu schützen. Jedoch muss auf die eingeschränkte Aussagekraft dieser Analyse hingewiesen werden, da das Risiko einer Konfundierung gegeben ist. Da die Journalisten erst das Stimulusmaterial rezipierten und dann den Fragebogen ausfüllen sollten, könnte es sein, dass ihre Antworten zur allgemeinen Einstellung gegenüber PR von der konkreten PR im Stimulusmaterial beeinflusst wurden. Zwar zeigt Abbildung 25 oben, dass sich der Anteil von PR-kritischen und -offenen Journalisten auch bei den Versuchsgruppen unterscheidet, die eine inhaltsgleiche PR-Meldung bekommen hatten. Dies könnte ein Indiz dafür sein, dass Konfundierungen nur in begrenztem Maße aufgetreten sind, da bei starken Konfundierungen der Anteil von z. B. PR-kritischen Journalisten in zwei Versuchsgruppen mit identischer PR-Meldung etwa gleich hoch sein sollte. Jedoch kann man trotz dieses Befundes nicht ausschließen, dass Konfundierungen zwischen dem Stimulusmaterial und den Antworten der Journalisten zu ihrer Einstellung gegenüber PR vorliegen.

7.2.2 Kommunikationsstrategien

Nachdem im vorangegangenen Abschnitt die Wirkung aktiver Kommunikation auf die Wahrnehmung von Journalisten gemessen wurde, wird nun die Wirkung einzelner PR-Strategien analysiert. Abschnitt 7.2.2.1 untersucht die PR-Strategie *Darstellung der Kontrollierbarkeit der Krisenursache* entweder als *personale Verursachung innerhalb der Krisenorganisation* (= einfache Kontrollierbarkeit) oder *außerhalb der Krisenorganisation* (= schwierige Kontrollierbarkeit), Abschnitt 7.2.2.2 die PR-Strategie der *Relativierung von Krisen mittels Verweis auf die positive Krisenhistorie*.

7.2.2.1 Kontrollierbarkeit der Krisenursache

Die PR-Strategie *Darstellung der Kontrollierbarkeit der Krisenursache* wurde auf zwei Arten variiert, zum einen wurde die Krise als unvorhersehbares Ereignis dargestellt, das von Akteuren außerhalb der Organisation verursacht worden war und deswegen nicht kontrolliert werden konnte, zum anderen als Folge des Versagens der Qualitätskontrolleure innerhalb der Krisenorganisation. Zur einfacheren Lesbarkeit werden diese beiden Variationen der Strategie im Folgenden als *Krisenursache: nicht kontrollierbar* bzw. *kontrollierbar* bezeichnet, gemeint ist dabei immer die Kontrollierbarkeit durch die Krisenorganisation. Analog zum vorangegangenen Abschnitt werden zunächst kumulierte Stimulusgruppen auf starke Effekte verglichen (Abbildung 31). Danach werden die Ergebnisse der einzelnen Versuchsgruppen gegeneinander mittels Post-Hoc-Test und ANOVAs analysiert, um Unterschiede zwischen Gruppen festzustellen, deren Stimuli sich nur in der Ausprägung *nicht kontrollierbar* bzw. *kontrollierbar* unterscheiden (Abbildung 32; Levene-Test auf Abbildung 45 im Anhang). Zunächst wird betrachtet, wie Journalisten den *Nachrichtenwert der Krise* bewerten, danach wie sie die *Krisenorganisation* wahrnehmen und abschließend welche *Emotion bezüglich der Krise* sie vermuten.

Bei der *Wahrnehmung des Nachrichtenwerts der Krise* unterscheiden sich die Journalisten in den kumulierten Gruppen in einer Varianzanalyse auf der *nicht übertrieben*-Skala signifikant (Abbildung 31, $F(1,177) = 3,97$, $p \leq 0,05$, $\eta^2 = 0,022$). Journalisten glauben also eher, dass die Krisenvorwürfe *übertrieben* sind, wenn die PR-Meldung die Krisenursache als *nicht kontrollierbar* bezeichnet. Dieser Unterschied ist erwartungskonform, bei der Hypothesenbildung wurde angenommen, dass eine Krisenorganisation von der *nicht kontrollierbar*-Variation profitiert. Jedoch ist der Unterschied relativ klein, wie man am η^2 ablesen kann. Darüber hinaus liegt auf keiner anderen Skala dieser Dimension ein signifikanter Unterschied zwischen den Antworten der Versuchsgruppen vor.

Jedoch wäre es möglich, dass sich die Antworten einzelner Versuchsgruppen signifikant voneinander unterscheiden, dieser Effekt in der kumulierten Darstellung auf Abbildung 31 aber verborgen bleibt, weil sich Differenzen gegenseitig aufheben oder überlagern. Deswegen werden analog zu Abschnitt 7.2.1 auf Abbildung 32 die Ergebnisse der Post-Hoc-Tests und ANOVAs der einzelnen Versuchsgruppen gegeneinander gezeigt, welche sich lediglich in der Variation der *Kontrollierbarkeit*-Variablen unterscheiden. Die obere Hälfte der Abbildung zeigt erneut die Ergebnisse der Post-Hoc-Tests (konservative Signifikanztests), die untere Hälfte die Ergebnisse der ANOVAs (weniger konservativ). In den Post-Hoc-Tests ist keiner der Mittelwertsunterschiede signifikant, die ANOVAs ergeben nur auf der Skala *übertrieben/nicht übertrieben* einen signifikanten Unterschied zwischen den Stimulusgruppen 7 und 8 ($F(1,42) = 4,21$, $p \leq 0,05$, $\eta^2 = 0,093$). Die gefundenen Differenzen sind also größtenteils zu schwach, um als signifikant ausgewiesen zu werden. Aufgrund dessen kann für Hypothese 1.2a folgendes festgehalten werden:

7.2 Wirkung der Stimuli

> Hypothese 1.2a (Kontrollierbarkeit der Krisenursache – Wahrnehmung des Nachrichtenwerts der Krise): Journalisten, die PR-Material erhalten, das eine Krisenursache als nicht kontrollierbar (durch die Krisenorganisation) darstellt, beurteilen die Krise als weniger wichtiges Thema als ihre Kollegen, deren PR-Material die Krise als kontrollierbar darstellt.
> Die Hypothese wird zurückgewiesen. Auf einer einzigen Skala zeigen sich signifikante Unterschiede zwischen den kumulierten Versuchsgruppen, die diese PR-Strategie variieren. In einem einzigen von 24 möglichen Fällen zeigen ANOVAs signifikante Unterschiede zwischen einzelnen Versuchsgruppen, welche die PR-Strategie *Kontrollierbarkeit der Krisenursache* variieren. Diese Signifikanz verschwindet in konservativeren Post-Hoc-Tests. Die gefundenen Unterschiede sind zwar hypothesenkonform, jedoch zu wenige und zu schwach ausgeprägt, um die Hypothese nicht zurückzuweisen.

Nun wird untersucht, ob die Variation der PR-Strategie *Kontrollierbarkeit der Krisenursache* einen Einfluss darauf hat, wie die Journalisten die *Krisenorganisation* wahrnehmen. Die Varianzanalysen der kumulierten Stimulusgruppen zeigen einen signifikanten Unterschied bei den Antworten auf der Skala *schuldig/unschuldig* (Abbildung 31, $F(1,169) = 3,75$, $p \leq 0,05$, $\eta^2 = 0,022$). Dieser Unterschied ist hypothesenkonform, es leuchtet ein, dass eine Organisation als weniger schuldig wahrgenommen wird, wenn sie glaubhaft darstellen kann, dass ihre Krise von etwas ausgelöst wurde, was sie nicht kontrollieren konnte. Aufgrund dieses Ergebnisses kann man davon ausgehen, dass die Journalisten die *Kontrollierbarkeit*-Variation wie intendiert erkannt haben. Jedoch ist dieser Unterschied relativ klein, das η^2 hat nur einen Wert von 0,022, was weit unter den η^2 liegt, die die Variation von *aktiver* vs. *nicht aktiver* Kommunikation ergeben hat (größtes η^2 dort war mit 0,269 rund zwölf Mal größer). Alle anderen Unterschiede sind nicht signifikant. Auf Abbildung 32, welche die Vergleiche einzelner Stimulusgruppen zeigt, erreicht der Unterschied auf der Skala *schuldig/unschuldig* zwischen den Stimulusgruppen 3 und 4 in den ANOVAs signifikantes Niveau ($F(1,43) = 4,21$, $p \leq 0,05$, $\eta^2 = 0,091$), in den Post-Hoc-Tests verschwindet diese Signifikanz. Entsprechend kann für Hypothese 1.2b folgendes festgehalten werden:

Hypothese 1.2b (Kontrollierbarkeit der Krisenursache – Wahrnehmung der Krisenorganisation): Journalisten, die PR-Material erhalten, das eine Krisenursache als nicht kontrollierbar (durch die Krisenorganisation) darstellt, bewerten die Rolle dieser Organisation in der Krise positiver als Journalisten, deren PR-Material die Krise als kontrollierbar darstellt.

Die Hypothese wird zurückgewiesen. Auf einer einzigen von acht möglichen Skalen zeigen sich signifikante Unterschiede zwischen den kumulierten Versuchsgruppen, die diese PR-Strategie variieren. In einem einzigen von 32 möglichen Fällen zeigen ANOVAs signifikante Unterschiede zwischen einzelnen Versuchsgruppen, welche die PR-Strategie *Kontrollierbarkeit der Krisenursache* variieren. Diese Signifikanz verschwindet in konservativeren Post-Hoc-Tests. Die gefundenen Unterschiede sind zwar hypothesenkonform, jedoch zu wenige und zu schwach ausgeprägt, um die Hypothese nicht zurückzuweisen.

Abschließend wird betrachtet, ob die Variation der PR-Strategie *Kontrollierbarkeit der Krisenursache* eine Wirkung darauf hat, welche *Emotion bezüglich der Krise* die Journalisten bei ihrem Publikum vermuten. Eine Varianzanalyse der kumulierten Stimulusgruppen zeigt keine signifikanten Unterschiede zwischen den Antworten der Journalisten (Abbildung 31). Die Effekte der Stimuli sind verschwindend gering, was man an den η^2 ($\leq 0{,}005$) ablesen kann. Die Vergleiche einzelner Stimulusgruppen zeigen weder in den Post-Hoc-Tests noch in den weniger konservativen ANOVAs signifikante Unterschiede zwischen den Antworten der Gruppen (Abbildung 32). Entsprechend dieser Befunde kann für Hypothese 1.2c folgendes festgehalten werden:

Hypothese 1.2c (Kontrollierbarkeit der Krisenursache – Emotion bezüglich Krise): Journalisten, die PR-Material erhalten, das eine Krisenursache als nicht kontrollierbar (durch die Krisenorganisation) darstellt, vermuten weniger emotionales Potential in der Krise als Journalisten, deren PR-Material die Krise als kontrollierbar darstellt.

Die Hypothese wird zurückgewiesen. Auf keiner Skala zeigen sich signifikante Unterschiede zwischen den kumulierten oder einzelnen Versuchsgruppen, die diese PR-Strategie variieren. Auch liegen keine Tendenzen in den Ergebnissen vor, die darauf hindeuten, dass Journalisten weniger Emotion vermuten, wenn sie eine PR-Meldung mit der Ausprägung *nicht kontrollierbar* erhalten.

7.2 Wirkung der Stimuli

Stimulus-Gruppen mit Variation PR-Strategie (kumuliert):	Wahrnehmung des Nachrichtenwerts der Krise						Wahrnehmung der Krisenorganisation								Vermutung über ausgelöste Emotion			
	nicht übertrieben	großer Schaden für Kamilla	großer Schaden für Verbr.	berichtenswert	schwerwiegend	großes öffentl. Interesse	schuldig	inkompetent	unprofessionell	verantwortungslos	kriminell	unglaubwürdig	intransparent	defensiv	Boykott	Schock	Ärger	Traurigkeit
Krisenursache unkontrollierbar[1] (n=82-95) MW[3]	2,74	1,97	2,86	2,11	2,32	2,13	3,22	3,97	4,48	4,19	5,23	3,90	4,02	3,22	2,67	3,11	2,79	4,15
+/-[4]	1,44	1,08	1,31	1,29	1,20	1,17	1,06	0,97	1,22	1,04	0,95	1,06	1,26	0,94	1,36	1,34	1,45	1,35
Krisenursache kontrollierbar[2] (n=82-94) MW	2,35	1,78	2,69	1,98	2,26	2,13	2,89	3,73	4,25	4,03	5,10	3,77	3,96	3,22	2,51	3,04	2,82	4,17
+/-	1,18	0,88	1,09	1,05	1,00	1,08	1,15	1,28	1,32	1,15	1,15	1,11	1,21	0,94	1,26	1,37	1,26	1,42
F	3,97	1,70	0,93	0,54	0,13	0,00	3,75	1,93	1,46	0,89	0,68	0,61	0,13	0,00	0,70	0,11	0,02	0,01
p[5]	*						*											
η-Quadrat	,022	,009	,005	,003	,001	,000	,022	,011	,008	,005	,004	,003	,001	,000	,004	,001	,000	,000

Ergebnisse univariater Varianzanalysen auf Basis von Daten, die mit sechsstufigen Likert-Skalen erhoben wurden

1 Stimulusgruppen 1, 3, 5 und 7 kumuliert / 2 Stimulusgruppen 2, 4, 6 und 8 kumuliert / 3 Mittelwert (je kleiner, desto größer Zustimmung zu Aussage)
4 Standardabweichung / 5 * p ≤ 0,05, ** p ≤ 0,01, *** p ≤ 0,001
Quelle: Eigene Darstellung basierend auf dem Experiment mit Journalisten

Abbildung 31: Wirkung der PR-Strategie *Kontrollierbarkeit der Krisenursache* (kumulierte Stimulusgruppen)

Die Variation der PR-Strategie *Kontrollierbarkeit* führt also auf allen drei Dimensionen zu fast gar keinen Wirkungen auf die Journalisten. Dies könnte entweder daran liegen, dass Journalisten bei ihrer Bewertung einer Krise und Organisation nicht von der wahrgenommenen Kontrollierbarkeit der Krise beeinflusst werden, oder dass sie der Organisation nicht glauben, dass die Krise unkontrollierbar war. Jedoch halten die Journalisten die Organisation für weniger *schuldig*, wenn sie eine PR-Meldung erhalten, die auf die Unkontrollierbarkeit der Krise verweist. Diese Variable wurde zur Kontrolle abgefragt, ob die Probanden die Variation der PR-Strategie *Kontrollierbarkeit* wie intendiert aufgenommen haben. Der Befund legt also nahe, dass die Journalisten prinzipiell der Organisation glauben, dass die Krise kaum kontrollierbar war. Daher scheint die erste Erklärung plausibler, offenbar hat die Kontrollierbarkeit der Krise wenig Einfluss darauf, wie die Journalisten die Krisenorganisation auf den übrigen Skalen bewerten bzw. welche Emotion sie bei ihrem Publikum vermuten.

			Wahrnehmung Nachrichtenwert						Wahrnehmung der Krisenorganisation							Vermutung Emotion			
			nicht übertrieben[3]	Schaden Kamilla[3]	Schaden Verbraucher[3]	berichtenswert[3]	schwerwiegend	großes öff. Interesse	schuldig	inkompetent	unprofessionell	verantwortungslos	kriminell	unglaubwürdig	intransparent	defensiv	Boykott	Schock	Ärger	Traurigkeit
Stimulusgr.-Vergleich (Scheffé Post Hoc Test)	① vs. ②	MD[1] p[2]	,44	,58	,36	,47	,32	,13	,05	,19	-,04	,46	-,07	,26	,40	-,08	,71	,27	,53	-,48
	③ vs. ④	MD p	,74	,02	-,29	-,43	-,11	-,20	,67	,33	,36	-,11	,00	-,14	-,35	,05	-,37	-,26	-,51	-,36
	⑤ vs. ⑥	MD p	-,58	-,28	,11	,00	-,35	-,40	,18	,09	,57	,12	,09	,01	,00	,00	-,21	-,35	-,45	,39
	⑦ vs. ⑧	MD p	,92	,46	,53	,59	,38	,50	,38	,37	,06	,20	,55	,42	,30	,06	,58	,65	,40	,38
Stimulusgr.-vergleich (ANOVA)	① vs. ②	η Q. p																		
	③ vs. ④	η Q. p							,091 *											
	⑤ vs. ⑥	η Q. p																		
	⑦ vs. ⑧	η Q. p	,093 *																	

Legende Stimulusgruppen: PR-Mitteilung mit Kommunikationsstrategie...
Ohne *Spiegel Online*-Beitrag / Mit *Spiegel Online*-Beitrag
① Unkontrollierbar / Relativierung — ⑤ Unkontrollierbar / Relativierung
② Kontrollierbar / Relativierung — ⑥ Kontrollierbar / Relativierung
③ Unkontrollierbar / Keine Relativierung — ⑦ Unkontrollierbar / Keine Relativierung
④ Kontrollierbar / Keine Relativierung — ⑧ Kontrollierbar / Keine Relativierung

1 Mittlere Differenz (Stimulusgruppe 1 minus 2) / 2 * p ≤ 0,05, ** p ≤ 0,01, *** p ≤ 0,001
3 Post-Hoc-Test: LSD mit Bonferroni-Korrektur (wegen Varianzinhomogenität verwendet statt Scheffé-Test)
Quelle: Eigene Darstellung basierend auf dem Experiment mit Journalisten

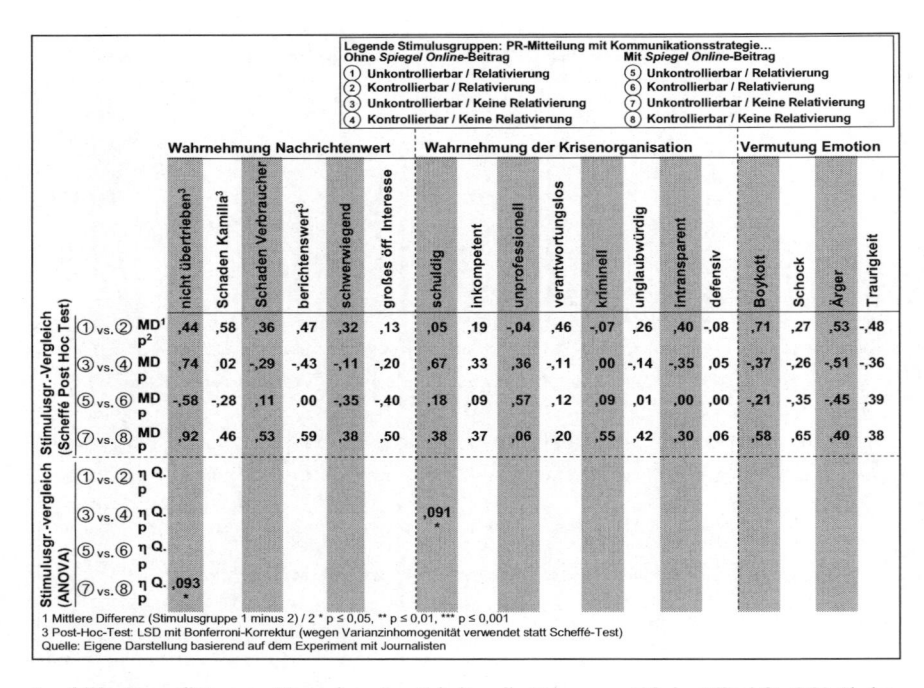

Lesehilfe: Journalisten von Versuchsgruppe 7 halten die Krisenvorwürfe im Mittel für 0,92 Skalenpunkte *übertriebener* als Journalisten von Versuchsgruppe 8. Dieser Unterschied ist nicht signifikant im Post-Hoc-Test, wird jedoch in einer ANOVA als signifikant ausgegeben mit einem η^2 von 0,093. In der unteren Hälfte werden nur die signifikanten Ergebnisse der ANOVAs mit ihrem η^2 angegeben, im Anhang finden sich alle weiteren (Abbildung 46 bis 49).

Abbildung 32: Wirkung der PR-Strategie *Kontrollierbarkeit der Krisenursache* (einzelne Stimulusgruppen)

Zur Kontrolle dieser Ergebnisse wird zusätzlich noch überprüft, ob die Einstellung der Journalisten gegenüber PR (kritisch oder offen) eine Wirkung darauf hat, wie sie die verschiedenen Stimuli aufgenommen haben. Dafür werden lediglich die kumulierten *kontrollierbar/nicht kontrollierbar*-Stimulusgruppen verglichen, da bei einem Vergleich einzelner Stimulusgruppen zu wenige Probanden pro Gruppe übrig bleiben würden, um Signifikanztests rechnen zu können. Abbildung 33 zeigt die Ergebnisse der ANOVA, in denen die PR-kritischen und -offenen Journalisten verglichen werden. Da nur auf der Dimension zur *Wahrnehmung der Krisenorganisation* überhaupt signifikante Differenzen auftreten, werden nur diese Skalen auf der Abbildung gezeigt.

7.2 Wirkung der Stimuli

Der Test offenbart eine Wechselwirkung zwischen der Variation der PR-Strategie und der Einstellung zu PR. Wenn die PR-Meldung die Krise als *unkontrollierbar* darstellt, dann unterscheiden sich die Antworten der PR-kritischen und offenen Journalisten auf keiner Skala signifikant (obere Hälfte der Abbildung). Wenn aber die PR-Meldung von einer potentiell *kontrollierbaren* Krise spricht, dann beurteilen die PR-kritischen Journalisten die Krisenorganisation auf sechs von acht Skalen schlechter als die -offenen Journalisten. So glauben die PR-kritischen Journalisten in diesem Fall, dass *Kamilla inkompetenter* ($F(1,43) = 15,43$, $p \leq 0,001$, $\eta^2 = 0,269$), *unprofessioneller* ($F(1,45) = 5,03$, $p \leq 0,05$, $\eta^2 = 0,103$), *verantwortungsloser* ($F(1,44) = 10,13$, $p \leq 0,01$, $\eta^2 = 0,191$), *krimineller* ($F(1,43) = 8,56$, $p \leq 0,01$, $\eta^2 = 0,169$), *unglaubwürdiger* ($F(1,43) = 16,91$, $p \leq 0,001$, $\eta^2 = 0,287$) und *intransparenter* ($F(1,43) = 19,35$, $p \leq 0,001$, $\eta^2 = 0,315$) ist.

Ergebnisse univariater Varianzanalysen auf Basis von Daten, die mit sechsstufigen Likert-Skalen erhoben wurden
Kumulierte Stimulusgruppen, die Ausprägung „einfache Kontrollierbarkeit" erhalten hatten

Wahrnehmung der Krisenorganisation

Stimulus-variation	Einstellung zu PR		schuldig	inkompetent	unprofessionell	verantwortungslos	kriminell	unglaubwürdig	intransparent	defensiv
Krisen-ursache unkontrollierbar[1]	PR-Kritiker (n=21-24) vs. PR-Offene (n=23-27)	MD[3]	0,29	-0,13	-0,14	-0,04	-0,03	-0,42	-0,67	0,47
		F	0,82	0,19	0,13	0,02	0,02	1,93	2,81	3,08
		p[4]								
		η Q.	,018	,004	,003	,000	,000	,039	,057	,068
Krisen-ursache kontrollierbar[2]	PR-Kritiker (n=21-24) vs. PR-Offene (n=23-27)	MD[3]	-0,26	-1,39	-0,82	-1,05	-1,08	-1,33	-1,56	-0,23
		F	0,48	15,43	5,03	10,13	8,56	16,91	19,35	0,62
		p[4]		***	*	**	**	***	***	
		η Q.	,012	,269	,103	,191	,169	,287	,315	,016

1 Stimulusgruppen 1, 3, 5 und 7 kumuliert / 2 Stimulusgruppen 2, 4, 6 und 8 kumuliert / 3 Mittlere Differenz (PR-Kritiker minus PR-Offene)
4 * p ≤ 0,05, ** p ≤ 0,01, *** p ≤ 0,001
Quelle: Eigene Darstellung basierend auf dem Experiment mit Journalisten

Abbildung 33: Wirkung der PR-Strategie *Kontrollierbarkeit der Krisenursache* (kumulierte Stimulusgruppen) in Abhängigkeit der Einstellung zu PR

Möglicherweise sind die PR-kritischen Journalisten auch gegenüber Fehlern von Organisationen wesentlich kritischer eingestellt als PR-offene. Denn offenbar sind PR-offene Journalisten eher dazu bereit, einer Organisation einen krisenverursachenden Fehler nachzusehen als PR-kritische. Zur näheren Bestimmung dieses Effekts werden die Antworten der PR-kritischen und -offenen Journalisten mit denen der neutralen Journalisten verglichen, um festzustellen, ob nur eine oder beide Gruppen von der Antwort der neutralen Journalisten abweichen. Diese ANOVAs zeigen, dass die Antworten beider Gruppen von denen der PR-neutralen Journalisten abweichen, d. h. die PR-kritischen Journalisten bewerten im Fall einer *kontrollierbaren* Ursache die Krisenorganisation kritischer als die neutralen Journalisten, die PR-offenen Journalisten dagegen positiver. Wie im vorangegangenen Abschnitt schon besprochen kann das Risiko einer Konfundierung bei dieser Kontrollanalyse aufgrund der Untersuchungsanlage jedoch nicht ausgeschlossen werden.

Nachdem nun alle Hypothesen zur *Kontrollierbarkeit der Krisenursache* getestet wurden, werden im nächsten Abschnitt die Wirkungen der PR-Strategie *Relativierung* betrachtet.

7.2.2.2 Relativierung

In diesem Abschnitt wird untersucht, ob Journalisten eine Krise unterschiedlich wahrnehmen, je nachdem, ob die Organisation in ihrer PR-Meldung auf eine positive Krisenhistorie verweist oder nicht. Es werden analog zu den vorangegangenen Abschnitten zunächst die Ergebnisse der kumulierten Stimulusgruppen verglichen, deren PR-Meldung die Krise *relativieren* oder nicht (Abbildung 34). Danach wird mittels Post-Hoc-Tests und ANOVAs einzelner Versuchsgruppen gegeneinander untersucht, ob sich die Antworten zwischen Journalisten unterscheiden, deren Stimulusmaterial lediglich verschiedene Ausprägungen der Strategie *Relativierung* enthielt, ansonsten jedoch inhaltsgleich war (Abbildung 35).

Abbildung 34 stellt die Ergebnisse für die kumulierten Stimulusgruppen dar. Für die abhängigen Variablen, welche die *Wahrnehmung des Nachrichtenwerts der Krise* messen, liegt kein signifikanter Unterschied zwischen der *Relativierung*- und *Keine Relativierung*-Gruppe vor. Die Gruppen ähneln sich in ihrem Antwortverhalten, was sich auch an den relativ geringen η^2 zeigt. Die abhängige Variable *berichtenswert/nicht berichtenswert* mit dem größten Unterschied zwischen den Versuchsgruppen hat lediglich ein η^2 von 0,015. Dies ist ein erstes Indiz, dass die Variation der PR-Strategie *Relativierung* einen weit geringeren

7.2 Wirkung der Stimuli

Effekt hat als die Entscheidung einer Organisation, *aktiv* über eine Krise zu kommunizieren. Auch sind die Mittelwerte der *Relativierung*-Gruppe auf manchen Skalen größer als diejenigen der *Keine Relativierung*-Gruppe, auf anderen dagegen kleiner. Das bedeutet, dass in manchen Fällen Journalisten der *Relativierung*-Gruppe die Krise für wichtiger halten, in anderen jedoch die der *Keine Relativierung*-Gruppe. Da weder signifikante Unterschiede zwischen den Versuchsgruppen noch eine einheitliche Tendenz bei den Mittelwertsunterschieden vorliegen, kann man festhalten, dass die Variation der PR-Strategie *Relativierung* mittels Verweis auf die Krisenhistorie bei den kumulierten Stimulusgruppen keine Effekte auslöst.

Analog zum vorangegangenen Abschnitt werden nun die Antworten einzelner Versuchsgruppen miteinander verglichen, deren Stimulus-Material sich lediglich in der Variation *Relativierung/Keine Relativierung* unterscheidet. Laut den Post-Hoc-Tests unterscheiden sich die Versuchsgruppen auf keiner Skala signifikant (obere Hälfte Abbildung 35), laut den ANOVAs sind die Unterschiede zwischen Versuchsgruppe 1 und 3 auf der Skala *berichtenswert* ($F(1,49) = 7,24$, $p \leq 0,01$, $\eta^2 = 0,131$) sowie zwischen Versuchsgruppe 6 und 8 auf der Skala *großes öffentliches Interesse* signifikant ($F(1,43) = 6,77$, $p \leq 0,05$, $\eta^2 = 0,139$, untere Hälfte der Abbildung). Die mittleren Differenzen auf diesen beiden Skalen sind positiv (*berichtenswert*: 0,91, *großes öffentliches Interesse*: 0,73), in beiden Fällen halten die Gruppen mit der Variation *Relativierung* die Krise für weniger wichtig. Jedoch darf man diese beiden signifikanten Unterschiede nicht überinterpretieren, zum einen verschwinden sie in den konservativeren Post-Hoc-Tests, zum anderen sind lediglich diese beiden in den ANOVAs signifikant von insgesamt 24 möglichen (4 Vergleiche * 6 abhängige Variablen). Für Hypothese 1.3a kann damit folgendes festgehalten werden:

> Hypothese 1.3a (Relativierung mittels Verweis auf Krisenhistorie – Wahrnehmung des Nachrichtenwerts der Krise): Journalisten, die PR-Material erhalten, das die aktuelle Krise mit der guten Krisenhistorie der Organisation zu relativieren versucht, beurteilen die Krise als weniger wichtiges Thema als ihre Kollegen, deren PR-Material die Krise nicht relativiert.
>
> Die Hypothese wird zurückgewiesen. Kumulierte Stimulusgruppen, welche die Strategie *Relativierung* variieren, unterscheiden sich auf keiner Skala signifikant. Lediglich in 2 von 24 Fällen zeigen ANOVAs signifikante Unterschiede zwischen einzelnen Versuchsgruppen, die diese PR-Strategie variieren. Diese Signifikanzen verschwinden in konservativeren Post-Hoc-Tests.

Nun wird untersucht, ob die Variation der PR-Strategie *Relativierung* die *Wahrnehmung der Krisenorganisation* beeinflusst. Die Journalisten der kumulierten *Relativierung*-Stimulusgruppen unterscheiden sich auf dieser Dimension auf keiner Skala signifikant voneinander (Abbildung 34). Die η^2 sind ebenso wie bei der *Wahrnehmung der Krise* so gering, dass nicht einmal tendenzielle Unterschiede zwischen den Gruppen angenommen werden können. Lediglich ein η^2 überschreitet 0,005, so nehmen Journalisten der *Keine Relativierung*-Gruppe die Krisenorganisation tendenziell als etwas *verantwortungsloser* wahr ($F(1,177) = 3,16$, n. s., $\eta^2 = 0,018$).

Auch bei den Vergleichen einzelner Versuchsgruppen zeigen sich nur wenige Signifikanzen. So weisen die Post-Hoc-Tests gar keine signifikanten Unterschiede aus (obere Hälfte von Abbildung 35), die weniger konservativen ANOVAs lediglich zwei zwischen den Stimulusgruppen 1 und 3 für *verantwortungslos/verantwortungsbewusst* ($F(1,46) = 6,53$, $p \leq 0,01$, $\eta^2 = 0,127$) sowie 6 und 8 für *unprofessionell/professionell* ($F(1,43) = 4,62$, $p \leq 0,05$, $\eta^2 = 0,099$). Auf diesen beiden Skalen haben die Mittelwertsdifferenzen unterschiedliche Vorzeichen: Während beim Vergleich von Stimulusgruppe 1 und 3 die Journalisten, die eine relativierende PR-Meldung erhielten, die Organisation für weniger *verantwortungslos* halten (MD 0,70), nehmen sie diese beim Vergleich von Stimulusgruppe 6 und 8 als *unprofessioneller* wahr (MD -0,73, obere Hälfte Abbildung 35). Man kann erklären, dass Journalisten eine Organisation für verantwortungsvoller halten, wenn sie in ihrer Vergangenheit keine Krisen verursacht hat. Jedoch ist unklar, warum der Verweis auf eine krisenfreie Vorgeschichte die Organisation unprofessioneller erscheinen lässt. Da die Signifikanz im Post-Hoc-Test verschwindet und zugleich kontraintuitiv ist, kann man nicht ausschließen, dass es sich um ein Artefakt handelt. Insgesamt führt die Variation der PR-Strategie *Relativierung* ebenso wie bei der *Wahrnehmung der Krise* auch bei der *Wahrnehmung der Krisenorganisation* nur zu geringen Effekten. So sind lediglich zwei von 32 Unterschieden in den ANOVAs signifikant (6 %), im konservativeren Post-Hoc-Test verschwinden diese Signifikanzen. Entsprechend kann für Hypothese 1.3b folgendes festgehalten werden:

7.2 Wirkung der Stimuli

Hypothese 1.3b (Relativierung mittels Verweis auf Krisenhistorie – Wahrnehmung der Krisenorganisation): Journalisten, die PR-Material erhalten, das die aktuelle Krise mit der guten Krisenhistorie der Organisation zu relativieren versucht, bewerten die Rolle dieser Organisation in der Krise positiver als Journalisten, deren PR-Material die Krise nicht relativiert.

Die Hypothese wird zurückgewiesen. Lediglich in 2 von 32 Fällen zeigen ANOVAs signifikante Unterschiede zwischen Versuchsgruppen, welche die PR-Strategie *Relativierung* variieren. Diese Unterschiede gehen nicht nur in unterschiedliche Richtungen, sondern sind auch in den konservativeren Post-Hoc-Tests nicht mehr signifikant. Bei Vergleichen der kumulierten Stimulusgruppen treten keine signifikanten Unterschiede auf.

Abschließend wird untersucht, ob die Variation der PR-Strategie *Relativierung* beeinflusst, welche *Emotion bezüglich der Krise* Journalisten bei ihrem Publikum vermuten. Der Vergleich kumulierter Stimulusgruppen auf Abbildung 34 zeigt keine signifikanten Unterschiede. Die η^2 der vier Emotions-Variablen *Schock, Traurigkeit, Boykottabsicht* und *Ärger* sind sehr klein, keines überschreitet den Wert von 0,003. Der Vergleich einzelner Versuchsgruppen zeigt keine Signifikanz in den Post-Hoc-Tests und nur eine bei den ANOVAs zwischen den Stimulusgruppen 6 und 8, die Journalisten der *Relativierung*-Variation glauben hier signifikant weniger, dass ihr Publikum über die Krise *schockiert* wäre (untere Hälfte Abbildung 35, $F(1,44) = 6,66$, $p \leq 0,05$, $\eta^2 = 0,134$). Für Hypothese 1.3c lässt sich daher folgendes festhalten:

Hypothese 1.3c (Relativierung mittels Verweis auf Krisenhistorie – Emotion bezüglich Krise): Journalisten, die PR-Material erhalten, das die aktuelle Krise mit der guten Krisenhistorie der Organisation zu relativieren versucht, vermuten weniger emotionales Potential in der Krise als Journalisten, deren PR-Material die Krise nicht relativiert.

Die Hypothese wird zurückgewiesen. In nur einem von 16 möglichen Fällen zeigen ANOVAs signifikante Unterschiede zwischen Versuchsgruppen, welche die PR-Strategie *Relativierung* variieren. Diese Signifikanz verschwindet in konservativeren Post-Hoc-Tests.

Die Variation der PR-Strategie *Relativierung der Krise* mittels Verweis auf die Krisenhistorie zeigt kaum eine Wirkung bei den Journalisten. Auf allen drei Dimensionen, der *Wahrnehmung des Nachrichtenwerts der Krise*, der *Wahrnehmung der Krisenorganisation* und der *Emotion bezüglich der Krise* unterscheiden sich die Antworten der Journalisten mit relativierenden PR-Meldungen kaum von denen mit nicht relativierenden PR-Meldungen. Die kumulierten Stimulusgruppen unterscheiden sich auf keiner einzigen Skala signifikant voneinander, und keiner der fünf Unterschiede, die von ANOVAs einzelner Stimulusgruppen gegeneinander als signifikant ausgegeben wurde, ist groß genug, um auch in den konservativeren Post-Hoc-Tests als signifikant eingestuft zu werden. Offenbar nutzt es einer Krisenorganisation wenig, in ihrer Kommunikation auf eine makellose Vorgeschichte zu verweisen.

Ergebnisse univariater Varianzanalysen auf Basis von Daten, die mit sechsstufigen Likert-Skalen erhoben wurden

Stimulus-Gruppen mit Variation PR-Strategie (kumuliert):		berichtenswert	großer Schaden für Kamilla	schwerwiegend	nicht übertrieben	großer Schaden für Verbr.	großes öffentl. Interesse	verantwortungslos	kriminell	inkompetent	defensiv	unglaubwürdig	schuldig	intransparent	unprofessionell	Schock	Traurigkeit	Boykott	Ärger
		Wahrnehmung des Nachrichtenwerts der Krise						**Wahrnehmung der Krisenorganisation**								**Vermutung über ausgelöste Emotion**			
Relativierung[1] (n=81-95)	MW[3]	2,19	1,76	2,20	2,43	2,85	2,17	4,26	5,23	3,91	3,17	3,89	3,11	4,01	4,38	3,16	4,20	2,60	2,80
	+/-[4]	1,23	0,96	1,02	1,23	1,15	1,09	1,11	1,01	1,10	1,05	1,12	1,13	1,16	1,29	1,41	1,44	1,37	1,38
Keine Relativierung[2] (n=83-93)	MW	1,90	1,99	2,39	2,66	2,70	2,10	3,97	5,10	3,78	3,27	3,78	3,01	3,97	4,34	3,00	4,11	2,58	2,80
	+/-	1,12	1,01	1,17	1,42	1,27	1,15	1,07	1,10	1,18	0,83	1,06	1,11	1,30	1,27	1,30	1,33	1,25	1,33
	F	2,70	2,45	1,37	1,26	0,66	0,17	3,16	0,60	0,52	0,39	0,41	0,30	0,06	0,05	0,59	0,19	0,01	0,00
	p η-Quadrat	,015	,013	,008	,007	,004	,001	,018	,003	,003	,002	,002	,002	,000	,000	,003	,001	,000	,000

1 Stimulusgruppen 1, 2, 5 und 6 kumuliert / 2 Stimulusgruppen 3, 4, 7 und 8 kumuliert / 3 Mittelwert (je kleiner, desto größer Zustimmung zu Aussage)
4 Standardabweichung
Quelle: Eigene Darstellung basierend auf dem Experiment mit Journalisten

Abbildung 34: Wirkung der PR-Strategie *Relativierung* (kumulierte Stimulusgruppen)

Dieser Befund gibt aber ausschließlich Auskunft darüber, wie Journalisten zu Beginn einer Krise darauf reagieren, wenn die Organisation selbst ihre positive Krisenhistorie unterstreicht. Es kann keine Aussage darüber getroffen werden, ob ein Verweis auf eine Krisenhistorie möglicherweise anders wirken würde, wenn er von einer externen Quelle stammt, die Journalisten beispielsweise für objektiver halten. Auch wäre es möglich, dass eine positive Krisenhistorie die Wahrnehmung von Krise und Organisation über einen längeren Zeitraum beeinflussen kann, selbst wenn dieser Effekt noch nicht zu Beginn der Krise auftritt. Kurzfris-

7.2 Wirkung der Stimuli

tige Effekte auf Journalisten konnten jedoch in diesem Experiment nicht nachgewiesen werden.

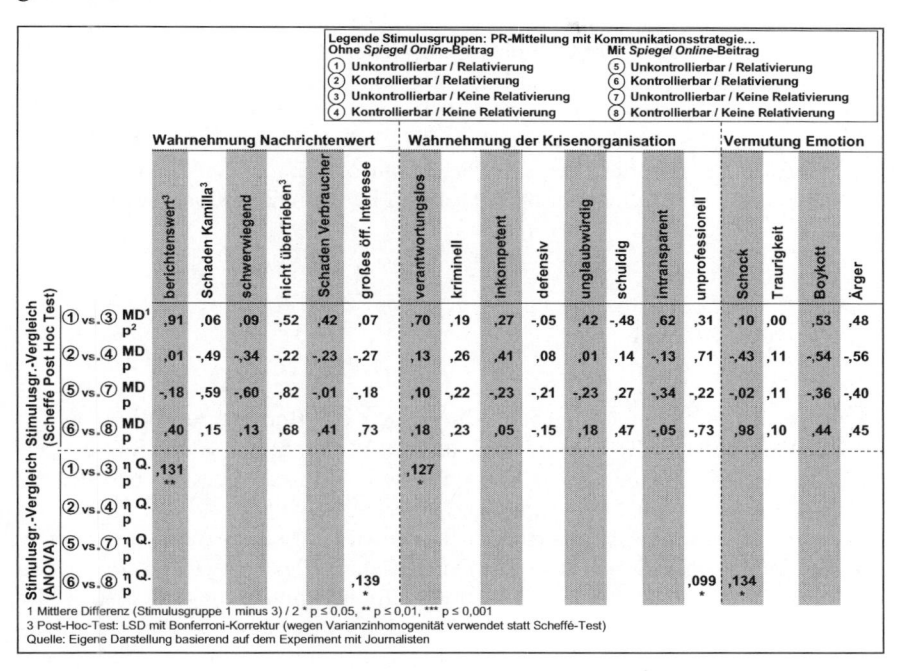

Legende Stimulusgruppen: PR-Mitteilung mit Kommunikationsstrategie...
Ohne *Spiegel Online*-Beitrag
① Unkontrollierbar / Relativierung
② Kontrollierbar / Relativierung
③ Unkontrollierbar / Keine Relativierung
④ Kontrollierbar / Keine Relativierung

Mit *Spiegel Online*-Beitrag
⑤ Unkontrollierbar / Relativierung
⑥ Kontrollierbar / Relativierung
⑦ Unkontrollierbar / Keine Relativierung
⑧ Kontrollierbar / Keine Relativierung

			Wahrnehmung Nachrichtenwert					Wahrnehmung der Krisenorganisation							Vermutung Emotion			
			berichtenswert[2]	Schaden Kamilla[3]	schwerwiegend	nicht übertrieben[3]	Schaden Verbraucher	großes öff. Interesse	verantwortungslos	kriminell	inkompetent	defensiv	unglaubwürdig	schuldig	intransparent	unprofessionell	Schock	Traurigkeit	Boykott	Ärger
① vs.③	MD[1] p[2]	,91	,06	,09	-,52	,42	,07	,70	,19	,27	-,05	,42	-,48	,62	,31	,10	,00	,53	,48
② vs.④	MD p	,01	-,49	-,34	-,22	-,23	-,27	,13	,26	,41	,08	,01	,14	-,13	,71	-,43	,11	-,54	-,56
⑤ vs.⑦	MD p	-,18	-,59	-,60	-,82	-,01	-,18	,10	-,22	-,23	-,21	-,23	,27	-,34	-,22	-,02	,11	-,36	-,40
⑥ vs.⑧	MD p	,40	,15	,13	,68	,41	,73	,18	,23	,05	-,15	,18	,47	-,05	-,73	,98	,10	,44	,45
① vs.③	η² p	,131 **						,127 *											
② vs.④	η² p																		
⑤ vs.⑦	η² p																		
⑥ vs.⑧	η² p					,139 *										,099	,134 *		

1 Mittlere Differenz (Stimulusgruppe 1 minus 3) / 2 * p ≤ 0,05, ** p ≤ 0,01, *** p ≤ 0,001
3 Post-Hoc-Test: LSD mit Bonferroni-Korrektur (wegen Varianzinhomogenität verwendet statt Scheffé-Test)
Quelle: Eigene Darstellung basierend auf dem Experiment mit Journalisten

Stimulusgr.-Vergleich (Scheffé Post Hoc Test) / Stimulusgr.-Vergleich (ANOVA)

Lesehilfe: Journalisten von Versuchsgruppe 1 halten die Krise im Durchschnitt für 0,91 Skalenpunkte weniger *berichtenswert* als Journalisten von Versuchsgruppe 3. Dieser Unterschied ist nicht signifikant im Post-Hoc-Test, wird jedoch in einer ANOVA als signifikant ausgegeben mit einem η² von 0,131. In der unteren Hälfte der Abbildung werden nur die signifikanten Ergebnisse der ANOVAs mit ihrem η² angegeben, im Anhang auf Abbildung 50 bis 53 finden sich alle weiteren.

Abbildung 35: Wirkung der PR-Strategie *Relativierung*
(einzelne Stimulusgruppen)

Zur Kontrolle wird erneut überprüft, ob die Einstellung der Journalisten zu PR deren Antwortverhalten beeinflusst haben könnte. Die ANOVAs, die die Antworten zwischen PR-kritischen und -offenen Journalisten in den *Relativierung/Keine Relativierung*-Gruppe vergleichen, ergeben aber keine aussagekräftigen Signifikanzmuster. Lediglich auf einer Skala unterscheiden sich die signifikanten Einschätzungen der PR-kritischen und -offenen Journalisten zwischen den Variationen der PR-Strategie *Relativierung*. So bewerten die PR-kritischen

Journalisten im Fall der *Keine Relativierung*-Strategie die Krisenorganisation als *inkompetenter* (F(1,46) = 9,04, $p \leq 0,05$, $\eta^2 = 0,167$), diese Signifikanz verschwindet aber bei *relativierenden* Stimuli. Diese einzige Signifikanz ist zu wenig, um auf die Wirkung eines Effekts zu schließen.

Zusammenfassend lässt sich für die Abschnitte zur PR-Strategien festhalten, dass diese im Gegensatz zur großen Wirkung aktiver Kommunikation (Abschnitt 7.2.1) zu fast keinen messbaren Unterschieden zwischen Gruppen führen. Die Organisation profitiert bei Krisenausbruch offenbar mehr davon, *dass* sie kommuniziert, als von einer der hier getesteten Kommunikationsstrategien.

7.2.3   Koorientierung

Nachdem in den vorangegangenen Abschnitten die Befunde zur Wirkung der PR-Meldung vorgestellt wurden, wird nun die Wirkung der Koorientierung untersucht, wie gehabt zunächst anhand kumulierter Stimulusgruppen und danach mittels Vergleichen einzelner Stimulusgruppen, die sich nur in der Variation der Variablen *Koorientierung* unterscheiden. Es wird vermutet, dass der *Spiegel Online*-Beitrag beeinflusst, wie Journalisten den *Nachrichtenwert der Krise* beurteilen. Es wäre im Sinne der Koorientierungshypothese möglich, dass die Journalisten ein Thema als berichtenswerter einstufen, wenn sie die Berichterstattung eines Leitmediums über die Krise lesen. Abbildung 36 stellt die Ergebnisse der Varianzanalyse dar, welche die kumulierten Stimulusgruppen mit und ohne *Spiegel Online*-Artikel vergleicht. Auf drei Skalen unterscheiden sich die Gruppen signifikant, so glauben Journalisten, die einen *Spiegel Online*-Beitrag erhalten haben, dass ein größerer *Schaden für Kamilla* vorliegt (F(1,183) = 5,62, $p \leq 0,05$, $\eta^2 = 0,030$) die Krise *schwerwiegender* ist (F(1,180) = 4,82, $p \leq 0,05$, $\eta^2 = 0,026$) und außerdem zu einem größeren *Schaden für Verbraucher* führt (F(1,180) = 3,85, $p \leq 0,05$, $\eta^2 = 0,021$).

Dieses Ergebnis könnte auf zwei Ursachen zurückzuführen sein. Entweder vermuten Journalisten einen größeren Schaden der Krise und sehen diese als schwerwiegend an, weil nur ein größerer Schaden einen Beitrag eines Leitmediums rechtfertigen würden. Oder die Journalisten nehmen an, dass ein größerer Schaden für die Organisation entsteht bzw. die Krise schwerwiegender wird, weil ein Leitmedium die Aufmerksamkeit der Öffentlichkeit auf die Krise lenkt, was den Reputationsschaden für die Organisation vergrößern könnte. Nach der ersten Erklärung würden die Journalisten die Berichterstattung als Symptom der

Krisenschwere deuten, im anderen Fall als deren Mitverursacher. Die erste Erklärung ist jedoch besser dafür geeignet, auch die Signifikanz auf der Skala *Schaden für Verbraucher* zu erklären. So könnten Journalisten vermuten, dass *Spiegel Online* deswegen über die Krise berichtet, weil Verbraucher einen großen Schaden erlitten haben. Dagegen erscheint es unwahrscheinlich, dass sie glauben, dass die *Spiegel Online*-Berichterstattung einen größeren Schaden für Verbraucher verursacht. Aus diesem Gesichtspunkt scheint die erste Erklärung diese drei Signifikanzen besser zu begründen, wobei nicht ausgeschlossen werden kann, dass die Journalisten bei ihren Antworten zum *Schaden für Kamilla* und auf der *schwerwiegend*-Skala auch einen zusätzlichen Reputationsschaden wegen der Berichterstattung vermuten. Die Unterschiede auf den übrigen Skalen sind nicht signifikant.

Einschränkend muss man anmerken, dass die hier gefundenen Signifikanzen nur relativ geringe η^2 aufweisen ($\leq 0{,}030$), die oben diskutierte Wirkung der PR-Meldung auf der *Vorwürfe gegen Kamilla nicht übertreiben*-Skala war weit größer ($\eta^2 = 0{,}102$, Abschnitt 7.2.1). Die Koorientierungswirkung scheint also geringer zu sein als die Wirkung der PR-Veröffentlichung. Man muss jedoch anmerken, dass in diesem Experiment nur die *zusätzliche* Wirkung eines Medienbeitrags bei Journalisten gemessen wurde, die bereits eine PR-Meldung erhalten hatten. Möglicherweise hätte ein Medienbeitrag eine größere Wirkung, wenn er die einzige Informationsquelle über eine Krise wäre.

Abbildung 37 stellt die Ergebnisse der Post-Hoc-Tests und ANOVAs einzelner Stimulusgruppen dar. Laut den ANOVAs (untere Hälfte der Abbildung) sind bei der *Wahrnehmung des Nachrichtenwerts der Krise* sieben Unterschiede signifikant. So unterscheiden sich Gruppen 1 und 5 bei *Schaden für Kamilla* ($F(1,46) = 6{,}94$, $p \leq 0{,}05$, $\eta^2 = 0{,}134$) und *schwerwiegend* ($F(1,43) = 6{,}66$, $p \leq 0{,}05$, $\eta^2 = 0{,}137$), 2 und 6 bei *nicht übertreiben* ($F(1,43) = 10{,}69$, $p \leq 0{,}01$, $\eta^2 = 0{,}203$) und 4 und 8 bei *Schaden für Kamilla* ($F(1,44) = 4{,}41$, $p \leq 0{,}05$, $\eta^2 = 0{,}093$), *Schaden für Verbraucher* ($F(1,44) = 6{,}10$, $p \leq 0{,}05$, $\eta^2 = 0{,}124$), *großes öffentliches Interesse* ($F(1,44) = 10{,}44$, $p \leq 0{,}01$, $\eta^2 = 0{,}195$) und *berichtenswert* ($F(1,42) = 5{,}64$, $p \leq 0{,}05$, $\eta^2 = 0{,}121$). Von diesen sieben signifikanten Unterschieden haben sechs bei den mittleren Gruppendifferenzen (obere Hälfte der Abbildung) ein positives Vorzeichen, d. h. die Journalisten mit *Spiegel Online*-Artikel bewerten die Krise auf der jeweiligen Dimension als wichtiger als ihre Kollegen ohne *Spiegel Online*-Artikel. Diese Unterschiede sind hypothesenkonform. Auffallend sind die Gruppen 4 und 8, Journalisten mit *Spiegel Online*-Beitrag schreiben der Krise auf vier von sechs Skalen einen größeren Nachrichtenwert zu. Eventuell liegt ein Interaktionseffekt zwischen den PR-Strategien und dem Medienbeitrag vor, eine detaillierte Analyse in Abschnitt 7.2.4 wird dies klären. Die einzige signifikante Mittelwertsdifferenz mit negativem Vorzeichen besteht zwischen den Stimulusgruppen 2 und 6 bei *übertrieben/nicht übertrieben*. In diesem Fall bewerten die Journalisten der *Spiegel Online*-Gruppe die Krisenvorwürfe als *übertriebener* als ihre Kollegen, die keinen *Spiegel Online*-Beitrag erhalten haben. Möglicherweise glauben die Journalisten nicht, dass eine solche Krise eine Berichterstattung eines Leitmediums wie *Spiegel Online* rechtfertigen würde und geben deswegen an, dass sie die Krisenvorwürfe für *übertrieben* halten. Generell muss man für den Vergleich der Einzelgruppen aber festhalten, dass keine Mittelwertsdifferenz groß genug ist, um in konservativeren Post-Hoc-Tests zu signifikanten Ergebnissen zu führen (obere Hälfte Abbildung 37). Jedoch ist die Zahl der Signifikanzen in den ANOVAs sowohl bei kumulierten Stimulusgruppen als auch einzelnen Gruppenvergleichen ein Anzeichen dafür, dass das Stimulusmaterial eine Koorientierungswirkung ausgelöst hat. Entsprechend kann für Hypothese 2 folgendes festgehalten werden:

> Hypothese 2 (Koorientierung – Wahrnehmung des Nachrichtenwerts der Krise): Journalisten, die einen Beitrag eines Leitmediums über die Krise lesen, sehen diese als wichtigeres Thema an als ihre Kollegen, die keinen Beitrag dazu lesen.
>
> Die Hypothese wird nicht zurückgewiesen. Im Vergleich kumulierter Versuchsgruppen weicht die Gruppe mit Medienbeitrag auf drei von sechs Skalen signifikant von der Gruppe ohne Beitrag ab, in diesen drei Fällen bewerten die Medienbeitrag-Journalisten den Nachrichtenwert der Krise als (etwas) größer. Im Vergleich einzelner Gruppen liegen sieben signifikante Unterschiede vor, bei sechs von ihnen schreiben die Journalisten mit Medienbeitrag der Krise einen größeren Nachrichtenwert zu. Jedoch sind die Unterschiede zwischen einzelnen Stimulusgruppen zu schwach, um in konservativeren Post-Hoc-Tests als signifikant ausgewiesen zu werden. Auch sind die η^2 der hier betrachteten Effekte relativ klein, insbesondere verglichen mit den Effekten der aktiven Kommunikation mittels Krisen-PR. Die Effekte werden dennoch als ausreichend angesehen, um die Hypothese nicht zurückzuweisen.

Für die Dimensionen der *Wahrnehmung der Krisenorganisation* und der *Emotion bezüglich der Krise* wurden Forschungsfragen anstelle von Hypothesen formuliert, da nicht sinnvoll spekuliert werden kann, ob und in welche Richtung sich Gruppen mit und ohne *Spiegel Online*-Beitrag voneinander unterscheiden. Der Beitrag war neutral formuliert und nahm keine Bewertung der Krisenakteure vor, so dass lediglich eine Agenda Setting-Funktion vermutet wurde (die gerade nachgewiesenen Effekte zur *Wahrnehmung des Nachrichtenwerts der Krise*), jedoch keine Wirkungsrichtung auf den anderen Dimensionen vorhergesagt werden konnte. Die Ergebnisse zeigen auf diesen beiden Dimensionen nur geringe

7.2 Wirkung der Stimuli

Unterschiede zwischen den Gruppen. Die kumulierten Gruppen unterscheiden sich bezüglich der *Wahrnehmung der Krisenorganisation* nicht signifikant voneinander (Abbildung 36), auch liegt nur auf der Skala *defensiv* ein etwas größeres η^2 vor ($F(1,163) = 3{,}25$, n. s., $\eta^2 = 0{,}020$). Hier nehmen die Journalisten der *Spiegel Online*-Versuchsgruppen *Kamilla* als *defensiver* wahr als ihre Kollegen ohne *Spiegel Online*-Beitrag. Möglicherweise vermuten die *Spiegel Online*-Gruppen, dass die Organisation wegen der Berichterstattung in die Defensive gedrängt ist. Beim ANOVA-Vergleich einzelner Stimulusgruppen liegt nur eine Signifikanz zwischen Gruppe 4 und 8 vor (*unprofessionell*: $F(1,45) = 4{,}32$, $p \leq 0{,}05$, $\eta^2 = 0{,}089$; Abbildung 37), sie verschwindet jedoch im konservativeren Post-Hoc-Test. Da nur eine einzige Signifikanz vorliegt, kann nicht ausgeschlossen werden, dass es sich um ein statistisches Artefakt handelt. Entsprechend dieser Befunde kann für Forschungsfrage 1 folgendes festgehalten werden:

> Forschungsfrage 1 (Koorientierung – Wahrnehmung der Krisenorganisation): Bewerten Journalisten, die einen Beitrag eines Leitmediums über die Krise lesen, die Rolle der Organisation in der Krise anders als Journalisten, die keinen Beitrag dazu lesen?
>
> Nein, die Antworten zeigen keine Unterschiede, die auf eine generell andere Bewertung der Krisenorganisation wegen des Medienbeitrags hindeuten. Diese Ähnlichkeit zwischen den Bewertungen der Stimulusgruppen mit und ohne Medienbeitrag kann darauf zurückgeführt werden, dass der Beitrag selbst keine Bewertung der Krisenorganisation enthält.

Abschließend werden die Antworten zur *Emotion bezüglich der Krise* betrachtet, auch hier unterscheiden sich die kumulierten Stimulusgruppen kaum. Kein Unterschied ist signifikant, die η^2 der Emotionsskalen sind so klein, dass sie vernachlässigt werden können ($\leq 0{,}002$; Abbildung 36). Laut ANOVAs zwischen Einzelgruppen glauben Journalisten von Versuchsgruppe 8 (mit *Spiegel Online*) signifikant stärker als Journalisten der Versuchsgruppe 4 (ohne *Spiegel Online*), dass ihr Publikum über die Krise *schockiert* wäre ($F(1,44) = 4{,}27$, $p \leq 0{,}05$, $\eta^2 = 0{,}090$; untere Hälfte Abbildung 37), diese Signifikanz verschwindet jedoch in konservativeren Post-Hoc-Tests (obere Hälfte der Abbildung). Entsprechend dieser Befunde kann für Forschungsfrage 2 festgehalten werden:

Forschungsfrage 2 (Koorientierung – Emotion bezüglich Krise): Vermuten Journalisten, die einen Beitrag eines Leitmediums über die Krise lesen, ein anderes emotionales Potential in der Krise als Journalisten, die keinen Beitrag dazu lesen?

Nein, die Antworten zeigen keine Unterschiede, die darauf hindeuten könnten, dass der Medienbeitrag einen Einfluss darauf hat, welche Emotion die Journalisten zu einer Krise vermuten. Diese Ähnlichkeit zwischen den Bewertungen der Stimulusgruppen mit und ohne Medienbeitrag kann darauf zurückgeführt werden, dass der Beitrag selbst keine emotionalisierenden Elemente enthält.

Ergebnisse univariater Varianzanalysen auf Basis von Daten, die mit sechsstufigen Likert-Skalen erhoben wurden

Stimulus-Gruppen mit Variation Spiegel Online-Beitrag (kumuliert):	Wahrnehmung des Nachrichtenwerts der Krise						Wahrnehmung der Krisenorganisation									Vermutung über ausgelöste Emotion			
	großer Schaden für Kamilla	schwerwiegend	großer Schaden für Verbr.	nicht übertrieben	großes öff. Interesse	berichtenswert	defensiv	unglaubwürdig	verantwortungslos	unprofessionell	intransparent	inkompetent	schuldig	kriminell	Traurigkeit	Ärger	Schock	Boykott
Kein Spiegel Online-Beitrag[1] (n=83-97) MW[3]	2,04	2,47	2,95	2,37	2,28	2,17	3,35	3,76	4,05	4,31	3,94	3,88	3,07	5,16	4,21	2,84	3,04	2,60
+/-[4]	1,04	1,14	1,19	1,25	1,13	1,18	1,03	1,05	1,09	1,36	1,28	1,10	1,17	1,11	1,45	1,36	1,37	1,35
Spiegel Online-Beitrag[2] (n=81-91) MW	1,70	2,11	2,60	2,73	1,98	1,91	3,09	3,92	4,17	4,43	4,05	3,81	3,05	5,18	4,10	2,76	3,11	2,58
+/-	0,92	1,03	1,21	1,39	1,10	1,17	0,82	1,12	1,10	1,18	1,18	1,18	1,07	1,00	1,31	1,36	1,34	1,27
F	5,62	4,82	3,85	3,32	3,35	2,23	3,25	0,98	0,53	0,40	0,36	0,13	0,02	0,02	0,28	0,17	0,12	0,01
p[5]	*	*	*															
η-Quadrat	,030	,026	,021	,019	,018	,012	,020	,006	,003	,002	,002	,001	,000	,000	,002	,001	,001	,000

1 Stimulusgruppen 1, 2, 3 und 4 kumuliert / 2 Stimulusgruppen 5, 6, 7 und 8 kumuliert / 3 Mittelwert (je kleiner, desto größer Zustimmung zu Aussage)
4 Standardabweichung / 5 * p ≤ 0,05, ** p ≤ 0,01, *** p ≤ 0,001
Quelle: Eigene Darstellung basierend auf dem Experiment mit Journalisten

Abbildung 36: Wirkung des *Spiegel Online*-Beitrags (kumulierte Stimulusgruppen)

7.2 Wirkung der Stimuli

Legende Stimulusgruppen: PR-Mitteilung mit Kommunikationsstrategie...
Ohne *Spiegel Online*-Beitrag / Mit *Spiegel Online*-Beitrag
① Unkontrollierbar / Relativierung — ⑤ Unkontrollierbar / Relativierung
② Kontrollierbar / Relativierung — ⑥ Kontrollierbar / Relativierung
③ Unkontrollierbar / Keine Relativierung — ⑦ Unkontrollierbar / Keine Relativierung
④ Kontrollierbar / Keine Relativierung — ⑧ Kontrollierbar / Keine Relativierung

			Wahrnehmung Nachrichtenwert					Wahrnehmung der Krisenorganisation							Vermutung Emotion			
			Schaden Kamilla[3]	schwerwiegend	Schaden Verbraucher[3]	nicht übertrieben[3]	großes öff. Interesse	berichtenswert[3]	defensiv	unglaubwürdig	verantwortungslos	unprofessionell	intransparent	inkompetent	schuldig	kriminell	Traurigkeit	Ärger	Schock	Boykott
①vs.⑤	MD[1]		,76	,75	,42	-,02	,38	,69	,32	,08	,20	,07	,32	,32	-,32	,01	-,35	,55	-,08	,46
	p[2]																			
②vs.⑥	MD		-,10	,08	,18	-1,04	-,15	,23	,40	-,17	-,14	,67	-,08	,23	-,18	,17	,52	-,43	-,70	-,46
	p																			
③vs.⑦	MD		,11	,05	-,01	-,32	,14	-,40	,15	-,57	-,40	-,46	-,65	-,18	,43	-,41	-,24	-,33	-,19	-,43
	p																			
④vs.⑧	MD		,54	,55	,82	-,14	,84	,62	,17	,00	-,09	-,76	,00	-,14	,14	,14	,51	,58	,72	,52
	p																			
①vs.⑤	η² Q.		,134	,137																
	p		*	*																
②vs.⑥	η² Q.					,203														
	p					**														
③vs.⑦	η² Q.																			
	p																			
④vs.⑧	η² Q.		,093		,124		,195	,121				,089						,090		
	p		*		*		*	*				*						*		

1 Mittlere Differenz (Stimulusgruppe 1 minus 3) / 2 * p ≤ 0,05, ** p ≤ 0,01, *** p ≤ 0,001
3 Post-Hoc-Test: LSD mit Bonferroni-Korrektur (wegen Varianzinhomogenität verwendet statt Scheffé-Test)
Quelle: Eigene Darstellung basierend auf dem Experiment mit Journalisten

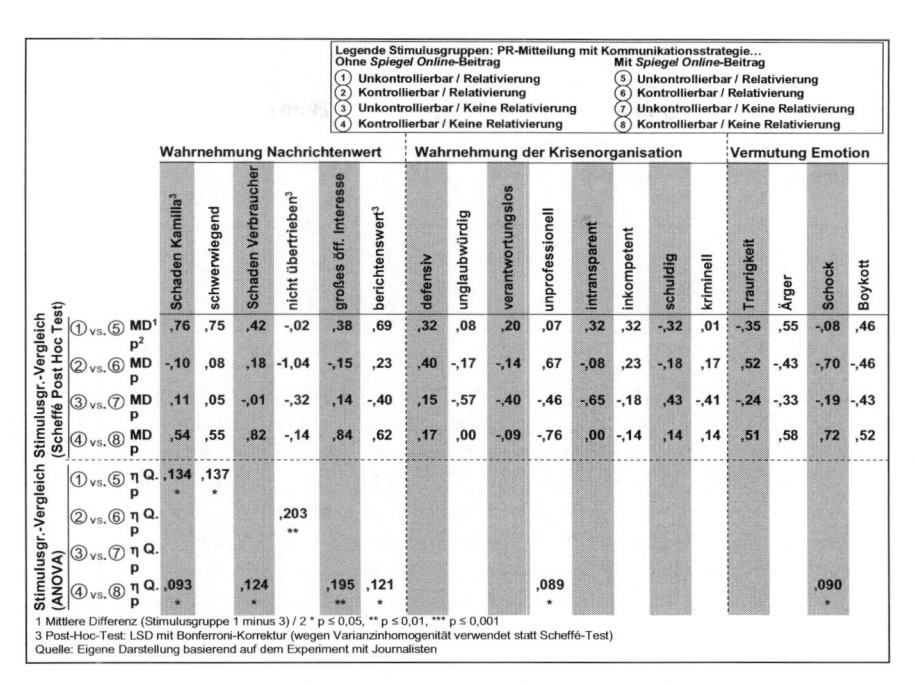

Lesehilfe: Journalisten von Versuchsgruppe 1 halten den *Schaden für Kamilla* für 0,76 Skalenpunkte geringer als Journalisten von Versuchsgruppe 5. Dieser Unterschied ist nicht signifikant im Post-Hoc-Test, wird jedoch in einer ANOVA als signifikant ausgegeben mit einem η^2 von 0,134. In der unteren Hälfte werden nur die signifikanten Ergebnisse der ANOVAs mit ihrem η^2 angegeben, im Anhang finden sich alle weiteren (Abbildung 54 bis 57).

Abbildung 37: Wirkung des *Spiegel Online*-Beitrags
(einzelne Stimulusgruppen)

Als Fazit lässt sich für diesen Abschnitt festhalten, dass der *Spiegel Online*-Beitrag zu Agenda Setting-Effekten bei den Journalisten führt. Sie schätzen den Nachrichtenwert der Krise größer ein, wenn *Spiegel Online* darüber berichtet. Die Effekte auf den entsprechenden Skalen sind relativ schwach, Signifikanzen treten nur in weniger konservativen Tests mit ANOVAs auf. Jedoch deutet deren Tendenz auf die Wirkung eines Effekts hin. Dies ist insbesondere deswegen beachtenswert, weil dem Stimulusmaterial nur ein einziger Medienbeitrag beigelegt war. Wenn zahlreiche Medienbeiträge über ein Thema erscheinen, so wie es z. B. bei Medienhypes der Fall ist, könnten wesentlich stärkere Effekten auftreten. Es wurden keine nennenswerten Unterschiede auf den beiden Dimensionen

Wahrnehmung der Krisenorganisation und *Emotion bezüglich der Krise* gemessen, was darauf zurückgeführt wird, dass der Medienbeitrag weder die Organisation bewertet noch emotionalisierende Elemente enthält. Es ist aber denkbar, dass Koorientierungseffekte auch auf diesen Dimensionen auftreten, wenn Medienbeiträge diese thematisieren.

7.2.4 Interaktionseffekte

In diesem Abschnitt wird untersucht, ob Interaktionseffekte zwischen den unabhängigen Variablen vorliegen. Unter Interaktionseffekten werden Effekte verstanden, die eine Stimulusvariation nur dann auslöst, wenn sie gemeinsam mit einer anderen auftritt. Ein Interaktionseffekt würde beispielsweise dann vorliegen, wenn die Antworten der Versuchsgruppe mit der Stimulusvariation *Relativierung* und *Krisenursache: nicht kontrollierbar* sich signifikant von denen der Versuchsgruppe *Relativierung* und *Krisenursache: kontrollierbar* unterscheiden, dieser signifikante Unterschied jedoch verschwindet, wenn die Stimulusvariation *Keine Relativierung* vorliegt. In diesem Fall läge ein Interaktionseffekt vor, da die Wirkung einer Stimulusvariation von einer anderen bedingt wird. Der Test der Antworten auf Interaktionseffekte ist explorativer Natur, da im Vorfeld nicht sinnvoll spekuliert werden kann, ob und zwischen welchen Stimulusausprägungen Interaktionseffekte vorliegen.

Um die Antworten auf Interaktionseffekte zu überprüfen, werden zunächst per Post-Hoc-Test alle Gruppen miteinander auf Interaktionseffekte hin verglichen. Diese Analyse offenbart lediglich bei der Variablen *nicht übertrieben* einen signifikanten Unterschied zwischen den Stimulusgruppen 2 (*Kontrollierbar/Relativierung/Kein Spiegel Online*-Artikel) und 7 (*Unkontrollierbar/Keine Relativierung/Spiegel Online*-Artikel; $F(7,177) = 2,66$, $p \leq 0,05$, $\eta^2 = 0,099$). Dies ist aber die einzige Signifikanz von 504 möglichen (18 Variablen * 28 Stimuluskombinationen), so dass man bei dieser Signifikanz davon ausgehen kann, dass es sich um ein statistisches Artefakt handelt.

Zusätzlich werden noch ANOVAs gerechnet, da deren weniger konservative Signifikanztests ebenso wie in den vorangegangenen Abschnitten auf weitere Effekte hinweisen könnten. Abbildung 38 zeigt die Ergebnisse der Varianzanalysen, mit denen nach Interaktionseffekten in den Daten gesucht wurde. Insgesamt liegen in nur in sechs Fällen signifikante Unterschiede vor: Zwischen den PR-Strategien *Kontrollierbarkeit der Krisenursache* und *Relativierung* für die abhängige Variable *nicht übertrieben* ($F(1,177) = 5,44$, $p \leq 0,05$, $\eta^2 = 0,031$), zwi-

7.2 Wirkung der Stimuli

schen der PR-Strategie *Relativierung* und dem *Spiegel Online-Beitrag* für die Variable *unprofessionell* (F(1,181) = 6,84, p ≤ 0,05, η^2 = 0,038), sowie für den 3-Variablen-Vergleich zwischen den PR-Strategien *Kontrollierbarkeit der Krisenursache* und *Relativierung* sowie dem *Spiegel Online-Beitrag* auf den Skalen *berichtenswert* (F(1,181) = 4,67, p ≤ 0,05, η^2 = 0,026), *Schaden für Kamilla* (F(1,183) = 5,10, p ≤ 0,05, η^2 = 0,028), *Boykott* (F(1,187) = 5,97 p ≤ 0,05, η^2 = 0,032) und *Ärger* (F(1,181) = 5,52 p ≤ 0,05, η^2 = 0,031), alle diese Unterschiede weisen nur sehr geringes Erklärungspotential auf, wie die kleinen η^2 zeigen.

ANOVAs

Legende Wechselwirkungen zwischen Stimulusgruppen:
- Ⓐ (Krisenursache: unkontrollierbar/kontrollierbar) * (Relativierung/Keine Relativierung)
- Ⓑ (Krisenursache: unkontrollierbar/kontrollierbar) * (Spiegel Online-Beitrag ja/nein)
- Ⓒ (Relativierung/Keine Relativierung) * (Spiegel Online-Beitrag ja/nein)
- Ⓓ (Krisenursache: unkontrollierbar/kontrollierbar) * (Relativierung/Keine Relativierung) * (Spiegel Online-Beitrag ja/nein)

Wechselwirkungen zwischen Stimulusvariationen		Wahrnehmung des Nachrichtenwerts der Krise						Wahrnehmung der Krisenorganisation							Vermutung Emotion			
		nicht übertrieben	großes öffentl. Interesse	berichtenswert	schwerwiegend	großer Schaden f. Kamilla	großer Schaden f. Verbraucher	schuldig	kriminell	verantwortungslos	intransparent	inkompetent	defensiv	unprofessionell	unglaubwürdig	Schock	Boykott	Ärger	Traurigkeit
Ⓐ	F	5,44	,74	,21	,21	,10	,10	1,45	,65	,55	,37	,36	,10	,02	,00	,33	,14	,05	,02
	p¹	*																	
	η^2	,031	,004	,001	,001	,001	,001	,009	,004	,003	,002	,002	,001	,000	,000	,002	,001	,000	,000
Ⓑ	F	1,21	,07	,66	,07	,56	,67	,05	1,18	,00	,11	,01	,03	,17	,23	,13	,00	,01	3,72
	p																		
	η^2	,007	,000	,004	,000	,003	,004	,000	,007	,000	,001	,000	,000	,001	,001	,001	,000	,000	,021
Ⓒ	F	,59	1,28	1,02	,12	,00	,08	2,46	,48	,70	1,41	1,55	,44	6,84	,54	2,60	,01	,03	,01
	p													*					
	η^2	,003	,007	,006	,001	,000	,000	,015	0	,004	,008	,009	,003	,038	,003	,015	,000	,000	,000
Ⓓ	F	2,43	3,53	4,67	3,20	5,10	2,23	,38	,36	,96	2,01	,04	,01	1,47	1,54	3,57	5,97	5,52	,02
	p			*		*											*	*	
	η^2	,014	,020	,026	,018	,028	,013	,002	,002	,006	,012	,000	,000	,008	,009	,020	,032	,031	,000

1 * p ≤ 0,05
Quelle: Eigene Darstellung basierend auf dem Experiment mit Journalisten

Abbildung 38: Interaktionseffekte (1/3)

Da auf Abbildung 38 lediglich in zwei Fällen bei den Zwei-Variablen-Vergleichen Signifikanzen gefunden wurden, wird angenommen, dass hier keine Interaktionseffekte vorliegen. Jeweils eine Signifikanz pro Gruppenvergleich ist nicht ausreichend, um die Wirkung von Interaktionseffekten anzunehmen. Im Drei-Variablen-Vergleich treten jedoch immerhin vier Signifikanzen in den ANOVAs auf, daher wird dieser Vergleich analysiert, da Interaktionseffekte vorliegen könnten. Dies wäre dann der Fall, wenn die Daten klare Muster zeigen, also z. B. eine bestimmte Versuchsgruppe durchgängig die höchsten oder niedrigsten Mittelwerte bei allen Variablen aufweist.

Abbildung 39 stellt die Mittelwerte aller Versuchsgruppen für die vier Skalen dar, auf denen sich die Antworten der Journalisten im Drei-Variablen-Vergleich signifikant unterscheiden. Die jeweils größten und kleinsten Mittelwerte sind schattiert. Zwei Versuchsgruppen auf dieser Abbildung geben auffällige Antworten. Erstens hat Versuchsgruppe 1 für drei der vier abhängigen Variablen (*berichtenswert, großer Schaden für Kamilla, Boykott*) den größten Mittelwert aller Gruppen, für die abhängige Variable *Ärger* mit 3,09 den zweitgrößten. Zweitens hat Versuchsgruppe 8 für zwei der vier abhängigen Variablen (*berichtenswert, Ärger*) den kleinsten Mittelwert, für die beiden anderen Variablen den zweitkleinsten (*großer Schaden für Kamilla, Boykott*). Es könnte sein, dass bei diesen beiden Versuchsgruppen Interaktionseffekte vorliegen.

Stimulusvariationen			berichtenswert	großer Schaden für Kamilla	Ärger	Boykott
Kein *Spiegel Online*-Beitrag	1	Unkontrollierbar/ Relativierung	**2,65**	**2,22**	3,09	**2,96**
	2	Kontrollierbar/ Relativierung	2,18	1,64	2,57	**2,25**
	3	Unkontrollierbar/ Keine Relativierung	1,74	2,15	2,62	2,42
	4	Kontrollierbar/ Keine Relativierung	2,17	2,13	**3,13**	2,79
Spiegel Online-Beitrag	5	Unkontrollierbar/ Relativierung	1,96	**1,46**	**2,55**	2,50
	6	Kontrollierbar/ Relativierung	1,95	1,74	3,00	2,71
	7	Unkontrollierbar/ Keine Relativierung	2,14	2,05	2,95	2,86
	8	Kontrollierbar/ Keine Relativierung	**1,55**	1,59	**2,55**	2,27

Quelle: Eigene Darstellung basierend auf dem Experiment mit Journalisten

Abbildung 39: Interaktionseffekte (2/3)

7.2 Wirkung der Stimuli

Jedoch sind nur vier Datenpunkte auf Abbildung 39 zu wenig, um solch einen Interaktionseffekt festzustellen. Deswegen werden auf Abbildung 40 die Mittelwerte der Versuchsgruppen 1 und 8, die gerade als möglicherweise auffällig identifiziert wurden, für alle Skalen mit dem Durchschnitt der Mittelwerte der Gruppen 2 bis 7 verglichen. Die Betrachtung der Grafik zeigt, dass keiner der Graphen der Gruppen 1 und 8 auf allen Skalen konstant ober- bzw. unterhalb des Mittelwerts der übrigen Gruppen verläuft.

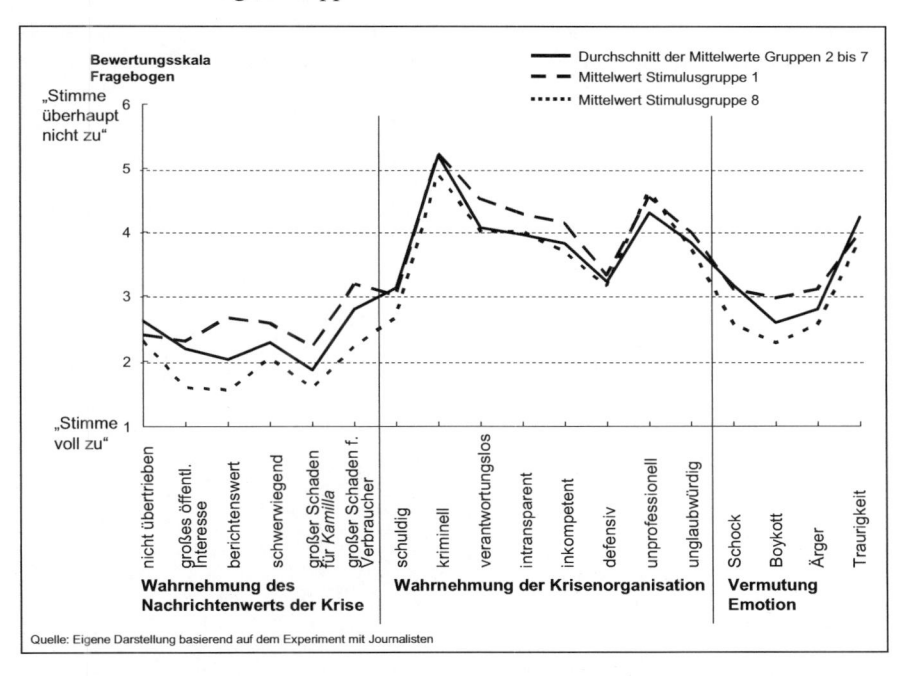

Die Mittelwerte aller Gruppen im Detail sind auf Abbildung 58 und 59 im Anhang zu finden.

Abbildung 40: Interaktionseffekte (3/3)

Es scheint also kein Interaktionseffekt vorzuliegen, da erstens die Befunde der vier ANOVA-Signifikanzen im Post-Hoc-Test verschwinden und zweitens weder Versuchsgruppe 1 noch 8 auch nur tendenziell konstant vom Mittelwert aller Gruppen abweichen. Entsprechend kann für Forschungsfrage 3 folgendes festgehalten werden:

> Forschungsfrage 3: Liegen Interaktionseffekte zwischen einzelnen Variationen von unabhängigen Variablen vor?
> Es liegen keine eindeutigen Signifikanzmuster in den Daten vor, die auf Interaktionseffekte hindeuten. Vereinzelte Signifikanzen in ANOVAs sowie ein Vergleich aller Mittelwerte liefern zu wenige Indizien, um Interaktionseffekte anzunehmen.

Nachdem nun alle Befunde der Arbeit vorgestellt wurden, werden sie im nächsten Kapitel diskutiert, in den Forschungskontext eingeordnet und ihre Bedeutung für die Praxis besprochen.

8 Diskussion und Ausblick

Welchen Nachrichtenwert schreiben Journalisten einer Krise zu? Wie beurteilen sie zu Beginn dieser Krise die betroffene Organisation? Haben PR-Meldungen oder die Berichterstattung anderer Medien einen Einfluss auf diese Wahrnehmungen? Diese Fragen dienten als Richtschnur dieser Untersuchung. Zunächst hat sich die Arbeit dem Thema angenähert, indem in Kapitel 2 die zentralen Begriffe der *Unternehmens-* bzw. *Organisationskrise* definiert, Krisenphasen vorgestellt und die Rolle von Krisenkommunikation und Berichterstattung diskutiert wurden. Dabei wurde analysiert, warum Kommunikation und Berichterstattung über eine Krise für Krisenorganisationen sehr relevant sind. Die Kommunikation kann für Organisationen eine zentrale Komponente der Krisenlösung werden – oder aber die Krise verlängern und Kosten in die Höhe treiben, wenn sie misslingt. Insbesondere kann die Reputation einer Organisation darunter leiden, wenn Anspruchsgruppen und Öffentlichkeit die Krise und deren Lösung negativ bewerten. Selbst wenn eine Krise nur geringe Schäden für Anspruchsgruppen verursacht (z. B. bei den Krisen der *Hoechst AG* oder *Shells Brent Spar*), können die betroffenen Organisationen gravierende Reputationsschäden davontragen. Eine Typologisierung vergangener Krisen verdeutlichte dies, kleine Krisen können sich zu einer großen Gefahr für die Reputation und in manchen Fällen sogar die Existenz von Organisationen entwickeln. Eine gute Kommunikation kann aber dabei helfen, die Reputation einer Organisation selbst bei Krisen zu schützen, die mit schweren Schäden für Anspruchsgruppen verbunden sind.

Als Schlüsselkriterium dafür, wie die Öffentlichkeit die Reputation einer Organisation bewertet, wurde die Berichterstattung von Journalisten über die Krise angesehen. Organisationskrisen stellen auch für Journalisten eine Ausnahmesituation dar, in der sie Publikationsentscheidungen treffen müssen, bevor sie alle Fakten zur Situation kennen und einordnen können. Es dürfte ihnen schwer fallen, bei Krisenausbruch schon sicher abzuschätzen, welche Folgen eine Krise haben wird, welche Rolle die beteiligten Akteure spielen und wie sie das Ereignis in ihrer Berichterstattung bewerten sollen. Der Ausbruch einer Krise stellt daher nicht nur die betroffenen Organisationen vor große Herausforderungen, sondern auch die Journalisten, die unter Unkenntnis aller Fakten entscheiden müssen, ob und wie sie über die Krise berichten. Ihre Berichte können wiederum den Reputationsschaden für die Krisenorganisation potenzieren, weil sie die Aufmerksamkeit der Öffentlichkeit auf die Krise lenken und zugleich die Handlungen der Organisation negativ bewerten können. Journalisten können Krisen nicht nur auf die öffentliche Agenda setzen, sondern auch den Interpretationsrahmen für ihre Berichterstattung auswählen, die Krise als Schlüsselereignis für zahlreiche Folgeberichte auffassen oder sie sogar skandalieren.

Da die journalistische Berichterstattung als Kernkriterium für die öffentliche Bewertung einer Organisationskrise angesehen wird, fokussierte sich die Arbeit auf die Prozesse, welche die Krisenwahrnehmung und Publikationsentscheidung von Journalisten beeinflussen könnten. Als relevant wurde der Zeitpunkt direkt nach Ausbruch der Krise angesehen, an dem die Weichen für die zukünftige Berichterstattung gestellt werden. Journalisten gewinnen hier einen ersten Eindruck von der Krise und entwickeln Verarbeitungsschemata und Interpretationsrahmen, mit deren Hilfe sie spätere Entwicklungen bewerten. Ausgehend von dieser Annahme stellt sich die Frage, wie genau Organisationen und Journalisten beim Ausbruch der Krise vorgehen und vorgehen sollten, um ihre – unterschiedlichen oder sogar entgegengesetzten – Ziele besser zu erreichen. Krisenorganisationen wollen mit ihrer Kommunikation vermutlich unter anderem dafür sorgen, dass über die Krise so wenig oder zumindest so wenig negatives wie möglich in den Medien berichtet wird. Journalisten dagegen können sich entweder ökonomische oder normative Ziele setzen, die sie mit ihrer Berichterstattung verfolgen. Während eine ökonomische Zielsetzung eine Berichterstattung über eine Krise nahelegen könnte, sofern sie Umsatz und Gewinn eines Medienunternehmens steigert (Röbel 2008), hängen normativ geprägte Publikationsentscheidungen vom Einzelfall ab. Unabhängig davon, welche Ziele sich Journalisten setzen, ist es für sie relevant zu verstehen, welche Techniken sie (bewusst oder unbewusst) anwenden, wenn sie sich eine Meinung über die Krise bilden.

Ausgehend von dieser Überlegung wurde der Forschungsstand zu zwei Themenkomplexen analysiert, die Aufschlüsse darüber versprachen, wie sich Journalisten bei Krisenausbruch eine Meinung bilden: Krisenkommunikation von Organisationen (Kapitel 3) und Koorientierung unter Journalisten (Kapitel 4). Mit ihrer Kommunikation will die Organisation ihre Sichtweise auf die Krise an Journalisten zu vermitteln. Allerdings wissen Organisationen oft nicht genau, wie Journalisten auf PR-Meldungen mit bestimmten Strategien reagieren werden. Die Meldungen könnten zu den intendierten Wirkungen führen oder gänzlich andere auslösen, bis hin zu einer Reaktanz der Journalisten gegenüber der Organisation. Neben den PR-Meldungen könnten Journalisten auch die Berichterstattung ihrer Kollegen heranziehen, um den Nachrichtenwert eines The-

8 Diskussion und Ausblick

mas zu bestimmen und zu ermitteln, welche Interpretationsrahmen und Bewertungen in den anderen Medienbeiträgen verwendet werden. Bei der Analyse der theoretischen Befunde dieser beiden Forschungsfelder wurde aber festgestellt, dass noch Lücken existieren. In der Forschung zu Krisenkommunikation dominieren derzeit Studien, die auf der *Situational Crisis Communication Theory* aufbauen (Coombs 2006a). Wie in einer ausführlichen Kritik in Abschnitt 3.3.2.4 gezeigt wurde, sind jedoch Zweifel berechtigt, ob diese Theorie sowohl adäquat konzeptioniert ist als auch eine Hilfestellung für Kommunikatoren in realen Organisationskrisen bieten kann. Die Theorie vereinfacht Krisen zu Mustertypen, die anhand bestimmter Merkmale zu erkennen seien und dazu führten, dass Anspruchsgruppen der Organisation ein vorab zumindest näherungsweise bestimmbares Maß an Krisenverantwortung und -schuld zuschreiben. Wenn man die Stärke dieser Verantwortungszuschreibung erkannt habe, müsse man nur die passende Kommunikationsstrategie auswählen, um den Reputationsschaden für die Organisation zu begrenzen. Diese Annahmen werden als unrealistisch zurückgewiesen, Krisen sind zu komplex, um auf (experimentell wenig abgesicherte) Mustertypen reduziert werden zu können, die eine Patentlösung nahelegen. Unabhängig von diesen Mängeln im Grundkonzept sind auch Vermutungen über Wirkungen einzelner Faktoren noch unzureichend empirisch abgesichert, so betrachten Studien zur SCCT in der Regel nur Krisenwahrnehmungen von nicht krisenbetroffenen studentischen Versuchspersonen. In der Realität könnte die Wahrnehmung der Öffentlichkeit jedoch entscheidend von den Medienberichten geprägt sein, die Journalisten aufgrund ihrer Einschätzung von Krise und Organisation erstellen. Bei dieser Einschätzung könnten sowohl journalistisches Vorwissen, ihre Erfahrung mit PR und professionelle Routinen wie z. B. Koorientierungsprozesse eine Rolle spielen. Deswegen ist es geboten, Krisenkommunikation mit Journalisten zu untersuchen, um Befunde zu erhalten, die Relevanz für die Realität außerhalb eines Forschungslabors besitzen.

Ausgehend von der Präsentation des Forschungsstands beider Felder wurde ein Modell erstellt, das den möglichen Einfluss von Krisen-PR und Koorientierung auf die journalistische Nachrichtenselektion und -darstellung beschreibt. Dieser Fokus auf Berichterstattung wurde gelegt, da angenommen wird, dass Anspruchsgruppen diese heranziehen, um einer Krisenorganisation eine Reputation zuzuschreiben. Anders als vorangegangene Arbeiten zu Krisenkommunikation (wie z. B. die Veröffentlichungen von Coombs) stehen also nicht die Anspruchsgruppen selbst im Fokus, die einer Organisation Reputation zuschreiben, sondern die Journalisten, deren Berichterstattung die Basis für diese Zuschreibung bildet. Ausgehend von diesem Modell wurden Hypothesen und Forschungsfragen gebildet, um Prozesse zu überprüfen und Annahmen von Krisenkommunikations- und Koorientierungsforschung erstmals in einem Feldexperiment mit Journalisten zu testen. Die Befunde dieses Experiments wurden ausführlich vorgestellt, in den folgenden Abschnitten werden sie in den Forschungsstand eingeordnet und außerdem ihre Relevanz für PR-Praktiker und Journalisten diskutiert.

8.1 Einordnung der Erkenntnisse in den Forschungsstand

Die Ergebnisse dieser Arbeit sind auf Abbildung 41 im Überblick dargestellt. In Bezug auf Krisen-PR wurden drei unabhängige Variablen getestet, sowohl die Wirkung von *aktiver Kommunikation* einer Krisenorganisation als auch die der PR-Strategien *Darstellung der Kontrollierbarkeit der Krisenursache* und *Relativierung der Krise per Krisenhistorie*. Die Wirkung dieser Variablen wurde auf drei Dimensionen von abhängigen Variablen ermittelt, der *Wahrnehmung des Nachrichtenwerts der Krise*, der *Wahrnehmung der Krisenorganisation* und der *Vermutung über ausgelöste Emotion* bei dem Publikum der Journalisten.

Bezüglich *aktiver Kommunikation* wurde getestet, wie die Journalisten ihre Einschätzung verändern, wenn eine Krisenorganisation eine PR-Meldung über die Krise veröffentlicht. Dieser Test sollte die Empfehlung an Organisationen überprüfen, möglichst *schnell* nach Kriseneintritt zu kommunizieren (von Praktikern empfohlen: Baier-Fuchs 2008; Farmer, Tvedt 2005; Hofmann, Braun 2008; Lukaszewski 1997; Möhrle 2004b; Riecken 2008; von Wissenschaftlern empfohlen/getestet: Coombs 2006a; Holladay 2009; Thießen 2011). Wie in Abschnitt 5.2.1.1 erläutert wurde, setzte diese Arbeit die Empfehlung einer *schnellen* Kommunikation mit *aktiver* Kommunikation um. Um diese Hypothese zu testen, wurden die Antworten der Versuchsgruppen, die eine PR-Meldung erhalten hatten, mit denen der Kontrollgruppe verglichen.

Dieser Vergleich sollte nicht nur testen, ob Krisenorganisationen den Empfehlungen der PR-Praktiker folgen und schnell kommunizieren sollen, sondern zugleich auch einen Datenpunkt zur akademischen Debatte über das Verhältnis zwischen PR und Journalismus beisteuern. Wie in Abschnitt 3.2 vorgestellt wurde, entwickelten Forscher aufgrund von theoretischen Überlegungen, Inhalts- und Input-Output-Analysen zahlreiche Modelle und Theorien, die das Verhältnis von Journalismus und PR beschreiben. Entweder gehen diese Forscher von einer Dominanz des Journalismus über PR aus, oder umgekehrt von der Dominanz der PR-Abteilungen, oder von verschiedenen Formen der gegenseitigen Durchdringung (Überblick in Hoffjann 2007). Jedoch stützen sich diese Überlegungen nicht auf Experimente mit Journalisten, die als einzige Methode einen eindeuti-

8.1 Einordnung der Erkenntnisse in den Forschungsstand 215

gen Nachweis über Wirkungszusammenhänge und Einflussstrukturen liefern können. Insofern bereichert diese Arbeit die Debatte, da sie experimentell testet, welchen Einfluss eine PR-Meldung im konkreten Fall einer Produktkrise auf Journalisten hat.

Die Ergebnisse des Experiments zeigen, dass PR einen Einfluss darauf hat, wie Journalisten eine Krise wahrnehmen. So schreiben sie ihr einen größeren *Nachrichtenwert* zu, wenn die Organisation dazu eine PR-Meldung veröffentlicht. Die Organisation lenkt also die Aufmerksamkeit der Journalisten auf ihre Krise und erhöht somit die Wahrscheinlichkeit, dass Medienbeiträge darüber erscheinen. Dieser Effekt ist wahrscheinlich nicht im Interesse der Organisation, da es für ihre Reputation in der Regel besser sein dürfte, wenn Journalisten *nicht* über ihre Krise berichten. Jedoch bewerten Journalisten die *Krisenorganisation selbst* deutlich positiver, wenn diese eine PR-Meldung herausgibt. Dieser Effekt tritt nahezu durchgängig auf allen Skalen der Dimension auf, er bestätigt das Ergebnis einer vorangegangenen Studie, bei der studentische Probanden einer Organisation mehr Vertrauenswürdigkeit zuschrieben, wenn diese aktiv kommunizierte (Thießen 2011: 240). Es konnte auch nachgewiesen werden, dass Organisationen mit aktiver Kommunikation *negative Emotion* reduzieren können. Insbesondere vermuten Journalisten, die PR-Material erhalten, weniger *Ärger* über die Krise bei ihrem Publikum.

Zusammenfassend kann man festhalten, dass die aktive Veröffentlichung einer PR-Meldung alle drei Dimensionen beeinflusst, auf der die Meinung der Journalisten zu der Krise abgefragt wurde. Dieser Befund relativiert den Tenor einer früheren Ex-Post-Facto Untersuchung, die nur eine sehr begrenzte Wirkung von Organisations-PR bei Krisen vermutete (Barth, Donsbach 1992). Ebenso werden auch die Empfehlungen von PR-Praktikern und -Forschern relativiert, dass eine Organisation vor einer Krise ein Vertrauensverhältnis zu Journalisten aufbauen sollte (Bentele, Janke 2008; Brown, White 2011; Coombs, Holladay 2006; Lyon, Cameron 2004; Schwarz 2010: 222). In dieser Studie führte die Krisenkommunikation zu Effekten bei Journalisten, obwohl diese der (fiktiven) Organisation keine vorkritische Reputation zuschreiben konnten. Dieser Befund schließt zwar nicht aus, dass die vorkritische Reputation einen Einfluss auf die Wahrnehmung einer Krise und Organisation haben kann – jedoch wirkt Krisenkommunikation auch unabhängig von diesem Einfluss.

In den PR-Meldungen des Experiments wurden die beiden Strategien *Darstellung der Kontrollierbarkeit der Krisenursache* und *Relativierung der Krise per Krisenhistorie* variiert. Die PR-Strategie *Kontrollierbarkeit der Krisenursache* wurde getestet, da studentische Probanden einer Organisation mehr Krisenverantwortung und eine schlechtere Reputation zuschreiben, wenn sie glauben, dass die Situation, die zum Krisenausbruch führte, kontrollierbar war (Coombs

1998; 1999; Coombs, Holladay 1996; 2001; 2002; 2010a; Coombs, Schmidt 2000; Lee 2004; 2005). Das Experiment sollte überprüfen, ob dieser Effekt auch dann auftritt, wenn die Organisation selbst die Kontrollierbarkeit der Krisenursache beurteilt. Die Ergebnisse zeigen, dass die Journalisten zwar die beiden Variationen dieser Kommunikationsstrategie korrekt erkannt haben und der Organisation entsprechend eine unterschiedliche Schuld an der Krise zuschreiben. Auf allen anderen Skalen traten jedoch fast keine Effekte auf. Der einzige Effekt betraf die PR-kritischen und -offenen Journalisten, PR-Kritiker haben verglichen mit PR-offenen Journalisten eine wesentlich negativere Meinung von der Organisation, wenn die Ursache der Krise als im Vorfeld *kontrollierbar* dargestellt wird. PR-Kritiker sehen es also als ein Zeichen des Versagens einer Organisation an, wenn diese eine Krise nicht verhindert hat, obwohl sie eventuell die Möglichkeit dazu gehabt hätte. Dieser Effekt ist aber nicht stark genug, um auch dann noch auf signifikantem Niveau aufzutreten, wenn alle Journalisten (statt lediglich der PR-Kritiker und -Offenen) betrachtet werden.

Offenbar kann die Organisation mit ihrer Darstellung der *Kontrollierbarkeit der Krisenursache* bei Journalisten nur wenig punkten. Sie glauben zwar dieser Darstellung, jedoch hat das wenig Einfluss auf ihre Bewertung der Krise, Organisation oder Emotionsvermutung. Obwohl die Forschung in zahlreichen Studien die Wirkung der Kontrollierbarkeit einer Krisenursache auf die Reputationszuschreibung mit studentischen Versuchsgruppen belegt hat, scheint diese Wirkung bei Journalisten nicht aufzutreten. Dieses Ergebnis zeigt, wie wichtig es ist, Forschungsergebnisse aus Laborstudien in der Praxis zu validieren, da sonst unzulässige Schlüsse aus Laborexperimenten abgeleitet werden. Im vorliegenden Fall konnte der Effekt aus dem Labor im Feld so gut wie überhaupt nicht reproduziert werden. Dieses Resultat hat direkte Folgen für die SCCT. Laut deren Annahmen haben Krisen vor allen Dingen dann negative Auswirkungen auf die Reputation einer Organisation, wenn Anspruchsgruppen diese Krisen für kontrollier- und daher auch verhinderbar halten. Da die Variation der Kontrollierbarkeit im vorliegenden Experiment zu nahezu keinen Ergebnissen führte, stellt sich jedoch die Frage, ob und wie eine Krisenorganisation denn die Unkontrollierbarkeit einer Krise für Journalisten darstellen kann, um negative Effekte zu vermeiden.

Die Strategie der *Relativierung der Krise per Krisenhistorie* wurde getestet, da deren Wirkung in mehreren Studien diskutiert wird. In manchen Experimenten beurteilten studentische Probanden eine Organisation signifikant unterschiedlich, wenn diese entweder mit einer positiven oder negativen Krisenhistorie dargestellt wurde (Coombs, Holladay 1996), andere konnten keine positive Wirkung des Verweises auf eine positive Historie finden (Coombs 1998; 2006a; Coombs, Holladay 2001). Aus zwei Gründen wurde entschieden, in dieser Arbeit die Wirkung eines Verweises auf die positive Krisenhistorie zu testen. Erstens erscheint der Verweis auf die faktische nachprüfbare Krisenhistorie für eine Organisation weniger riskant zu sein als andere Relativierungsstrategien, die Anspruchsgruppen anfechten könnten (wie z. B. der Verweis auf eine geringe Schadenshöhe). Zweitens ist unklar, ob Journalisten auf diese Strategie ebenso reagieren wie Studierende in Experimenten.

Die experimentelle Überprüfung mit Journalisten erbrachte keine Belege dafür, dass eine Organisation davon profitiert, wenn sie auf ihre positive Krisenhistorie verweist. Jedoch zeigen die Ergebnisse auch, dass Journalisten nach der Krisenhistorie der Organisation fragen, wenn sie dazu keine Information im Stimulusmaterial erhalten haben. Insofern können Organisationen auf ihre positive Krisenhistorie verweisen, um ein Informationsbedürfnis der Journalisten zu erfüllen, selbst wenn dieser Verweis keine persuasive Wirkung ausübt. Möglicherweise bewerten Journalisten eine PR-Mitteilung grundsätzlich als informativer oder besser, wenn sie ihnen solche Information liefert, die sie für ihre Beitragsrecherche benötigen.

Insgesamt lässt sich für die Ergebnisse zu Krisen-PR festhalten, dass es einen wesentlich größeren Einfluss auf die Antworten der Journalisten hat, *dass* eine Krisenorganisation aktiv eine PR-Meldung veröffentlicht als *welche PR-Strategie* sie darin anwendet. Diese Befunde deuten in eine ähnliche Richtung wie Befragungsergebnisse, bei denen PR-Manager angaben, dass die Kommunikationsstrategie in PR-Meldungen weniger wichtig sei als z. B. die Schnelligkeit der Kommunikation (Huang 2008).

Neben den Hypothesen zu Krisen-PR wurde im Experiment auch erstmals die Wirkung von *Koorientierung* mit Journalisten getestet. Koorientierungseffekte wurden in der Forschungsliteratur schon früh beschrieben (Breed 1955b) und ein wachsender Fundus von Forschungsarbeiten beschäftigt sich mit Thema (Krämer et al. 2009; Reinemann 2003; Reinemann, Huismann 2007) sowie den verwandten Bereichen des intermedialen Agenda Setting (Vliegenthart, Walgrave 2008; Wien, Elmelund-Præstekær 2009) und der Skandalierung (Kepplinger 1994; 2001). Diese Arbeit hat erstmals untersucht, ob sich Koorientierungseffekte experimentell nachweisen lassen. Die Ergebnisse zeigen, dass Journalisten einem Thema einen größeren Nachrichtenwert zuschreiben, wenn sie einen *Spiegel Online*-Beitrag darüber erhalten. Dieser Effekt ist zwar – gerade im Vergleich mit der Wirkung der aktiven Veröffentlichung einer PR-Meldung – nicht sehr stark ausgeprägt, aber dennoch zu groß, um die Hypothese dazu zurückzuweisen. Er ist außerdem deswegen bemerkenswert, da er nur auf einem einzigen Stimulus-Artikel beruht. Da Journalisten bei täglichen ihrer Arbeit jedoch sehr viele Medien nutzen (Reinemann 2003), erscheint es wahrscheinlich, dass sie mehr als nur einen Medienbeitrag zu einem Thema rezipieren, was zu stärkeren Koorientierungswirkungen führen könnte. Gerade im Fall von Berichterstattungswellen wurde häufig über den sich selbst verstärkenden Einfluss von Koorientierung spekuliert (Kepplinger 2001; Vasterman 2005), nun konnte dieser Effekt erstmals experimentell mit Journalisten nachgewiesen werden. Die Arbeit fokussierte sich auf den Nachweis von intermedialen Agenda Setting, insofern überrascht es nicht, dass auf den anderen Dimensionen zur *Bewertung der Krisenorganisation* und der *Emotion zur Krise* keine Koorientierung auftrat. Der *Spiegel Online*-Artikel im Stimulusmaterial enthielt keine Elemente, die auf diese Dimensionen abzielten. Jedoch ist es nicht ausgeschlossen, dass Journalisten auf diesen beiden Dimensionen von Koorientierung beeinflusst werden können, sofern die Berichterstattung, an der sie sich orientieren, bewertende oder emotionalisierende Elemente enthält. Ein abschließender Test zeigte keine Interaktionseffekte zwischen den Variationen der unabhängigen Variablen.

Themen-gebiet	Variation der unabhängigen Variablen	Wirkung auf Journalisten[1]		
		Wahrnehmung des Nachrichtenwerts	Wahrnehmung der Krisenorganisation	Vermutung über ausgelöste Emotion
Krisen-PR	Aktive Kommunikation der Krisenorganisation (veröffentlicht PR-Meldung)	Gesteigert auf 1 von 6 Skalen, eta^2 0,102	Positiver auf 7 von 8 Skalen, eta^2 0,269 - 0,105	Verringert auf 1 von 4 Skalen, eta^2 0,075
	PR-Meldung vermutet unkontrollierbare anstatt kontrollierbarer Krisenursache	Verringert auf 1 von 6 Skalen, eta^2 0,022	Verringert auf 1 von 8 Skalen, eta^2 0,022	-
	PR relativiert Krise mit Verweis auf positive Krisenhistorie	-	-	-
Koorientierung	*Spiegel Online* berichtet über Krise	Gesteigert auf 3 von 6 Skalen, eta^2 0,030 - 0,021	-[2]	-[2]
Interaktionseffekte zwischen unabhängigen Variablen		-	-	-

1 eta^2 sind Resultate von ANOVAs aus dem Ergebnisteil
2 Dimension im Stimulusmaterial nicht thematisiert
Quelle: Eigene Darstellung basierend auf dem Experiment mit Journalisten

Abbildung 41: Zusammenfassung der Ergebnisse

8.2 Praxisrelevanz

Es ist das Ziel dieser Arbeit, neben einem wissenschaftlichen Erkenntnisgewinn auch eine Anbindung der Forschung an die Praxis herzustellen, also Befunde zu generieren, die für PR-Praktiker und Journalisten direkt relevant sind. PR-Praktiker in Organisationen können aus den Ergebnissen des Experiments den Schluss ziehen, dass sie bei einer beginnenden Organisationskrise am besten aktiv (also in der Regel auch schnell) eine PR-Meldung veröffentlichen sollten. Zwar lenken sie mit dieser Veröffentlichung das Interesse der Journalisten auf die Krise. Wenn die Organisation aber davon ausgehen muss, dass eine Krise früher oder später sowieso von den Journalisten wahrgenommen und als berichtenswert eingestuft würde, dann kann sie sehr davon profitieren, aktiv mit den Medien zu kommunizieren. Kommentiert die Organisation die Krise in der Frühphase dagegen nicht, so bewerten Journalisten sie wesentlich negativer und gehen außerdem davon aus, dass ihr Publikum mehr verärgert wäre. Dies könnte gerade zu Beginn der Krise, wenn die Journalisten sich eine Meinung über den Sachverhalt und die Beteiligten bilden, fatale Folgen für die Organisation haben. Wenn die Journalisten einen negativen Eindruck gewinnen und deswegen negative Beiträge verfassen (z. B. weil sie annehmen, dass die Organisation gewisse Details verbergen möchte), dann könnte dies die Reputation der Organisation gefährden. Außerdem sind Journalisten für ihre Krisenberichterstattung ausschließlich auf organisationsexterne Quellen angewiesen, wenn die Krisenorganisation selbst schweigt. Damit verliert die Organisation die kommunikative Kontrolle über die Krise und kann sich in der Rolle eines medial getriebenen Akteurs wiederfinden.

Die Journalisten artikulieren klar, welche Information sie für die Berichterstattung über eine Krise brauchen, wie beispielsweise Fakten über die Organisation selbst und zur möglichen Gefährlichkeit der Krise (Abbildung 23). Wenn die Krisenorganisation auf diese Bedürfnisse eingeht und direkt in der ersten PR-Meldung liefert, steigert sie deren Nutzwert für Journalisten. Manche dieser Informationen (wie z. B. Kennzahlen und allgemeine Fakten über die Organisation) kann eine PR-Abteilung bereits im Vorfeld einer Krise zusammenstellen, um diese im Krisenfall schnell liefern zu können. Wenn Journalisten eine PR-Meldung als brauchbar und inhaltsreich bewerten, dann sollte die Wahrscheinlichkeit steigen, dass sie auch die darin genannten Argumente und Perspektiven auf die Krise rezipieren. Daher könnte sich die generelle Erfolgswahrscheinlichkeit einer PR-Meldung erhöhen, wenn die Krisenorganisation sie an die Bedürfnisse der Journalisten anpasst. Selbst die beste PR-Meldung wird aber wahrscheinlich nicht verhindern, dass Journalisten andere Quellen nutzen, weil sie

z. B. die Perspektiven und Meinungen anderer Akteure zur Krise in ihren Beiträge darstellen wollen.

Auch die Befunde zum Test einzelner PR-Strategien und der Koorientierung zeigen, dass eine PR-Abteilung aktiv kommunizieren kann und soll. Sie kann aktiv kommunizieren, da sie nicht viel Zeit darauf verwenden muss, einzelne PR-Strategien für ihre Meldungen auszuarbeiten, die im Experiment sowieso keine Wirkung bei den Journalisten zeigen. Darüber hinaus sollte die Krisenorganisation auch deshalb aktiv kommunizieren, weil in diesem Experiment Koorientierungseffekte nachgewiesen wurden. Dies legt nahe, dass viele Medien über eine Krise berichten werden, sobald erste Beiträge darüber erscheinen. Deswegen ist es für eine Organisation umso wichtiger, in der Frühphase der Krise mit aktiver Kommunikation einen guten Eindruck zu hinterlassen, da ihr sonst eine negative Berichterstattung in zahlreichen Medien droht. Auch wird der oben beschriebene Effekt relativiert, dass eine aktive Kommunikation der Organisation die Journalisten auf eine Krise aufmerksam macht, denn die erste Berichterstattung in einem Medium löst den gleichen Effekt aus. Wäre die Berichterstattung über eine Krise nur ein lokal begrenztes Phänomen, könnte eine Organisation überlegen, ob sie lieber das Risiko solch begrenzter, negativer Berichterstattung in Kauf nimmt, anstatt mit aktiver Kommunikation das Interesse von wesentlich mehr Journalisten auf die Krise zu lenken. Da aber eine erste Berichterstattung mittels Koorientierungseffekten schnell sehr viele Journalisten erreichen kann, sollte eine Krisenorganisation nicht auf eine geringe Medienresonanz spekulieren. Sie ist gut beraten, selbst mit aktiver Kommunikation einen Diskurs über die Krise zu starten, als sich erst dann zu äußern, wenn zahlreiche Journalisten bereits zu dem Thema recherchieren oder Beiträge veröffentlichen.

Für Journalisten sind die Ergebnisse dieser Arbeit in mehrfacher Hinsicht aufschlussreich. Erstens können sie ihre eigenen Recherchetechniken mit denen ihrer Kollegen vergleichen (Abbildung 21 und 22) und deren Informationsbedürfnisse zur konkreten Krise im Stimulusmaterial betrachten (Abbildung 23). Mit solch einem Vergleich können die Journalisten die Befunde dieser Arbeit dazu nutzen, um ihre eigenen Recherchetechniken zu verbessern. Sie können überprüfen, ob sie z. B. in den gleichen Quellen recherchiert hätten und ob es sinnvoll ist, sich bei zukünftigen Recherchen von der Quellenwahl ihrer Kollegen inspirieren zu lassen.

Darüber hinaus können Journalisten die Ergebnisse des Experiments dazu heranziehen, ihre eigene Arbeitsweise zu reflektieren und gegebenenfalls zu verändern. So zeigen die Ergebnisse beispielsweise, wie sehr den Journalisten zusätzliche Recherche zu einem Thema dabei hilft, dessen Nachrichtenwert korrekt einzuschätzen. Wenn man den Prozess der Nachrichtenauswahl als Kausalzusammenhang betrachtet, dann entscheiden Journalisten beim Lesen einer

8.2 Praxisrelevanz 221

Agenturmeldung, ob sich eine Recherche für einen Beitrag lohnt. Diese Entscheidung bestimmt, ob sie weitere Fakten zu der Krise sammeln oder nicht. Die Ergebnisse des Experiments zeigen, dass Journalisten die Krise dann als interessanteres Thema bewerten, wenn sie zusätzliche Information aus der PR-Meldung erhalten. Journalisten aus der Kontrollgruppe bewerten das Thema als uninteressanter, wie sich an den Ergebnissen zum Test *aktiver* Kommunikation ablesen lässt. Wenn Journalisten mit zusätzlicher Information den Nachrichtenwert der *Kamilla*-Krise anders einschätzen als ihre Kollegen ohne diese Information, dann folgt daraus, dass Journalisten bei Organisationskrisen eine kurze Vorab-Recherche vornehmen müssen, um deren Nachrichtenwert korrekt zu beurteilen. Denn die Journalisten der Kontrollgruppe hätten den Nachrichtenwert der *Kamilla*-Krise vermutlich ebenso bewertet wie ihre Kollegen in den Stimulusgruppen, wenn sie die gleiche Information recherchiert hätten, die ihre Stimulusgruppen-Kollegen in der PR-Meldung geliefert bekamen.

Dieser Befund wäre wenig praxisrelevant, wenn Journalisten standardmäßig den Nachrichtenwert jeder Organisationskrise in einer Vorab-Recherche überprüfen würden und danach eine informierte Publikationsentscheidung treffen könnten. Da jedoch die durchschnittliche journalistische Recherchezeit pro Tag abnimmt (Weischenberg et al. 2006b: 354), müssen sich Journalisten häufiger auf ihren Instinkt als auf Vorab-Recherche verlassen. Wie die Ergebnisse dieser Arbeit zeigen, kann dieser Instinkt jedoch trügen, da Journalisten mit weniger Information (Kontrollgruppe) die Krise für weniger berichtenswert halten als die Journalisten, die mehr Information erhalten haben (Stimulusgruppen mit zusätzlicher PR-Meldung). Journalisten können diesen Befund zum Anlass nehmen, um ggf. gemeinsam mit ihren Chefredakteuren zu definieren, welche Rolle sie bei der Berichterstattung über Organisationskrisen spielen wollen. Wenn sie zu wenig Zeit für eine Vorab-Recherche haben, dann laufen sie Gefahr, eine Krise zu verpassen bzw. nur ein Mitläufer statt Vorreiter in der Berichterstattung zu sein. Denn der journalistische Instinkt scheint nicht ausreichend, um bei spärlicher Informationslage die interessanten Geschichten sicher von den uninteressanten zu trennen.

Ein weiterer Punkt, der Journalisten veranlassen könnte, ihre eigene Arbeitsweise zu reflektieren, ist die Wirkung von PR und Koorientierung auf ihre Wahrnehmung. Die Journalisten werden zwar von den getesteten PR-Strategien nur sehr wenig beeinflusst, jedoch hat die PR-Meldung unabhängig von der gewählten Strategie einen Einfluss darauf, wie die Journalisten die Organisation bewerten und welche Emotion zur Krise sie bei ihrem Publikum vermuten. Journalisten können anhand dieses Ergebnisses darüber reflektieren, aufgrund welcher Kriterien sie eine Organisation beurteilen. Reicht es aus, eine PR-Meldung zu einer Krise zu veröffentlichen, um besser bewertet zu werden? Sollte eine

Organisation, die nicht über eine Krise kommuniziert, deswegen automatisch schlechter bewertet werden? Man kann argumentieren, dass eine kommunizierende Organisation prinzipiell einen offeneren Eindruck macht als eine schweigende, der man eine Vertuschungsabsicht unterstellen könnte. Diese zugeschriebenen Eigenschaften können rechtfertigen, warum Journalisten die Organisation besser bewerten. Es stellt sich aber die Frage, ob der Umkehrschluss auch zulässig ist. Bedeutet eine zurückhaltende Informationspolitik einer Organisation, dass sie ein weniger guter Krisenlöser ist? Das würde dann stimmen, wenn es Anspruchsgruppen oder Betroffene gibt, die von den Medien zwingend über eine Krise informiert werden sollten. In diesem Fall kann die Qualität der Krisenlösung einer Organisation durchaus daran gemessen werden, ob sie ihren Informationspflichten nachkommt. Jedoch mag es Krisen geben, in denen kein Schaden droht, nur weil eine Organisation weniger offen mit den Medien spricht. Wenn Journalisten die Rolle einer Organisation in der Krise bewerten, sollten sie sich die Frage stellen, ob Kommunikation mit den Medien in der Krisenphase für diese Organisation Priorität haben sollte. Wenn gute Gründe vorliegen, warum die Organisation mit den Medien sprechen sollte, dann umfasst ihre Rolle als Krisenlöser auch die Kommunikation. Liegen diese Gründe aber nicht vor, dann kann eine Organisation auch dann als guter Krisenlöser agieren, wenn sie weniger darüber kommuniziert.

Darüber hinaus können Journalisten aufgrund der vorliegenden Befunde darüber reflektieren, in welchem Maße sie sich bei ihrer Themenfindung von Meinungsführer-Medien inspirieren lassen wollen. Koorientierungseffekte treten im Journalismus auf, sie wurden hier erstmals experimentell nachgewiesen. Für diese Koorientierung sind viele Gründe denkbar, so ist die Recherche in anderen Medien für Journalisten günstig, zeitsparend und liefert zudem Information im passenden Format mit Fokus auf die Aspekte, die für Berichterstattung relevant sind (siehe Kapitel 4). Auf der anderen Seite führt eine starke Orientierung von Journalisten an anderen Medien zu einem Herdentrieb. Wenn Journalisten sich zu sehr an der Themenauswahl einiger Meinungsführer orientieren, werden sie keine Scoops landen und ihrem Publikum keine exklusiven Geschichten bieten können. Es kann eine bewusste Entscheidung von Medien sein, die eigene Berichterstattung im Fahrwasser der Meinungsführer zu machen, das spart Zeit, Geld und Recherchearbeit. Zugleich deckt man so die Themen ab, die in den meisten anderen Medien auch berichtet werden. Dadurch kann man die Qualität der eigenen Berichterstattung damit begründen, dass man kein wichtiges, da allgemein berichtetes Thema verpasst habe. Wenn ein Medium journalistische Qualität aber darüber definiert, dass seine Journalisten investigativ tätig sind und Themen aufspüren, die abseits der ausgetretenen Pfade liegen, dann ist eine zu starke Orientierung an Meinungsführer-Medien nicht ratsam. In diesem Fall würde Koorientierung den eigenen Qualitätszielen zuwider laufen. Darüber hinaus könnte es Journalisten in falscher Sicherheit wiegen, wenn sie ihre eigene Meinung und Berichterstattung zu sehr an ihren Kollegen ausrichten. Laborbefunde anderer Studien zeigen, dass eine Orientierung an anderen Personen nicht nur das Urteil einer Gruppe qualitativ schlechter machen kann, sondern zugleich auch dazu führt, dass die einzelnen Gruppenmitglieder von der Richtigkeit ihrer Meinung stärker überzeugt sind (Lorenz et al. 2011). Das psychologisch angenehme Gefühl, die eigene Unsicherheit reduziert zu haben und sich auf der Linie mit den Kollegen zu wissen, erkaufen Journalisten also möglicherweise mit einer faktisch schlechteren Qualität ihrer Beiträge.

Koorientierung im Journalismus reduziert nicht nur gegebenenfalls die Qualität der Berichterstattung einzelner Medien, sondern auch den Meinungspluralismus einer ganzen Medienlandschaft, was man aus normativer Perspektive bedenklich finden kann. So spekulieren Autoren darüber, dass eine zu starke Konsonanz in den Medien „innovationsfeindlich" wirken könnte, da gesellschaftliche Diskurse perpetuiert würden, anstatt sich zu erneuern (Krämer et al. 2009: 106 f.). Es kann bezweifelt werden, dass Journalisten ihre Rolle als vierte Gewalt im Staat besser wahrnehmen oder andere normative Ziele besser erfüllen können, wenn sie sich in einem selbstverstärkenden Zirkel der Koorientierung befinden. Jedes Medium bzw. jeder Journalist muss für sich selbst entscheiden, wo man sich auf der Skala zwischen vollständiger Koorientierung und vollständiger Unabhängigkeit positioniert. Journalisten sollten sich aber ins Bewusstsein rufen, dass die Nutzung von Meinungsführer-Medien zu Koorientierungseffekten führt. Sobald man die Berichterstattung anderer Medien rezipiert, besteht eine große Wahrscheinlichkeit, dass die eigene Berichterstattung davon beeinflusst wird.

8.3 Grenzen der Arbeit und Ansatzpunkte für die Zukunft

In den vorangegangenen Abschnitten wurden die Ergebnisse der Arbeit gebündelt vorgestellt, in den Forschungskontext eingeordnet und ihre Praxisrelevanz erläutert. Dieser Abschnitt zeigt die Grenzen der Untersuchung auf, um die Reichweite und Genauigkeit der Befunde zu spezifizieren und mögliche Felder für zukünftige Forschung zu eröffnen. Die *Grenzen dieser Arbeit* betreffen das gewählte Forschungsinstrument des *Feldexperiments,* das *Stimulusmaterial* und die Zusammensetzung der *Versuchsgruppe* der Arbeit.

Die Probanden bekamen Stimulusmaterial zugesendet, das eine fiktive Produktkrise beschrieb, und wurden um die Rücksendung eines Fragebogens gebeten. Dieses Forschungsdesign wurde gewählt, um Erkenntnisse in einem möglichst realitätsnahen Kontext zu ermitteln. Die externe Validität der Befunde wurde gesteigert, da in diesem Experiment – im Gegensatz zu den häufig üblichen Laborexperimenten mit Studierenden – die tatsächliche Zielgruppe von Krisen-PR und Koorientierung, also Journalisten, in ihrem natürlichen Umfeld befragt wurde.

Jedoch wurde die Realitätsnähe des Experiments mit einigen *Nachteilen gegenüber Laborexperimenten* erkauft. Bei Laborexperimenten hat ein Versuchsleiter vollständige Kontrolle über alle Störvariablen und kann deren Einfluss auf die Untersuchungsergebnisse daher fast gänzlich ausschließen. Solch eine vollständige Kontrolle war im vorliegenden Experiment nicht möglich, es kann nicht ausgeschlossen werden, dass während der Durchführung des Experiments Störvariablen auf einzelne Journalisten gewirkt haben. Störvariablen, die auf Merkmale der Versuchspersonen zurückzuführen sein könnten (z. B. ihr Alter oder die Mediengattung, für die Journalisten arbeiten) wurden mit der zufälligen Zuweisung der Journalisten zu einer Versuchsgruppe kontrolliert, diese personenbezogenen Variablen sind in allen Versuchsgruppen ähnlich verteilt (Abbildung 20). Jedoch kann nicht ausgeschlossen werden, dass z. B. manche Journalisten sich mehr Zeit für das Experiment genommen haben als andere. Zwar wurden dem Stimulusmaterial klare Anweisungen beigelegt, wie und in welcher Reihenfolge die Probanden vorgehen sollten, aber es ist dennoch möglich, dass einzelne Probanden davon abgewichen sind. Eine vollständige Kontrolle aller dieser Variablen war nicht möglich und auch nicht erwünscht. Denn dieses Experiment sollte die Reaktion von Journalisten auf Material unter realitätsnahen Umständen prüfen. Die Anwesenheit eines Versuchsleiters, der streng darauf achtet, dass alle Störvariablen ausgeschlossen sind, würde dagegen die Natürlichkeit der Experimentalsituation beeinträchtigen. Die Vor- und Nachteile von Labor- und Feldexperiment sind spiegelbildlich (Campbell, Stanley 1963). Da die einzelnen Versuchspersonen zufällig den Versuchsgruppen zugewiesen wurden, kann man hoffen, dass auch nicht-personenbezogene Störvariablen sich gleichmäßig über alle Gruppen verteilen und keine verzerrenden Effekte aufgetreten sind.

Ein weiterer Sachverhalt, der die externe Validität der gewonnenen Befunde einschränkt, ist die Selbstselektion der Teilnehmer. Die Rücklaufquote der versendeten Fragebögen lag bei 22,4 % (Abschnitt 7.1.1), nur knapp jeder vierte Journalist hat geantwortet. Man könnte nun argumentieren, dass sich die Journalisten, die den Fragebogen beantwortet haben, von ihren Kollegen unterscheiden, die nicht auf das Anschreiben reagierten und deswegen die Übertragbarkeit der Befunde in die Realität eingeschränkt sei. Jedoch würde diese Einschränkung nur

8.3 Grenzen der Arbeit und Ansatzpunkte für die Zukunft 225

dann gelten, wenn sich die teilnehmenden Journalisten sich von den nichtteilnehmenden so gravierend unterscheiden, dass die Wirkung einzelner Variablen zwischen diesen Gruppen dramatisch verändert ist. Zwar kann dies nicht grundsätzlich ausgeschlossen werden, aber es erscheint unwahrscheinlich, dass sich zwei Gruppen von Journalisten in Bezug auf die getesteten Variablen stark voneinander unterscheiden, nur weil sie an einem akademischen Experiment teilnehmen oder nicht. Die Übertragung von Befunden von teilnehmenden auf nicht-teilnehmende Journalisten scheint eher angebracht zu sein als die Übertragung von Befunden aus Laborexperimenten mit Studierenden auf nichtstudentische Populationen im Allgemeinen oder Journalisten im Besonderen, so wie dies in bisherigen Studien zur Wirkung von Krisen-PR praktiziert wird (Abschnitt 3.3.2.4). Aus diesem Grund stellen die Befunde einen Gewinn für die Forschung dar, selbst wenn sie nicht exakt auf nicht-teilnehmende Journalisten übertragbar sein sollten.

Daneben sind die Befunde dieser Arbeit auch aufgrund einzelner Merkmale des *Stimulusmaterials* eingeschränkt. So wurde erstens nur ein bestimmter Krisentyp getestet (Produktkrise), den eine Organisation bestimmten Typs erleidet (fiktiver Kosmetikhersteller). Es kann nicht völlig ausgeschlossen werden, dass eine Änderung des Krisen- oder Organisationstyps die Wirkung der getesteten Variablen verändern könnte. Da jedoch die Befunde anderer Studien nur auf sehr geringe Wirkungsunterschiede zwischen verschiedenen Krisen- und Organisationstypen hindeuten (Thießen 2011), kann man davon ausgehen, dass die Befunde dieser Studie zumindest weitgehend ebenso auf andere Krisen- und Organisationstypen zutreffen. Auch wurden die getesteten Kommunikationsstrategien so gewählt, dass eine möglichst gute Übertragbarkeit vorliegen sollte.

Die Wirkung bestimmter Stimuli könnte sich auch ändern, wenn im Experiment anstelle einer fiktiven eine reale Krisenorganisation gewählt würde. Aufgrund der eingeschränkten Übertragbarkeit von Befunden, welche die Wirkung von Stimuli mit einer realen Organisation testen, scheint es aus Gesichtspunkten der Forschungseffizienz nicht sinnvoll, solche Tests häufig durchzuführen. Man muss aber im Hinterkopf behalten, dass Voreinstellungen von Journalisten gegenüber einer real existierenden Organisation die Wirkung der hier getesteten Stimuli verändern könnten.

Eine weitere Einschränkung der Übertragbarkeit der Ergebnisse ergibt sich aus der Auswahl der *Versuchsgruppe*. Da nur Journalisten deutscher Medien befragt wurden, sind die Ergebnisse nur mit Einschränkungen auf andere Länder übertragbar. So zeigt z. B. die international vergleichende Journalismusforschung, dass sich die Arbeitsweisen und das Berufsverständnis von Journalisten in verschiedenen Ländern unterscheiden (Esser 1998; aktueller Überblick in Esser, Hanitzsch 2011). Ob die Effekte, die in dieser Arbeit gefunden wurden, nur für deutsche Journalisten gelten oder auch für Journalisten in anderen Ländern, können nur international vergleichende Untersuchungen klären.

Zukünftige Studien können auf den Befunden dieser Studie aufbauen. Bezüglich der Wirkung von *Krisen-PR* existieren mehrere Ansatzpunkte für zukünftige Forschung. Zum einen stellt sich die Frage, ob *aktive* Kommunikation der Krisenorganisation mit PR-Meldungen im vorliegenden Fall deswegen gewirkt hat, weil die Journalisten in Stimulusgruppen mehr *Information* über die Krise hatten als diejenigen der Kontrollgruppe, oder weil sie der Organisation eher *gute Absichten* unterstellten. Zukünftige Forschung könnte dies überprüfen, indem z. B. die Quellen variiert werden, aus denen Journalisten Information erhalten. Wenn die Organisation immer noch positiver bewertet wird, wenn sie selbst (anstelle einer anderen Quelle) die Information veröffentlicht, dann wäre dies ein Indiz, dass Journalisten einer kommunizierenden Krisenorganisation *gute Absichten* unterstellen.

Auch könnte man so testen, ob PR-Strategien anders wirken, wenn sie von verschiedenen Quellen vorgetragen werden. Möglicherweise hätte eine PR-Strategie wie die Betonung der *Unkontrollierbarkeit der Krisenursache* einen größeren Effekt, wenn sie von einer Quelle kommuniziert würde, die als unabhängig wahrgenommen wird (siehe Callison, Zillmann 2002).

Darüber hinaus kann getestet werden, ob die PR-Strategie der *Relativierung* zu anderen Ergebnissen führt, wenn die Krise nicht mittels Verweis auf die positive Krisenhistorie relativiert wird, sondern beispielsweise mit dem Verweis auf andere, wesentlich schlimmere Krisen oder der Betonung der geringen Schadenshöhe. Auch könnte die Relativierung der Krise größere Effekte haben, wenn sie nicht von der Organisation selbst vorgenommen wird, sondern von einer externen Quelle.

Zukünftige Studien zu *Koorientierung* können die gefundenen Effekte weiter spezifizieren. Erstens ist noch offen, ob Meinungsführer-Medien nicht nur als Agenda Setter für Journalisten fungieren, sondern auch Interpretationsrahmen und Bewertungen zu einem Thema vorgeben können. Bei einer Organisationskrise könnten sie z. B. die Bewertung setzen, wie professionell und korrekt sich die betroffene Organisation verhalten hat. Die vorliegende Arbeit hat bewusst auf Bewertungen im *Spiegel Online*-Beitrag verzichtet, um den reinen Agenda Setting-Effekt von Koorientierung nachweisen zu können, was gelungen ist. Da der Agenda Setting-Effekt nachgewiesen wurde, können zukünftige Studien die Wirkung von Koorientierung spezifizieren und z. B. die Übernahme von Bewertungen zwischen Medien überprüfen.

Zweitens kann getestet werden, ob Koorientierung auch dann auftritt, wenn die Medienquelle kein Meinungsführer-Medium ist. Manche Studien diskutieren z. B. die Agenda Setting-Rolle von lokalen Medien oder Fachpublikationen

8.3 Grenzen der Arbeit und Ansatzpunkte für die Zukunft

(Lopez-Escobar et al. 1998; Mathes, Pfetsch 1991; Überblick in Vliegenthart, Walgrave 2008). Es wäre interessant zu sehen, ob Beiträge aus solchen Medien im Experiment zu Koorientierungseffekten führen und wie stark diese im Vergleich zu Effekten von Meinungsführer-Medien wären.

Drittens stellt sich die Frage, ob und wie sich Koorientierungseffekte ändern, wenn Journalisten Beiträge aus mehreren Medien zu einem Thema rezipieren. Ein konsonantes Meinungsklima könnte zu stärkeren Koorientierungseffekten führen als ein vielstimmiges. Studien zu Politikskandalen fanden in Inhaltsanalysen der Berichterstattung erste Indizien, dass ein konsonantes oder vielfältiges Meinungsklima zu unterschiedlichen Effekten bei den betroffenen Politikern führen könnte (Kepplinger 2001). Auch Koorientierung bei Journalisten könnte davon beeinflusst werden, ob konsonante oder vielfältige Berichterstattung vorliegt. Außerdem könnte man prüfen, bei welchen anderen Themen neben der getesteten Organisationskrise Koorientierung auftreten kann und ob eine Wechselwirkung zwischen Thema und Effektstärke vorliegt.

Zusammenfassend lässt sich festhalten, dass die Forschung an vielen Stellen ansetzen kann, um ihre bisherigen Befunde in Experimenten mit Journalisten zu überprüfen. Die Auswahl von Journalisten als Versuchsgruppe ist ein zentraler Faktor, um die Realitätsnähe und Praxisrelevanz der Befunde zu gewährleisten. Indem zukünftige Studien für ihre Experimente ebenfalls journalistische Probanden rekrutieren, können sie Befunde generieren, die eine wesentliche größere externe Validität aufweisen als Laborstudien.

Quellen

Albach, Horst (1985): Kampf ums Überleben. Der Ernstfall als Normalfall für Unternehmen in einer freiheitlichen Wirtschaftsordnung. In: Zeitschrift für Unternehmens- und Gesellschaftsrecht 14. 2. 149–166

Albers, Sönke; Klapper, Daniel; Konradt, Udo; Walter, Achim; Wolf, Joachim (Hrsg.) (2007): Methodik der empirischen Forschung. Wiesbaden: Springer

Alfter, Marco (2004): Die Rücknahme-Krise. In: Möhrle (2004a): 69–74

Allen, Myria W.; Caillouet, Rachel H. (1994): Legitimation endeavors. Impression management strategies used by an organization in crisis. In: Communication Monographs 61. 1. 44–62

Altmeppen, Klaus-Dieter; Bentele, Günter; Röttger, Ulrike (2004): Public Relations und Journalismus. Eine lang andauernde und interessante „Beziehungskiste". In: Altmeppen et al. (2004): 7–15

Altmeppen, Klaus-Dieter; Hanitzsch, Thomas; Schlüter, Carsten (Hrsg.) (2007): Journalismustheorie: Next Generation. Soziologische Grundlegung und theoretische Innovation. Wiesbaden: VS

Altmeppen, Klaus-Dieter; Röttger, Ulrike; Bentele, Günter (Hrsg.) (2004): Schwierige Verhältnisse. Interdependenzen zwischen Journalismus und PR. Wiesbaden: VS

An, Seon-Kyoung; Cheng, I-Huei (2010): Crisis communication research in Public Relations journals. Tracking research trends over thirty years. In: Coombs, Holladay (2010b): 65–90

Andrews, Robert V. (2005): Crisis Communications and the Tylenol Poisonings. In: Heath (2005): 224–226

Arlt, Hans-Jürgen (2008): Krisen sind auch nicht mehr das, was sie einmal waren. Über die Differenz funktionaler und individueller Kommunikation. In: Nolting; Thießen (2008): 63–82

Arpan, Laura M.; Roskos-Ewoldsen, David R. (2005): Stealing thunder. Analysis of the effects of proactive disclosure of crisis information. In: Public Relations Review 31. 3. 425–433

Asch, Solomon E. (1955): Opinions and social pressure. In: Scientific American 193. 5. 31–35

Avenarius, Horst; Ambrecht, Wolfgang (Hrsg.) (1992): Ist Public Relations eine Wissenschaft? Eine Einführung. Opladen: Westdeutscher Verlag

Baerns, Barbara (1979): Öffentlichkeitsarbeit als Determinante journalistischer Informationsleistungen. In: Publizistik 24. 3. 301–316

Baerns, Barbara (1985): Öffentlichkeitsarbeit oder Journalismus? Zum Einfluß im Mediensystem. Köln: Wissenschaft und Politik

Baerns, Barbara (1992): Öffentlichkeitsarbeit als Thema der Publizistik- und Kommunikationswissenschaft. Rückblick und Rahmen aktueller Annäherungen. In: Avenarius; Ambrecht (1992): 133–150

Baerns, Barbara (Hrsg.) (1995): PR-Erfolgskontrolle. Messen und Bewerten in der Öffentlichkeitsarbeit. Frankfurt a. M.: IMK

Baier-Fuchs, Anfried (2008): Machen die Medien die Krise? Trifft es immer nur die anderen? Warum und wie sich jedes Unternehmen auf den Ernstfall vorbereiten sollte. In: Nolting; Thießen (2008): 219–225

Barth, Henrike; Donsbach, Wolfgang (1992): Aktivität und Passivität von Journalisten gegenüber Public Relations. Fallstudie am Beispiel von Pressekonferenzen zu Umweltthemen. In: Publizistik 37. 2. 151–165

Barton, Larry (2001): Crisis in organizations II. Cincinatti, OH: College Divisions South-Western
Baumgärtner, Norbert (2008): Risiken kommunizieren – Grundlagen, Chancen und Grenzen. In: Nolting; Thießen (2008): 41–62
Bayerische Rück (Hrsg.) (1993): Risiko ist ein Konstrukt. Wahrnehmungen zur Risikowahrnehmung. München: Knesebeck
Becker, Roman (1995): Koorientierung bei der Nachrichtenselektion. Magisterarbeit. Mainz. Johannes Gutenberg-Universität, Institut für Publizistik
Becker, Ulrike (1993): Risikowahrnehmung in der Öffentlichkeit und neue Konzepte unternehmerischer Risikokommunikation. In: Bayerische Rück (1993): 343–363
Benoit, William L. (1995a): Accounts, excuses and apologies. A theory of image restoration. Albany: State University of New York Press
Benoit, William L. (1995b): Sears' repair of its auto service image. Image restoration discourse in the corporate sector. In: Communication Studies 46. 1/2. 89–105
Benoit, William L.; Brinson, Susan L. (1999): Queen Elizabeth's image repair discourse. Insensitive royal or compassionate queen? In: Public Relations Review 25. 2. 145–156
Benson, James A. (1988): Crisis revisited. An analysis of strategies used by Tylenol in the second tampering episode. In: Central States Speech Journal 39. 1. 49–66
Bentele, Günter (1992): Journalismus und PR. Kontaktpflege. In: Journalist 42. 7. 10–14
Bentele, Günter (1994): Objektivitätsanspruch und Glaubwürdigkeit. In: Jarren (1994): 295–312
Bentele, Günter; Brosius, Hans-Bernd; Jarren, Otfried (Hrsg.) (2003): Öffentliche Kommunikation. Handbuch Kommunikations- und Medienwissenschaft. Wiesbaden: Westdeutscher Verlag
Bentele, Günter; Fröhlich, Romy; Szyszka, Peter (Hrsg.) (2005): Handbuch der Public Relations. Wissenschaftliche Grundlagen und berufliches Handeln. Wiesbaden: VS
Bentele, Günter; Großkurth, Lars; Seidenglanz, René (2009): Profession Pressesprecher 2009. Vermessung eines Berufsstandes. Berlin: Helios Media
Bentele, Günter; Haller, Michael (Hrsg.) (1997): Aktuelle Entstehung von Öffentlichkeit. Akteure – Strukturen – Veränderungen. Konstanz: UVK
Bentele, Günter; Janke, Katharina (2008): Krisenkommunikation als Vertrauensfrage? Überlegungen zur krisenbezogenen Kommunikation mit verschiedenen Stakeholdern. In: Nolting; Thießen (2008): 112–134
Bentele, Günter; Liebert, Tobias; Seeling, Stefan (1997): Von der Determination zur Intereffikation. Ein integriertes Modell zum Verhältnis von Public Relations und Journalismus. In: Bentele; Haller (1997): 225–250
Bentele, Günter; Nothhaft, Howard (2004): Das Intereffikationsmodell. Theoretische Weiterentwicklung, empirische Konkretisierung und Desiderate. In: Altmeppen et al. (2004): 67–104
Bentele, Günter; Piwinger, Manfred; Schönborn, Georg (Hrsg.) (2006): Kommunikationsmanagement. München, Unterschleißheim: Wolters-Kluwer
Bentele, Günter; Rolke, Lothar (Hrsg.) (1999): Konflikte, Krisen und Kommunikationschancen in der Mediengesellschaft. Berlin: Vistas
Bentele, Günter; Seidenglanz, René (2004): Das Image der Image-Macher. Eine repräsentative Studie zum Image der PR-Branche und eine Journalistenbefragung. Leipzig: Universität Leipzig
Bentele, Günter; Seidenglanz, René (2005): Vertrauen, öffentliches Vertrauen und Glaubwürdigkeit. Begriffsdefinitionen. In: Bentele et al. (2005): 346–361
Bentele, Günter; Seidenglanz, René (2006): Das Image der Image-(Re-)Konstrukteure. Ergebnisse einer repräsentativen Studie zum Image der Public Relations in der deutschen Bevölkerung und einer Journalistenbefragung. In: Bentele et al. (2006): Kapitel 8.14. 1–32
Bentele, Günter; Steinmann, Horst; Zerfaß, Ansgar (Hrsg.) (1996): Dialogorientierte Unternehmenskommunikation. Grundlagen, Praxiserfahrung, Perspektiven. Berlin: Vistas

Berens, Harald (2001): Prozesse der Thematisierung in publizistischen Konflikten. Ereignismanagement, Medienresonanz und Mobilisierung der Öffentlichkeit am Beispiel von Castor und Brent Spar. Wiesbaden: Westdeutscher Verlag

Bernnat, Rainer; Groß, Michael (2003): Wertkreation mit Kommunikation. Herausforderungen und Perspektiven für Unternehmen, Produkte und Marken. Booz Allen Hamilton; c-trust

Besson, Nanette A. (2004): Strategische PR-Evaluation. Erfassung, Bewertung und Kontrolle von Öffentlichkeitsarbeit. Wiesbaden: VS

Besson, Nanette A. (2008): Mit strategischer Krisenevaluation zur besseren Krisenperformance. In: Nolting; Thießen (2008): 253–272

Beucker, Pascal (2008): Dummheit kostet Unicef 20 Millionen Euro. Zehntausende Förderer kehren dem Kinderhilfswerk der Vereinten Nationen nach dem Skandal 2006 den Rücken. In: Die Tageszeitung, 25/06/2008. beucker.de/2008/taz08-06-25.htm

Biemann, Thorsten (2007): Logik und Kritik des Hypothesentestens. In: Albers et al. (2007): 151–166

Birker, Klaus (2000): Unternehmenskrise. In: Birker; Werner (2000): 12–24

In: Birker, Klaus; Pepels, Werner (Hrsg.) (2000): Handbuch krisenbewußtes Management. Krisenvorbeugung und Unternehmenssanierung. Berlin: Cornelsen

Blank, Hartmut; Musch, Jochen; Pohl, Rüdiger f. (2007): Hindsight Bias. On Being Wise after the Event. In: Social Cognition 25. 1. 1–9

Bleses, Peter; Greiner, Ulrich; Heinze, Angela; Ritter, Liane (2008): Verflechtung der deutschen Wirtschaft mit dem Ausland. Ergebnisse der Input-Output-Rechnung als Instrument zur Politikberatung. Herausgegeben von Statistisches Bundesamt Deutschland. destatis.de/

Böckelmann, Frank (Hrsg.) (1989): Medienmacht und Politik. Mediatisierte Politik und politischer Wertewandel. Berlin: Spiess Volker GmbH

Bortz, Jürgen; Döring, Nicola (2006): Forschungsmethoden und Evaluation für Human- und Sozialwissenschaftler. Berlin, Heidelberg: Springer

Botan, Carl; Hazleton, Vincent (Hrsg.) (2006): Public relations theory II. New Jersey: Lawrence Erlbaum Associates

Boyle, Thomas P. (2001): Intermedia Agenda Setting in the 1996 Presidential Election. In: Journalism & Mass Communication Quarterly 78. 1. 26–44

Brandl, Julia; Klinger, Stephan (2006): Probleme eines Feldzugangs zu Eliten. In: Österreichische Zeitschrift für Soziologie 31. 1. 44–65

Breed, Warren (1955a): Newspaper "opinion leaders" and the process of standardization. In: Journalism Quarterly 32. 3. 277–284

Breed, Warren (1955b): Social control in the newsroom. A functional analysis. In: Social Forces 33. 4. 326–335

Brinson, Susan L.; Benoit, William L. (1996): Dow Corning's image repair strategies in the breast implant crisis. In: Communication Quarterly 44. 1. 29–41

Brinson, Susan L.; Benoit, William L. (1999): The tarnished star. Restoring Texaco's damaged public image. In: Management Communication Quarterly 12. 4. 483–510

Britt, Alexander (1973): Krisenmanagement zur Sicherung der Unternehmung. In: Industrielle Organisation 42. 10. 437–444

Brosius, Hans-Bernd; Eps, Peter (1993): Verändern Schlüsselereignisse journalistische Selektionskriterien? Framing am Beispiel der Berichterstattung über Anschläge gegen Ausländer und Asylanten. In: Rundfunk und Fernsehen 41. 4. 512–530

Brost, Marc (2012): Eine Machtprobe. In: Die Zeit, 13.01.2010. zeit.de/2012/03/01-Affaere-Wulff/komplettansicht

Brown, Kenon A.; White, Candace L. (2011): Organization-Public Relationships and Crisis Response Strategies: Impact on Attribution of Responsibility. In: Journal of Public Relations Research 23. 1. 75–92

Bruhn, Manfred; Ahlers, Grit M. (2009): Zur Rolle von Marketing und Public Relations in der Unternehmenskommunikation. Bestandsaufnahme und Ansatzpunkte verstärkter Zusammenarbeit. In: Röttger (2009): 299–315

Bundesverband der Deutschen Industrie (2011): Direktinvestitionen. bdi.eu/Direktinvestitionen-Lissabon.htm

Burkart, Roland; Probst, Sabine (1991): Verständigungsorientierte Öffentlichkeitsarbeit. Eine kommunikationstheoretisch begründete Perspektive. In: Publizistik 36. 1. 56–76

Burmester, Silke; Buckow, Isabelle; Friedrichs, Julia; Hinzpeter, Werner; Schnurr, Eva-Maria (2011): Wessen Stimme bin ich? Freie Journalisten zwischen Journalismus und PR. Dokumentation einer Podiumsdiskussion. In: Netzwerk Recherche (2011): 68–76

Caillouet, Rachel H.; Allen, Myria W. (1996): Impression management strategies employees use when discussing their organization's public image. In: Journal of Public Relations Research 8. 4. 211–227

Callison, Coy; Zillmann, Dolf (2002): Company affiliation and communicative ability. How perceived organizational ties influence source persuasiveness in a company-negative news environment. In: Journal of Public Relations Research 14. 2. 85–102

Campbell, Donald T.; Stanley, Julian C. (1963): Experimental and quasi-experimental designs for research. Chicago: Rand McNally

Carroll, Craig E.; McCombs, Maxwell E. (2003): Agenda-setting Effects of Business News on the Public's Images and Opinions about Major Corporations. In: Corporate Reputation Review 6. 1. 36–46

Choi, Yong-Joo (1995): Interpenetration von Politik und Massenmedien. Eine theoretische Arbeit zur politischen Kommunikation. Münster, Hamburg

Choi, Yoonhyeung; Lin, Ying-Hsuan (2009): Consumer responses to Mattel product recalls posted on online bulletin boards. Exploring two types of emotion. In: Journal of Public Relations Research 21. 2. 198–207

Chun, Rosa (2005): Corporate reputation. Meaning and measurement. In: International Journal of Management Reviews 7. 2. 91–109

Clampitt, Phillip G. (1991): Communicating for managerial effectiveness. Newbury Park: Sage

Coombs, W. Timothy (1995): Choosing the right words: The development of guidelines for the selection of the "appropriate" crisis-response strategies. In: Management Communication Quarterly 8. 4. 447–476

Coombs, W. Timothy (1998): An analytic framework for crisis situations. Better responses from a better understanding of the situation. In: Journal of Public Relations Research 10. 3. 177–191

Coombs, W. Timothy (1999): Information and compassion in crisis responses. A test of their effects. In: Journal of Public Relations Research 11. 2. 125–142

Coombs, W. Timothy (2002): Assessing online issue threats. Issue contagions and their effect on issue prioritisation. In: Journal of Public Affairs 2. 4. 215–229

Coombs, W. Timothy (2004): Impact of Past Crises on Current Crisis Communication. Insights From Situational Crisis Communication Theory. In: Journal of Business Communication 41. 3. 265–289

Coombs, W. Timothy (2005): Crisis communication. In: Heath (2005) (1): 221–224

Coombs, W. Timothy (2006a): Crisis management: a communicative approach. In: Botan; Hazleton (2006.): 171–198

Coombs, W. Timothy (2006b): The protective powers of crisis response strategies. Managing reputational assets during a crisis. In: Journal of Promotion Management 12. 3/4. 241–260

Coombs, W. Timothy (2007a): Attribution theory as a guide for post-crisis communication research. In: Public Relations Review 33. 2. 135–139

Coombs, W. Timothy (2007b): Protecting organization reputations during a crisis. The development and application of situational crisis communication theory. In: Corporate Reputation Review 10. 3. 163–176

Coombs, W. Timothy (2008): The future of crisis communication from an international perspective. In: Nolting; Thießen (2008): 276–287

Coombs, W. Timothy; Frandsen, Finn; Holladay, Sherry J.; Johansen, Winni (2010): Why concern for apologia and crisis communication? In: Corporate Communications: An International Journal 15. 4. 337–349

Coombs, W. Timothy; Holladay, Sherry J. (1996): Communications and attributions in a crisis. An experimental study in crisis communication. In: Journal of Public Relations Research 8. 4. 279–295

Coombs, W. Timothy; Holladay, Sherry J. (2001): An extended examination of the crisis situation. A fusion of the relational management and symbolic approaches. In: Journal of Public Relations Research 13. 4. 321–340

Coombs, W. Timothy; Holladay, Sherry J. (2002): Helping crisis managers protect reputational assets. Initial tests of the situational crisis communication theory. In: Management Communication Quarterly 16. 2. 165–186

Coombs, W. Timothy; Holladay, Sherry J. (2006): Unpacking the halo effect. Reputation and crisis management. In: Journal of Communication Management 10. 2. 123–137

Coombs, W. Timothy; Holladay, Sherry J. (2009): Further explorations of post-crisis communication. Effects of media and response strategies on perceptions and intentions. In: Public Relations Review 35. 1. 1–6

Coombs, W. Timothy; Holladay, Sherry J. (2010a): Examining the Effects of Mutability and Framing on Perceptions of Human Error and Technical Error Crises: Implications for Situational Crisis Communication Theory. In: Coombs; Holladay (2010b): 181–204

Coombs, W. Timothy; Holladay, Sherry J. (Hrsg.) (2010b): The handbook of crisis communication. Malden, Oxford, Victoria: Blackwell

Coombs, W. Timothy; Holladay, Sherry J. (2011): An exploration of the effects of victim visuals on perceptions and reactions to crisis events. In: Public Relations Review 37. 2. 115–120

Coombs, W. Timothy; Schmidt, Lainen (2000): An empirical analysis of image restoration. Texaco's racism crisis. In: Journal of Public Relations Research 12. 2. 163–178

Creditreform Wirtschaftsforschung (2011): Insolvenzen Neugründungen Löschungen. Neuss. creditreform.de/Deutsch/Creditreform/Aktuelles/Creditreform_Analysen/Insolvenzen_Neugrue ndungen_Loeschungen/index.jsp

Crouse, Timothy (1972): The boys on the bus. Riding with the campaign press corps. New York: Random House

dab/Reuters/dapd (2012): Richter verdoppeln Milliardenstrafe gegen Ölkonzern Chevron, 2012. spiegel.de/wirtschaft/unternehmen/0,1518,807058,00.html

Daschmann, Gregor (1992): Der Einfluß von Sprecherrolle und Lebhaftigkeit auf Hörerurteile. Magisterarbeit. Mainz. Johannes Gutenberg-Universität

Daschmann, Gregor (2001): Der Einfluß von Fallbeispielen auf Leserurteile. Experimentelle Untersuchungen zur Medienwirkung. Konstanz: UVK

Daschmann, Gregor (2003): Quantitative Methoden der Kommunikationsforschung. In: Bentele et al. (2003): 262–282

Davison, W. Phillips (1983): The third-person effect in communication. In: Public Opinion Quarterly 47. 1. 1–15

Dean, Dwane H. (2004): Consumer reaction to negative publicity. Effects of corporate reputation, response, and responsibility for a crisis event. In: Journal of Business Communication 41. 2. 192–211

Deephouse, David L. (2000): Media reputation as a strategic resource. An integration of mass communication and resource- based theories. In: Journal of Management 26. 6. 1091–1112
Delano Brown, Jane; Bybee, Carl R.; Weardon, Stanley T.; Murdoch Straughan, Dulcie (1987): Invisible Power. Newspaper News Sources and the Limits of Diversity. In: Journalism Quarterly 64. 1. 45–54
Der Spiegel (1995): Angst vor der Endzeit. Umwelthysterie und Aktionismus – die Deutschen im Öko-Fieber. In: Der Spiegel, 39, 25.09.1995. spiegel.de/spiegel/print/d-9221676.html
Deutscher Bundestag (2011): Dreizehntes Gesetz zur Änderung des Atomgesetzes. buzer.de/gesetz/9848/index.htm
Deutscher Journalisten-Verband (2010): Tarifumgehung der Verlage. djv.de/DJV-Liste-Tarifumgehung-der-V.629.0.html
Deutscher Presserat (2008): Publizistische Grundsätze (Pressekodex). presserat.info/uploads/media/Pressekodex_01.pdf
Dionisopolous, George N.; Vibbert, Steven L. (1988): CBS vs. Mobil Oil. Charges of creative bookkeeping. In: Ryan (1988): 214–252
Donsbach, Wolfgang (1979): Aus eigenem Recht. Legitimitätsbewußtsein und Legitimationsgründe von Journalisten. In: Kepplinger (1979b): 29–48
Donsbach, Wolfgang (1981): Gesellschaftliche Aufgaben der Massenmedien und berufliche Einstellungen von Journalisten. Dissertation. Mainz. Johannes Gutenberg-Universität, Institut für Publizistik
Donsbach, Wolfgang (1982): Legitimationsprobleme des Journalismus. Geselllschaftliche Rolle der Massenmedien und berufliche Einstellung von Journalisten. Freiburg, München: Karl Alber
Donsbach, Wolfgang (2004): Psychology of news decisions. Factors behind journalists' professional behavior. In: Journalism 5. 2. 131–157
Donsbach, Wolfgang; Rentsch, Matthias; Schielicke, Anna-Maria; Degen, Sandra (2009): Entzauberung eines Berufs. Was die Deutschen vom Journalismus erwarten und wie sie enttäuscht werden. Konstanz: UVK
Dougall, Elizabeth (2008): Issues Management. Institute for Public Relations. instituteforpr.org/topics/issues-management/
Duden, das Herkunftswörterbuch. Etymologie der deutschen Sprache von der Dudenredaktion (2007). Mannheim, Leipzig, Wien, Zürich
Dunwoody, Sharon; Peters, Hans P. (1993): Massenmedien und Risikowahrnehmung. In: Bayerische Rück (1993): 317–342
Durando, Jessica (2010): BP's Tony Hayward: 'I'd like my life back'. In: USA Today, 01.06.2010. content.usatoday.com/communities/greenhouse/post/2010/06/bp-tony-hayward-apology/1
Ebbighausen, Rolf; Neckel, Sighard (Hrsg.) (1989): Anatomie des politischen Skandal: Frankfurt a. M.: Suhrkamp
Eilders, Christiane (1997): Nachrichtenfaktoren und Rezeption. Eine empirische Analyse zur Auswahl und Verarbeitung politischer Information. Opladen: Westdeutscher Verlag
Eisenegger, Mark (2005): Reputation in der Mediengesellschaft. Konstitution, Issues monitoring, Issues management. Wiesbaden: VS
Elwood, William N. (Hrsg.) (1995): Public relations inquiry as rhetorical criticism. Case studies of corporate discourse and social influence. Westport: Praeger
Entman, Robert M. (1993): Framing. Toward clarification of a fractured paradigm. In: Journal of Communication 43. 4. 51–58
Eps, Peter; Hartung, Uwe; Dahlem, Stefan (1996a): Enthüllungsbeiträge und ihre publizistischen Folgen. Journalistische Konsensbildung im Fall Werner Höfer. In Publizistik 41. 2. 203–223
Eps, Peter; Hartung, Uwe; Dahlem, Stefan (1996b): Von der Anprangerung zum Skandal. Konsensbildung im Fall Werner Höfer. In: Jarren et al. (1996): 103–119

Esser, Frank (1998): Die Kräfte hinter den Schlagzeilen. Englischer und deutscher Journalismus im Vergleich. Freiburg, München: Karl Alber

Esser, Frank; Hanitzsch, Thomas (2011): Komparative Kommunikationsforschung als Mehrebenenforschung. In Quandt; Scheufele (2011): 261–278

Farmer, Betty; Tvedt, Leila (2005): Top management communication during crises. Guidelines and a 'perfect example' of a crisis leader. In: Public Relations Quarterly 2. 27–31

Ferber, Marco (2004): Vertrauen in der Anlageentscheidung institutioneller Investoren. Frankfurt a. M.: Peter Lang (Europäische Hochschulschriften: Reihe 5, Volks- und Betriebswirtschaft, 3100)

Fischer, Heinz-Dietrich; Wahl, Ulrike G. (Hrsg.) (1993): Public Relations Öffentlichkeitsarbeit. Geschichte, Grundlagen, Grenzziehungen. Frankfurt a. M., Berlin, Bern, New York, Wien: Peter Lang

Fitzpatrick, Kathy R. (1995): Ten guidelines for reducing legal risks in crisis management. In: Public Relations Review 40. 2. 33–38

Fombrun, Charles J.; Gardberg, Naomi A.; Sever, Joy M. (2000): The Reputation Quotient. A Multi-Stakeholder Measure of Corporate Reputation. In: The Journal of Brand Management 7. 4. 241–255

Freeman, R. Edward (2004): The Stakeholder Approach Revisited. In: Zeitschrift für Wirtschafts- und Unternehmensethik 5. 3. 228–241

Fröhlich, Romy (2005): Die Problematik der PR-Definition(en). In: Bentele et al. (2005): 95–110

Fröhlich, Romy (2008): Political public relations. Research on its success and its influence on German media coverage. In: Zerfaß et al. (2008): 193–204

Fröhlich, Romy (2010): The friendliness trap. In: Communication Director 4. 70–73

Fröhlich, Romy; Kerl, Katharina (2010): Public Relations in der deutschen Presse. In: prmagazin 4. 10. 65–72

Fröhlich, Romy; Koch, Thomas (2010): Beziehung mit Hindernissen. Faktoren des Erfolgs der Zusammenarbeit zwischen PR-Berater und Kunde. In: Pressesprecher (Forschung) 4. 46–49

Fröhlich, Romy; Lorenz, Sonja (2009): Selbst- und ständig? Genderaspekte der Berufsmotivation und -zufriedenheit selbstständiger PR-Profis. In: prmagazin 9. 10. 61–68

Fröhlich, Romy; Peters, Sonja B. (2007): PR „bunnies" caught in the agency ghetto? Gender stereotypes, organizational factors, and women's careers in PR agencies. In: Journal of Public Relations Research 19. 3. 1–26

Fröhlich, Romy; Rüdiger, Burkhard (2004): Determinierungsforschung zwischen PR-„Erfolg" und PR-„Einfluss". Zum Potential des Framing-Ansatzes für die Untersuchung der Weiterverarbeitung von Polit-PR durch den Journalismus. In: Raupp; Klewes (2004): 125–141

Fröhlich, Romy; Rüdiger, Burkhard (2006): Framing political public relations. Measuring success of strategies in Germany. In: Public Relations Review 32. 1. 18–25

Fröhlich, Romy; Scherer, Helmut; Scheufele, Bertram (2007): Kriegsberichterstattung in deutschen Qualitätszeitungen. Eine inhaltsanalytische Langzeitstudie zu Framingprozessen. In: Publizistik 52. 1. 11–32

Garvin, Andrew P. (1996): The art of being well informed. Garden City Park: Avery

German American Chamber of Commerce California (o.J.): Produkthaftung in den USA. gaccca.org/beratungsleistungen/produkthaftung-usa.html

Ghanem, Salma (1997): Filling the tapestry. The second level of agenda setting. In: McCombs et al. (1997): 3–14

Golan, Guy (2006): Inter-media agenda setting and global news coverage. Assessing the influence of the New York Times on three network television evening news programs. In: Journalism Studies 7. 2. 323–333

Grunig, James E. (1992): Excellence in public relations and communication management. Hillsdale: Lawrence Erlbaum Associates

Grunig, James E.; Hunt, Todd (1984): Managing public relations. New Jersey: Holt, Rinehart and Winston
Grunig, Larissa A.; Grunig, James E.; Dozier, David M. (1996): Das situative Modell exzellenter Public Relations. Schlußfolgerungen aus einer internationalen Studie. In: Bentele et al. (1996): 199–228
Habermas, Jürgen (1984): The Theory of Communicative Action. Reason and the Rationalization of Society. Volume One. Boston: Beacon Press
Hagen, Lutz M. (1992): Die opportunen Zeugen. Konstruktionsmechanismen von Bias in der Zeitungsberichterstattung über die Volkszählungsdiskussion. In: Publizistik 37. 4. 444–460
Haller, Monika (1999): Reden wir darüber? Die Kommunikationspolitik der Deutschen Bank im "Fall Schneider" zwischen Anspruch und Wirklichkeit – Erkenntnisse und Lehren. In: Bentele; Rolke (1999): 57–110
Hammen, Kerstin (2009): Designeffekte bei Online-Befragungen. Die Wirkung der Hintergrundfarbe und der Art der Weiterleitung. Magisterarbeit. Mainz. Johannes Gutenberg-Universität
Handlbauer, Gernot; Matzler, Kurt; Sauerwein, Elmar; Stumpf, Monika (Hrsg.) (1998): Perspektiven im Strategischen Management. Festschrift für Prof. Hans H. Hinterhuber. Berlin, New York: de Gruyter
Hauschildt, Jürgen; Leker, Jens (Hrsg.) (2000): Krisendiagnose durch Bilanzanalyse. Köln: Schmidt (Otto)
Hearit, Keith M. (1994): Management of corporate communication. From interpersonal contacts to external affairs. Hillsdale: Lawrence Erlbaum Associates
Hearit, Keith M. (1995a): From "we didn't do it" to "it's not our fault". The use of apologia in public relations crisis. In: Elwood (1995): 117–132
Hearit, Keith M. (1995b): "Mistakes were made". Organizations, apologia, and crises of social legitimacy. In: Communication Studies 46. 1. 1–17
Hearit, Keith M. (1996): The use of counter-attack in apologetic public relations crises. The case of General Motors vs. Dateline NBC. In: Public Relations Review 22. 3. 233–248
Heath, Robert L. (Hrsg.) (2005): Encyclopedia of public relations. Thousand Oaks: Sage
Heider, Fritz (1958): The Psychology of Interpersonal Relations. Hillsdale: Lawrence Erlbaum Associates
Helft, Miguel (2010): Apple acknowledges flaw in iPhone Signal meter. In: The New York Times. 02.07.2010.
 nytimes.com/2010/07/03/technology/03apple.html?src = un&feedurl = http %3A %2F %2Fjso n8.nytimes.com %2Fpages %2Ftechnology %2Findex.jsonp
Helm, Sabrina (2004): Unternehmensreputation und Stakeholder-Loyalität. Wiesbaden: Deutscher Universitäts-Verlag
Henckel Donnersmarck, Marie von; Schatz, Roland (Hrsg.) (1999): Frühwarnsysteme. Bonn, Dover, Fribourg, Leipzig, Ostrava: Innovatio
Herkenhoff, Frank (2008): Risikomanagement für Public Relations. Theoretische Fundierung und instrumentelle Systematik zur Handhabung publizistischer Risiken. Berlin: Helios Media
Herrgesell, Oliver (2011): Neue Perspektiven. Journalisten, die Pressesprecher werden, betrachten die Welt neu: Gläser, die vorher halb leer waren, sind jetzt halb voll. In: Netzwerk Recherche (2011): 63–67
Herrmann, Simon (2007): Der Einfluss der Dramatik und der Quelle auf den Fallbeispieleffekt. Magisterarbeit. Mainz. Johannes Gutenberg-Universität
Hielscher, Henryk (2010): Umsatzeinbruch bei Schlecker. In: Wirtschaftswoche, 5/06/2010. wiwo.de/unternehmen/drogeriekette-umsatzeinbruch-bei-schlecker/5241004.html
Himme, Alexander (2007): Gütekriterien der Messung. Reliabilität, Validität und Generalisierbarkeit. In: Albers et al. (2007): 375–390

Hitzler, Ronald (1989): Skandal ist Ansichtssache. Zur Inszenierungslogik ritueller Spektakel in der Politik. In: Ebbighausen; Neckel (1989): 334–354
Hobbs, Jeffrey D. (1995): Treachery by any other name. A case study of the Toshiba public relations crisis. In: Management Communication Quarterly 8. 3. 323–346
Hoffjann, Olaf (2007): Journalismus und Public Relations. Ein Theorieentwurf der Intersystembeziehungen in sozialen Konflikten. 2. Aufl. Wiesbaden: VS (1. Aufl. 2001)
Hoffmann, Jochen (2003): Inszenierung und Interpenetration. Das Zusammenspiel von Eliten aus Politik und Journalismus. Wiesbaden: VS
Hofmann, Thorsten; Braun, Stefan (2008): Die Rolle der Kommunikation im interdisziplinären Krisenmanagement. In: Nolting; Thießen (2008): 135–146
Holladay, Sherry J. (2009): Crisis communication strategies in the media coverage of chemical accidents. In: Journal of Public Relations Research 21. 2. 208–217
Hondrich, Karl O. (2002): Enthüllung und Entrüstung. Eine Phänomenologie des politischen Skandals. Frankfurt a. M.: Suhrkamp
Huang, Yi-Hui (2008): Trust and relational commitment in corporate crisis. The effects of crisis communicative strategy and form of crisis response. In: Journal of Public Relations Research 20. 3. 297–327
Huber, Oswald (2002): Das psychologische Experiment. Eine Einführung. Bern: Hans Huber
Hunter, Mark L.; Le Menestrel, Marc; Bettignies, Henri-Claude de (2008): Beyond Control. Crisis Strategies and Stakeholder Media in the Danone Boycott of 2001. In: Corporate Reputation Review 11. 4. 335–350
Hutzschenreuter, Thomas (2008): Allgemeine Betriebswirtschaftslehre. Grundlagen mit zahlreichen Praxisbeispielen. Wiesbaden: GWV Fachverlage
Ice, Richard (1991): Corporate publics and rhetorical strategies. The case of Union Carbide's Bhopal crisis. In: Management Communication Quarterly 4. 3. 341–362
Imhof, Kurt; Eisenegger, Mark (2007): Das Wahre, das Gute und das Schöne. Reputations-Management in der Mediengesellschaft. jahrbuch.foeg.uzh.ch/publikationen/Seiten/default.aspx
Ingenhoff, Diana (2004): Corporate Issues Management in multinationalen Unternehmen. Eine empirische Studie zu organisationalen Strukturen und Prozessen. Wiesbaden: VS
Ingenhoff, Diana; Röttger, Ulrike (2008): Issues Management. Ein zentrales Verfahren der Unternehmenskommunikation. Schmid (2008): 323–354
Ingenhoff, Diana; Sommer, Katharina (2007): Does Ethical Behaviour Matter? How Corporate Social Responsibility Contributes to Organizational Trustworthiness. Paper presented at the 57th Annual Conference of the International Communication Association (ICA), San Francisco, USA, 2007
Ingenhoff, Diana; Thießen, Ansgar (2009): The relationship between public relations and journalism in crisis situations. A study on crisis communication between stock corporations and newspapers. In: Studies in Communication Sciences 9. 2. 153–180
Institute for Crisis Management (2011): Annual crisis report 2010. Louisville. crisisexperts.com/
Jarren, Otfried (Hrsg.) (1994): Medien und Journalismus 1. Eine Einführung. Opladen: VS
Jarren, Otfried; Schatz, Heribert; Weßler, Hartmut (Hrsg.) (1996): Medien und politischer Prozess. Opladen: Westdeutscher Verlag
Jarren, Otfried; Donges, Patrick (2002): Politische Kommunikation in der Mediengesellschaft. Eine Einführung. Wiesbaden: Westdeutscher Verlag
Jarren, Otfried; Röttger, Ulrike (2005): Public Relations aus kommunikationswissenschaftlicher Sicht. In: Bentele et al. (2005): 19–37

Jin, Yan; Cameron, Glen T. (2007): The effects of threat type and duration on public relations practitioner's cognitive, affective, and conative responses to crisis situations. In: Journal of Public Relations Research 19. 3. 255–281

Jin, Yan; Pang, Augustine; Cameron, Glen T. (2007): Integrated crisis mapping. Towards a public-based, emotion-driven conceptualization in crisis communication. In: Sphera Publica 7. 81–96

Johanssen, Klaus-Peter; Dujić, Ana (2008): Krisenkommunikation im Ernstfall. Die Rolle der Kommunikationsverantwortlichen. In: Nolting; Thießen (2008): 199–204

Jossé, Germann (2004): Strategische Frühaufklärung in der Touristik. Aufbau eines zielgebietsorientierten Frühaufklärungssystems für Reiseveranstalter. Wiesbaden: Deutscher Universitäts-Verlag/GVW Fachverlage

Kaase, Max; Schulz, Winfried (Hrsg.) (1989): Massenkommunikation. Theorien, Methoden, Befunde. Sonderheft der Kölner Zeitschrift für Soziologie und Sozialpsychologie. Opladen: Westdeutscher Verlag

Kane, Yukari I. (2010): Apple confirms end to offer of free iPhone 4 cases. In: The Wall Street Journal, 13.09.2010.
online.wsj.com/article/SB10001424052748704505804575484190432615342.html?mod = WSJ_EuroOPE_hpp_sections_tech

Kaplan, Robert S.; Norton, David P. (2004): Strategy maps. Boston: Harvard Business School Press

Kaufmann, Jeffrey B.; Kesner, Idalene f.; Hazen, Thomas L. (1994): The myth of full disclosure. A look at organizational communications during crises. In: Business Horizons 37. 4. 29–39

Kemner, Beatrice; Scherer, Helmut; Weinacht, Stefan (2008): Unter der Tarnkappe. Der Einsatz »volatiler Themen« und »opportuner Zeugen« in der Berichterstattung zum Übernahmeversuch der ProSiebenSat.1 Media AG durch den Springer-Verlag. In: Publizistik 53. 1. 65–84

Kepplinger, Hans M. (1979a): Angepaßte Außenseiter. Ergebnisse und Interpretationen der Kommunikatorforschung. In: Kepplinger (1979b): 7–28

Kepplinger, Hans M. (Hrsg.) (1979b): Angepaßte Außenseiter. Was Journalisten denken und wie sie arbeiten. Freiburg, München: Karl Alber

Kepplinger, Hans M. (1994): Publizistische Konflikte. Begriffe, Ansätze, Ergebnisse. In: Neidhardt (1994): 214–233

Kepplinger, Hans M. (1998): Die Demontage der Politik in der Informationsgesellschaft. Freiburg, München: Karl Alber

Kepplinger, Hans M. (2001): Die Kunst der Skandalierung und die Illusion der Wahrheit. München: Olzog

Kepplinger, Hans M. (2002): Alltägliche Skandale. Eine Analyse regionaler Fälle. Unter Mitarbeit von Simone Ehmig und Uwe Hartung. Konstanz: UVK

Kepplinger, Hans M. (2011): Realitätskonstruktionen. Wiesbaden: VS

Kepplinger, Hans M.; Bastian, Rouwen (2000): Der prognostische Gehalt der Nachrichtenwerttheorie. In: Publizistik 45. 4. 462–475

Kepplinger, Hans M.; Brosius, Hans-Bernd; Staab, Joachim f.; Linke, Günter (1989): Instrumentelle Aktualisierung. Grundlagen einer Theorie publizistischer Konflikte. In: Kaase; Schulz (1989): 199–220

Kepplinger, Hans M.; Hartung, Uwe (1995): Störfall-Fieber. Wie ein Unfall zum Schlüsselereignis einer Unfallserie wird. Freiburg, München: Karl Alber

Klein, Jill; Dawar, Niraj (2004): Corporate social responsibility and consumers' attributions and brand evaluations in a product-harm crisis. In: International Journal of Research in Marketing 21. 3. 203–217

Klimke, Robert; Schott, Barbara (1993): Die Kunst der Krisen-PR. Paderborn: Junfermann

Köhler, Tanja (2006): Krisen-PR im Internet. Nutzungsmöglichkeiten, Einflussfaktoren und Problemfelder. Wiesbaden: VS

Kraftfahrt-Bundesamt (2010): Jahresbericht 2010.

kba.de/cln_033/nn_124834/DE/Presse/Jahresberichte/jahresbericht__2010__pdf,templateId = r aw,property = publicationFile.pdf/jahresbericht_2010_pdf.pdf

Krämer, Benjamin; Schroll, Thorsten; Daschmann, Gregor (2009): Die Funktion der Koorientierung für den Journalismus. In: Müller et al. (2009): 93–111

Kramp, Leif; Weichert, Stephan (2008): Journalismus in der Berliner Republik. Wer prägt die politische Agenda in der Bundeshauptstadt? Berlin, Hamburg

Krystek, Ulrich (1980): Organisatorische Möglichkeiten des Krisen-Managements. In: Zeitschrift für Organisation und Führung (ZfO) 49. 2. 63–71

Krystek, Ulrich (1987): Unternehmungskrisen. Beschreibung, Vermeidung und Bewältigung überlebenskritischer Prozesse. Wiesbaden: Gabler

Krystek, Ulrich; Moldenhauer, Ralf (2007): Handbuch Krisen- und Restrukturierungsmanagement. Generelle Konzepte, Spezialprobleme, Praxisberichte. Stuttgart: W. Kohlhammer

Kunczik, Michael (1995): Krisen-PR. Unternehmensstrategien im umweltsensiblen Bereich. Unter Mitarbeit von Alexander Heintzel und Astrid Zipfel. Köln, Weimar, Wien: Böhlau

Kunczik, Michael (2002): Public Relations. Konzepte und Theorien. Köln, Weimar, Wien: Böhlau

Kunczik, Michael; Szyszka, Peter (2005): Praktikertheorien. In: Bentele et al. (2005): 110–124

Kunczik, Michael; Zipfel, Astrid (2005): Publizistik. Ein Studienhandbuch. Stuttgart: UTB

Lang, Annie (1996): The logic of using inferential statistics with experimental data from nonprobability samples. Inspired by Cooper, Dupagne, Potter, and Sparks. In: Journal of Broadcasting and Electronic Media 40. 3. 422–431

Lauzen, Martha M.; Dozier, David M. (1994): Issues management mediation of linkages between environmental complexity and management of the public relations function. In: Journal of Public Relations Research 6. 3. 163–184

Lee, Betty K. (2004): Audience-Oriented Approach to Crisis Communication. A Study of Hong Kong Consumers' Evaluation of an Organizational Crisis. In: Communication Research 31. 5. 600–618

Lee, Betty K. (2005): Hong Kong Consumers' Evaluation in an Airline Crash. A Path Model Analysis. In: Journal of Public Relations Research 17. 4. 363–391

Lee, Byoungkwan; Lancendorfer, Karen M.; Lee, Ki Jung (2005): Agenda-Setting and the Internet. The Intermedia Influence of Internet Bulletin Boards on Newspaper Coverage of the 2000 General Election in South Korea. In: Asian Journal of Communication 15. 1. 57–71

Leif, Thomas (2011): Die Ampel leuchtet rot. Warum PR und Journalismus Welten trennen. In: Netzwerk Recherche (2011): 7–9

Lerz, Michael (1985): Skandalberichterstattung. Die Entwicklung des "Flüssigei-Skandals" 1985 und der Fall Birkel. München. Ludwig-Maximilians-Universität, Institut für Kommunikationswissenschaft

Löffelholz, Martin (1994): Was Journalistinnen und Journalisten über Öffentlichkeitsarbeit denken. In: M: Menschen machen Medien 10. 16–18

Löffelholz, Martin (1995): Komplexe Beziehung. In: Journalist 6. 46–50

Löffelholz, Martin (1997): Dimensionen struktureller Kopplung von Öffentlichkeitsarbeit und Journalismus. In: Bentele; Haller (1997): 187–208

Löffelholz, Martin; Schwarz, Andreas (2008): Die Krisenkommunikation von Organisationen. Ansätze, Ergebnisse und Perspektiven der Forschung. In: Nolting; Thießen (2008): 21–39

Löhneysen, Gisela von (1982): Die rechtzeitige Erkennung von Unternehmungskrisen mit Hilfe von Frühwarnsystemen als Voraussetzung für ein wirksames Krisenmanagement. Göttingen

Lopez-Escobar, Esteban; Llamas, Juan P.; McCombs, Maxwell E.; Lennon, Frederico R. (1998): Two Levels of Agenda Setting Among Advertising and News in the 1995 Spanish Elections. In: Political Communication 15. 2. 225–238

Lordan, Edward J. (2005): The Sago Mine disaster. A crisis in crisis communications. In: Public Relations Quarterly 50. 4. 10–12

Lorenz, Jan; Rauhut, Heiko; Schweitzer, Frank; Helbing, Dirk (2011): How social influence can undermine the wisdom of crowd effect. In: Proceedings of the National Academy of Sciences of the United States of America 108. 22. 9020–9025

Losch, Mary E.; Maitland, Aaron; Lutz, Gene; Marious, Peter; Gleason, Steven C. (2002): The effect of time of year of data collection on sample efficiency. An analysis of behavioral risk factor surveillance survey data. In: Public Opinion Quarterly 66. 4. 594–607

Lukaszewski, James E. (1997): Establishing individual and corporate crisis communication standards. The principles and protocols. In: Public Relations Quarterly 42. 3. 7–14

Lünenborg, Margreth; Berghofer, Simon (2010): Politikjournalistinnen und -journalisten. Aktuelle Befunde zu Merkmalen und Einstellungen vor dem Hintergrund ökonomischer und technologischer Wandlungsprozesse im deutschen Journalismus. Eine Studie im Auftrag des Deutschen Fachjournalisten-Verbandes (DFJV). Berlin.
dfjv.de/fileadmin/user_upload/pdf/Politikjournalistinnen_und_Journalisten.pdf

Lyon, Lisa; Cameron, Glen T. (2004): A relational approach examining the interplay of prior reputation and immediate response to a crisis. In: Journal of Public Relations Research 16. 3. 213–241

Maasmeier, Michael (1987): Externes Krisenmanagement. Charakterisierung der Anforderungen, Funktionen und Voraussetzungen eines erfolgreichen externen Krisenmanagements in mittelständischen Unternehmungen. München: GBI

Malkiel, Burton G. (2008): Interest Rates. econlib.org/library/Enc/InterestRates.html

Matthes, Jörg (2009): What's in a frame? A content analysis of media framing studies in the world's leading communication journals 1990–2005. In: Journalism & Mass Communication Quarterly 86. 2. 349-367

Mathes, Rainer; Pfetsch, Barbara (1991): The role of alternative press in the agenda-building process. Spill-over effects and media opinion leadership. In: European Journal of Communication 6. 1. 33–62

Mathes, Rainer; Salazar-Volkmann, Christian; Tscheulin, Jochen (1995): Medien-Monitoring – ein Baustein der Public Relations Erfolgskontrolle. Untersuchungen am Beispiel Messe und Medien. In: Baerns (1995): 147–172

Maurer, Marcus (2010): Agenda Setting. Baden-Baden: Nomos

Maurer, Marcus; Reinemann, Carsten (2006): Medieninhalte. Eine Einführung. Wiesbaden: VS

McCombs, Maxwell E.; Shaw, Donald L. (1972): The agenda-setting function of the mass media. In: Public Opinion Quarterly 36. 2. 176–187

McCombs, Maxwell E.; Shaw, Donald L.; Weaver, David (Hrsg.) (1997): Communication and democracy. Exploring the intellectual frontiers in agenda-setting theory. Mahwah: Lawrence Erlbaum Associates

Meijer, May-May; Kleinnijenhuis, Jan (2006): Issue news and corporate reputation. Applying the theories of agenda setting and issue ownership in the field of business communication. In: Journal of Communication 56. 3. 543–559

Melischek, Gabriele; Seethaler, Josef; Wilke, Jürgen (Hrsg.) (2008): Medien & Kommunikationsforschung im Vergleich. Grundlagen, Gegenstandsbereiche, Verfahrensweisen. Wiesbaden: VS

Merten, Klaus (1992): Begriff und Funktion von Public Relations. In: prmagazin 11. 35–38 & 43–46

Merten, Klaus (2004): Mikro, Mikro-Makro oder Makro? Zum Verhältnis von Journalismus und PR aus systemischer Perspektive. In: Altmeppen et al. (2004): 17–36

Merten, Klaus (2008): Krise und Krisenkommunikation. Von der Ausnahme zur Regel? In: Nolting; Thießen (2008): 83–98

Minkmar, Nils (2000): Der Fall Joseph und die Medien. In: Die Zeit, 07.12.2000.
zeit.de/2000/50/200050_m_weischenberg.xml

Möhrle, Hartwin (Hrsg.) (2004a): Krisen-PR. Krisen erkennen, meistern und vorbeugen – Ein Handbuch von Profis für Profi: Frankfurt a. M.: f.A.Z.- Institut für Management-, Markt- und Medieninformationen
Möhrle, Hartwin (2004b): Wissen, was zu tun ist. Handeln im akuten Krisenfall. In: Möhrle (2004a): 195–210
Moldenhauer, Ralf (2004): Krisenbewältigung in der New Economy. Sanierungsansätze und Handlungsempfehlungen für Gründungs- und Wachstumsunternehmen. Wiesbaden: Deutscher Universitäts-Verlag/GVW Fachverlage
Moss, Danny; Newman, Andrew; DeSanto, Barbara (2004): What do communication managers do? Defining and refining the core elements of management in a public relations/corporate communication context. In: Journalism & Mass Communication Quarterly 82. 4. 873–889
Müller, Daniel; Ligensa, Annemone; Gendolla, Peter (Hrsg.) (2009): Leitmedien. Konzepte – Relevanz – Geschichte. Bielefeld: transcript (1)
Müller, Rainer (1986): Krisenmanagement in der Unternehmung. Vorgehen, Massnahmen und Organisation. Frankfurt a. M., Bern, New York: Peter Lang
Müller, Sandra (2011): Radiosender? Werbesender! Wie PR oft ungefiltert ins Radio kommt. In: Netzwerk Recherche (2011): 13–17
Nawratil, Ute (1997): Glaubwürdigkeit in der sozialen Kommunikation. München.
epub.ub.uni-muenchen.de/archive/00000941/
Neidhardt, Friedhelm (Hrsg.) (1994): Öffentlichkeit, Öffentliche Meinung, Soziale Bewegungen. Opladen: Westdeutscher Verlag (Kölner Zeitschrift für Soziologie und Sozialpsychologie, 35)
Nerb, Josef (2000): Die Bewertung von Umweltschäden. Kognitive und emotionale Folgen von Medienmeldungen. Bern: Hans Huber
Nerb, Josef; Spada, Hans (2001): Evaluation of environmental problems. A coherence model of cognition and emotion. In: Cognition and Emotion 15. 4. 521–551
Nerb, Josef; Spada, Hans; Wahl, Stefan (1998): Kognition und Emotion bei der Bewertung von Umweltschadensfällen. Modellierung und Empirie. In: Zeitschrift für Experimentelle Psychologie 45. 4. 251–269
Netzwerk Recherche (Hrsg.) (2011): Getrennte Welten? Journalismus und PR in Deutschland. Berlin
Nieschlag, Robert; Dichtl, Erwin; Hörschgen, Hans (2002): Marketing. Berlin: Duncker & Humblot
Noelle-Neumann, Elisabeth (1980): Die Schweigespirale. Öffentliche Meinung – unsere soziale Haut. München: Piper
Noelle-Neumann, Elisabeth; Mathes, Rainer (1987): The 'event as event' and the 'event as news'. The significance of 'consonance' for media effects research. In: European Journal of Communication 2. 4. 391–414
Nolting, Tobias; Thießen, Ansgar (Hrsg.) (2008): Krisenmanagement in der Mediengesellschaft. Potenziale und Perspektiven der Krisenkommunikation. Wiesbaden: VS
Oberreuter, Heinrich (1989): Mediatisierte Politik und politischer Wertewandel. In: Böckelmann (1989): 31–42
Pang, Augustine; Jin, Yan; Cameron, Glen T. (2010): Contingency theory conflict management. Directions for the practice of crisis communication from a decade of theory development, discovery, and dialogue. In Coombs; Holladay (2010b): 527–549
Patalong, Frank (2011): Boulevard der Schäbigkeiten. In: Spiegel Online, 24/11/2011.
spiegel.de/panorama/gesellschaft/0,1518,799761,00.html
Patel, Ameeta; Reinsch, Lamar (2003): Companies Can apologize. Corporate apologies and legal liability. In: Business Communication Quarterly 66. 1. 9–25
Perloff, Richard M. (1993): Third-person effect research 1983-1992. A review and synthesis. In: Public Opinion Research 5. 2. 167–184

Pfeiffer, Till; Manz, Sylvia; Nerb, Josef (2005): Wer den Schaden macht, hat auch das Wissen. Kohärenzeffekte der kognitiven und emotionalen Bewertung von Umweltschadensfällen. In: Zeitschrift für Psychologie 213. 1. 44–58
Pfetsch, Barbara; Adam, Silke (Hrsg.) (2008): Massenmedien als politische Akteure. Konzepte und Analysen. Wiesbaden: VS
Pienegger, Astrid (2004): Professionalisierungsbestrebungen der PR und deren Wahrnehmung im Wirtschaftsjournalismus. In: Fachjournalist 14. 19–22
Pines, Wayne L. (2000): Myths of crisis management. In: Public Relations Quarterly 45. 3. 15–17
Piwinger, Manfred; Niehüser, Wolfgang (1991): Skandale. Verlauf und Bewältigung. Wuppertal: DPRG-Landesgruppe NRW (PR-Kolloqium, 3)
Plasser, Fritz (1985): Elektronische Politik und politische Technostruktur reifer Industriegesellschaften. Ein Orientierungsversuch. In: Plasser et al. (1985): 9–31
Plasser, Fritz; Ulram, Peter A.; Welan, Manfried (Hrsg.) (1985): Demokratierituale. Zur politischen Kultur der Informationsgesellschaft. Wien, Köln, Graz: Böhlau
Popper, Karl (2005): Logik der Forschung. 11. Aufl. Tübingen: Mohr Siebeck (1. Aufl. 1935)
Porst, Rolf; Ranft, Sabine; Ruoff, Bernd (1998): Strategien und Maßnahmen zur Erhöhung der Ausschöpfungsquoten bei sozialwissenschaftlichen Umfragen. Ein Literaturbericht. Mannheim. (ZUMA-Arbeitsbericht, 98/07)
Pschyrembel Klinisches Wörterbuch (2007). Berlin, New York: de Gruyter
Puttenat, Daniela (2009): Praxishandbuch Krisenkommunikation. Von Ackermann bis Zumwinkel: PR-Störfälle und ihre Lektionen. Wiesbaden: Gabler
Quandt, Thorsten; Scheufele, Bertram (Hrsg.) (2011): Ebenen der Kommunikation. Mikro-Meso-Makro-Links in der Kommunikationswissenschaft. Wiesbaden: VS
Rack, Oliver; Christophersen, Timo (2007): Experimente. In: Albers et al. (2007): 17–32
Rada, Vidal Díaz de (2001): Mail surveys using Dillman's TDM in a southern European country: Spain. In: International Journal of Public Opinion Research 13. 2. 159–172
Rademacher, Lars (Hrsg.) (2005): Distinktion und Deutungsmacht. Studien zur Theorie und Pragmatik der Public Relations. Wiesbaden: VS
Raupp, Juliana (2009): Medialisierung als Parameter einer PR-Theorie. In: Röttger (2009): 265–284
Raupp, Juliana; Klewes, Joachim (Hrsg.) (2004): Quo vadis Public Relations? Wiesbaden: VS
Redelfs, Manfred (2005): Glaubwürdigkeit. Das wichtigste Kapital einer NGO. In: Brent Spar und die Folgen. Zehn Jahre danach: 34–39
Reineck, Dennis (2011): Wenn Journalisten PR machen: Corporate Publishing. Ergebnisse einer aktuellen Studie. In: Netzwerk Recherche (2011): 49–53
Reinemann, Carsten (2003): Medienmacher als Mediennutzer. Kommunikations- und Einflussstrukturen im politischen Journalismus der Gegenwart. Köln, Weimar, Wien: Böhlau (Medien in Geschichte und Gegenwart, 19)
Reinemann, Carsten (2004): Routine reliance revisited. Exploring media importance for German political journalists. In: European Journal of Communication 81. 4. 857–876
Reinemann, Carsten (2007): Subjektiv rationale Akteure. Das Potenzial handlungstheoretischer Erklärungen für die Journalismusforschung. In: Altmeppen et al. (2007): 47–67
Reinemann, Carsten (2008a): Guter Boulevard ist immer auch außerparlamentarische Opposition. Das Handeln von Bild am Beispiel der Berichterstattung über Hartz IV. In: Pfetsch; Adam (2008): 196–224
Reinemann, Carsten (2008b): Wandel beschrieben – Wandel erklärt? Wahlkampfkommunikation im Langzeitvergleich. In: Melischek et al. (2008): VS: 179–198
Reinemann, Carsten (2010): Medialisierung ohne Ende? Zum Stand der Debatte um Medieneinflüsse auf die Politik. In: Zeitschrift für Politik 57. 3. 278–293
Reinemann, Carsten; Huismann, Jana (2007): Beziehen sich Medien immer mehr auf Medien? Dimensionen, Belege, Erklärungen. In: Publizistik 52. 4. 465–484

Rheinische Post Online (2010): Toyota von US-Regierung entlastet. Viele Unfälle waren Fahrfehler, 11.8.2010. rp-online.de/auto/news/Toyota-von-US-Regierung-entlastet_aid_892409.html
Ridder, Christa-Maria; Engel; Bernhard (2010): Massenkommunikation 2010. Mediennutzung im Intermediavergleich. In: Media Perspektiven 11. 523–536
Riecken, Martin (2008): Zwölf Faktoren erfolgreicher Medienarbeit in Krisensituationen. In: Nolting; Thießen (2008): 205–218
Röbel, Udo (2008): Brandschutz ist die beste Feuerwehr. In: Nolting; Thießen (2008): 193–197
Roese, Neal J. (1997): Counterfactual thinking. In: Psychological Bulletin 121. 1. 133–148
Ronneberger, Franz; Rühl, Manfred (1992): Theorie der Public Relations. Ein Entwurf. Opladen: Westdeutscher Verlag
Roselieb, Frank (1999): Empirische Befunde zu Frühwarnsystemen in der internen und externen Unternehmenskommunikation. In: Henckel Donnersmarck; Schatz (1999): 85–105
Röthig, Peter (1976): Organisation und Krisen-Management. Zur organisatorischen Gestaltung der Unternehmung unter den Bedingungen eines Krisen-Managements. In: Zeitschrift für Organisation 45. 1. 13–20
Rothman, Stanley; Lichter: Robert (1982): The nuclear energy debate. Scientists, the media, and the public. In: Public Opinion 5. 4. 47–52
Röttger, Ulrike (Hrsg.) (2001): PR-Kampagnen. Über die Inszenierung von Öffentlichkeit. Opladen: Westdeutscher Verlag
Röttger, Ulrike (2005): Aufgabenfelder. In: Bentele et al. (2005): 501–510
Röttger, Ulrike (Hrsg.) (2009): Theorien der Public Relations. Grundlagen und Perspektiven der PR-Forschung. Wiesbaden: VS
Röttger, Ulrike (2010): Public Relations – Organisation und Profession. Öffentlichkeitsarbeit als Organisationsfunktion. Eine Berufsfeldstudie. 2. Aufl. Wiesbaden: VS (1. Aufl. 2000)
Röttger, Ulrike; Hoffmann, Jochen; Jarren, Otfried (2003): Public Relations in der Schweiz. Konstanz: UVK
Röttger, Ulrike; Preusse, Joachim (2008): Issues Management. In: Nolting; Thießen (2008): 159–184
Röttger, Ulrike; Preusse, Joachim; Schmitt, Jana (2011): Grundlagen der Public Relations. Eine kommunikationswissenschaftliche Einführung. Wiesbaden: VS
Ruhrmann, Georg (2005): Risikokommunikation und Konflikt. In: Bentele et al. (2005): 524–535
Ryan, Halford R. (1982): Kategoria und apologia. On their rhetorical criticism as a speech set. In: Quarterly Journal of Speech 68. 3. 254–261
Ryan, Halford R. (Hrsg.) (1988): Oratorical encounters. Selected studies and sources of 20th century political accusation and apologies. Westport: Greenwood Press
Saffarnia, Pierre (1993): Determiniert Öffentlichkeitsarbeit tatsächlich den Journalismus? Empirische Belege und theoretische Überlegungen gegen die PR-Determinierungsannahme. In: Publizistik 38. 3. 412–425
Sarcinelli, Ulrich (1989): Mediatisierung und Wertewandel. Politik zwischen Entscheidungsprozeß und politischer Regiekunst. In: Böckelmann (1989): 165–174
Sarcinelli, Ulrich (Hrsg.) (1998): Politikvermittlung und Demokratie in der Mediengesellschaft. Bonn: VS
Sarris, Viktor; Reiß, Siegbert (2005): Kurzer Leitfaden der Experimentalpsychologie. München: Pearson Studium
Saxer, Ulrich (1998): Mediengesellschaft. Verständnisse und Mißverständnisse. In: Sarcinelli (1998): 52–73
Schantel, Alexandra (2000): Determination oder Intereffikation? Eine Metaanalyse der Hypothese zur PR-Journalismus-Beziehung. In: Publizistik 45. 1. 70–88
Schemer, Christian (2009): Politische Kampagnen für Herz und Verstand. Affektive und kognitive Einflüsse der Massenmedien auf politische Einstellungen. Baden-Baden: Nomos.

Scherer, Klaus R.; Schorr, Angela; Johnstone, Tom (Hrsg.) (2001): Appraisal Processes in Emotion. Theory, Methods, Research. Oxford: Oxford University Press

Scheufele, Bertram (2003): Frames – Framing – Framing-Effekte. Theoretische und methodische Grundlegung des Framing-Ansatzes sowie empirische Befunde zur Nachrichtenproduktion. Wiesbaden: Westdeutscher Verlag

Scheufele, Dietram (1999): Framing as a theory of media effects. In: Journal of Communication 49. 1. 103–122

Scheufele, Dietram; Tewksbury, David (2007): Framing, agenda setting, and priming. The evolution of three media effects models. In: Journal of Communication 57. 1. 9–20

Schmid, Beat f. (Hrsg.) (2008): Unternehmenskommunikation. Kommunikationsmanagement aus der Sicht der Unternehmensführung. Wiesbaden: Gabler

Schnedler, Thomas (2011): Profession: Grenzgänger. Journalisten zwischen Journalismus und PR. In: Netzwerk Recherche (2011): 77–84

Scholl, Armin; Weischenberg, Siegfried (1998): Journalismus in der Gesellschaft. Theorie, Methoden und Empirie. Opladen: Westdeutscher Verlag

Schubert, Bianca (2000): Shell in der Krise. Zum Verhältnis von Journalismus und PR in Deutschland dargestellt am Beispiel der "Brent Spar". Münster: LIT

Schulz, Bettina (2011): Vertrauen der Märkte in Politik schwindet. In: Frankfurter Allgemeine Zeitung, 6/11/2011. faz.net/aktuell/finanzen/anleihen-zinsen/eurokrise-vertrauen-der-maerkte-in-politik-schwindet-11519799.html

Schulz, Winfried (1970): Kausalität und Experiment in den Sozialwissenschaften. Methodologie und Forschungstechnik. Mainz: v. Hase u. Koehler

Schütz, Walter J. (2009): Redaktionelle und verlegerische Struktur der deutschen Tagespresse. In: Media Perspektiven 9. 484–493

Schwarz, Andreas (2010): Krisen-PR aus Sicht der Stakeholder. Der Einfluss von Ursachen- und Verantwortungszuschreibungen auf die Reputation von Organisationen. Wiesbaden: VS

Shaw, Daron R.; Sparrow; Bartholomew H. (1999): From the Inner Ring Out. News Congruence, Cue-Taking, and Campaign Coverage. In: Political Research Quarterly 52. 2. 323–351

Shin, Jae-Hwa; Cameron, Glen T. (2005): Different sides of the same coin. Mixed views of public relations practitioners and journalists for strategic conflict management. In: Journalism & Mass Communication Quarterly 82. 2. 318–338

Shoemaker, Pamela J.; Reese, Stephen D. (1996): Mediating the message. Theories of influences on mass media content. 2. Aufl. New York: Longman (1. Aufl. 1991)

Sigal, Leon V. (1973): Reporters and officials. Lexington: D. C. Heath

Smith, Craig A.; Kirby, Leslie B. (2009): Putting appraisal in context. Toward a relational model of appraisal and emotion. In: Cognition and Emotion 23. 7. 1352–1372

Springer, Nina; Meyen, Michael (2009): Freie Journalisten in Deutschland. Konstanz: UVK

Staab, Joachim f. (1988): Nachrichtenwert-Theorie. Formale Struktur und empirischer Gehalt. Freiburg, München: Karl Alber

Staehle, Wolfgang (1993): Krisenmanagement. In: Wittmann et al. (1993): 2452–2466

Stahl, Heinz K. (1998): Zum Aufbau von Reputationskapital in Stakeholder-Beziehungen. In: Handlbauer et al. (1998): 351–368

Statistisches Bundesamt Deutschland (2004): Vollzeitbeschäftigte Arbeitnehmer verdienten 2003 rund 38 900 Euro. Pressemitteilung Nr.302. Pressemitteilung vom 15.07.2004. destatis.de/ jetspeed/portal/cms/Sites/destatis/Internet/DE/Presse/pm/2004/07/PD04__302__623.psml

Statistisches Bundesamt Deutschland (2008): Von 100 Euro Bruttolohn erhalten Arbeitnehmer netto 64 Euro. Pressemitteilung Nr.266. Pressemitteilung vom 23.07.2008. destatis.de/ jetspeed/portal/cms/Sites/destatis/Internet/DE/Presse/pm/2008/07/PD08__266__621.psml

Statistisches Bundesamt Deutschland (2011a): Bildung und Kultur. Nichtmonetäre hochschulstatistische Kennzahlen. Wiesbaden

Statistisches Bundesamt Deutschland (2011b): Insolvenzen.
  destatis.de/jetspeed/portal/cms/Sites/destatis/Internet/DE/Content/Statistiken/UnternehmenGe
  werbeInsolvenzen/Insolvenzen/Aktuell.psml
Stiff, James B.; Mongeau, Paul A. (2003): Persuasive communication. New York: The Guilford Press
The Sydney Morning Herald (2010): Toyota returns to profit despite recall crisis, 11.5.2010.
  news.smh.com.au/breaking-news-world/Toyota-returns-to-profit-despite-recall-crisis-
  20100511-utyt.html
tageszeitung-24.de: Tageszeitung.info. Ihr Internetportal der BDP GmbH für die täglichen Nachrichten aus Deutschland und den deutschsprachigen Nachbarländern.
  tageszeitung-24.de/
Theobald, Adolf (1999): Es gibt viele Spielarten von Bestechung und Bestechlichkeit im deutschen Journalismus. In: Der Tagesspiegel, 4/11/1999. tagesspiegel.de/weltspiegel/es-gibt-viele-spielarten-von-bestechung-und-bestechlichkeit-im-deutschen-journalismus/102504.html
Thießen, Ansgar (2011): Organisationskommunikation in Krisen. Reputationsmanagement durch situative, integrierte und strategische Krisenkommunikation. Wiesbaden: VS
tns Infratest (2010): Relevanz der Medien für die Meinungsbildung. Empirische Grundlagen zur Ermittlung der Wertigkeit der Mediengattungen bei der Meinungsbildung. Studie im Auftrag der Bayerischen Landeszentrale für neue Medien (BLM). blm.de
Töpfer, Armin (1999): Elchtest, Krisenmanagement, Kommunikationsstrategie. Neuwied/Kriftel: Luchterhand
Trumbo, Craig (1995): Longitudinal modeling of public issues. An application of the agenda-setting process to the issue of global warming. In: Journalism & Mass Communication Monographs 152. 1–57
Turner, Monique M. (2007): Using emotion in risk communication. The anger activism model. In: Public Relations Review 33. 2. 114–119
Tyler, Lisa (1997): Liability means never being able to say you're sorry. Corporate guilt, legal constraints, and defensiveness in corporate communication. In: Management Communication Quarterly 11. 1. 51–73
Ulmer, Robert R. (2001): Effective Crisis Management through Established Stakeholder Relationships. Malden Mills as a Case Study. In: Management Communication Quarterly 14. 4. 590–615
Universität Zürich (2010): Einfaktorielle Varianzanalyse.
  methodenberatung.uzh.ch/datenanalyse/unterschiede/zentral/evarianz.html
Vasterman, Peter L. M. (2005): Media-hype. Self-reinforcing news waves, journalistic standards and the construction of social problems. In: European Journal of Communication 20. 4. 508–530
Vigderhous, Gideon (1981): Scheduling phone interviews. A study of seasonal patterns. In: Public Opinion Quarterly 45. 2. 250–259
Vliegenthart, Rens; Walgrave, Stefaan (2008): The contingency of intermedia agenda setting. A longitudinal study in Belgium. In: Journalism & Mass Communication Quarterly 85. 4. 860–877
Voswinkel, Stephan (2001): Anerkennung und Reputation. Die Dramaturgie industrieller Beziehungen. Mit einer Fallstudie zum "Bündnis für Arbeit". Konstanz: UVK
Wahl, Stefan; Frings, Susanne; Hermann, Fabian; Nerb, Josef; Spada, Hans (2000): So ein Ärger! Die Rezeption von Zeitungsmeldungen über Umweltprobleme. In: Medienpsychologie 12. 4. 223–241
Webb, Tim (2010): BP boss admits job on the line over gulf oil spill. In: The Guardian. 14.5.2010.
  guardian.co.uk/business/2010/may/13/bp-boss-admits-mistakes-gulf-oil-spill
Weiner, Bernard (1986): An attributional theory of motivation and emotion. New York: Springer
Weiner, Bernard; Perry, Raymond P.; Magnusson, Jamie (1988): An attributional analysis of reactions to stigmas. In: Journal of Personality and Social Psychology 55. 5. 738–748

Weischenberg, Siegfried (1995): Journalistik. Theorie und Praxis aktueller Medienkommunikation. Band 2: Medientechnik, Medienfunktionen, Medienakteure. Opladen: VS
Weischenberg, Siegfried; Malik, Maja; Scholl, Armin (2006a): Die Souffleure der Mediengesellschaft. Report über die Journalisten in Deutschland. Konstanz: UVK
Weischenberg, Siegfried; Malik, Maja; Scholl, Armin (2006b): Journalismus in Deutschland 2005. In: Media Perspektiven. 7. 346–361
Wells, Gary L.; Gavanski, Igor (1989): Mental simulation of causality. In: Journal of Personality and Social Psychology 56. 2. 161–169
Welt-Nachrichtendienst (1995): Bericht über "Brent Spar" bestätigt Shell-Zahlen. In: Die Welt, 19.10.1995. welt.de
Wien, Charlotte; Elmelund-Præstekær, Christian (2009): An anatomy of media hypes. Developing a model for the dynamics and structure of intense media coverage of single issues. In: European Journal of Communication 24. 2. 183–201
Will, Markus; Löw, Edgar (2003): Markt und Meinung für Kapital und Reputation. Das Zusammenspiel von Wert- und Reputationsmanagement in der Unternehmensführung. In: prmagazin 34. 10. 47–52
Wirth, Werner; Schramm, Holger (2005): Media and Emotions. In Communication Research Trends 24.3. 3–39.
wit/dpa (2010): US-Kongress kritisiert Toyota-Chef scharf. Rückruf-Serie. Spiegel Online. spiegel.de/wirtschaft/unternehmen/0,1518,680147,00.html
Wittmann, Waldemar; Kern, Werner; Köhler, Richard; Küpper, Hans-Ulrich; Wysocki, Klaus v. (Hrsg.) (1993): Handwörterbuch der Betriebswirtschaft. Stuttgart: Schäffer-Poeschel
Yang, Sung-Un; Kang, Minjeong; Johnson, Philip (2010): Effects of narratives, openness to dialogic communication, and credibility on engagement in crisis communication through organizational blogs. In: Communication Research 37. 4. 473–497
Zerfaß, Ansgar (2005a): Rituale der Verifikation? Grundlagen und Grenzen des Kommunikations-Controlling. In: Rademacher (2005): 181-220
Zerfaß, Ansgar (2005b): Steuerung und Wertschöpfung von Kommunikation. In: Bentele et al. (2005): 536–551
Zerfaß, Ansgar (2010): Unternehmensführung und Öffentlichkeitsarbeit. Grundlegung einer Theorie der Unternehmenskommunikation und Public Relations. 3. Aufl. Wiesbaden: VS (1. Aufl. 1996)
Zerfaß, Ansgar; van Ruler, Betteke; Sriramesh; Krishnamurthy (Hrsg.) (2008): Public relations research. European and international perspectives and innovations. Wiesbaden: VS

Anhang

Stimulusmaterial und Fragebogen

In diesem Abschnitt wird das Stimulusmaterial von Gruppe 5 gezeigt, welche die Kombination *dpa*-Meldung + PR-Meldung (mit den Strategien *Unkontrollierbarkeit* und *Relativierung*) + *Spiegel Online*-Beitrag erhielt.

Erklärung des Ablaufs der Befragung

Mit diesem Schreiben erhalten Sie einige kurze Texte und einen Fragebogen mit Rücksendeumschlag. Bitte lesen Sie zunächst die Texte, füllen danach den Fragebogen aus und senden ihn in den nächsten zwei Wochen im beigefügten, bereits frankierten Umschlag zurück. Insgesamt sollte alles nicht mehr als 10-12 Minuten dauern.

Es geht in dem Fragebogen um Ihren ersten Eindruck von den Texten und darum, welche Recherche-Strategie Sie auf Basis der vorhandenen Informationen wählen würden. Die im Text verwendeten Beispiele sind fiktiv und beziehen sich nicht auf real existierende Unternehmen.

Alle Angaben werden vertraulich behandelt und bleiben anonym. Es können keine Rückschlüsse auf Ihre Person gezogen werden.

Bitte lesen Sie zunächst den ersten Text, eine Meldung der Nachrichtenagentur dpa:

dpa • • •

Stiftung Warentest findet krebserregendes Benzol in Shampoos von Kamilla

Das Verbrauchermagazin „Stiftung Warentest" veröffentlicht in seiner morgen erscheinenden Ausgabe Testergebnisse, die eine Benzolbelastung der Shampoos der „Kamilla Pflegeprodukte GmbH" zeigen. „Wir haben Shampoos in deutschen Supermärkten eingekauft und getestet. Die Produkte von Kamilla enthielten krebserregende Benzolverbindungen, teilweise wurde der Grenzwert um das Achtfache überschritten", so Stiftung Warentest.
Warentest-Chefredakteur Christopher Wening rät Verbrauchern zur Vorsicht: „Unsere Ergebnisse zeigen klare Benzol-Belastungen in den Kamilla-Shampoos: Dieser Stoff ist krebserregend und hat in Shampoos nichts zu suchen. Es ist nicht auszuschließen, dass auch noch weitere Pflegeprodukte von Kamilla betroffen sind."
Die Kamilla Pflegeprodukte GmbH war bisher noch nicht für eine Stellungnahme zu erreichen. (dpa)

Bitte lesen Sie nun die PR-Meldung der Kamilla Pflegeprodukte GmbH:

Kamilla
Pflegeprodukte
GmbH

KAMILLA INFORMIERT
WIR ERGREIFEN INITIATIVE ZU BENZOL-VORWÜRFEN

„Wir nehmen die Benzol-Vorwürfe sehr ernst", so Franz Riegel, Geschäftsführer der KAMILLA Pflegeprodukte GmbH. In der vergangenen Woche wurde das Unternehmen von der Stiftung Warentest kontaktiert, die in einigen KAMILLA-Shampoos krebserregendes Benzol entdeckt hatte. „Wir haben alle Produkte der betroffenen Charge aus dem Handel zurückgerufen und eine Untersuchungskommission eingesetzt, um den Sachverhalt endgültig aufzuklären", sagte Riegel weiter. Etwa 8.000 Shampooflaschen dieser Charge sind bereits von Kunden gekauft und verbraucht worden, die restlichen Shampoos konnte KAMILLA zurückrufen.

KAMILLA überprüft intensiv, wieso benzolbelastete Produkte in den Handel kamen. „Wir stehen noch am Anfang unserer Untersuchungen und ermitteln derzeit die Ursache dieser Verunreinigung unserer Shampoos. Eine Möglichkeit wäre, dass unsere Zulieferer Shampooflaschen mit benzolbelastetem Plastik an uns geliefert haben und auf diesem Weg Benzol in das Shampoo kam", erläutert Franz Riegel. „Der KAMILLA-Qualitätssicherung mache ich hier keinen Vorwurf. Benzol kommt im Produktionsprozess von Shampoo an keiner Stelle vor und wird daher in normalen Tests von Pflegeprodukt-Herstellern nicht überprüft."

Franz Riegel betont die hohen Qualitätsansprüche seines Unternehmens: „Man muss diese Fälle ins Verhältnis setzen. KAMILLA verkauft seit 20 Jahren mehr als eine halbe Million Pflegeprodukte pro Jahr. Bisher gab es noch nie Beanstandungen wegen der Qualität der Produkte, das ist eine beeindruckende Leistung. Die Qualität von KAMILLA-Produkten ist sehr gut – selbst trotz der aktuellen Benzol-Diskussion."

KAMILLA informiert Sie gerne über weitere aktuelle Entwicklungen. Für Rückfragen wenden Sie sich bitte an unsere Pressestelle, Tel.: 089 - 1234 1234.

Bitte lesen Sie zum Abschluss noch einen Artikel von Spiegel Online zu dem Thema:

Kamilla: Haarpflege mit Krebsrisiko?

Von Michael Thiermann

Franz Riegel hat eigentlich einen relativ entspannten Job. Der 61-jährige ist Geschäftsführer der Kamilla Pflegeprodukte GmbH und präsentiert normalerweise neue Shampoos und Duschgels, die sein mittelständisches Unternehmen entwickelt hat. Doch heute ist alles anders: Er muss sich mit Vorwürfen auseinandersetzen, dass Kamilla-Shampoos krebserregende Giftstoffe enthalten.

Wie die Stiftung Warentest in ihren Laboruntersuchungen herausfand, sind Shampoos von Kamilla mit Benzol belastet. Da Benzol sehr krebserregend ist, sollten Menschen jeden Kontakt mit diesem Stoff vermeiden. „Ich rate den Verbrauchern zur Vorsicht mit den Shampoos von Kamilla", so Warentest-Chefredakteur Christopher Wening.

Für Kamilla ist dieses Testergebnis alarmierend. Die Shampoos waren jahrelang das Aushängeschild der Firma, man versprach seinen Kunden höchste Qualität. Momentan betreibt man noch Ursachenforschung bei Kamilla. Wenn herauskommen sollte, dass die Qualitätssicherung schlampig gearbeitet hat oder sogar noch weitere Produkte belastet sind, wäre das eine handfeste Krise für das Unternehmen – und zugleich ein gefundenes Fressen für die Konkurrenz.

Alle Versuchsgruppen erhielten diesen Fragebogen:

Sie haben gerade gelesen, dass Kamilla-Shampoos mit Benzol belastet seien. Was ist denn Ihr erster Eindruck, wie berichtenswert sind diese Vorwürfe? (Bitte ankreuzen)

    Sehr berichtenswert   0 - 0 - 0 - 0 - 0 - 0   Nicht berichtenswert

Nehmen wir einmal an, Sie würden einen Beitrag über die Vorwürfe gegen Kamilla planen. Welche weiteren Informationen hätten Sie noch gerne für diesen Beitrag?

0   Das Material enthält alle Informationen, die ich brauche
0   Mich würde noch folgende Information interessieren:_____

Welche Informationsquellen würden Sie kontaktieren bzw. heranziehen, wenn Sie einen Beitrag über die Vorwürfe gegen Kamilla erstellen?

0   Ich würde keine weiteren Quellen kontaktieren– ich habe alles, was ich brauche
0   Ich würde folgende Quellen kontaktieren:_____

Was ist denn Ihr erster Eindruck: Liegt bei der Kamilla GmbH ein Skandal vor?

0   Ja, wenn die Anschuldigungen der Stiftung Warentest stimmen, dann ist das auf jeden Fall ein Skandal
0   Nein, selbst wenn die Anschuldigungen der Stiftung Warentest stimmen, ist das kein Skandal
0   Kann ich nicht beurteilen

Was glauben Sie denn, wie schwerwiegend ist der Schaden für...

....Die Verbraucher:
sehr schwerwiegend   0 - 0 - 0 - 0 - 0 - 0   nicht schwerwiegend
... Die Kamilla GmbH:
sehr schwerwiegend   0 - 0 - 0 - 0 - 0 - 0   nicht schwerwiegend

Genaue Kenntnis über einen Vorfall hat man ja meistens erst nach einer Weile. Aber wie ist Ihre erste Einschätzung, Ihr Bauchgefühl zu den Vorwürfen gegen Kamilla?

Die Vorwürfe gegen die Kamilla GmbH erscheinen mir...

Gerechtfertigt	0 - 0 - 0 - 0 - 0 - 0	Ungerechtfertigt
Übertrieben	0 - 0 - 0 - 0 - 0 - 0	Nicht übertrieben
Schwerwiegend	0 - 0 - 0 - 0 - 0 - 0	Nicht schwerwiegend
Von großem öffentlichem Interesse	0 - 0 - 0 - 0 - 0 - 0	Von geringem öffentlichem Interesse
Haltlos	0 - 0 - 0 - 0 - 0 - 0	Sehr gut belegt
Sachlich	0 - 0 - 0 - 0 - 0 - 0	Unsachlich

Was denken Sie spontan über die Kamilla GmbH?

Die Kamilla GmbH selbst erscheint mir...

Transparent	0 - 0 - 0 - 0 - 0 - 0	Intransparent
Schuldig	0 - 0 - 0 - 0 - 0 - 0	Unschuldig
Professionell	0 - 0 - 0 - 0 - 0 - 0	Unprofessionell
Verantwortungsbewusst	0 - 0 - 0 - 0 - 0 - 0	Verantwortungslos
Defensiv	0 - 0 - 0 - 0 - 0 - 0	Offensiv
Glaubwürdig	0 - 0 - 0 - 0 - 0 - 0	Unglaubwürdig
Kriminell	0 - 0 - 0 - 0 - 0 - 0	Nicht kriminell
Kompetent	0 - 0 - 0 - 0 - 0 - 0	Inkompetent

Meldungen über Krisenfälle bei Produkten lösen ja häufig auch Emotionen aus. Was glauben Sie denn, was würde Ihr Publikum denken, wenn es von den Vorwürfen gegen die Kamilla GmbH erfahren würden?

Wenn mein Publikum von den Vorwürfen erfahren würde, ...

Wäre es verärgert über das Verhalten von Kamilla	0 - 0 - 0 - 0 - 0 - 0	Wäre es nicht verärgert über das Verhalten von Kamilla
Wäre es schockiert	0 - 0 - 0 - 0 - 0 - 0	Wäre es nicht schockiert
Würde es nichts mehr von Kamilla kaufen	0 - 0 - 0 - 0 - 0 - 0	Würde es weiterhin Kamilla-Produkte kaufen
Wäre es verstört und traurig	0 - 0 - 0 - 0 - 0 - 0	Wäre es nicht verstört und traurig

Falls Sie einen guten Kontakt zu Kamillas PR-Abteilung hätten, würden Sie Ihren Ansprechpartner dort anrufen, bevor Sie einen Beitrag zu der Krise erstellen?

0 Ja, auf jeden Fall
0 Möglicherweise (z. B. falls ich noch weitere Informationen benötige)
0 Nein

Was ist denn Ihre generelle Erfahrung bei Ihrer Arbeit mit PR-Material? PR-Material...

Ist zuverlässig	0 - 0 - 0 - 0 - 0 - 0	Ist unzuverlässig
Ist gut aufbereitet	0 - 0 - 0 - 0 - 0 - 0	Ist schlecht aufbereitet
Ist überflüssig	0 - 0 - 0 - 0 - 0 - 0	Ist nicht überflüssig
Spart mir Zeit bei meiner Recherche	0 - 0 - 0 - 0 - 0 - 0	Spart mir keine Zeit bei meiner Recherche
Ist eine gute Quelle für neue Themen	0 - 0 - 0 - 0 - 0 - 0	Ist keine gute Quelle für neue Themen
Enthält alle notwendigen Informationen	0 - 0 - 0 - 0 - 0 - 0	Enthält nicht alle notwendigen Informationen
Verführt zu unkritischer Berichterstattung	0 - 0 - 0 - 0 - 0 - 0	Verführt nicht zu unkrit. Berichterstattung
Ersetzt zunehmend selbst recherch. Beiträge	0 - 0 - 0 - 0 - 0 - 0	Ersetzt nicht zunehmend selbst recherch. Beiträge

Wenn wir über PR-Arbeit in Krisen (wie z. B. bei Kamilla) sprechen: Welcher der unten stehenden Aussagen würden Sie am ehesten zustimmen?

- 0 PR liefert mir oft alle Informationen, die ich brauche, um über eine Krise zu berichten
- 0 PR beschönigt mir generell zu sehr die Rolle ihres Unternehmens
- 0 PR-Meldungen über Krisen kann ich als Ausgangspunkt für weitere Recherche nutzen

Journalisten nutzen ja viele Quellen, um Ideen für eigene Themen zu entwickeln. Welche Quellen nutzen Sie denn persönlich, um Informationen für Ihre eigene Berichterstattung zu sammeln? (Mehrfachnennungen möglich)

- 0 Meldungen von Nachrichtenagenturen
- 0 Ortstermine und Interviews
- 0 Andere Medien (vor allem: _____)
- 0 PR-Material (z. B. Pressemitteilungen)
- 0 Online-Quellen (0 Suchmaschinen 0 Wikipedia 0 Sonstige Websites)
- 0 Informanten
- 0 Sonstige: _____

Zum Abschluss noch ein paar Fragen für die Statistik:

```
Wie alt sind Sie? _____ Jahre    | Ihr Geschlecht? 0 ♀    0 ♂
Was ist Ihre Position in Ihrem Medium?
  0   Leitende Funktion (z. B. Chefredakteur)
  0   Ressortleiter (Ressort: _____)
  0   Redakteur in Festanstellung
  0   Freier Journalist
  0   Sonstige: _____
Für welche Mediengattung sind Sie derzeit tätig (Mehrfachnenn.möglich)?
  0 Tageszeitung      0 Wochenzeitung      0 Magazin (Print)
  0 Fernsehen         0 Radio              0 Reines Online-Medium
```

Wenn Sie Interesse an den Ergebnissen dieser Studie haben, können Sie hier Ihre E-Mail-Adresse angeben (wird vertraulich behandelt): _____

Bitte senden Sie den Fragebogen im bereits frankierten Umschlag zurück.
***** Herzlichen Dank für Ihre Hilfe! *****

Abbildungen

	Wahrnehmung des Nachrichtenwerts der Krise						Wahrnehmung der Krisenorganisation								Vermutung über ausgelöste Emotion			
	nicht übertrieben	großer Schaden für Verbraucher	großes öffentl. Interesse	großer Schaden für Kamilla	schwerwiegend	berichtenswert	unprofessionell	verantwortungslos	intransparent	inkompetent	defensiv	unglaubwürdig	kriminell	schuldig	Ärger	Schock	Traurigkeit	Boykott
F	1,42	1,31	,03	,07	1,08	1,53	1,00	,75	,91	3,91	1,13	,49	1,16	,47	1,70	1,50	,36	1,87
df[1] 1	4	4	4	4	4	4	4	4	4	4	4	4	4	4	4	4	4	4
df 2	109	115	116	117	113	119	118	113	115	108	105	110	108	104	116	113	110	120
p[2]										**								

Unabhängige Variable = Version des Stimulusmaterials

1 Degree of freedom (Freiheitsgrad) / 2 * p ≤ 0,1, ** p ≤ 0,01, *** p ≤ 0,001, signifikante Ergebnisse deuten auf Varianzinhomogenität hin
Quelle: Eigene Darstellung basierend auf dem Experiment mit Journalisten

Lesehilfe: Bei der abhängigen Variablen *inkompetent* lag keine Varianzhomogenität vor, deswegen werden bei diesen Variablen die Gruppenunterschiede mittels des Least-Significant-Differences Post-Hoc-Test mit Bonferroni-Korrektur überprüft, für alle übrigen Variablen wird der Post-Hoc-Test nach Scheffé verwendet. Als Grenzwert für Varianzhomogenität wurde auf Basis der Forschungsliteratur ein Signifikanzniveau von 0,1 gewählt (Universität Zürich 2010).

Abbildung 42: Levene-Test (Stimulusgruppen 1 bis 4 und Kontrollgruppe)

Anhang

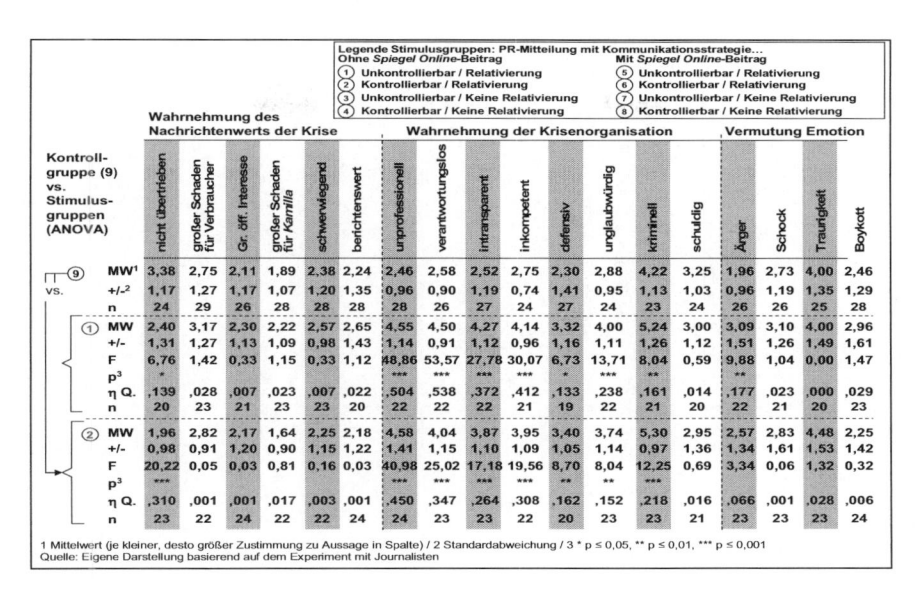

Legende Stimulusgruppen: PR-Mitteilung mit Kommunikationsstrategie...
Ohne *Spiegel Online*-Beitrag / Mit *Spiegel Online*-Beitrag
(1) Unkontrollierbar / Relativierung — (5) Unkontrollierbar / Relativierung
(2) Kontrollierbar / Relativierung — (6) Kontrollierbar / Relativierung
(3) Unkontrollierbar / Keine Relativierung — (7) Unkontrollierbar / Keine Relativierung
(4) Kontrollierbar / Keine Relativierung — (8) Kontrollierbar / Keine Relativierung

Kontrollgruppe (9) vs. Stimulusgruppen (ANOVA)		Wahrnehmung des Nachrichtenwerts der Krise					Wahrnehmung der Krisenorganisation							Vermutung Emotion			
		nicht übertrieben	größer Schaden für Verbraucher	Gr. öff. Interesse	größer Schaden für *Kamilla*	schwerwiegend	berichtenswert	unprofessionell	verantwortungslos	intransparent	inkompetent	defensiv	unglaubwürdig	kriminell	schuldig	Ärger	Schock	Traurigkeit	Boykott
(9) vs.	MW¹	3,38	2,75	2,11	1,89	2,38	2,24	2,46	2,58	2,52	2,75	2,30	2,88	4,22	3,25	1,96	2,73	4,00	2,46
	+/-²	1,17	1,27	1,17	1,07	1,20	1,35	0,96	0,90	1,19	0,74	1,41	0,95	1,13	1,03	0,96	1,19	1,35	1,29
	n	24	29	26	28	28	28	28	26	27	24	27	24	23	24	26	26	25	28
(1)	MW	2,40	3,17	2,30	2,22	2,57	2,65	4,55	4,50	4,27	4,14	3,32	4,00	5,24	3,00	3,09	3,10	4,00	2,96
	+/-	1,31	1,27	1,13	1,09	0,98	1,43	1,14	0,91	1,12	0,96	1,16	1,11	1,26	1,12	1,51	1,26	1,49	1,61
	F	6,76	1,42	0,33	1,15	0,33	1,12	48,86	53,57	27,78	30,07	6,73	13,71	8,04	0,59	9,88	1,04	0,00	1,47
	p³	*						***	***	***	***	*	***	**		**			
	η Q.	,139	,028	,007	,023	,007	,022	,504	,538	,372	,412	,133	,238	,161	,014	,177	,023	,000	,029
	n	20	23	21	23	23	20	22	22	22	21	19	22	21	20	22	21	20	23
(2)	MW	1,96	2,82	2,17	1,64	2,25	2,18	4,58	4,04	3,87	3,95	3,40	3,74	5,30	2,95	2,57	2,83	4,48	2,25
	+/-	0,98	0,91	1,20	0,90	1,15	1,22	1,41	1,15	1,10	1,09	1,05	1,14	0,97	1,36	1,34	1,61	1,53	1,42
	F	20,22	0,05	0,03	0,81	0,16	0,03	40,98	25,02	17,18	19,56	8,70	8,04	12,25	0,69	3,34	0,06	1,32	0,32
	p³	***						***	***	***	***	**	**	***		*			
	η Q.	,310	,001	,001	,017	,003	,001	,450	,347	,264	,308	,162	,152	,218	,016	,066	,001	,028	,006
	n	23	22	22	22	22	24	24	23	22	22	20	23	23	21	23	23	23	24

1 Mittelwert (je kleiner, desto größer Zustimmung zu Aussage in Spalte) / 2 Standardabweichung / 3 * p ≤ 0,05, ** p ≤ 0,01, *** p ≤ 0,001
Quelle: Eigene Darstellung basierend auf dem Experiment mit Journalisten

Abbildung 43: ANOVAs zu aktiver Kommunikation (1/2)

Legende Stimulusgruppen: PR-Mitteilung mit Kommunikationsstrategie...
Ohne *Spiegel Online*-Beitrag / Mit *Spiegel Online*-Beitrag
(1) Unkontrollierbar / Relativierung — (5) Unkontrollierbar / Relativierung
(2) Kontrollierbar / Relativierung — (6) Kontrollierbar / Relativierung
(3) Unkontrollierbar / Keine Relativierung — (7) Unkontrollierbar / Keine Relativierung
(4) Kontrollierbar / Keine Relativierung — (8) Kontrollierbar / Keine Relativierung

Kontrollgruppe (9) vs. Stimulusgruppen (ANOVA)		Wahrnehmung des Nachrichtenwerts der Krise						Wahrnehmung der Krisenorganisation							Vermutung Emotion			
		nicht übertrieben	größer Schaden für Verbraucher	Gr. öff. Interesse	größer Schaden für *Kamilla*	schwerwiegend	berichtenswert	unprofessionell	verantwortungslos	intransparent	inkompetent	defensiv	unglaubwürdig	kriminell	schuldig	Ärger	Schock	Traurigkeit	Boykott
(9) vs.	MW¹	3,38	2,75	2,11	1,89	2,38	2,24	2,46	2,58	2,52	2,75	2,30	2,88	4,22	3,25	1,96	2,73	4,00	2,46
	+/-²	1,17	1,27	1,17	1,07	1,20	1,35	0,96	0,90	1,19	0,74	1,41	0,95	1,13	1,03	0,96	1,19	1,35	1,29
	n	24	29	26	28	28	28	28	26	27	24	27	24	23	24	26	26	25	28
(3)	MW	2,92	2,75	2,23	2,15	2,48	1,74	4,24	3,80	3,65	3,88	3,36	3,58	5,04	3,48	2,62	3,00	4,00	2,42
	+/-	1,35	1,36	1,14	1,08	1,39	0,94	1,36	0,96	1,35	0,85	0,90	0,93	0,82	0,95	1,36	1,44	1,41	0,99
	F	1,58	0,00	0,15	0,80	0,07	2,54	30,55	22,06	10,54	23,99	9,45	6,85	8,05	0,62	4,02	0,53	0,00	0,02
	p³							***	***	***	***	**	**	**		*			
	η Q.	,033	,000	,003	,015	,001	,045	,375	,310	,171	,343	,167	,130	,155	,014	,074	,011	,000	,000
	n	24	27	25	26	24	26	25	25	26	24	21	24	23	23	26	25	25	26
(4)	MW	2,17	3,04	2,43	2,13	2,59	2,17	3,88	3,91	4,00	3,55	3,32	3,73	5,04	2,81	3,13	3,26	4,36	2,79
	+/-	1,19	1,19	1,08	1,01	1,01	0,98	1,45	1,27	1,48	1,41	1,09	1,03	1,36	1,21	1,19	1,18	1,40	1,32
	F	12,12	0,72	1,07	0,66	0,41	0,04	17,47	17,96	15,11	5,92	7,79	8,53	5,01	1,74	14,59	2,46	0,82	0,82
	p³	***						***	***	***	*	**	**	*		***			
	η Q.	,212	,014	,021	,013	,009	,001	,259	,281	,243	,119	,142	,162	,102	,039	,233	,050	,018	,016
	n	23	28	25	27	23	27	24	22	24	22	22	23	21	24	23	22	24

1 Mittelwert (je kleiner, desto größer Zustimmung zu Aussage in Spalte) / 2 Standardabweichung / 3 * p ≤ 0,05, ** p ≤ 0,01, *** p ≤ 0,001
Quelle: Eigene Darstellung basierend auf dem Experiment mit Journalisten

Abbildung 44: ANOVAs zu aktiver Kommunikation (2/2)

Unabhängige Variable = Version des Stimulusmaterials																	
	Wahrnehmung des Nachrichtenwerts der Krise						**Wahrnehmung der Krisenorganisation**								**Vermutung über ausgelöste Emotion**			
	berichtenswert	großer Schaden für Kamilla	schwerwiegend	nicht übertrieben	großer Schaden für Verbraucher	großes öffentl. Interesse	verantwortungslos	kriminell	inkompetent	defensiv	unglaubwürdig	schuldig	intransparent	unprofessionell	Schock	Traurigkeit	Boykott	Ärger
F	1,83	2,20	1,39	2,66	1,22	1,30	,97	,55	,64	,57	,61	1,21	,65	1,50	1,06	,61	,99	,84
df[1] 1	7	7	7	7	7	7	7	7	7	7	7	7	7	7	7	7	7	7
df 2	174	176	173	170	173	174	170	167	167	156	170	162	172	174	173	170	180	174
p[2]	*			*														

1 Degree of freedom (Freiheitsgrad) / 2 * p ≤ 0,1, ** p ≤ 0,01, *** p ≤ 0,001, signifikante Ergebnisse deuten auf Varianzinhomogenität hin
Quelle: Eigene Darstellung basierend auf dem Experiment mit Journalisten

Abbildung 45: Levene-Tests (Stimulusgruppen 1 bis 8)

Legende Stimulusgruppen: PR-Mitteilung mit Kommunikationsstrategie…
Ohne *Spiegel Online*-Beitrag / Mit *Spiegel Online*-Beitrag
① Unkontrollierbar / Relativierung — ⑤ Unkontrollierbar / Relativierung
② Kontrollierbar / Relativierung — ⑥ Kontrollierbar / Relativierung
③ Unkontrollierbar / Keine Relativierung — ⑦ Unkontrollierbar / Keine Relativierung
④ Kontrollierbar / Keine Relativierung — ⑧ Kontrollierbar / Keine Relativierung

ANOVA einzelner Stimulus-Gruppen gegeneinander mit Variation PR-Strategie Kontrollierbarkeit:		**Wahrnehmung des Nachrichtenwerts der Krise**						**Wahrnehmung der Krisenorganisation**								**Vermutung Emotion**			
		nicht übertrieben	großer Schaden für Kamilla	großer Schaden für Verbraucher	berichtenswert	schwerwiegend	großes öffentl. Interesse	schuldig	inkompetent	unprofessionell	verantwortungslos	kriminell	unglaubwürdig	intransparent	defensiv	Boykott	Schock	Ärger	Traurigkeit
① MW[1]		2,40	2,22	3,17	2,65	2,57	2,30	3,00	4,14	4,55	4,50	5,24	4,00	4,27	3,32	2,96	3,10	3,09	4,00
+/-[2]		1,31	1,09	1,27	1,43	0,98	1,13	1,12	0,96	1,14	0,91	1,26	1,11	1,12	1,16	1,61	1,26	1,51	1,49
n		20	23	23	23	21	20	20	21	22	22	21	22	22	19	23	21	22	20
vs. ② MW		1,96	1,64	2,82	2,18	2,25	2,17	2,95	3,95	4,58	4,04	5,30	3,74	3,87	3,40	2,25	2,83	2,57	4,48
+/-		0,98	0,90	0,91	1,22	1,15	1,20	1,36	1,09	1,41	1,15	0,97	1,14	1,10	1,05	1,42	1,61	1,34	1,53
n		23	22	22	22	24	24	21	22	24	23	23	23	23	20	24	23	23	23
F		1,60	3,80	1,16	1,40	1,00	0,14	0,01	0,36	0,01	2,17	0,04	0,60	1,48	0,06	2,55	0,37	1,53	1,07
p[3]																				
η-Quadrat		,038	,081	,026	,031	,023	,003	,000	,009	,000	,048	,001	,014	,033	,002	,054	,009	,034	,025

1 Mittelwert (je kleiner, desto größer Zustimmung zu Aussage in Spalte) / 2 Standardabweichung / 3 * p ≤ 0,05, ** p ≤ 0,01, *** p ≤ 0,001
Quelle: Eigene Darstellung basierend auf dem Experiment mit Journalisten

Abbildung 46: ANOVAs zu *Kontrollierbarkeit der Krisenursache* (1/4)

			Wahrnehmung des Nachrichtenwerts der Krise						Wahrnehmung der Krisenorganisation								Vermutung Emotion			
ANOVA einzelner Stimulus-Gruppen gegeneinander mit Variation PR-Strategie *Kontrollierbarkeit:*			nicht übertrieben	großer Schaden für *Kamilla*	großer Schaden für Verbraucher	berichtenswert	schwerwiegend	großes öffentl. Interesse	schuldig	inkompetent	unprofessionell	verantwortungslos	kriminell	unglaubwürdig	intransparent	defensiv	Boykott	Schock	Ärger	Traurigkeit
③ vs. ④	MW[1]		2,92	2,15	2,75	1,74	2,48	2,23	3,48	3,88	4,24	3,80	5,04	3,58	3,65	3,36	2,42	3,00	2,62	4,00
	+/-[2]		1,35	1,08	1,36	0,94	1,39	1,14	0,95	0,85	1,36	0,96	0,82	0,93	1,35	0,90	0,99	1,44	1,36	1,41
	n		24	26	24	27	25	26	23	24	25	25	23	24	26	22	26	25	26	25
	MW		2,17	2,13	3,04	2,17	2,59	2,43	2,81	3,55	3,88	3,91	5,04	3,73	4,00	3,32	2,79	3,26	3,13	4,36
	+/-		1,19	1,01	1,19	0,98	1,01	1,08	1,21	1,41	1,45	1,27	1,36	1,03	1,48	1,09	1,32	1,18	1,19	1,40
	n		23	23	23	23	22	23	21	22	24	22	23	22	22	22	24	23	24	22
	F		3,99	0,01	0,62	2,51	0,10	0,41	4,21	0,94	0,82	0,11	0,00	0,25	0,71	0,02	1,27	0,47	1,97	0,78
	p[3]								*											
	η-Quadrat		,081	,000	,014	,050	,002	,009	,091	,021	,017	,002	,000	,006	,015	,001	,026	,010	,040	,017

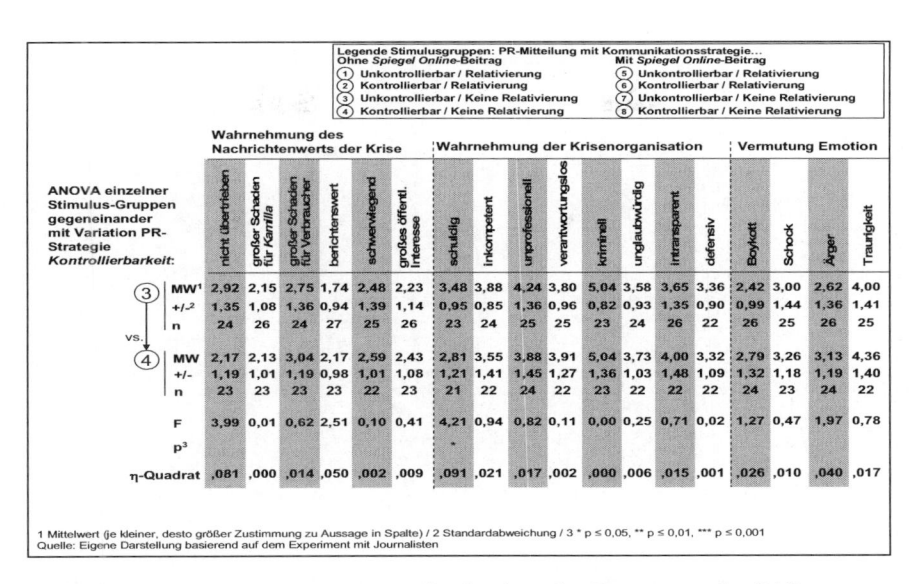

1 Mittelwert (je kleiner, desto größer Zustimmung zu Aussage in Spalte) / 2 Standardabweichung / 3 * p ≤ 0,05, ** p ≤ 0,01, *** p ≤ 0,001
Quelle: Eigene Darstellung basierend auf dem Experiment mit Journalisten

Abbildung 47: ANOVAs zu *Kontrollierbarkeit der Krisenursache* (2/4)

			Wahrnehmung des Nachrichtenwerts der Krise						Wahrnehmung der Krisenorganisation								Vermutung Emotion			
ANOVA einzelner Stimulus-Gruppen gegeneinander mit Variation PR-Strategie *Kontrollierbarkeit:*			nicht übertrieben	großer Schaden für *Kamilla*	großer Schaden für Verbraucher	berichtenswert	schwerwiegend	großes öffentl. Interesse	schuldig	inkompetent	unprofessionell	verantwortungslos	kriminell	unglaubwürdig	intransparent	defensiv	Boykott	Schock	Ärger	Traurigkeit
⑤ vs. ⑥	MW[1]		2,42	1,46	2,75	1,96	1,83	1,92	3,32	3,82	4,48	4,30	5,23	3,92	3,96	3,00	2,50	3,17	2,55	4,35
	+/-[2]		1,32	0,88	1,26	1,04	0,94	0,88	1,13	1,10	1,27	1,18	0,92	1,21	1,30	1,07	1,22	1,37	1,50	1,27
	n		24	24	24	24	23	24	22	22	23	23	22	24	23	22	24	23	24	23
	MW		3,00	1,74	2,64	1,95	2,17	2,32	3,14	3,73	3,91	4,18	5,14	3,90	3,95	3,00	2,71	3,52	3,00	3,96
	+/-		1,14	0,86	1,14	1,13	0,94	1,17	0,94	1,24	1,27	1,18	0,94	1,04	1,13	0,92	1,20	1,38	1,17	1,49
	n		21	23	22	22	23	22	22	22	22	22	22	21	22	20	24	23	23	23
	F		2,49	1,21	0,10	0,00	1,59	1,75	0,34	0,07	2,25	0,12	0,10	0,00	0,00	0,00	0,36	0,74	1,29	0,92
	p[3]																			
	η-Quadrat		,055	,026	,002	,000	,035	,038	,008	,002	,050	,003	,002	,000	,000	,000	,008	,016	,029	,020

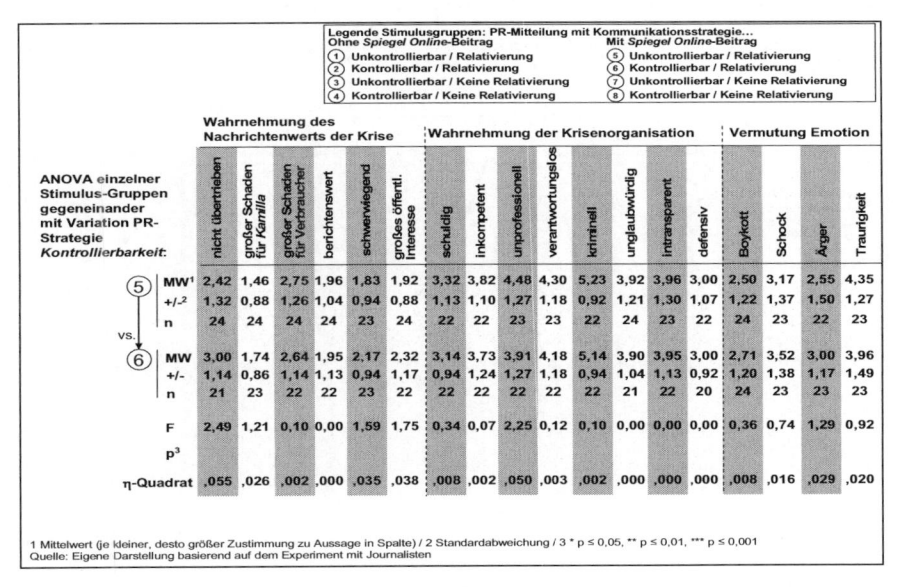

1 Mittelwert (je kleiner, desto größer Zustimmung zu Aussage in Spalte) / 2 Standardabweichung / 3 * p ≤ 0,05, ** p ≤ 0,01, *** p ≤ 0,001
Quelle: Eigene Darstellung basierend auf dem Experiment mit Journalisten

Abbildung 48: ANOVAs zu *Kontrollierbarkeit der Krisenursache* (3/4)

			Wahrnehmung des Nachrichtenwerts der Krise						Wahrnehmung der Krisenorganisation								Vermutung Emotion			
ANOVA einzelner Stimulus-Gruppen gegeneinander mit Variation PR-Strategie Kontrollierbarkeit:			nicht übertrieben	großer Schaden für Kamilla	großer Schaden für Verbraucher	berichtenswert	schwerwiegend	großes öffentl. Interesse	schuldig	inkompetent	unprofessionell	verantwortungslos	kriminell	unglaubwürdig	intransparent	defensiv	Boykott	Schock	Ärger	Traurigkeit
⑦ vs. ⑧	MW[1]		3,24	2,05	2,76	2,14	2,43	2,10	3,05	4,05	4,70	4,20	5,45	4,15	4,30	3,21	2,86	3,19	2,95	4,24
	+/-[2]		1,70	1,16	1,41	1,62	1,33	1,51	1,05	1,00	1,08	1,01	0,76	0,93	1,17	0,54	1,59	1,36	1,47	1,30
	n		21	21	21	21	21	21	20	20	20	20	20	20	20	19	21	21	20	21
	MW		2,32	1,59	2,23	1,55	2,05	1,59	2,67	3,68	4,64	4,00	4,90	3,73	4,00	3,15	2,27	2,55	2,55	3,86
	+/-		1,21	0,67	1,02	0,69	0,84	0,59	1,11	1,39	0,95	1,05	1,30	1,28	1,15	0,67	1,03	1,14	1,30	1,20
	n		22	22	22	20	22	22	21	22	22	21	21	22	22	20	22	22	22	21
	F		4,21	2,53	2,04	2,28	1,29	2,11	1,29	0,95	0,04	0,39	2,65	1,47	0,70	0,10	2,06	2,83	0,90	0,98
	p[3]		*																	
	η-Quadrat		,093	,058	,047	,055	,031	,049	,032	,023	,001	,010	,064	,035	,017	,003	,048	,065	,022	,024

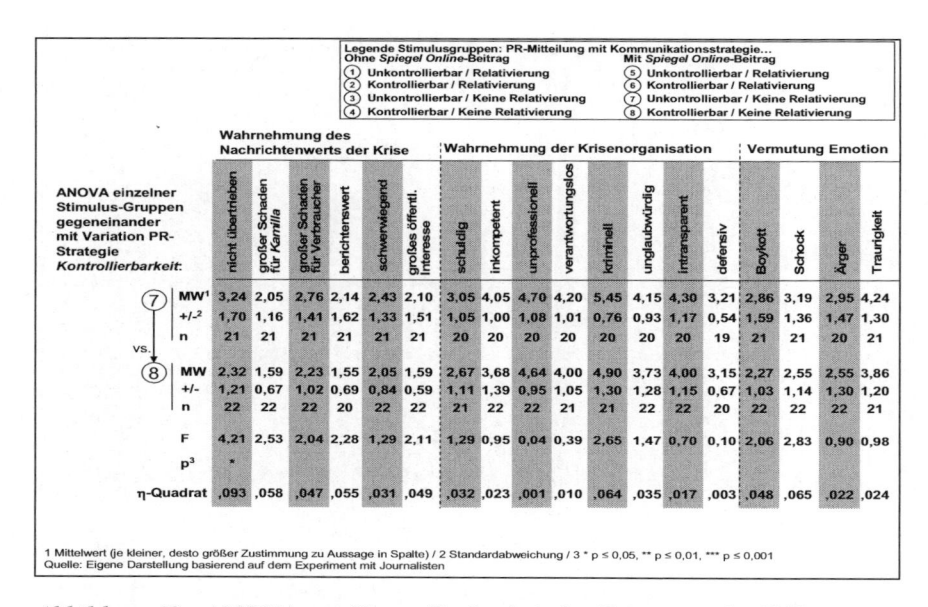

1 Mittelwert (je kleiner, desto größer Zustimmung zu Aussage in Spalte) / 2 Standardabweichung / 3 * $p \leq 0{,}05$, ** $p \leq 0{,}01$, *** $p \leq 0{,}001$
Quelle: Eigene Darstellung basierend auf dem Experiment mit Journalisten

Abbildung 49: ANOVAs zu *Kontrollierbarkeit der Krisenursache* (4/4)

Legende Stimulusgruppen: PR-Mitteilung mit Kommunikationsstrategie...
Ohne *Spiegel Online*-Beitrag
① Unkontrollierbar / Relativierung
② Kontrollierbar / Relativierung
③ Unkontrollierbar / Keine Relativierung
④ Kontrollierbar / Keine Relativierung
Mit *Spiegel Online*-Beitrag
⑤ Unkontrollierbar / Relativierung
⑥ Kontrollierbar / Relativierung
⑦ Unkontrollierbar / Keine Relativierung
⑧ Kontrollierbar / Keine Relativierung

			Wahrnehmung des Nachrichtenwerts der Krise						Wahrnehmung der Krisenorganisation								Vermutung Emotion			
ANOVA einzelner Stimulus-Gruppen gegeneinander mit Variation PR-Strategie Relativierung:			berichtenswert	großer Schaden für Kamilla	schwerwiegend	nicht übertrieben	großer Schaden für Verbraucher	großes öffentl. Interesse	verantwortungslos	kriminell	inkompetent	defensiv	unglaubwürdig	schuldig	intransparent	unprofessionell	Schock	Traurigkeit	Boykott	Ärger
① vs. ③	MW[1]		2,65	2,22	2,57	2,40	3,17	2,30	4,50	5,24	4,14	3,32	4,00	3,00	4,27	4,55	3,10	4,00	2,96	3,09
	+/-[2]		1,43	1,09	0,98	1,31	1,27	1,13	0,91	1,26	0,96	1,16	1,11	1,12	1,12	1,14	1,26	1,49	1,61	1,51
	n		23	23	21	20	23	20	22	21	21	19	22	20	22	22	21	20	23	22
	MW		1,74	2,15	2,48	2,92	2,75	2,23	3,80	5,04	3,88	3,36	3,58	3,48	3,65	4,24	3,00	4,00	2,42	2,62
	+/-		0,94	1,08	1,39	1,35	1,36	1,14	0,96	0,82	0,85	0,90	0,93	0,95	1,35	1,36	1,44	1,41	0,99	1,36
	n		27	26	25	24	24	26	25	23	24	22	24	23	26	25	25	25	26	26
	F		7,24	0,04	0,06	1,64	1,22	0,04	6,53	0,37	0,98	0,02	1,91	2,29	2,91	0,68	0,06	0,00	2,01	1,32
	p[3]		**						*											
	η-Quadrat		,131	,001	,001	,038	,026	,001	,127	,009	,022	,001	,042	,053	,059	,015	,001	,000	,041	,028

1 Mittelwert (je kleiner, desto größer Zustimmung zu Aussage in Spalte) / 2 Standardabweichung / 3 * $p \leq 0{,}05$, ** $p \leq 0{,}01$, *** $p \leq 0{,}001$
Quelle: Eigene Darstellung basierend auf dem Experiment mit Journalisten

Abbildung 50: ANOVAs zu *Relativierung* (1/4)

Anhang

Legende Stimulusgruppen: PR-Mitteilung mit Kommunikationsstrategie...

Ohne *Spiegel Online*-Beitrag:
(1) Unkontrollierbar / Relativierung
(2) Kontrollierbar / Relativierung
(3) Unkontrollierbar / Keine Relativierung
(4) Kontrollierbar / Keine Relativierung

Mit *Spiegel Online*-Beitrag:
(5) Unkontrollierbar / Relativierung
(6) Kontrollierbar / Relativierung
(7) Unkontrollierbar / Keine Relativierung
(8) Kontrollierbar / Keine Relativierung

ANOVA einzelner Stimulus-Gruppen gegeneinander mit Variation PR-Strategie Relativierung: (2) vs. (4)

	Wahrnehmung des Nachrichtenwerts der Krise						Wahrnehmung der Krisenorganisation								Vermutung Emotion			
	berichtenswert	großer Schaden für Kamilla	schwerwiegend	nicht übertrieben	großer Schaden für Verbraucher	großes öffentl. Interesse	verantwortungslos	kriminell	inkompetent	defensiv	unglaubwürdig	schuldig	intransparent	unprofessionell	Schock	Traurigkeit	Boykott	Ärger
(2) MW[1]	2,18	1,64	2,25	1,96	2,82	2,17	4,04	5,30	3,95	3,40	3,74	2,95	3,87	4,58	2,83	4,48	2,25	2,57
+/-[2]	1,22	0,90	1,15	0,98	0,91	1,20	1,15	0,97	1,09	1,05	1,14	1,36	1,10	1,41	1,61	1,53	1,42	1,34
n	22	22	24	23	22	24	23	23	22	20	23	21	23	24	23	23	24	23
(4) MW	2,17	2,13	2,59	2,17	3,04	2,43	3,91	5,04	3,55	3,32	3,73	2,81	4,00	3,88	3,26	4,36	2,79	3,13
+/-	0,98	1,01	1,01	1,19	1,19	1,08	1,27	1,36	1,41	1,09	1,03	1,21	1,48	1,45	1,18	1,40	1,32	1,19
n	23	23	22	23	23	23	22	23	22	22	22	21	22	24	23	22	22	24
F	0,00	2,97	1,13	0,46	0,51	0,64	0,14	0,56	1,16	0,06	0,00	0,13	0,11	2,93	1,09	0,07	1,87	2,29
p^3																		
η-Quadrat	,000	,065	,025	,010	,012	,014	,003	,013	,027	,002	,000	,003	,003	,060	,024	,002	,039	,048

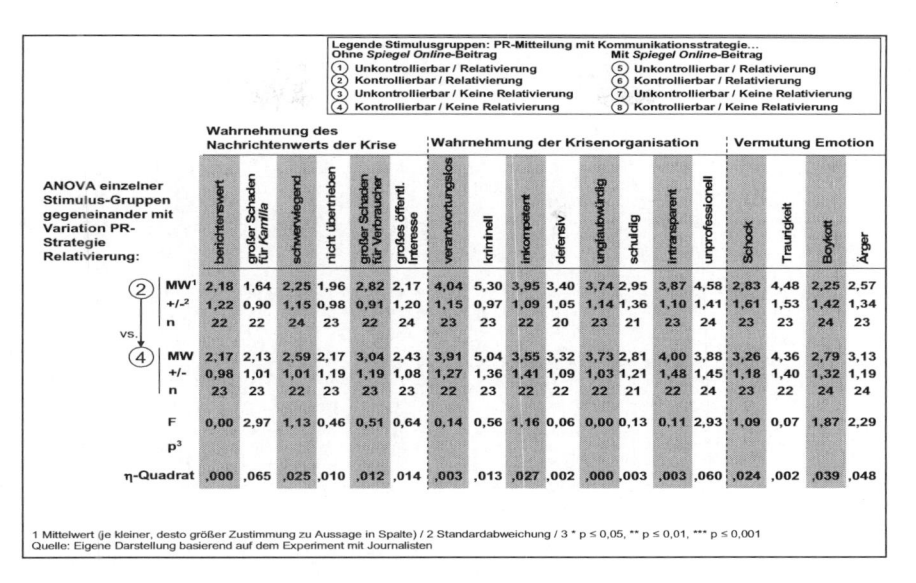

1 Mittelwert (je kleiner, desto größer Zustimmung zu Aussage in Spalte) / 2 Standardabweichung / 3 * $p \leq 0{,}05$, ** $p \leq 0{,}01$, *** $p \leq 0{,}001$
Quelle: Eigene Darstellung basierend auf dem Experiment mit Journalisten

Abbildung 51: ANOVAs zu *Relativierung* (2/4)

ANOVA einzelner Stimulus-Gruppen gegeneinander mit Variation PR-Strategie Relativierung: (5) vs. (7)

	Wahrnehmung des Nachrichtenwerts der Krise						Wahrnehmung der Krisenorganisation								Vermutung Emotion			
	berichtenswert	großer Schaden für Kamilla	schwerwiegend	nicht übertrieben	großer Schaden für Verbraucher	großes öffentl. Interesse	verantwortungslos	kriminell	inkompetent	defensiv	unglaubwürdig	schuldig	intransparent	unprofessionell	Schock	Traurigkeit	Boykott	Ärger
(5) MW[1]	1,96	1,46	1,83	2,42	2,75	1,92	4,30	5,23	3,82	3,00	3,92	3,32	3,96	4,48	3,17	4,35	2,50	2,55
+/-[2]	1,04	0,88	0,94	1,32	1,26	0,88	1,18	0,92	1,10	1,07	1,21	1,13	1,30	1,27	1,37	1,27	1,22	1,50
n	24	24	23	24	24	24	23	22	22	22	24	22	23	23	23	23	24	22
(7) MW	2,14	2,05	2,43	3,24	2,76	2,10	4,20	5,45	4,05	3,21	4,15	3,05	4,30	4,70	3,19	4,24	2,86	2,95
+/-	1,62	1,16	1,33	1,70	1,41	1,51	1,01	0,76	1,00	0,54	0,93	1,05	1,17	1,08	1,36	1,30	1,59	1,47
n	21	21	21	21	21	21	20	20	20	19	20	20	20	20	21	21	21	20
F	0,21	3,72	3,07	3,33	0,00	0,24	0,10	0,72	0,51	0,60	0,50	0,63	0,82	0,37	0,00	0,08	0,73	0,78
p^3																		
η-Quadrat	,005	,080	,068	,072	,000	,006	,002	,018	,013	,015	,012	,016	,020	,009	,000	,002	,017	,019

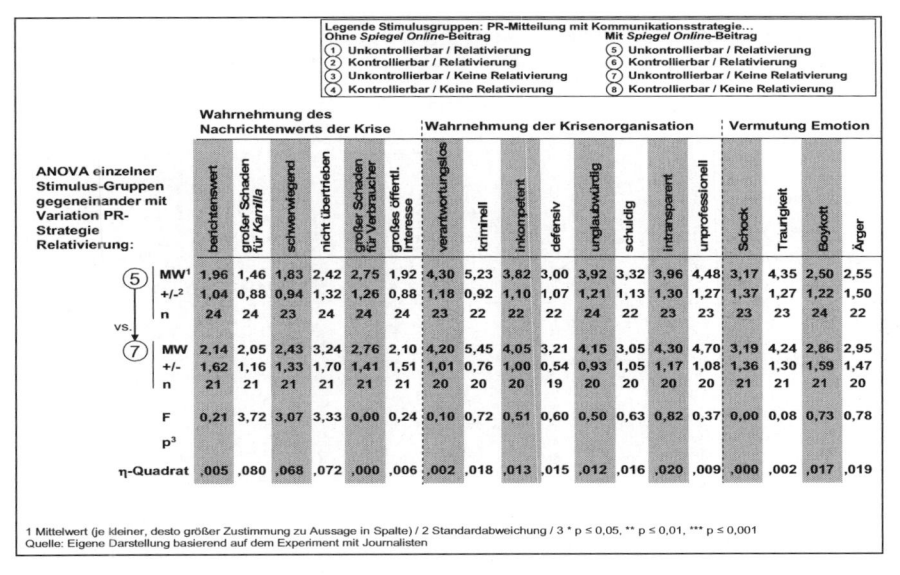

1 Mittelwert (je kleiner, desto größer Zustimmung zu Aussage in Spalte) / 2 Standardabweichung / 3 * $p \leq 0{,}05$, ** $p \leq 0{,}01$, *** $p \leq 0{,}001$
Quelle: Eigene Darstellung basierend auf dem Experiment mit Journalisten

Abbildung 52: ANOVAs zu *Relativierung* (3/4)

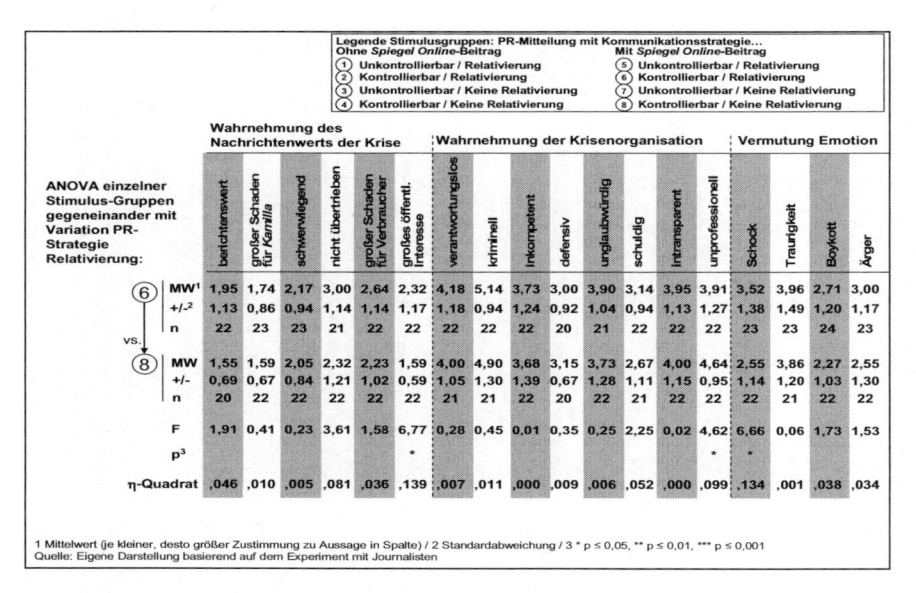

Abbildung 53: ANOVAs zu *Relativierung* (4/4)

Legende Stimulusgruppen: PR-Mitteilung mit Kommunikationsstrategie...
Ohne *Spiegel Online*-Beitrag / Mit *Spiegel Online*-Beitrag
(1) Unkontrollierbar / Relativierung — (5) Unkontrollierbar / Relativierung
(2) Kontrollierbar / Relativierung — (6) Kontrollierbar / Relativierung
(3) Unkontrollierbar / Keine Relativierung — (7) Unkontrollierbar / Keine Relativierung
(4) Kontrollierbar / Keine Relativierung — (8) Kontrollierbar / Keine Relativierung

ANOVA einzelner Stimulus-Gruppen gegeneinander mit Variation PR-Strategie Relativierung:

		Wahrnehmung des Nachrichtenwerts der Krise						Wahrnehmung der Krisenorganisation								Vermutung Emotion			
		berichtenswert	großer Schaden für *Kamilla*	schwerwiegend	nicht übertrieben	großer Schaden für Verbraucher	großes öffentl. Interesse	verantwortungslos	kriminell	inkompetent	defensiv	unglaubwürdig	schuldig	intransparent	unprofessionell	Schock	Traurigkeit	Boykott	Ärger
(6) vs. (8)	MW[1]	1,95	1,74	2,17	3,00	2,64	2,32	4,18	5,14	3,73	3,00	3,90	3,14	3,95	3,91	3,52	3,96	2,71	3,00
	+/-[2]	1,13	0,86	0,94	1,14	1,14	1,17	1,18	0,94	1,24	0,92	1,04	0,94	1,13	1,27	1,38	1,49	1,20	1,17
	n	22	23	23	21	22	22	22	22	22	20	21	22	22	22	23	23	24	23
	MW	1,55	1,59	2,05	2,32	2,23	1,59	4,00	4,90	3,68	3,15	3,73	2,67	4,00	4,64	2,55	3,86	2,27	2,55
	+/-	0,69	0,67	0,84	1,21	1,02	0,59	1,05	1,30	1,39	0,67	1,28	1,11	1,15	0,95	1,14	1,20	1,03	1,30
	n	20	22	22	22	22	22	21	21	22	20	22	21	22	22	22	21	22	22
	F	1,91	0,41	0,23	3,61	1,58	6,77	0,28	0,45	0,01	0,35	0,25	2,25	0,02	4,62	6,66	0,06	1,73	1,53
	p[3]						*								*	*			
	η-Quadrat	,046	,010	,005	,081	,036	,139	,007	,011	,000	,009	,006	,052	,000	,099	,134	,001	,038	,034

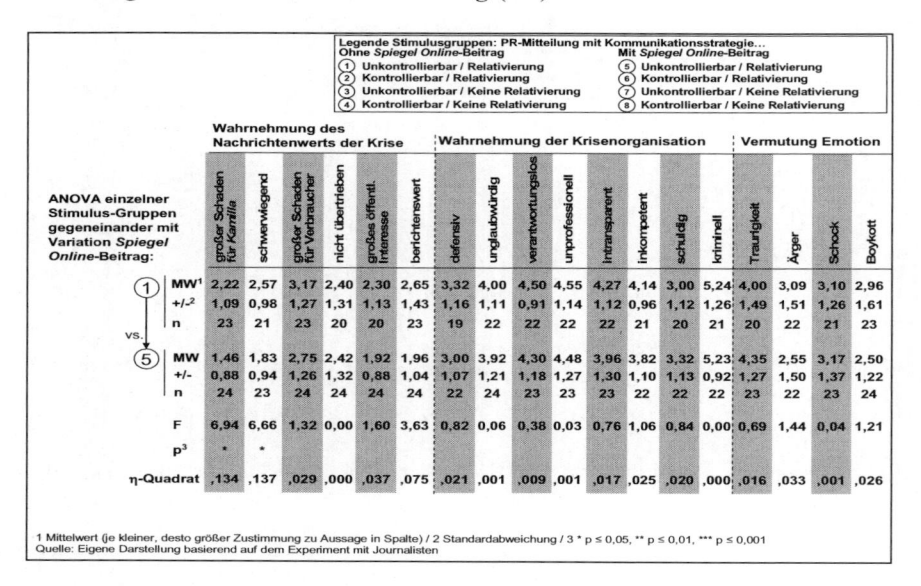

1 Mittelwert (je kleiner, desto größer Zustimmung zu Aussage in Spalte) / 2 Standardabweichung / 3 * p ≤ 0,05, ** p ≤ 0,01, *** p ≤ 0,001
Quelle: Eigene Darstellung basierend auf dem Experiment mit Journalisten

Abbildung 54: ANOVAs zu *Koorientierung* (1/4)

ANOVA einzelner Stimulus-Gruppen gegeneinander mit Variation *Spiegel Online*-Beitrag:

		Wahrnehmung des Nachrichtenwerts der Krise						Wahrnehmung der Krisenorganisation								Vermutung Emotion			
		großer Schaden für *Kamilla*	schwerwiegend	großer Schaden für Verbraucher	nicht übertrieben	großes öffentl. Interesse	berichtenswert	defensiv	unglaubwürdig	verantwortungslos	unprofessionell	intransparent	inkompetent	schuldig	kriminell	Traurigkeit	Ärger	Schock	Boykott
(1) vs. (5)	MW[1]	2,22	2,57	3,17	2,40	2,30	2,65	3,32	4,00	4,50	4,55	4,27	4,14	3,00	5,24	4,00	3,09	3,10	2,96
	+/-[2]	1,09	0,98	1,27	1,31	1,13	1,43	1,16	1,11	0,91	1,14	1,12	0,96	1,12	1,26	1,49	1,51	1,26	1,61
	n	23	21	23	20	20	23	19	22	22	22	22	21	20	21	20	22	21	23
	MW	1,46	1,83	2,75	2,42	1,92	1,96	3,00	3,92	4,30	4,48	3,96	3,82	3,32	5,23	4,35	2,55	3,17	2,50
	+/-	0,88	0,94	1,26	1,32	0,88	1,04	1,07	1,21	1,18	1,27	1,30	1,10	1,13	0,92	1,27	1,50	1,37	1,22
	n	24	23	24	24	24	24	22	24	23	23	23	22	22	22	23	22	23	24
	F	6,94	6,66	1,32	0,00	1,60	3,63	0,82	0,06	0,38	0,03	0,76	1,06	0,84	0,00	0,69	1,44	0,04	1,21
	p[3]	*	*																
	η-Quadrat	,134	,137	,029	,000	,037	,075	,021	,001	,009	,001	,017	,025	,020	,000	,016	,033	,001	,026

1 Mittelwert (je kleiner, desto größer Zustimmung zu Aussage in Spalte) / 2 Standardabweichung / 3 * p ≤ 0,05, ** p ≤ 0,01, *** p ≤ 0,001
Quelle: Eigene Darstellung basierend auf dem Experiment mit Journalisten

Anhang

Legende Stimulusgruppen: PR-Mitteilung mit Kommunikationsstrategie...
Ohne *Spiegel Online*-Beitrag:
(1) Unkontrollierbar / Relativierung
(2) Kontrollierbar / Relativierung
(3) Unkontrollierbar / Keine Relativierung
(4) Kontrollierbar / Keine Relativierung

Mit *Spiegel Online*-Beitrag:
(5) Unkontrollierbar / Relativierung
(6) Kontrollierbar / Relativierung
(7) Unkontrollierbar / Keine Relativierung
(8) Kontrollierbar / Keine Relativierung

ANOVA einzelner Stimulus-Gruppen gegeneinander mit Variation *Spiegel Online*-Beitrag:		großer Schaden für Kamilla	schwerwiegend	großer Schaden für Verbraucher	nicht übertrieben	großes öffentl. Interesse	berichtenswert	defensiv	unglaubwürdig	verantwortungslos	unprofessionell	intransparent	inkompetent	schuldig	kriminell	Traurigkeit	Ärger	Schock	Boykott
		\multicolumn{6}{c}{Wahrnehmung des Nachrichtenwerts der Krise}													
(2) vs. (6)	MW¹	1,64	2,25	2,82	1,96	2,17	2,18	3,40	3,74	4,04	4,58	3,87	3,95	2,95	5,30	4,48	2,57	2,83	2,25
	+/-²	0,90	1,15	0,91	0,98	1,20	1,22	1,05	1,14	1,15	1,41	1,10	1,09	1,36	0,97	1,53	1,34	1,61	1,42
	n	22	24	22	23	24	22	20	23	23	24	23	22	21	23	23	23	23	24
	MW	1,74	2,17	2,64	3,00	2,32	1,95	3,00	3,90	4,18	3,91	3,95	3,73	3,14	5,14	3,96	3,00	3,52	2,71
	+/-	0,86	0,94	1,14	1,14	1,17	1,13	0,92	1,04	1,18	1,27	1,13	1,24	0,94	0,94	1,49	1,17	1,38	1,20
	n	23	23	22	21	22	22	20	21	22	22	22	22	22	22	23	23	23	24
	F	0,15	0,06	0,34	10,69	0,19	0,41	1,65	0,25	0,16	2,88	0,07	0,42	0,27	0,35	1,37	1,37	2,47	1,46
	p³				**														
	η-Quadrat	,004	,001	,008	,203	,004	,010	,042	,006	,004	,061	,002	,010	,007	,008	,030	,030	,053	,031

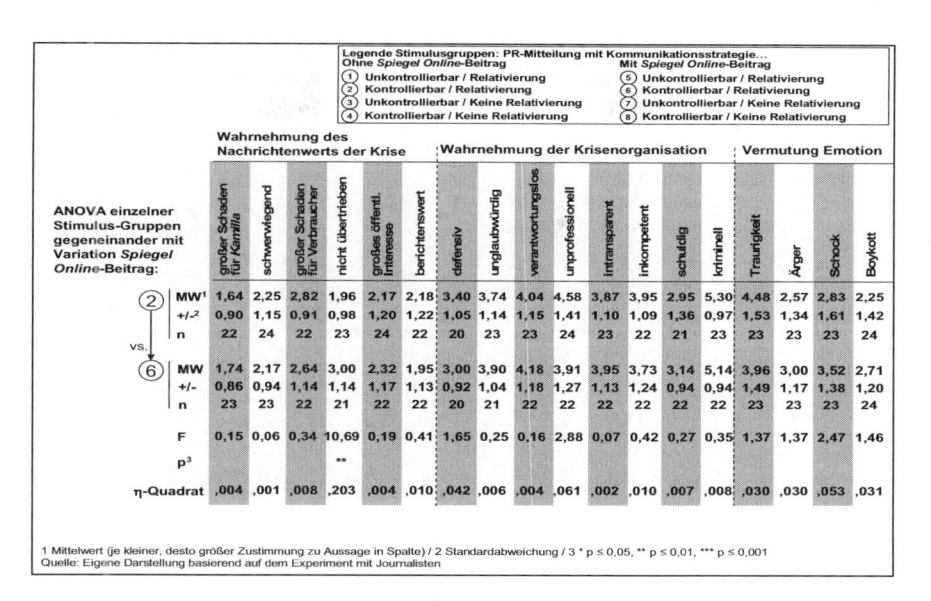

1 Mittelwert (je kleiner, desto größer Zustimmung zu Aussage in Spalte) / 2 Standardabweichung / 3 * p ≤ 0,05, ** p ≤ 0,01, *** p ≤ 0,001
Quelle: Eigene Darstellung basierend auf dem Experiment mit Journalisten

Abbildung 55: ANOVAs zu *Koorientierung* (2/4)

ANOVA einzelner Stimulus-Gruppen gegeneinander mit Variation *Spiegel Online*-Beitrag:		großer Schaden für Kamilla	schwerwiegend	großer Schaden für Verbraucher	nicht übertrieben	großes öffentl. Interesse	berichtenswert	defensiv	unglaubwürdig	verantwortungslos	unprofessionell	intransparent	inkompetent	schuldig	kriminell	Traurigkeit	Ärger	Schock	Boykott
(3) vs. (7)	MW¹	2,15	2,48	2,75	2,92	2,23	1,74	3,36	3,58	3,80	4,24	3,65	3,88	3,48	5,04	4,00	2,62	3,00	2,42
	+/-²	1,08	1,39	1,36	1,35	1,14	0,94	0,90	0,93	0,96	1,36	1,35	0,85	0,95	0,82	1,41	1,36	1,44	0,99
	n	26	25	24	24	26	27	22	24	25	25	26	24	23	23	25	26	25	26
	MW	2,05	2,43	2,76	3,24	2,10	2,14	3,21	4,15	4,20	4,70	4,30	4,05	3,05	5,45	4,24	2,95	3,19	2,86
	+/-	1,16	1,33	1,41	1,70	1,51	1,62	0,54	0,93	1,01	1,08	1,17	1,00	1,05	0,76	1,30	1,47	1,36	1,59
	n	21	21	21	21	21	21	19	20	20	20	20	20	20	20	21	20	21	21
	F	0,10	0,02	0,00	0,50	0,12	1,16	0,42	4,04	1,86	1,51	2,88	0,39	1,98	2,80	0,35	0,64	0,21	1,31
	p³																		
	η-Quadrat	,002	,000	,000	,011	,003	,025	,011	,088	,041	,034	,061	,009	,046	,064	,008	,014	,005	,028

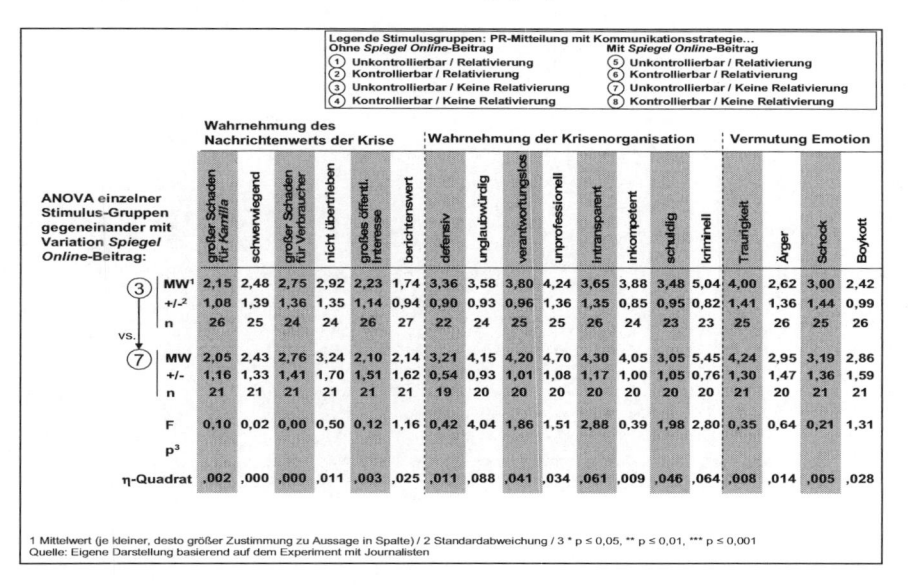

1 Mittelwert (je kleiner, desto größer Zustimmung zu Aussage in Spalte) / 2 Standardabweichung / 3 * p ≤ 0,05, ** p ≤ 0,01, *** p ≤ 0,001
Quelle: Eigene Darstellung basierend auf dem Experiment mit Journalisten

Abbildung 56: ANOVAs zu *Koorientierung* (3/4)

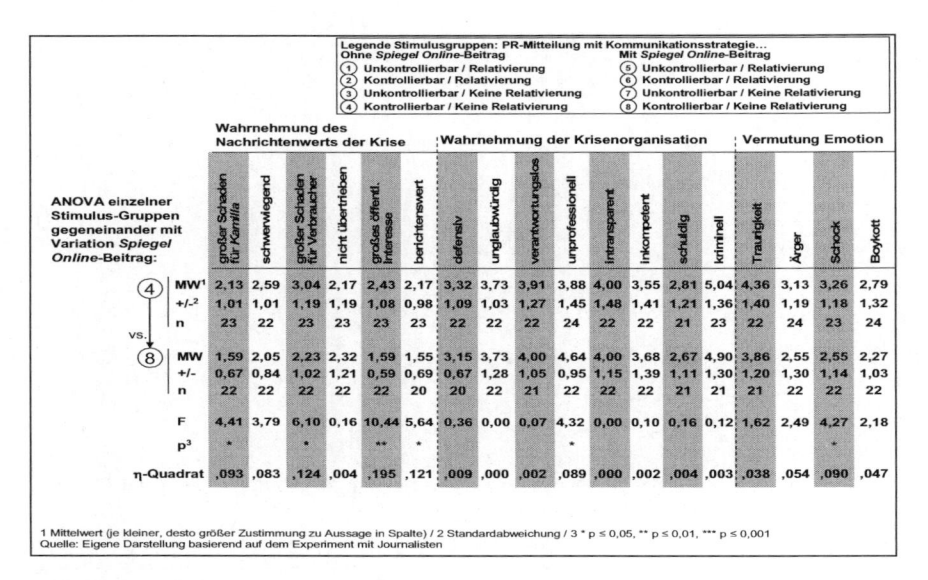

Abbildung 57: ANOVAs zu Koorientierung (4/4)

Legende Stimulusgruppen: PR-Mitteilung mit Kommunikationsstrategie...

Ohne *Spiegel Online*-Beitrag:
① Unkontrollierbar / Relativierung
② Kontrollierbar / Relativierung
③ Unkontrollierbar / Keine Relativierung
④ Kontrollierbar / Keine Relativierung

Mit *Spiegel Online*-Beitrag:
⑤ Unkontrollierbar / Relativierung
⑥ Kontrollierbar / Relativierung
⑦ Unkontrollierbar / Keine Relativierung
⑧ Kontrollierbar / Keine Relativierung

ANOVA einzelner Stimulus-Gruppen gegeneinander mit Variation *Spiegel Online*-Beitrag:		Wahrnehmung des Nachrichtenwerts der Krise						Wahrnehmung der Krisenorganisation								Vermutung Emotion			
		großer Schaden für *Kamilla*	schwerwiegend	großer Schaden für Verbraucher	nicht übertrieben	großes öffentl. Interesse	berichtenswert	defensiv	unglaubwürdig	verantwortungslos	unprofessionell	intransparent	inkompetent	schuldig	kriminell	Traurigkeit	Ärger	Schock	Boykott
④ vs. ⑧	MW[1]	2,13	2,59	3,04	2,17	2,43	2,17	3,32	3,73	3,91	3,88	4,00	3,55	2,81	5,04	4,36	3,13	3,26	2,79
	+/-[2]	1,01	1,01	1,19	1,19	1,08	0,98	1,09	1,03	1,27	1,45	1,48	1,41	1,21	1,36	1,40	1,19	1,18	1,32
	n	23	22	23	23	23	23	22	22	22	24	22	22	21	23	22	24	23	24
	MW	1,59	2,05	2,23	2,32	1,59	1,55	3,15	3,73	4,00	4,64	4,00	3,68	2,67	4,90	3,86	2,55	2,55	2,27
	+/-	0,67	0,84	1,02	1,21	0,59	0,69	0,67	1,28	1,05	0,95	1,15	1,39	1,11	1,30	1,20	1,30	1,14	1,03
	n	22	22	22	22	22	20	20	22	21	22	22	22	21	21	21	22	22	22
	F	4,41	3,79	6,10	0,16	10,44	5,64	0,36	0,00	0,07	4,32	0,00	0,10	0,16	0,12	1,62	2,49	4,27	2,18
	p[3]	*		*		**	*				*							*	
	η-Quadrat	,093	,083	,124	,004	,195	,121	,009	,000	,002	,089	,000	,002	,004	,003	,038	,054	,090	,047

1 Mittelwert (je kleiner, desto größer Zustimmung zu Aussage in Spalte) / 2 Standardabweichung / 3 * p ≤ 0,05, ** p ≤ 0,01, *** p ≤ 0,001
Quelle: Eigene Darstellung basierend auf dem Experiment mit Journalisten

Abbildung 58: Mittelwerte für Interaktionseffekte (1/2)

Legende Stimulusgruppen: PR-Mitteilung mit Kommunikationsstrategie...

Ohne *Spiegel Online*-Beitrag:
① Unkontrollierbar / Relativierung
② Kontrollierbar / Relativierung
③ Unkontrollierbar / Keine Relativierung
④ Kontrollierbar / Keine Relativierung

Mit *Spiegel Online*-Beitrag:
⑤ Unkontrollierbar / Relativierung
⑥ Kontrollierbar / Relativierung
⑦ Unkontrollierbar / Keine Relativierung
⑧ Kontrollierbar / Keine Relativierung

Stimulusgruppen		Wahrnehmung des Nachrichtenwerts der Krise						Wahrnehmung der Krisenorganisation								Vermutung Emotion			
		nicht übertrieben	großes öffentl. Interesse	berichtenswert	schwerwiegend	großer Schaden für *Kamilla*	großer Schaden f. Verbraucher	schuldig	kriminell	verantwortungslos	intransparent	inkompetent	defensiv	unprofessionell	unglaubwürdig	Schock	Boykott	Ärger	Traurigkeit
①	MW[1]	2,40	2,30	2,65	2,57	2,22	3,17	3,00	5,24	4,50	4,27	4,14	3,32	4,55	4,00	3,10	2,96	3,09	4,00
	+/-[2]	1,31	1,13	1,43	,98	1,09	1,27	1,12	1,26	,91	1,12	,96	1,16	1,14	1,11	1,26	1,61	1,51	1,49
	n	20	20	23	21	23	23	20	21	22	22	21	19	22	22	21	23	22	20
②	MW	1,96	2,17	2,18	2,25	1,64	2,82	2,95	5,30	4,04	3,87	3,95	3,40	4,58	3,74	2,83	2,25	2,57	4,48
	+/-	,98	1,20	1,22	1,15	,90	,91	1,36	,97	1,15	1,10	1,09	1,05	1,41	1,14	1,61	1,42	1,34	1,53
	n	23	24	22	24	22	22	21	23	23	22	20	24	23	23	24	23	23
③	MW	2,92	2,23	1,74	2,48	2,15	2,75	3,48	5,04	3,80	3,65	3,88	3,36	4,24	3,58	3,00	2,42	2,62	4,00
	+/-	1,35	1,14	,94	1,39	1,08	1,36	,95	,82	,96	1,35	,85	,90	1,36	,93	1,44	,99	1,36	1,41
	n	24	26	27	25	26	24	23	23	25	26	24	22	25	24	25	26	26	25
④	MW	2,17	2,43	2,17	2,59	2,13	3,04	2,81	5,04	3,91	4,00	3,55	3,32	3,88	3,73	3,26	2,79	3,13	4,36
	+/-	1,19	1,08	,98	1,01	1,01	1,19	1,21	1,36	1,27	1,48	1,41	1,09	1,45	1,03	1,18	1,32	1,19	1,40
	n	23	23	23	23	23	23	21	23	22	22	21	22	23	22	23	24	24	22

1 Mittelwert (je kleiner, desto größer Zustimmung zu Aussage in Spalte) / 2 Standardabweichung
Quelle: Eigene Darstellung basierend auf dem Experiment mit Journalisten

		Wahrnehmung des Nachrichtenwerts der Krise						Wahrnehmung der Krisenorganisation							Vermutung Emotion			
Stimulus-gruppen		nicht übertrieben	großes öffentl. Interesse	berichtenswert	schwerwiegend	großer Schaden für Kamilla	großer Schaden f. Verbraucher	schuldig	kriminell	verantwortungslos	intransparent	inkompetent	defensiv	unprofessionell	unglaubwürdig	Schock	Boykott	Ärger	Traurigkeit
⑤	MW¹	2,42	1,92	1,96	1,83	1,46	2,75	3,32	5,23	4,30	3,96	3,82	3,00	4,48	3,92	3,17	2,50	2,55	4,35
	+/-²	1,32	,88	1,04	,94	,88	1,26	1,13	,92	1,18	1,30	1,10	1,07	1,27	1,21	1,37	1,22	1,50	1,27
	n	24	24	24	23	24	24	22	22	23	23	22	22	23	24	23	24	22	23
⑥	MW	3,00	2,32	1,95	2,17	1,74	2,64	3,14	5,14	4,18	3,95	3,73	3,00	3,91	3,90	3,52	2,71	3,00	3,96
	+/-	1,14	1,17	1,13	,94	,86	1,14	,94	,94	1,18	1,13	1,24	,92	1,27	1,04	1,38	1,20	1,17	1,49
	n	21	22	22	23	23	22	22	22	22	22	22	20	22	21	23	24	23	23
⑦	MW	3,24	2,10	2,14	2,43	2,05	2,76	3,05	5,45	4,20	4,30	4,05	3,21	4,70	4,15	3,19	2,86	2,95	4,24
	+/-	1,70	1,51	1,62	1,33	1,16	1,41	1,05	,76	1,01	1,17	1,00	,54	1,08	,93	1,36	1,59	1,47	1,30
	n	21	21	21	21	21	21	20	20	20	19	20	20	21	21	20	21
⑧	MW	2,32	1,59	1,55	2,05	1,59	2,23	2,67	4,90	4,00	4,00	3,68	3,15	4,64	3,73	2,55	2,27	2,55	3,86
	+/-	1,21	,59	,69	,84	,67	1,02	1,11	1,30	1,05	1,15	1,39	,67	,95	1,28	1,14	1,03	1,30	1,20
	n	22	22	20	22	22	22	21	21	21	22	20	22	22	22	22	22	21

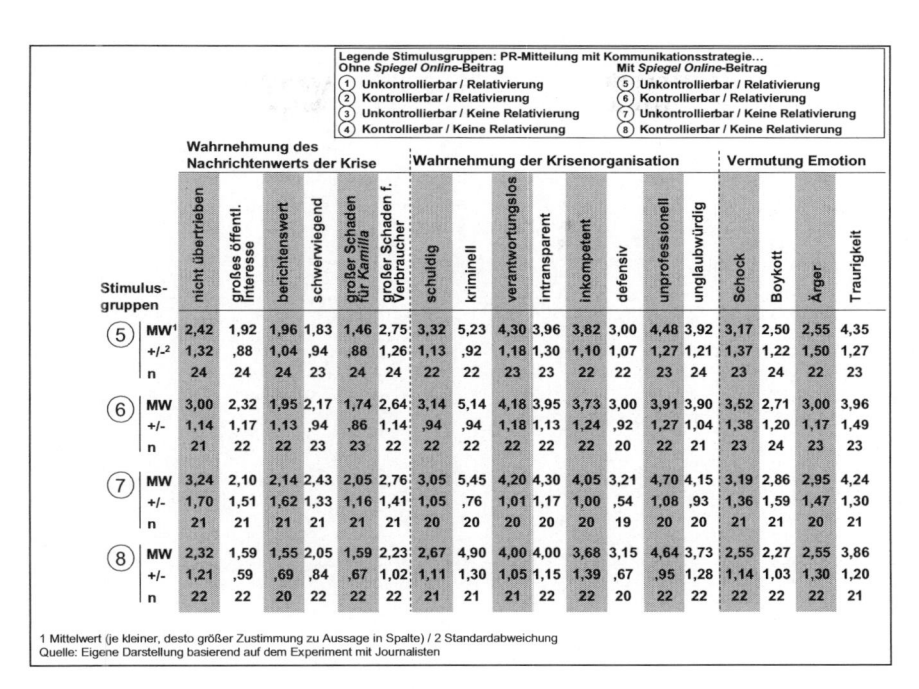

Legende Stimulusgruppen: PR-Mitteilung mit Kommunikationsstrategie...
Ohne *Spiegel Online*-Beitrag
① Unkontrollierbar / Relativierung
② Kontrollierbar / Relativierung
③ Unkontrollierbar / Keine Relativierung
④ Kontrollierbar / Keine Relativierung
Mit *Spiegel Online*-Beitrag
⑤ Unkontrollierbar / Relativierung
⑥ Kontrollierbar / Relativierung
⑦ Unkontrollierbar / Keine Relativierung
⑧ Kontrollierbar / Keine Relativierung

1 Mittelwert (je kleiner, desto größer Zustimmung zu Aussage in Spalte) / 2 Standardabweichung
Quelle: Eigene Darstellung basierend auf dem Experiment mit Journalisten

Abbildung 59: Mittelwerte für Interaktionseffekte (2/2)